Annemarie Schimmel
Morgenland und Abendland

Annemarie Schimmel

Morgenland und Abendland
Mein west-östliches Leben

Verlag C.H. Beck München

Mit 3 Textabbildungen und 29 Abbildungen im Tafelteil

Die Deutsche Bibliothek – CIP-Einheitsaufnahme

Schimmel, Annemarie:
Morgenland und Abendland : mein west-östliches Leben /
Annemarie Schimmel. – München : Beck, 2002
    ISBN 3-406-49564-8

© Verlag C. H. Beck oHG, München 2002
Satz: Fotosatz Amann, Aichstetten
Druck und Bindung: Ebner & Spiegel GmbH, Ulm
Gedruckt auf säurefreiem, alterungsbeständigem Papier
(hergestellt aus chlorfrei gebleichtem Zellstoff)
Printed in Germany
ISBN 3-406-49564-8

www.beck.de

Inhalt

و ما كلّ من سعى يصيد غزالة

ولكن من صاد غزالة قد سعى

Nicht jeder, der sich bemüht,
kann eine Gazelle erjagen,
doch wer die Gazelle erjagt,
der hat sich sicher bemüht.

Ein Leben als One-Woman-Show

Eigentlich wollte ich keine Autobiographie schreiben. Doch als ich vor einiger Zeit einem Studenten erzählte, wie ich im Krieg in Berlin studierte – achtzehn Wochenstunden Vorlesungen und Seminare, in jeden Ferien gezwungenermaßen Fabrikdienst, kein Bafög, kein Gedanke daran, in ein fremdes Land zu reisen, um unsere Sprachen dort zu erlernen, nächtliche Fliegerangriffe und vieles mehr –, fragte der Jüngling ganz konsterniert: «Aber da hatten Sie ja gar keine Zeit, in die Disco zu gehen!» Da fand ich, es sei doch vielleicht ganz angemessen, etwas aus meiner Vergangenheit zu erzählen. Die Frage war nur: Wer interessiert sich schon für das Leben einer Orientalistin? Nachdem vor Jahren ein paar Studenten Ignatij Kračkovskijs Autobiographie *Über arabische Handschriften gebeugt* als schrecklich langweilig bezeichnet hatten, war ich mir dieser Frage bewußt. Aber immerhin, ich habe mein Leben ja nicht nur «über arabische Handschriften gebeugt» verbracht; nein, das war nur ein ganz geringer Bruchteil meiner Lebenszeit. Reisen und Begegnungen mit Menschen aus aller Welt füllten und füllen noch mein Leben aus. Von Schweden bis Indonesien, von den USA bis Pakistan besuchte ich unzählige Länder. Ich lernte unterschiedlichste Menschen kennen, von Staatsoberhäuptern zu analphabetischen alten Frauen in Anatolien, von muslimischen Theologen zu Jesuiten. Nicht nötig, Romane zu lesen oder Filme anzusehen: diese menschlichen Beziehungen waren immer wieder spannender als jeder Roman. Das beantwortet auch schon die so oft gestellte Frage: «Haben Sie denn gar kein Privatleben?» Ich finde, meine Arbeit und alles, was damit zusammenhängt – Menschen und Reisen –, ist mehr als genug Privatleben. Und wenn ich keine Reisen unternehme und wenig von Freunden zu hören ist, wende ich mich meiner besten Freundin zu, meiner IBM-Selectric, auf der all meine Arbeit vor sich geht, denn als *One-Woman-Show*, ohne Sekretärin und ohne Assistenten, und – horribile dictu – ohne Computer, ist mein Leben reichlich ausgefüllt.

Immer wieder kommen die gleichen Fragen, die in diesem Buch ein für alle Mal beantwortet werden sollen: Wie kommt es, daß ein kleines Mädchen aus einer Nicht-Akademikerfamilie unbedingt Orientalistin werden will? Wie kann man mit neunzehn Jahren promovieren, sich mit dreiundzwanzig habilitieren? Wieso erhält eine junge, nicht-muslimische Frau einen Lehrstuhl an der Islamisch-Theologischen Fakultät der Universität Ankara? Wieso wird sie auf einen Lehrstuhl in Harvard berufen, nachdem ihr deutscher Kollege ihr erklärt hatte: «Ja, Schimmelin, wenn Sie 'n Mann wären, dann kriegten Sie 'n Lehrstuhl»?

Wie fremd dieser Lebensweg einer Frau erst recht für Außenstehende sein kann, erlebte ich auf einer Autobusreise mit meiner Mutter (ich hatte zwar den Führerschein, aber kein Auto). Ich begleitete sie bei ihrer letzten Fahrt (sie war damals nahe neunzig, aber sehr aktiv). Wir fuhren nach Burgund, denn ich wollte seit langem die herrlichen romanischen Reliefs in Autun sehen. Neben uns im Autobus saßen zwei ältere Frauen aus dem Vorgebirge, die sich bei den Mahlzeiten an uns hängten, denn da sie kein Französisch konnten, mußte ich die Speisekarte für sie übersetzen. Nun hatten Mama und ich uns vorgenommen, nur über Allgemeines, nicht über meinen Beruf oder meine Reisen zu sprechen, aber sie schienen doch irgendwelche ungewöhnlichen Sachen gehört zu haben. Als wir am dritten und letzten Tag in Verdun zu Mittag aßen, bestellte ich mir Escargots – ein bißchen auch, um die guten Frauen zu schockieren. Da hielten sie es nicht mehr aus und fragten Mama, was ich wohl für einen Beruf hätte: Ich könnte Französisch, offenbar auch ein bißchen Englisch, und ich schiene wohl viel zu reisen. Mama sagte: «Raten Sie doch mal!» Man sah es hinter den Stirnen arbeiten, und dann: «Ja, bei solchen Qualifikationen ist Ihre Tochter sicher Stewardeß bei der Lufthansa!»

Sela   Sela   Sela

Erster Teil
Kindheit und Jugend
(1922–1945)

Ich lebe mein Leben in wachsenden Ringen,
die sich über die Dinge ziehn.
Ich werde den letzten vielleicht nicht vollbringen,
aber versuchen will ich ihn.

Ich kreise um Gott, um den uralten Turm,
und ich kreise jahrtausendelang;
und ich weiß noch nicht: bin ich ein Falke, ein Sturm
oder ein großer Gesang.

Rainer Maria Rilke

Die Menschen schlafen, und wenn sie sterben, erwachen sie

Die genn' Se nich verleuchnen!» sagte die Nachbarin zu meinem Vater, als meine Eltern mich im April 1922 aus der Klinik nach Hause brachten (einer Klinik in Erfurt, die, wie es sich für einen Schimmel geziemt, in der Marstallstraße lag). Nein, Papa wollte mich durchaus nicht verleugnen. Er hatte sich ein Mädchen gewünscht und war der zärtlichste Vater, den man sich denken kann. Er soll mich gewickelt haben, und in seinen freien Stunden war er ein wunderbarer Spielkamerad voller Humor. Später lehrte er mich Pflanzen und Sterne kennen und brachte mir einen guten Briefstil mit allen protokollarischen Feinheiten bei – er war ein ausgezeichneter Stilist und Meisterstenograph. Alles, was er schrieb, war kalligraphisch schön. Und er stellte dem Kind – einem Widderchen – das Horoskop, das «gewisse Berühmtheit» verhieß, «gesellschaftliche Beliebtheit» und – was wirklich zutreffen sollte – «viele Reisen in Verbindung mit dem Beruf».

Auch für Mama war ich ein Wunschkind. Sie hätte gern viele Kinder gehabt, war aber schon fünfunddreißig Jahre alt, als ich zur Welt kam, und so konzentrierte sich ihre intensive Liebe auf mich – was nicht heißt, daß es nicht dann und wann «einen hintenvor» gegeben hätte. Geschadet hat es mir nicht. Schlimm war nur, wenn sie, mit Tränen in den Augen, schweigend das Zimmer verließ.

Erste Eindrücke: Petunien schwankend auf dem Fensterbrett, ein grünseidener Lampenschirm für die Gaslampe, in der Ecke Mamas Nähmaschine, auf der sie die schönsten Dinge schuf. Alles, was aus ihren Händen kam, war ästhetisch, ob es Kleider, Stickereien oder Gedecke waren. Nie richtete sie sich genau nach dem Muster, immer wirkte ihre Phantasie mit. «In meinem Elternhaus gab es keine Gainsboroughs», das hätte sich für den Haushalt eines mittleren Beamten im Post- und Telegraphendienst wohl kaum geziemt. Über dem gemütlichen Sofa hing der Druck eines Seestücks, um Mamas Sehnsucht nach ihrer Heimat an der Nordsee ein wenig zu stillen, dazu zwei Originalradierungen von Heinrich Vogeler – meine erste Begegnung mit der Kunst. In einem kleinen, dunkel tapezierten Zimmer stand der große Bücherschrank mit den Werken der deutschen Klassiker und zahlreichen Übertragungen aus der Weltliteratur; es gab Gedichtbände und einige wenige Romane.

Mich entzückten später Papas Schulbücher, in denen ich viele Gedichte und Geschichten fand. Es gab auch drei alte Kosmosbände (1910–1912), aus denen ich meine naturwissenschaftlichen Inspirationen holte. Wir führten ein recht stilles Leben. Die Eltern waren beide nicht besonders an Geselligkeit interessiert; es gab einige wenige Kollegen, mit denen man sich hin und wieder traf. Mama haßte Kaffeekränzchen und Weiberklatsch; sie sagte manchmal, sie sei wie Moses: «Ich habe eine schwere Zunge!» Und die kleinbürgerlichen Beamtenfrauen aus einem engen Thüringer Umfeld hätten ihr wohl kaum geglaubt, was sie von den Reisen ihrer Familie zu berichten hatte, von den vielen, die in ihren Segelschiffen bei Kap Horn «geblieben» waren. Oder konnte man sich vorstellen, daß sie und ihre Geschwister als Kinder mit dem schwarzen Koch ihres Onkels gespielt hatten? Oder daß sie im Winter in Bremen stundenlang auf den überfluteten Weser-Wiesen mit den Kolleginnen Schlittschuh gelaufen war? Nein, sie schwieg lieber – und Papa verstand das. Er half soweit wie möglich im Haushalt, trocknete samstags Geschirr ab und wirkte sogar bei der großen Wäsche mit, was damals noch ein riesiges Unterfangen war. Er wollte seine Frau nicht von Haushaltsarbeit überlastet sehen; sie war die Gefährtin seiner Gedanken, die Partnerin seiner Überlegungen.

So wuchs ich in einer schönen Atmosphäre auf – ob es Spannungen zwischen den Eltern gab, wurde mir nicht bewußt; ich genoß die liebende Umgebung.

Wir waren eine typisch «preußische» Familie. Pflichtbewußtsein und absolute Pünktlichkeit waren selbstverständlich, und schon als kleines Mädchen lernte ich, Papa für den Nachmittagsdienst um «deivieteldei» zu wecken, während ich abends sehr früh ins Bett gesteckt wurde, damit die Eltern über Dinge – wie Politik – sprechen konnten, von denen das Kind nichts wissen sollte. Schulden wurden nicht gemacht. Man rechnete genau aus, was man sich von dem nicht allzu großen Beamtengehalt leisten konnte – das Geld fürs Lyzeum oder für ein Klavier –, und noch heute ist es für mich ein unerträglicher Gedanke, Schulden zu haben. Vielleicht habe ich auch deswegen nur einmal ein Stipendium (für meine erste Türkeireise) beantragt; der persische Ausdruck *bâr-i minnat*, «Last der Dankesschuld», drückt mein Gefühl recht treffend aus. Die eine Mark Taschengeld im Monat wurde sorglichst gespart, um den Eltern Weihnachtsgeschenke zu kaufen. Doch jeden Sonnabend brachte Papa ein kleines Geschenk – ein paar Pralinen, etwas Marzipan – für Mama mit.

Sonntags gingen wir im Steigerwald spazieren; noch erinnere ich mich an jede Ecke, wo es die ersten Schneeglöckchen gab und wo wenig später Himmelsschlüssel und Leberblümchen in verschwenderischer Fülle blühten – gerade zur rechten Zeit für meinen Geburtstag. Mit vier Jahren wurde ich in den nahen Kindergarten geschickt. Später schrieb eine der jungen Kindergärtnerinnen ihre Examensarbeit über mich. Als ich 1995 zu einem Vortrag nach Erfurt kam, rief vorher jemand mit vor Aufregung zitternder Stimme an: Es war «Tante Lotte», eben jene freundliche Kindergärtnerin, und es gab eine große Umarmung im Rathaussaal, wo ich mich ins Goldene Buch eintrug. Ja, noch bei einem Vortrag im Frühjahr 2001 lauschte sie den Worten ihres Zöglings voller Spannung.

Dann kam die Schule, die ich ganz interessant fand; nur wunderte es mich, daß die Lehrer mehr wußten als wir. Es war aber lustig, daß ein paar Lehramtskandidaten uns als Versuchskaninchen benutzten und drei unterschiedlich begabte Schülerinnen in allerlei Dingen testeten. War es nicht schön, Wörter möglichst schnell alphabetisch anzuordnen? Das war sicher die Vorübung für die ungezählten Register, die ich in späteren Jahren zu meinen Büchern machte (eine Arbeit, die ich zum Erstaunen der meisten Menschen wirklich liebe!). Der Klassenlehrer, für den ich schwärmte (für irgendeinen Lehrer schwärmte ich immer), gab mir Bücher, die viel zu schwierig für ein siebenjähriges Kind waren, etwa eine Einführung in die Architekturstile.

Damals wurde ich auch in die Kinderklasse der Kunstgewerbeschule aufgenommen, obgleich das Eintrittsalter eigentlich zehn Jahre war. Aber ich hatte wenig Spaß am Kolorieren sonderbarer Formen; ich träumte davon, winzige Bilder zwischen die Linien des Schulheftes zu zeichnen. Jetzt ist das Gebäude der alten Schule der Sitz des Max-Weber-Kollegs der neuen Universität Erfurt, und es war ein sonderbares Gefühl, als Kuratoriumsmitglied der Universität eben dort bei einer Sitzung zu sein.

Der Winter 1929 war sehr hart, und ich wurde krank – Nierenentzündung. Ich konnte zu Hause bleiben, Lehrer und Klassenkameradinnen brachten Bücher, Mama las mir vor (Stifters *Bergkristall* war dabei) oder erfand wundervolle Märchen von Affen, Giraffen und der Apfelsine. Aber es gab *ein* Buch, das mich entscheidend beeinflußte: ein Märchenbuch von 1870, daher in alter Orthographie gedruckt, was mir die Gelegenheit gab, alle «Fehler» zu verbessern (Vorstufe zum späteren Korrekturlesen!). Unter den verschiedensten Märchen aus aller Welt war eins, das ich sonst nirgendwo gefunden habe. Es hieß *Padmanaba und Hassan* und erzählte von einem indischen Weisen, der einen Jüngling in Damaskus in die höhere Weisheit einführt und ihn schließlich durch ein Wunderreich tief unter einem Brunnen leitet. Dort, in einem Gewölbe voll der köstlichsten Juwelen, lag der größte Fürst der Welt aufgebahrt, und über seinem Katafalk stand geschrieben: «Die Menschen schlafen, und wenn sie sterben, erwachen sie.» Das Wort traf mich wie ein Blitz. Zehn Jahre später erfuhr ich, daß es dem Propheten Muhammad zugeschrieben wird und daß die Sufis, die Mystiker des Islam, es besonders liebten. In diesem Moment wußte ich – vielleicht noch nicht in konkreter Form –, daß hier mein Weg war: Der Orient war das Ziel, der Orient der mystischen Weisheit. Und das Zusammentreffen des indischen Weisen mit dem muslimischen Jüngling deutete – wie ich viel später verstand – auf meinen künftigen Schwerpunkt, die indomuslimische Kultur.

Erfurt war eine ideale Stadt für ein Kind. Mit seinen etwa hundertfünfzigtausend Einwohnern war es übersichtlich genug, um alle Viertel zu kennen, mit einem schönen Wald, dem Steiger, und mit zahlreichen Gärtnereien. Es gab hübsche Dörfer in der Umgebung, wie Möbisburg, und zur Zeit der Obstblüte zog es viele zu den Fahnerschen Höhen. Etwas entfernter waren die Drei Gleichen – hatte nicht ein Graf von Gleichen aus den Kreuzzügen eine Araberin mitgebracht? Die Sage weiß, daß die Burgherrin die Fremde dankbar aufnahm, weil sie ihren Mann befreit hatte. Der Thüringer Wald lockte Wanderlustige im Sommer und Skifahrer im Winter (ich landete bei solchen winterlichen «Freuden» meist im Schnee). Und dann gab es die Glasbläser in Lauscha, die entzückende Dinge zauberten. Manchmal kam eine Frau mit einer Kiepe voller Glasgegenstände an die Tür; meine Glasmenagerie begann mit drei winzigen Pinguinen, die sie «Lupinen» nannte.

In der Stadt lebte noch das Andenken an Meister Eckhart, der in der Predigerkirche gewirkt hatte, und Luther schien allgegenwärtig. Man zeigte sogar noch die Stelle, wo er, durch ein Gewitter verängstigt, ausgerufen hatte: «Hilf mir, Sankt Anna, ein Mönch will ich werden!» Nicht allzufern von Erfurt erinnert die Wartburg an seine Arbeit an der Bibelübersetzung. Die deutsche Klassik war ganz lebendig, Weimar und Jena ganz nahe. Goethe traf sich in Erfurt mit Napoleon; die Humboldts gehörten zur Lokalgeschichte ebenso wie Dalberg – man war von Erinnerungen an die Großen der Vergangenheit umgeben.

Und dann die Kirchen: die strenge frühgotische Barfüßerkirche, jetzt zerstört, aber noch als Ruine beeindruckend, die Michaeliskirche und manch andere. Ich bildete mir ein, eine richtige Kirche müsse gotisch sein. Höhepunkt und Mittelpunkt der Stadt aber waren Dom und Sankt Severi; majestätisch auf einem Hügel erbaut, überblickten sie den Marktplatz. Früher leuchtete von der Westwand des Doms ein riesiges Mosaik: Maria und das Jesuskind auf Goldgrund. Es ist verschwunden, nicht durch Bomben oder in der DDR-Zeit, sondern im Zug einer notwendigen Dachreparatur, die keinen Platz für das strahlende Bild ließ. Ich erinnere mich, daß einmal – es muß 1937 gewesen sein – Gauleiter Sauckel, der alles Wichtige nach Weimar verlegen wollte, nach Erfurt kam. Beim Anblick von «Sauleiter Gauckel», wie er im Volksmund hieß, riefen die zu seinem Empfang bereitstehenden Hitlerjungen immer wieder: «Der Dom bleibt hier, der Dom bleibt hier!»

Dom und Severikirche sind der katholischen Kirche zugehörig; trotzdem fand das beliebteste Fest der Erfurter auf dem Marktplatz und auf den Domstufen statt: Am 10. November, Luthers Geburtstag, zogen alle Kinder, ganz gleich welcher Konfession, mit ihren Laternen durch die Stadt zum Dom, auf dessen Stufen die Schüler des Gymnasiums mit weißen, roten und grünen Laternen die Lutherrose bildeten. Nach einer kurzen Predigt sangen wir alle gewaltig «Eine feste Burg ist unser Gott». Viele von uns gingen in die Läden und sangen, wofür sie vielleicht eine Marzipangans bekamen.

Martini war eine erste Einstimmung auf Weihnachten; Vorbereitungen fürs Fest begannen um den Ersten Advent, nie vor Totensonntag. Dann fingen die Hausfrauen mit dem Backen an: Christstollen mußte es geben, die hier «Schittchen» hießen. Das war eine schwierige Angelegenheit. Man mußte in der Nacht prüfen, ob der Teig gut aufgegangen war, und ihn dann ganz früh morgens zum Bäcker bringen, wo man ihn mittags warm und lieblich gebräunt abholte und ihm mit viel Butter und Puderzucker den letzten Glanz verlieh. Oft sah man auch die Bäckerjungen mit langen Brettern sechs, sieben Stollen auf den Köpfen balancieren. Die ganze Stadt war von Kuchenduft erfüllt. Mama buk einen Stollen für Freunde, ich durfte ihn hinbringen und bekam etwas Süßes, oder sogar einen Schluck Portwein, als Botenlohn. Papa kaufte und schmückte den Baum. In Thüringen achtete man früher darauf, daß dünne Tännchen gekauft wurden, deren Zweige gleichmäßig auseinander standen – man machte nämlich später Quirle daraus. Mama war dagegen, und so waren unsere Bäumchen gleichmäßig dicht und schön.

Auch bei uns fing die Weihnachtszeit am Ersten Advent an. Von da an wurde keine Post mehr aufgemacht, es sei denn, es war etwas Dienstliches oder eine Rechnung. Am Heiligabend lag alles unter dem geschmückten Baum, und wir öffneten Päckchen und Briefe – wir waren eine sehr schreibfreudige Familie! Meist gab es nur ein einfaches kaltes Abendbrot, denn wir wollten den Abend mit Mama genießen. Als ich ein Klavier hatte, beglückte ich die Eltern mit «Tochter Zion» und anderen schönen Liedern. Kaum je hatten wir Besuch; der Heilige Abend gehörte uns. Und so halte ich es noch immer – allein mit einem silbergeschmückten Bäumchen und gewaltigen Mengen Post.

Eine Jugend in Erfurt

Im Jahr 1930 zogen wir in eine Neubauwohnung. Sie überblickte die Blumenfelder der Gärtnerei I.C. Schmidt und lag nahe beim Goethe-Lyzeum, in das ich zwei Jahre später eingeschult wurde. Meine Lieblingsbeschäftigung war weiterhin Lesen – am liebsten Bücher über Tiere oder den Orient. Was für ein Erlebnis, einen Vortrag von Sven Hedin zu hören und ein Autogramm von ihm zu bekommen! In Gustav Freytags *Soll und Haben*, das ich damals bekam, war es Bernhard, der junge jüdische Orientalist, der meine Lieblingsgestalt war, lebte er doch für seine orientalischen Handschriften. Im Goethe-Lyzeum schockierte ich daher auch meine liebe Klassenlehrerin mit meinem ersten Aufsatz über das Thema «Ein Brief an meine Puppe», in dem ich vom Boxeraufstand in China schrieb – schließlich waren meine kleinen Puppen (die liebste unter ihnen wohnte in einer Nußschale) alle irgendwie orientalisch gekleidet. Ich mochte die Schule, obgleich – oder weil – der Französischlehrer wegen seiner Strenge stadtbekannt war: Aber er war ein vorzüglicher Pädagoge. Ich wurde bald zur Präzeptorin und durfte Grammatik und Vokabeln mit den anderen Mädels üben. Nach drei Jahren ging es dann auf die Luisenschule, wo der Lateinlehrer, Herr Kraus, fast wie ein alter Römer aussehend, uns zunächst lateinische Namen gab und uns liebevoll in Sprache und Kultur einführte.

Doch waren dies auch die Jahre schwerer Umstellungen in unserem Leben. Noch erinnere ich mich geradezu fotografisch genau, wie Papa am 30. Januar 1933 zur Mittagspause nach Hause kam, das Radio anstellte und wie Mama aus der Küche nach dem Wahlergebnis fragte. «Hitler ist Reichskanzler geworden», sagte er. Aus der Küche kam ein tiefer Seufzer: «Ach du lieber Gott!» Mama schien zu ahnen, was kommen würde. Im allgemeinen wurde ich von Politik völlig ferngehalten; ich weiß nicht einmal, wie meine Eltern wählten. Ich erinnere mich aber, wie beim Röhm-Putsch die Zeitung sorglich vor dem Kind versteckt wurde. Meine erste politische Erinnerung betrifft die Brüningschen Notverordnungen 1929 und 1930. Wenn ich das Wort «Notverordnung» auf der Zeitung sah, die ich – es war in den Ferien in Carolinensiel – von draußen holte, verlangsamten sich meine Schritte, weil ich wußte, wie zornig Papa wurde, wenn solche Nachrichten kamen. Im Laufe der Zeit wurde man in den BDM eingezogen. Manche traten zunächst wohl auch wegen der flotten Uniform – dunkelblauer Rock, weiße Bluse, dunkelblaue Halsbinde – ein; die Uniform hieß *Kluft*; der Erfinder dieser Bezeichnung wußte offenbar nicht, daß das Wort aus dem Jiddischen kam. Die Heimabende bestanden aus Basteln, Lesen und Volksliedersingen; Lönslieder waren bei uns sehr beliebt, und die alten Liederbücher, soweit ich sie noch zufällig habe, enthalten keinerlei antisemitische Texte. Vielleicht waren die Liedertexte für die männliche Jugend ja deutlicher in ihrer Propaganda. Das Lied «Wir sind Hitlers braune Haufen» wurde schon bald von der Liste gestrichen. Es gab samstags Wanderungen, und es gab Lager, an denen ich nie teilnahm. Es gelang mir auch, kaum einen der Propagandafilme anzusehen, die es hin und wieder in der Schule gab; wie ich das fertigbrachte, weiß ich nicht. Ich saß dann oft mit Evchen zusammen, der einzigen jüdischen Schülerin in der Klasse – Evchen, mit der ich nicht nur den Geburtstag, sondern auch die Freude an Sprachen und die Abneigung gegen Sport und vor allem Ballspiel teilte. Wenn ich schon einmal ins Kino ging, dann in Filme mit Lilian Harvey und Conrad Veidt; ich begriff gar nicht, wieso dieser plötzlich nicht mehr auf der Leinwand erschien. «Vielleicht ist er Jude?» meinte jemand. Aber noch wußten wir kaum etwas vom Antisemitismus, und erst als die wenigen jüdischen Schülerinnen plötzlich auf dem Schulhof getrennt von uns zusammenstanden und dann – wie man sagte – auf andere Schulen gingen, wurden wir aufmerksamer.

Vorher hatten wir 1936 die Olympischen Spiele übers Radio verfolgt und in der Wochenschau mit Begeisterung angesehen. Selbst meine Großmutter, die in ihrem Nordseedorf gar nicht wußte, was Skilaufen war, sagte mit glänzenden Augen, als sie es im Radio hörte: «Christl Kranz hat gesiegt!»

Mit fünfzehn Jahren hatten wir Tanzstunde, die ich überhaupt nicht
inspirierend fand, denn als romantische Seele hatte ich mir andere Gesprächsthemen gewünscht als Kleinkaliberschießen und Turnen. In die
Tanzstunde schlug die Nachricht ein, daß der Vater meiner Freundin,
der Pfarrer an der Barfüßerkirche war, in Schutzhaft genommen war.
Was hatte das zu bedeuten? Zum Glück wurde er bald freigelassen, aber
Schatten senkten sich über die heitere Zeit. Als eine Gruppe von auserlesenen fahnentreuen BDM-Führerinnen mit ebenso auserlesenen
HJ-Führern feiern durfte, war ich froh, daß mir dies erspart blieb. Damit wir gute deutsche Hausfrauen würden, mußten wir einen Kochkurs
absolvieren. Das machte wenigstens Spaß und war nützlich. Konnte
man nicht ein Lehrgedicht über die Zubereitung von Mehlschwitze verfassen?

Kurz nachdem all dies vorüber war, im Oktober 1937, klagte ich mal
wieder meiner Freundin Dorle, was ich darum gäbe, eine orientalische
Sprache zu lernen. «Oh», sagte sie, «Onkel Kraus (unser Lateinlehrer)
kennt jemanden, der kann Arabisch!» Das hören und aufnehmen war
eins. Ich erfuhr, es gebe einen Journalisten namens Dr. Ellenberg (Spitz-
name «Efendi»), der auch in Jena Arabisch lehrte. Die Eltern meinten,
man könne ja einmal sehen, und so ging Mama eines Tages mit mir zu
ihm. Den Hut, den ich damals trug, um älter zu erscheinen, würde ich
heute als viel zu tuntenhaft für mein jetziges Alter bezeichnen! Ellenberg, ein Hamburger, damals Mitte sechzig, wollte versuchen, wie das
Ganze lief – und nach der ersten Lektion war es um mich geschehen:
Die Woche bestand nur noch aus Tagen vor Donnerstag und nach Donnerstag, dem Arabisch-Tag. Zwar durfte ich nicht über meine so unna-
tionalen Eskapaden sprechen, aber meine Eltern nahmen lebhaft an
meinen Studien teil. Mama konnte noch bis zu ihrem Tode die Vokabeln der ersten Lektion des *Großen Harder* – einer Grammatik, deren ab-
gekürzte Form, den *Harder-Paret*, ich 1967 bearbeiten sollte.

Efendi war genau der Lehrer, den ein fünfzehnjähriges begeisterungs-
fähiges Mädchen braucht. Er kam aus der Schule Georg Jacobs, der sich
besonders mit Realien beschäftigt hatte, nicht so sehr mit grammatika-
lischen Haarspaltereien oder mit theologischen und philosophischen
Problemen; auch wies er dem Türkischen einen guten Platz im Studium
der Orientalistik zu. Ellenberg kannte und liebte den Orient und begeisterte sich für seine Kultur. Jede Woche gab es nicht nur eine Lektion
Grammatik, sondern auch eine Einführung in Islamkunde und -ge-
schichte; jede Woche durfte ich ein, zwei Fachbücher mitnehmen, die

meine Eltern ebenfalls mit großem Interesse lasen. Mama sollte meine beste Kritikerin werden, die später alle meine deutschen Manuskripte durchsah und mich tadelte, wenn die Argumentation fehlerhaft, die Sätze unklar waren. «Ich bin die Stimme des Volkes», sagte sie gern. Einer der Höhepunkte des Arabisch-Kurses war es, als Efendi mich nach Jena mitnahm, wo er zwei arabische Studenten hatte – die ersten Araber, die ich traf! –, und ich mußte, vielmehr durfte, ihnen die *Fâtiha*, die erste Sure des Korans, arabisch rezitieren!

Um meiner Begeisterung Herr zu werden, nahm ich mir vor, etwas zu schreiben, und stellte ein Buch zusammen, in dem ich alles, was mir in die Hände fiel, abzeichnete: Da gab es Landkarten mit den Bodenschätzen und der Vegetation, Bilder von Moscheen zwischen Kairouan und Indien, Schriftproben aus den verschiedensten orientalischen Sprachen, deren Mehrzahl ich aus einem meiner Lieblingsbücher kopierte, einer Veröffentlichung der Britischen Bibelgesellschaft, die den Vers Johannes 3,16 («Also hat Gott die Welt geliebt...») in mehr als sechshundert Sprachen enthielt. Ich zeichnete die Portraits der Mogulherrscher Indiens ebenso wie einen Markt in Üsküp (Skopje) und persische Seidengewebe, kopierte einige Miniaturen – kurz: Es war ein buntes, heiteres und informatives Buch, das ich dann hübsch binden ließ und «Land des Lichts» nannte. Irgendwann im Sommer 1938 zeigte ich es meinem ziemlich überraschten Lehrer – und ehrlich gesagt, ich begreife heute selbst kaum, wie ich damals solch ein Buch zusammenstellen konnte.

Denn gerade zu dieser Zeit hatte ich besonders viel zu tun. Da mein Vater auf seine Versetzung nach Berlin wartete, fragte er, ob ich nicht eine Klasse überspringen könnte, um das Abitur noch in Erfurt zu machen. Das wurde bewilligt. Aber man hatte übersehen, daß die Schulzeit ohnehin gerade auf zwölf Jahre verkürzt worden war, und so übersprang ich zwei Klassen. Leider hatte die neue Abiturklasse aber mit Englisch, nicht, wie wir, mit Französisch begonnen. So hieß es, in wenigen Monaten sieben Jahre Englisch nachzuholen. Und die Texte, die wir lasen, waren wenig inspirierend, etwa ein Puritanerstück, dessen Held nichts wollte als

A little house whose humble roof
is waterproof...

Hätten wir doch Beatrix Potter gelesen oder ein paar Limericks! So war Englisch meine schlechteste Note im Abiturzeugnis. Wahrscheinlich schickte der liebe Gott mich deshalb viele Jahre später nach Harvard, um diesen Mangel zu beheben.

In meiner Abiturklasse – wo ich mich sehr wohl fühlte und auch aufs netteste aufgenommen wurde – war ich die einzige, die keine farbige Schnur trug, das Kennzeichen der BDM-Führerin. Denn zum BDM-Dienst hatte ich wirklich keine Zeit gehabt (und noch weniger Lust!). In der Abiturzeitung stand dann groß die Anzeige: «Wer macht aus einem arabischen Schimmel eine brave häusliche Stute?» Aber das gelang keinem.

Familienferien in Ostfriesland und Thüringen

Jeden Sommer fuhren wir nach Carolinensiel in Ostfriesland. Von Erfurt aus war es eine lange Reise mit viel Umsteigen, die bei Sonnenaufgang begann. Manchmal blieben wir ein, zwei Tage bei Mamas Verwandten in Bremen: Der Mann ihrer Kusine war Hansekapitän und fuhr zweimal jährlich nach Kalkutta – wie ich ihn beneidete! Eine Postkarte vom Victoria Memorial gehörte zu meinen frühesten kostbaren Besitztümern.

Ich mochte Bremen – Roland der Riese am Rathaus zu Bremen war wie ein vertrauter Bekannter. Auch ein Ausflug nach Worpswede beeindruckte mich; ich war damals etwa acht Jahre alt. Die Umgebung Heinrich Vogelers war es, wo Tante Mia für Jahre lebte und wo ich etwas vom Geist seiner frühen Lebenszeit zu spüren begann. Von Bremen aus ging es weiter; hinter Jever streckten sich die Kornfelder, der Seewind brachte salzige Luft – und dann waren Ferien. Onkel Rudi, Mamas Bruder, der ein Schiff besaß und der das schönste Seemannsgarn spann, stand an dem winzigen Bahnhof, der die Grenze zwischen Ostfriesland und Oldenburg bildete. Wir gingen auf die kleine Backsteinkirche mit ihrem freistehenden Turm zu, die von dem blumenreichen Kirchhof umgeben war. Sah man sonst irgendwo so viele rote Knollenbegonien blühen? Dort bogen wir in die Mense ein, die jetzt nach Tante Mia Marie-Ulfers-Weg heißt. Um Omas niedriges Haus standen ein paar Ulmen, zwischen denen Goldraute wuchs; ein kleiner Garten mit ein paar Beerensträuchern lag daneben; an der einen Hauswand blühte Kresse, an der Sonnenwand standen ein paar stark duftende Rosen, und Miez, «der schönste Kater von Butjadingen», begrüßte die Gäste, was dann später seine Nachfolgerinnen übernahmen. Im niedrigen «Bau» befand sich das Klosett; dahinter lebten ein paar glückliche Hühner, und davor stand der Pütt, der Brunnen, in den das Regenwasser lief und aus dem wir das kostbare Naß schöpften. Alle die schmalen Wege rings ums Haus wurden Sonnabendnachmittag geharkt; das war Sitte im Dorf. Ich liebte Oma zärtlich. Die alte Frau muß sehr schön gewesen sein mit ihrem dunklen Haar und den hellen Augen. Als Kind versteht man vieles aus der Erwachsenenwelt nicht; doch ich spürte manches Mal bei ihr jene dunkle Stimmung, die auch in der kleinsten Vergnügung eine Sünde sah: «Jede Sünde, die man tut, rächt sich schon auf Erden», das prägte sie beim Geschirrspülen der Achtjährigen ein. Und von ihr lernte ich damals auch den Spruch:

Tue das Gute, wirf es ins Meer;
sieht es der Fisch nicht, sieht's doch der Herr

– ein Spruch, der, aus dem Alten Testament stammend, auch in der islamischen Literatur eine wichtige Rolle spielt: «Gib, ohne auf Lohn zu hoffen.»

Mein Großvater war vierzehn Tage vor meiner Geburt gestorben; er muß ein überaus warmherziger und gütiger Mensch gewesen sein, der, wie alle Vorfahren und Familienmitglieder, Segelschiffskapitän war. Er fuhr mit seinem Klipper nach Norwegen, um dort Stockfisch zu holen und nach Portugal und Spanien zu bringen, von wo aus er Wein mitbrachte, während andere Familienangehörige nach Indien und Batavia (Indonesien) reisten. Am Ende einer dreieinhalbmonatigen Fahrt nach Brasilien, wohin er kostbare Fracht zu bringen hatte, sank sein Schiff, die «Anna», bei der bekannt schwierigen Einfahrt nach Porto Alegre durch einen Fehler des Lotsen. Seine Existenz war zerstört. Dem tüchtigen Kapitän wurde zwar sofort eine Stelle als Dampferkapitän für große Fahrt angeboten; er schlug das Angebot aber aus; er wollte sein eigener Herr bleiben. Er war jedoch ein schlechter Geschäftsmann, der lieber von seinem geringen Einkommen zu viel Steuern zahlte als zu wenig, und meine Großmutter, mit einer ständig wachsenden Kinderschar, hatte es nicht leicht. Dazu kamen Unglücksfälle in der Familie: Die älteste Tochter – sie soll hoch begabt gewesen sein – starb bei einer Gasexplosion. Ich frage mich manchmal, ob meine geradezu panische Angst vor Feuer, die mich seit frühester Kindheit plagt, von einer geheimnisvollen Verbindung mit diesem Ereignis kommt, das freilich ein Jahrzehnt vor meiner Geburt liegt.

Der erste Sohn der Großeltern, der Liebling der Familie, kam wäh-

rend des Herero-Aufstandes in Südwestafrika ums Leben. Nach zwei
weiteren Jungen wurde Mama, das ernste blonde Mädchen, im Januar
unter dem Zeichen des Saturn geboren. In ihr lebte das Seefahrererbe
am stärksten fort; trotz aller äußeren Zurückhaltung und Empfindlich-
keit war sie unternehmend, zukunftsorientiert, und gleichzeitig hatte sie
viel von einem Spökenkieker: Träume und das Zweite Gesicht leiteten
sie auf ihrem ungewöhnlichen, langen Leben. Dann kam die liebrei-
zende Mia zur Welt, die lange in Holland und Worpswede lebte und
sich später als Schriftstellerin einen Namen machte. Seit sie 1936 das
Festspiel *Maria von Jever* verfaßt hatte, wurde sie durch ihre plattdeut-
schen Komödien im Norddeutschen Rundfunk bekannt, und ihr zweiter Roman *Windiger Siel* erzählt viel aus unserer Familiengeschichte. Im
Sielhafenmuseum in Carolinensiel ist ihr ein Zimmer gewidmet. Ich
liebte die Tante, besonders da sie *kattenmaal*, «verrückt auf Katzen», war.
Etwas Angst aber hatte ich vor der jüngsten, Tante Uli, die sich tapfer
eine gute Stellung im Geschäftsleben geschaffen hatte und später Ge-
schäftsführerin der Martin Brinckmann AG in Essen wurde. Erst spät begriff ich, daß manches Ablehnende in ihrer Haltung eine Abwehrreaktion
beim Kampf um ihre Stellung gewesen ist. Alle Kinder besuchten die
winzige Dorfschule, wo ein begeisterter Lehrer ihnen vieles beibrachte,
was heute selbst Gymnasiasten nicht bekannt ist. Alle Familienmitglieder
waren leidenschaftliche Leser. Mama aber war das erste Mädchen, das aus
dem Dorf ging und einen Beruf ergriff.

Im Dorf kannte jeder jeden. Am Ende der Mense lebte Tante Nelli,
eine unsagbar hagere entfernte Kusine, bei der ich manchmal einen anderen Verwandten traf: Onkel Gerhard (Tjarks), den Gründer der *Deutschen La Plata Zeitung* in Buenos Aires. Der Papagei und die schönen
Mineralien in seinem Hause waren natürlich hochinteressant für das
Kind. Ich durfte in den kleinen Läden des Dorfes einkaufen, und bei
meinem Besuch im Sielhafenmuseum 1998 fand ich, daß Krischan Janssen noch immer in seinem alten Laden stand und sich – nun neunzig-
jährig – genau an das blondbezopfte Mädchen erinnerte, das sechzig
Jahre zuvor so gern gekommen war. Die beiden Bäckereien wetteiferten
um die besten Köstlichkeiten. Die rundliche Frau Janssen schnitt das duftende Schwarzbrot, auf dem man abends gern die frischgefangenen Gra-
nat, kleine Garnelen, aß. Die andere Bäckerei aber hatte köstliches
Kleingebäck, Ehstandskuchen, zarte Zimtbrezeln und die berühmten
Cliener Wind, kleine, innen noch weiche Meringen, die ich manchmal
zur Belohnung bekam. Weniger gern ging ich zum Gärtner, wo es Erd-

beeren gab; der freundliche Mann war taubstumm, er war mir etwas unheimlich.

Je nach Eintreffen der Flut gingen wir zwischen den Feldern auf dem Außendeich ans Watt, suchten kleine rosa Muscheln und planschten in dem niedrigen, aber tückischen Wasser. Am Horizont sah man Wangeroog und Spiekeroog. Ein Ritual war es, einmal in den Ferien nach dem sieben Kilometer entfernten Neuharlingersiel zu wandern, und wenn sich der Weg vorbei an den beiden Windmühlen über den Deich auch für die kleinen Füße lang hinzog, genossen wir doch immer den Tee in einer der Hafengaststätten. Ja, der Tee! Ostfriesischer Tee muß dunkel gezogen und kräftig sein; er wird in kleinen Tassen serviert, in denen ein *Kluntje*, ein Stück Kandis, liegt, das beim Einschenken leise knistert; zuoberst legt man ein zartes *Wulkje*, ein Wölkchen von Sahne. Die Teekultur wurde sorglichst gepflegt, und die Konsistenz der Sahne sowie die Qualität des Wassers (Regenwasser) spielten eine wichtige Rolle. Tee zu machen, war ein geheimnisvolles Ritual, das nur wohlerfahrene ältere Frauen wirklich beherrschten. Als mein Vater bei seinem ersten Besuch bei seinen künftigen Angehörigen nach dem Siel kam, war er, wie ich hörte, nach der zwölften oder vierzehnten Tasse dieses köstlichen Tranks geradezu beschwipst – wer im Vogtland hätte je von einem solchen Tee gehört, ja geträumt! Dort trank man Lindenblütentee und ähnliches, was Mama bis an ihr Lebensende herzlich verachtete (ich auch!).

In späteren Jahren verbrachte ich den größeren Teil des Ferientages auf der Domäne Fürstinnengrashaus, wo ich eine Freundin gefunden hatte; mit ihr und ihrem kleinen Bruder führte ich romantische Dramen im Heu auf, wobei ich natürlich immer das verschleppte Opfer war. Wir ruderten in einem alten flachen Kahn auf dem Tief, spielten zwischen den Pferden und saßen allein, zu zweien oder gar zu dreien den halben Tag auf dem Schimmelpony Lies, das uns klaglos ertrug.

Doch am gemütlichsten war es in Omas Wohnzimmer mit dem roten Plüschsofa und ein paar schönen holländischen Schränken. Dort stand das von Opa selbst geschnitzte Modell seines verlorenen Schiffes, das wir später, zusammen mit den Verhandlungen des Seeamtes über den Verlust der «Anna», ins Schiffahrtsmuseum Bremerhaven gegeben haben. Es gab Bücher in diesem Zimmer und viele Jahrgänge von Velhagen & Klasings Monatsheften, die ich durchschmökerte. All das aber war zu Ende, als Oma 1938 starb.

Einige Male begannen wir die Reise auch mit einem Ausflug nach

Borkum, wo Mamas Halbschwester Tante Johanna lebte. Die Dampfer-
fahrt von Emden aus war herrlich; ich vermute allerdings, die Mitreisenden fanden das kleine Mädchen abscheulich, das bei heftigem Wel-
lengang entzückt krähte: «Papa, schaukel noch mehr!» Ich liebte Tante
Johannas aufs zierlichste geordneten Haushalt, in dem es ein Objekt
gab, um das ich sie beneidete: eine Amethystdruse, in die eine winzige
Kirche gebaut war – Modell der Kirche in Idar-Oberstein, jenem Zentrum der Edelsteinschleiferei in Deutschland, das bis heute einer meiner
Lieblingsorte ist.

Papa mußte meist früher als wir zurück zum Dienst; der Urlaub für
Beamte war nicht so lang wie heute. Wenn wir glücklich zu Hause ankamen, hatte er die ersten Pfirsiche zum Empfang bereitgestellt.

Viel seltener besuchten wir Papas Verwandte, Tante Klara mit ihrem
Mann, einem Bäcker, unterhalb der Osterburg im heimischen Weida.
Es gab am Stadtrand einen großen Garten mit Bienenstöcken; ihn bearbeitete der fröhliche Vetter Rudi, der sehr an Mama hing; Kusine Lene
war wie ihre Mutter eine leidenschaftliche Stickerin. Alles im Haus war
mit Kreuzstich geziert, Wandbilder und Decken, Fußmatten und der
Toilettensitz – es gab nichts, von dem aus dem Besucher nicht Kreuz-
stichblumen, -tiere, -arabesken entgegenblickten, viele sehr hübsch und
technisch perfekt; manchmal wunderten wir uns, daß es nicht auch im
Ziegenstall Kreuzstichdecken gab. Doch sollte ich die liebe, warmherzige Tante nicht verspotten. Unter anderen Verhältnissen hätte sie Besseres und Nützlicheres leisten können.

Die väterlichen Vorfahren kamen aus dem Reußischen und waren
Weber; Papas ältester Bruder war, wie sein Vater, Webereidirektor. Wir
besuchten ihn nur einmal in Zwickau, denn Onkel Reinhard war ein
schwieriger Mann, und seiner Frau war es nach dem Tode vieler kleiner
Kinder «ins geistliche Fach geschlagen»; das wirkte sich in exzessiver
Frömmigkeit aus. Ihr Sohn Alfred hatte die häusliche Atmosphäre nach
dem Ersten Weltkrieg nicht mehr ertragen und wanderte nach Amerika
aus, wo er sich eine gute Stellung erarbeitete. Mein Vater wurde sein
Mentor, der dem jungen Mann immer wieder briefliche Ratschläge für
sein Leben gab. Daß Alfred seinen Sohn nach meinem Vater *Paul*
nannte, erfuhr mein Vater nicht mehr; der Krieg zerschnitt die Verbindung für Jahre. Paul wurde zu einem international bekannten Mikro-
biologen, und es gehört zu den erstaunlichsten Dingen, daß wir uns in
Harvard wiederfanden, daß wir am gleichen Tag in die American Aca-

demy of Arts and Sciences aufgenommen wurden und daß Pauls beide Töchter Araber heirateten und Muslime wurden. Ich hatte wirklich nichts dazu getan, «it just runs in the genes», wie Paul lachend sagte.

Wir waren keine kirchgehende Familie. Mama kam aus dem strengsten ostfriesischen Luthertum und hatte acht Schuljahre lang täglich im Religionsunterricht gelernt: «Gott drohet zu strafen alle, die diese Gebote übertreten.» Jedes Vergnügen, mochte es noch so harmlos sein, war Sünde. Später sagte sie oft, mein Vater habe sie erstmals gelehrt, daß Gott Liebe sei. Man blieb zwar immer innerhalb der Tradition des Luthertums, aber die Eltern sahen sich auch anderswo um. Nach dem Ersten Weltkrieg gab es zahlreiche esoterische Gruppen im Lande; so schwärmte ein seltsamer Mann namens Muck-Lamberti in Thüringen, der offenbar in Erfurt einigen Erfolg hatte; doch an mehr als seinen Namen erinnere ich mich nicht. Es gab Bewegungen, denen sich die Eltern näherten und von denen sie sich wieder entfernten; dazu gehörten die Anthroposophen. Besonders nahe stand Papa der Neugeistbewegung; ich blickte als Kind hin und wieder in deren Zeitschrift *Die weiße Fahne* und las die wohlklingenden, aber mir ziemlich unverständlichen *Deutschen Mantras* Bo Yin Ras. Mamas trostvolle Lektüre aber war Ralph W. Trines *In Harmonie mit dem Unendlichen*, ein Werk aus der Emerson-Tradition.

Daß wir wenig zur Kirche gingen, hatte *einen* Grund darin, daß Mama leicht ohnmächtig wurde und Kirchenmusik schwer vertrug (meine herzinnige Abneigung gegen Johann Sebastian Bach dürfte ich wohl von ihr geerbt haben). Aber wir waren bibelfest. Die Worte und Gestalten des Alten Testaments waren uns völlig vertraut, schließlich gehörten sie doch zu unserem kulturellen Erbe. Wie konnte man europäische Malerei und die unzähligen Anspielungen auf alttestamentliche Gestalten und Geschehnisse in der Literatur sonst verstehen? Und waren die Psalmen nicht immer wieder trostvoll? Wie oft hat man in Zeiten der Not und Heimsuchung den 43. Psalm gebetet, immer wieder gerufen:

> Richte mich, Gott,
> und führe meine Sache wider das unheilige Volk
> und errette mich von den falschen und bösen Leuten!
> Denn du bist der Gott meiner Stärke:
> Warum verlässest du mich?

Im Konfirmandenunterricht 1937 war ich die einzige, die einen Spruch aus dem Alten Testament wählte, nämlich Jesaja 40,31:

> Die auf den Herren harren, kriegen neue Kraft,
> daß sie auffliegen mit Flügeln wie die Adler,
> daß sie laufen und nicht müde werden,
> daß sie wandeln und nicht matt werden,

– ein Spruch, der mich bis zu diesem Augenblick begleitet und gestärkt hat.

Das Neue Testament konnten wir – von Oma bis zu mir – fast auswendig; genug, um damit in der Alltagssprache zu spielen. Es war die Luther-Übersetzung, die uns lieb und teuer war. Ich habe nie begriffen, warum diese großartige sprachliche Schöpfung, die unsere deutsche Sprache so tief beeinflußt hat, durch vielleicht korrektere Formulierungen «verbessert» worden ist. Man sehe sich den Unterschied der Formulierungen in der Weihnachtsgeschichte an: «Es waren aber Hirten auf dem Felde, die hüteten des Nachts ihre Herden...» und «Auf dem Felde waren Hirten, die nachts ihre Herden hüteten...» – die gleichen Worte, aber nicht herzbewegend. Doch die Tendenz, heilige Texte möglichst trocken zu übersetzen, läßt sich auch bei Übersetzungen aus nicht-christlichen Religionen beobachten. Was für langweilige «wörtliche» Übertragungen des Korans gibt es, die nichts davon ahnen lassen, wie allein der Klang dieses Buches den Gläubigen als Muster der Schönheit bewegt, wie Navid Kermani sehr treffend gezeigt hat! Ich bin altmodisch genug, um dem Numinosen in den religiösen Texten eine wichtige Stelle zuzuweisen; ein religiöser Text gleich welcher Herkunft ist etwas anderes als eine Tageszeitung oder ein Fahrplan.

Und dann der Reichtum des Gesangbuches! Was hätten wir wohl ohne Paul Gerhardts «Befiehl du deine Wege» anfangen können, jenem trostvollen Lied, das uns in Kriegsnächten und Verzweiflungsstunden immer wieder Trost spendete? Noch immer denke ich beim Fliegen:

> Der Wolken, Luft und Winden
> gibt Wege, Lauf und Bahn,
> der wird auch Wege finden,
> da dein Fuß gehen kann.

Es ist eines der Lieder, in deren Rezitation sich die Bekenner der verschiedenen Religionen treffen können. Als ich in Ankara an der Isla-

misch-Theologischen Fakultät lehrte und unter anderem meinen muslimischen Studenten Kirchengeschichte beibrachte, habe ich dieses Lied
für sie übersetzt, und jeder von ihnen fand darin den Ausdruck auch seines Glaubens, des fraglosen Glaubens an Gott, den Allbarmherzigen
und Allerbarmer. Ähnliches konnte ich bei anderen Kirchenliedern feststellen, ob es das strahlende «Lobe den Herren, den mächtigen König
der Ehren» war oder das gewaltige «Großer Gott, wir loben dich». Ich
glaube, daß es auf dieser Ebene der Anbetung eine Gemeinschaft unter
den Gläubigen aller Religionen gibt. Aus diesem Grunde habe ich auch
immer wieder Gebete und Hymnen aus der einen in die andere Tradition übertragen. Las nicht die schlichte katholische Bauersfrau aus dem
Vorgebirge, die das Krankenhauszimmer mit Mama teilte, dankbar das
Büchlein *Dein Reich komme* (in zweiter Auflage: *Dein Wille geschehe*), in
dem ich islamische Gebete nach dem Schema der Bitten des Vaterunsers
angeordnet hatte?

Doch als Kind bewunderte ich auch Gestalten wie Krishnamurti, und
die mystische Frömmigkeit des Islam begann mich durch Friedrich
Rückerts Rumi-Nachdichtungen zu faszinieren.

Wege zur Musik

Heute kann sich wohl kaum jemand vorstellen, was es bedeutete, als
erstmals ein Radio ins Haus kam und die Welt der Musik für alle er-
reichbar machte (und natürlich Zugang zu den Nachrichten anderer
Völker ermöglichte): Ich erinnere mich noch – ich muß etwa neun Jahre
gewesen sein –, wie Verdis *Macht des Schicksals* übertragen wurde. Welch
ein Erlebnis für Mama, die Verdi liebte! Sie hatte ein sehr feines musika-
lisches Gefühl und reagierte auf Klänge oft ungewöhnlich. Nach einem
Konzert, in dem erst Hindemith, dann Haydn gespielt wurde, erschien
ihr Haydns Musik wie der Blick aus einem hellen schönen Saal in einen
sonnendurchfluteten Park. Dissonanzen und in vielen Fällen Mollton-
arten aber konnten sie körperlich krank machen. Ich selbst hatte faszinierende Farberfahrungen bei ganz moderner Musik – zyklamenrot,
saphirblau.

Meine erste bewußte Erinnerung an Musik war ein Besuch bei guten
Freunden meiner Eltern, die ein Grammophon besaßen, und bei den
seltenen Malen, die ich als Kind mit zu ihnen durfte, hörte ich Harfen-
musik aus *Mignon*. Unvergeßlich aber ist mir der Moment, als Heinrich

Schlusnus den *Traum durch die Dämmerung* von Richard Strauß sang, ein
Lied, das ich noch immer besonders liebe.

Der Klavierunterricht war kein großer Erfolg. Weder goutierte ich
Purcells *Rigaudon*, zu dem mich meine erste Lehrerin zwang, noch die
Aufgaben der zweiten, und der *Fröhliche Landmann* kehrte eher mit lehm-
beschwerten Stiefeln müde nach Hause als voller Freude. Ich konnte
auch nicht das kleinste Klavierstück von Johann Sebastian Bach spielen –
alles in mir revoltierte gegen seine Musik; man könnte das geradezu als
Allergie bezeichnen. So schrieb ich denn Jahrzehnte später (verzeiht mir,
musikalische Freunde!):

> Es sagte ein Jüngling in Bacharach:
> «Wer macht mich denn mit so viel Krache wach?
> Ich trat aus Versehen
> dem Mann auf die Zehen –
> und jetzt spielt der Unmensch aus Rache Bach!»

Als wir 1936 an den Dammweg in eine schöne alte Wohnung zogen,
spielten die Mieter im Obergeschoß jede Woche Kammermusik, so daß
die Eltern ihre Privatkonzerte im Schlafzimmer genießen konnten. Die
beiden älteren Damen unter uns aber besaßen zwei Klaviere und luden
mich ein, mit ihnen zu musizieren – nicht als Pflicht, sondern um die
klassische Musik in Klaviertranskriptionen kennenzulernen. Wir spielten auf zwei Klavieren oder vierhändig, und da ich einigermaßen gut im
Vom-Blatt-Spielen war, lernte ich durch solche verhältnismäßig einfachen Arrangements ziemlich viel Beethoven, Schubert und Mozart
kennen, und wenn mir etwas besonders gefiel, übte ich es eben – am
liebsten die leichteren Chopin-Präludien.

Als ich in den Orient kam, faszinierte mich die Musik. Noch immer
versetzen mich gewisse Stücke aus dem Mevlevi-Ritual wie *Dinle
sözümü* fast in Ekstase – jener Sang, der vor dem letzten Teil des Mev-
levi-Rituals zumindest in einigen Vertonungen des Reigens gesungen
wird. Und wie sehr genieße ich die einfachen Melodien der türkischen
Ilahis, die im *dhikr*, dem Gottgedenken, münden!

Die persische religiöse Musik mit ihren starken Rhythmen, die sich in
der gewaltigen Kraft der großen Tamburine kristallisieren, fasziniert
mich je länger, je mehr. Zur indischen klassischen Musik aber öffnete
mir mein Harvard-Assistent Brian den Weg. Man sollte diese Musik
nicht von Aufnahmen hören; ihr besonderer Reiz liegt darin, das Zu-

sammenspiel der Musiker, ihre andeutenden Gesten, ihre flinken Hände, den Augenkontakt zu beobachten und den kunstvollen Aufbau eines *Raga* zu verfolgen, die jeder Stunde des Tages zugeordneten Melodien zu lernen, vor allem aber den *tablas*, den Doppeltrommeln, atemlos zuzuhören. Zwar scheint die im Hintergrund wirkende Tambura, das *drone*-Instrument, einfach zu zupfen zu sein, aber man muß nur einmal versucht haben, es zu spielen. Ich spreche aus Erfahrung, denn einer meiner etwas sonderbaren pakistanischen Kollegen vom Boston College fertigte so ein Instrument aus hölzernen Salatschüsseln für mich an, und da mußte ich ihn ein-, zweimal begleiten, wenn er – augenverdrehend und wirklich nicht sehr melodisch – indische Ghaselen sang. Es war, als habe ihn der indo-persische Poet gekannt, der um 1300 schrieb:

> Seine ununterbrochenen Schreie ließen
> die Berge ein Echo schluchzen.

Brian führte mich auch in die Karnataka-Musik ein, den aus Südindien stammenden Stil, der weniger melancholisch zu sein scheint als die nordindische Tradition. Als ich diese Musik erstmals hörte, hatte ich das Gefühl, große freundliche Elefanten mit kleinen Glöckchen zögen unter Palmen an weißen Hütten vorüber, im Sonnenschein eines frühen Morgens lächelnd. Ein *dhrupad*-Konzert der weltberühmten Daggar Brothers in der indischen Botschafterresidenz in Bonn faszinierte mich so sehr, daß ich anderthalb Stunden auf dem Fußboden saß, ohne mich anzulehnen – dabei gilt *dhrupad*, die älteste Form indischer Musik, als ausgesprochen fremd für den ausländischen Zuhörer. Oder wie war es bei einem Rohrflötenkonzert im Hause Anita von Karputalas, der Mäzenin indischer Künstler in Delhi? Es gab einen solch intensiven Kontakt mit dem Künstler, daß er statt der geplanten Viertelstunde nahezu eine Stunde spielte – denn die Verbindung zwischen Musiker und Zuhörer ist unerläßlich für den Erfolg eines indischen Konzerts.

Und was soll ich von der pakistanischen Volksmusik sagen, die mich seit meinem ersten Besuch auf dem Subkontinent begeistert? Im Laufe der Jahre lernte ich fast alle führenden Musiker kennen: den schauspielerisch begabten Allan Faqir, der seine Sindhi-Volkslieder gern theatralisch darstellte, oder die wunderbare Sängerin Abida Parvin, die eine genuine Interpretin der mystischen Poesie von Sindh und dem Panjab ist; Spieler der Doppelflöte (*alghoza*) oder der verschiedenen Schlaginstrumente – sie alle waren Teil meines Lebens, erfreuten und bewegten mich über die Jahre. Nie kam ich nach Islamabad, ohne daß Karin ein Konzert in ihrem

Hause für mich arrangierte. Oft erinnerte ich mich an Rumis Legende,
die Rückert nacherzählt hat:

> Einst sprach unser Meister Dschelaladdin dieses:
> «Die Musik ist das Knarren der Pforten des Paradieses.»
> Sprach darauf einer der dummdreisten Narren:
> «Nicht gefällt mir von Pforten das Knarren.»
> Sprach unser Meister Dschelaladdin drauf:
> «Ich höre die Pforten, sie tun sich auf,
> doch wie die Türen sich schließen zu,
> das hörest du!»

Ein Haus voller Poesie

Unser Haus war nicht von Musik erfüllt, sondern von Poesie, von Literatur. Meine Eltern hatten sich durch ihre gemeinsame Liebe zu Gedichten kennengelernt. Denn Mama, die als erstes Mädchen das heimi-
sche Dorf verlassen und zur Post gegangen war, hatte sich nach Jahren in
Varel und Bremen gegen Ende des Ersten Weltkriegs nach Namur
gemeldet. Dort sah ein dunkelhaariger Telegrafenassistent das scheue,
schlanke blonde Mädchen und entdeckte bald, daß sie nicht nur sehr
schön war, sondern auch belesen, und daß sie seine Liebe zur Dicht-
kunst teilte. Nach allerlei nachkriegsbedingten Komplikationen heirateten sie und zogen nach Erfurt, wohin mein Vater versetzt worden war.
Kein Wunder, daß die Liebe zur Dichtung auch das Leben der Tochter
von Anfang an bestimmte.

Mama sang mir manchmal plattdeutsche Lieder vor, und noch immer
liebe ich Klaus Groths trauriges Hasenlied:

> Lütt Matten de Haas.
> De maakt sich een Spaß ...,

ein Spaß, der damit endet, daß der Fuchs den tanzlustigen Hasen tot-
beißt. Auch lustige Lieder wie «Uns' Pastor sin Kau» oder das Unsinns-
lied von ‹Burlala› hörte ich hin und wieder.

Als ich größer wurde, las Papa jeden Sonntagnachmittag vor – beginnend mit E.T.A. Hoffmanns *Goldenem Topf* ging es durch die klassische
deutsche Literatur. Papa mit seiner warmen Stimme war ein vorzüglicher Vorleser, und Mama genoß es mehr, ihn Dramen vorlesen oder

Schauspiele wiedererzählen zu hören, als selbst ins Theater zu gehen, weil sie so die Werke mit ihrer Phantasie beleben konnte (mir geht es ähnlich). Die deutsche Klassik wurde mir vertraut; später kamen ein paar französische Dramen hinzu. Wir endeten bei Daudets *Adventures prodigieuses de Tartarin de Tarascon*, und das treue Kamel, das dem Helden nachschwimmt, wurde Teil meines imaginären Zoos. Das wurden auch das Nasobem, das Mondkalb und der Werwolf; denn Morgenstern wurde häufig zitiert, und seine Galgenlieder erheitern mich bis heute. Viele Jahre später entdeckte ich die herrliche englische Nonsens-Literatur – Edward Lear und Lewis Carroll – und verfiel dem Limerick. Da Papa einen guten Sinn für Humor hatte, gehörten auch Parodien zu unserem Hausschatz. Bis heute schockiere ich gern ernsthafte Mitmenschen mit der Rezitation der *Säckschen Loreley* oder der *Graniche des Ibigus* von Lene Voigt. Viel Spaß macht mir immer noch Gumppenbergs *Teutsches Dichterroß*, die wohl geglückteste Sammlung eleganter Parodien.

Ich durchstöberte Papas Schulbücher, in denen ich Gedichte des neunzehnten Jahrhunderts fand, die heute kaum noch bekannt sind, und war entzückt vom starken Rhythmus Schillerscher Balladen (übrigens ist Schiller sehr viel häufiger in die orientalischen Sprachen übersetzt worden als Goethe, da er dramatischer, also für einen Fremden leichter zugänglich ist). Zu Goethe fand ich erst ein wenig später, dann aber sehr intensiv, und im Laufe der Zeit entdeckte ich die Spiegelungen des Orients in seiner Dichtung.

Von der Literatur, die wir in der Schule lasen, weiß ich nicht mehr viel. Nur an eine Lesung von Agnes Miegel erinnere ich mich. In der Schule lasen wir ihre *Frauen von Nidden* und *Die Nibelungen* – Gedichte, die mich schaudern ließen. Aber es gab auch die *Schöne Agnete,* eines der Lieblingsgedichte meiner Mutter, und es gab *Die Mär vom Ritter Manuel*, jenes uralte Thema von Traum und Realität, das aus der indischen Mythologie stammt und den Auftakt zu Heinrich Zimmers wunderbarem Buch *Maya* bildet. Viele Traditionen kennen die Geschichte von dem Mann, der seinen Kopf ins Wasser hält und innerhalb weniger Augenblicke ein ganzes Leben durchlebt, das sich dann als real erweist. Die islamische Tradition hat das Motiv übernommen, um den Zweiflern das Wunder der Himmelsreise des Propheten zu erklären. «Erbarmer aller Welt, sprich, was ist Schein?» fragt der König am Ende von Agnes Miegels Ballade. Ist es nicht so, daß «die Menschen schlafen, und wenn sie sterben, erwachen sie», wie ich es als Kind gelesen hatte? Was ist es für ein Traum, von dem Clemens Brentano gesungen hat:

Wenn der lahme Weber träumt, er webe,
Träumt die kranke Lerche auch, sie schwebe,
...

Was bleibt dann?

Kömmt dann Wahrheit mutternackt gelaufen,
...

Rennt den Traum sie schmerzlich übern Haufen,
...

Wie immer es sei, wenn ich durch die Felslandschaft des Hindukusch
reiste, meinte ich die Bergkönigin in ihrem Feenschloß zu sehen, die
Ritter Manuel in seinem Traum geheiratet hatte.

Natürlich war Ina Seidel in unseren Lesebüchern vertreten mit dem
immer wieder gedruckten trostreichen *Lindenduft*; ich mochte allerdings
andere ihrer kurzen Verse mehr. Zu jener Zeit war das *Wunschkind* ein
Bestseller: Ich mochte es nicht. Dafür liebte ich später *Lennacker*, die Geschichte einer Pfarrersfamilie durch zwölf Generationen, die einen treff-
lichen Einblick in die Kirchengeschichte und in lutherisches Gedanken-
gut bietet und in dessen Anfangs- und Schlußkapiteln die Autorin ihre
Kunst in der Zeichnung vor allem der älteren frommen Damen zeigt, die
der aus dem Krieg zurückkehrende junge Offizier in dem Damenstift
trifft – verblühte Damen, «zu deren keiner jemals ein Engel gekommen
war, obgleich sie doch, soweit er wußte, alle aus Pfarrhäusern stammten».

Wir besaßen Scherrs *Geschichte der Weltliteratur*, in der ich gern
schmökerte. Heute wundere ich mich, daß in diesem erstmals 1885 erschienenen Werk die Namen von Schah Abdul Latif, dem Sindhi-My-
stiker, und von dem usbekischen Schaibani-Name erscheinen. Als ich
vierzehn war, erstand ich zu Papas Geburtstag in einem Antiquariat
Soergels *Dichtung und Dichter der Zeit* (1911), das ich natürlich ver-
schlang. Noch weiß ich, wie mich die Verse Alfred Momberts «Es war
zur Nacht, da ich ins Meerhorn stieß ...» begeisterten und ich mich eine
Weile an seinen fantastischen Bildern entzückte. Auch Otto zur Linde
interessierte mich. Freilich entdeckte ich seine ergreifendsten Gedichte
erst später, darunter das unheimliche über die Einsamkeit:

Wenn du verlassen bist –
Das was dich grausen macht:
Deine Verlassenheit
Wird zum Gespenst.

Daß gar nichts neben dir geht,
Geht auf unhörbarm Fuß
Immer und ungetrennt
Neben dir her.

Wo du auch gehst, ist nichts –
Daß deine Hand so greift;
Geht ganz undeutbar leis
Neben dir her ...

Deine Verlassenheit
Streicht als ein weites Kleid
Mit seinem äußersten Saum
Über den Mond.

Deine Verlassenheit
(Tages- und Nachtgespenst)
Geht durch die Sterne noch
Neben dir her.

Mama liebte die Werke von Helene Voigt-Diederichs. Clara Viebigs Ei-
felromane mit ihren (für damalige Verhältnisse) so realistischen Darstel-
lungen durfte ich nicht lesen. Ich blätterte in den leidenschaftlichen
Liebesversen von Ricarda Huch; ihre Balladen und die der Lulu von
Strauß und Torney bewegten und erschreckten mich. Nie aber vergaß
ich eine Zeile aus dem Werk einer heute wahrscheinlich längst verges-
senen Dichterin, die schrieb:

«So wisse, daß das Weib
gewachsen ist im neunzehnten Jahrhundert!»
sprach sie mit großem Aug' und schoß ihn nieder.

Nicht sehr lyrisch, aber eindrucksvoll zu einer Zeit, als der deutschen
Frau täglich eingetrichtert wurde, sie habe möglichst viele blonde Kinder zur Welt zu bringen. Im BDM sangen wir Börries von Münchhausens «Die Glocken stürmten vom Bernwardsturm» und «Jenseits des Tales standen ihre Zelte», offenbar ohne den Sinn dieser Verse recht zu
verstehen. Manche von Münchhausens Balladen las ich gern, ebenso
wie seine köstliche poetische Schilderung des Erntetages in Windisch-
leuba, ein echt thüringisches Genrebild, und fasziniert war und bin ich
immer noch von der *Ballade vom Brennesselbusch*.

Auch wenn wir – was nicht allzu häufig vorkam – Besuch hatten, las Papa gern vor, und ich hörte den Klang der Verse im Kinderzimmer. An solchen Abenden wurde oft moderne Dichtung vorgetragen, etwa Stefan George – nicht seine weltanschaulichen Gedichte, sondern die stimmungsvollen Landschaftsgedichte, die mir noch heute gegenwärtig sind:

Der Hügel, wo wir wandeln, liegt im Schatten,
indes der drüben noch im Lichte webt . . .

Besonders gern wurde Rilke rezitiert, die Gedichte aus dem *Jardin de Luxembourg*: der weiße Karussellelefant, der Panther, dessen unendliche Hoffnungslosigkeit «hinter lauter Stäben» sich auf die Leser überträgt, und die Flamingos wurden Teil unseres Denkens, ebenso wie manche Verse aus dem *Stunden-Buch* (den *Cornet*, Kultbuch unserer Eltern, mochte ich nie). Als ich älter wurde, bewegte es mich, wie Rilke in einigen dieser Verse Formulierungen verwendet, die direkt aus der islamischen Mystik zu stammen scheinen: «Was wirst du, Gott, tun, wenn ich sterbe?» Das könnte zwar auch unter dem Einfluß von Angelus Silesius geschrieben sein, klingt aber für den Orientalisten sehr nach dem großen andalusischen Theosophen Ibn 'Arabi (gest. 1240) und seiner Vorstellung von dem Gott, der in den Gedanken der Menschen geschaffen wird.

Ohnehin fiel mir bei Rilke ein tiefes Verständnis der islamischen Welt auf, wie es sich in seinen Briefen aus Spanien und Tunesien zeigt. Wenige Dichter haben das Geheimnis Muhammads besser erfaßt, als er es in «Mohammeds Berufung» tut: «. . . Und war schon einer, der gelesen hatte . . .», der das göttliche Wort schon kannte, ehe es ihm von Gabriel mitgeteilt wurde. Und gibt es eine treffendere Charakterisierung der persischen Kunst als in den *Sonetten an Orpheus*, wo der kristalline Charakter der persischen Poesie in «wie in Glas eingegossene Gärten . . . von Ispahan oder Schiras» ebenso angedeutet wird wie das Schicksal des von dem großen Weber an seinen Platz verwiesenen seidenen Fadens, der sich nicht aus dem vorgegebenen Muster lösen darf, weil «der ganze, der rühmliche Teppich gemeint ist»? Immer wieder – sei es in den *Aufzeichnungen des Malte Laurids Brigge*, sei es in den Gedichten – taucht bei Rilke der Gedanke vom eigenen Tod auf. Der Tod ist, wie auch Rückert in den *Kindertotenliedern* sagt, die Frucht des Lebens, ist, wie Rumi weiß, «unter des Menschen Arm aufgezogen» oder, wie die Tradition es andeutet, aus den Taten des Menschen gewebt.

Wir lasen nicht die *Duineser Elegien*; aber einzelne Gedichte, die unsere Seele trösteten, wenn man sich «Ausgesetzt auf den Bergen des Herzens» fühlte. Doch das für mich schönste aller Gedichte Rilkes steht gegen Ende des *Malte*:

Du, der ichs nicht sage, daß ich bei Nacht
weinend liege,
deren Wesen mich müde macht
wie eine Wiege.
Du, die mir nicht sagt, wenn sie wacht
meinetwillen:
wie, wenn wir diese Pracht
ohne zu stillen
in uns ertrügen?
Sieh dir die Liebenden an,
wenn erst das Bekennen begann,
wie bald sie lügen.
...
Du machst mich allein. Dich einzig kann ich vertauschen.
Eine Weile bist dus. Dann wieder ist es das Rauschen,
oder es ist ein Duft ohne Rest.
Ach, in den Armen hab ich sie alle verloren,
du nur, du wirst immer wieder geboren:
weil ich niemals dich anhielt, halt ich dich fest.

Mamas Lieblingsdichter war der junge Hugo von Hofmannsthal. Und auch für mich wiederholt sich noch in jedem Frühling der Zauber des Frühlingswindes, den er angedeutet hat:

Es läuft der Frühlingswind
durch kahle Alleen ...

wo der wechselnde Rhythmus gegen Ende die leise Bewegung der Knospen einfängt. Und welcher Zauber liegt in dem Gedicht *Die Beiden*!

Ich erinnere mich noch an den Tag – ich muß etwa zehn Jahre gewesen sein –, als ich in einer Anthologie auf den Gedichtanfang stieß:

Mit silbergrauem Dufte war das Tal
der Dämmerung erfüllt, wie wenn
der Mond durch Wolken sickert ...

Hofmannsthals «Schiff mit gelben, fremdgeformten Riesensegeln» tauchte immer wieder in meinen Träumen auf. Damals malte ich es in mein Schulheft. Ich las Gedichte und lernte sie auswendig. Unter den Dichtern, deren Stimmen meine Kindheit und Jugend erfüllten, war einer besonders wichtig: Friedrich Rückert. Natürlich sangen wir das *Kinderlied von den grünen Sommervögeln* und lernten *Vom Bäumlein, das andere Blätter hat gewollt*; der *Alte Barbarossa* war uns bekannt, und jeder schien das Schwalbenlied «Aus der Jugendzeit ...» zu singen. Rückerts *Liebesfrühling* war im neunzehnten Jahrhundert eine der beliebtesten Lyriksammlungen. Wer kannte nicht die Schubertschen Vertonungen von *Du bist die Ruh* oder *Lachen und Weinen zu jeglicher Stunde?*

In den Schulbüchern meines Vaters fand ich einige der *Geharnischten Sonette*, und fast in jeder älteren Anthologie standen Bruchstücke aus der *Weisheit des Brahmanen.* Geradezu sprichwörtlich – und manchesmal parodiert – war der Anfang der Geschichte:

> Es ging ein Mann im Syrerland,
> führt' ein Kamel am Halfterband ...

Dann aber entdeckte ich Rückerts Übertragungen aus den verschiedenen orientalischen Sprachen. Ein Stück aus den *Makamen des Hariri* klang für das junge Mädchen nicht besonders reizvoll, aber als ich die Gesamtübertragung dieses hochkomplizierten arabischen Werkes der Kunstprosa kennenlernte, war ich hingerissen. In Bonn hielt ich Jahrzehnte später einmal ein Seminar über Hariri (gest. 1122) und ließ die Studenten dann ihre wörtliche mit Rückerts freier Übertragung vergleichen – und der deutsche Dichter übertraf den arabischen Schriftsteller noch an geistreichen Wortspielen, ohne die juristischen und theologischen Begriffe zu verfälschen. Sein allerdings frei erfundenes Wortspiel:

> Du gehörst zu den Philologen,
> die da heißen, weil viele logen,

bot sich manches Mal im Laufe eines Akademikerlebens zur Charakterisierung eines Kollegen an.

Es waren die vierundzwanzig freien Nachdichtungen aus den *Divan-i Schams-i Tabrizi* Maulana Dschelaladdin Rumis, die mich am meisten entzückten. Diese Nachdichtungen, 1820 zuerst veröffentlicht, sind in der orientalischen Form des Ghasels geschrieben, das heißt mit *einem* durchgehenden Reim. Dadurch wurde diese Form auch ins Deutsche eingeführt und wurde im neunzehnten Jahrhundert beliebt, ebenso wie der persische Vierzeiler der Form *a a x a.* Obgleich die Rückertschen Rumi-Ghaselen größtenteils auf den Übertragungen Hammer-Purgstalls in seiner *Geschichte der schönen Redekünste Persiens* (1818) beruhen, sind sie in Form und Geist den Originalen näher als die meisten späteren Versuche, die bis heute andauern, wobei die «Übersetzer» kaum etwas von persischer Bildersprache und noch weniger von islamischer Mystik verstehen. Rückert kannte beides, und er blieb mein Wegbegleiter. Sein zentraler Satz «Weltpoesie ist Weltversöhnung» beflügelte mich. Zu seinem zweihundertsten Geburtstag 1988 erfreute ich mich daran, eine zweibändige Werkausgabe für den Insel-Verlag zu machen und eine kleine Biographie bei Herder zu veröffentlichen. Immer wieder habe ich seit meiner Jugend versucht, das Werk dieses unermüdlichen Vermittlers zwischen Orient und Okzident gerade auch in der islamischen Welt bekannt zu machen. Weder im Jemen noch in Iran, weder in Bengalen noch in Pakistan konnten die Hörer begreifen, wie ein Dichterpoet, der nie einen Araber, Perser oder Inder von Angesicht zu Angesicht erblickt hatte, sich so in Geist und Form fremder Völker einfühlen konnte, daß er deren poetische Eigenheiten wie in einem Spiegel wiedergeben konnte. Als ich einmal in Bangladesch über Rückerts Übertragungen aus dem Sanskrit sprach und den zauberhaften Vers aus dem *Gitagovinda* zitierte:

Unter dem Duftstrauch
an Jamunas Lufthauch
harret der Hainbekränzte . . .,

stand ein Zuhörer auf, der kein Deutsch konnte, und rezitierte die erwähnte Stelle im Original – er hatte sie am Rhythmus erkannt.

Es ist hier nicht der Ort, auf die ungeheure Anzahl von Rückerts Originalversen und seiner Übersetzungen aus Dutzenden von Sprachen einzugehen; die beste – leider unvollständige – Koranübertragung stammt von ihm. Seine Reflexionen über Sprache und Übersetzen waren und sind mir aus dem Herzen gesprochen. Was ist denn Übersetzen?

Du aber suche fein, die Geister zu belauschen,
Wie, wirkend unsichtbar, sie Wortgewande tauschen.

Denn das dichterische Wort ist ein Gewand, und man darf nicht, wie es so leicht geschieht, das kostbare Seidengewand eines persischen Verses in grobe Wolle oder in ein modernes Miniröckchen verwandeln; und immer wieder hat mich Rückerts Vers getröstet:

Wer Philolog und Poet ist in einer Person wie ich Armer,
kann nichts anderes tun, als übersetzen wie ich.
Was philologisch gefehlt, vergibst du poetischer Freiheit,
und die poetische Kunst schenkst du der Philologie.

Man läßt sich von der sanften Trauer der *Kindertotenlieder* (es gibt deren
nahezu fünfhundert, nicht nur die wenigen von Mahler vertonten) bewegen, deren Wehmut in zartesten Bildern ausgedrückt ist. Und wie oft
habe ich jenes Gedicht später wiederholt, das von der Flüchtigkeit des
Glücks singt:

Herz, nun so alt und noch immer nicht klug,
hoffst du von Tagen zu Tagen,
was dir der blühende Frühling nicht trug,
werde der Herbst dir tragen.

Läßt doch der spielende Wind nicht vom Strauch,
immer zu schmeicheln, zu kosen –
Rosen entfaltet am Morgen sein Hauch;
abends verstreut er die Rosen.

Läßt doch der spielende Wind nicht vom Strauch,
bis er ihn völlig gelichtet –
alles, o Herz, ist ein Wind und ein Hauch,
was wir geliebt und gedichtet.

1965 erhielt ich den erstmals verliehenen Rückert-Preis der Stadt Schweinfurt, und in den folgenden Jahren erlebte ich noch oft solche Feiern im
festlich geschmückten Rathaussaal und freute mich der Begegnung mit
etlichen Nachfahren Rückerts.

Der Rückert-Preis blieb nicht der einzige literarische Preis. 1974 ver-
lieh mir die Akademie für Sprache und Dichtung den Johann-Hein-
rich-Voß-Preis für meine Übersetzungen, und etwas später erhielt ich in
Graz die Goldene Hammer-Purgstall-Medaille zum zweihundertsten
Geburtstag des großen orientalistischen Anregers Joseph von Hammer-
Purgstall, des Steiermärkers, dem Goethe so viel verdankt und der
Rückerts Meister war.

Arbeitsdienst in Moordorf

«Moordorf!» Mama wurde rot und blaß, als habe man ihr eine Ohrfeige gegeben. Denn Moordorf bei Aurich (Ostfriesland), von Friedrich dem Großen als Siedlung von Strafgefangenen und Zigeunern gegründet, hatte einen höchst üblen Ruf. Ein plattdeutsches Gedicht von Moritz Jahn spiegelt den ganzen Schauder der Bevölkerung vor diesem Sündenbabel wider. Und dort sollte ich sechs Monate meiner Arbeitsdienstpflicht genügen! Denn ohne Arbeitsdienst wurde man nicht an der Universität zugelassen. Hatte nicht Martin Heidegger 1934 geschrieben: «Die erste Bindung ist die der Volksgemeinschaft. Diese Bindung wird festgemacht und in das studentische Dasein eingewurzelt durch den Arbeitsdienst.»

Also holten wir tief Luft und ergaben uns ins Unvermeidliche.

Um einen Rasen lagen im Rechteck die Baracken, in denen wir – die Arbeitsmaiden – in großen Räumen untergebracht waren; ein Bett mit Strohsack und ein Spind waren unsere «Wohnung». Die Mädchen waren aus den verschiedensten Gegenden und von verschiedener Herkunft; für manche einfachen Mädchen war die Zeit recht willkommen, trafen sie dort doch andere Menschen, sahen Gebiete, die sie sonst nie gesehen hätten. Da war die dicke Anna, die beim Schrubben des Fußbodens – und wie energisch konnte sie schrubben! – mit lautester Stimme sang:

Und sie stürzt sich voll Verzweiflung
in die tiefe Wasserleitung . . .

Und da war die warmherzige Maria aus dem Kohlenpott. Es gab Abiturientinnen mit sportlichem Ehrgeiz oder mit psychischen Problemen. Helen aber, die dunkellockige, aparte Ansbacherin, übertraf alle von uns an Lebensklugheit und Charme. Als einzige konnte sie den Führerinnen sagen, was sie wollte, denn niemand konnte ihr böse sein. Wir freundeten uns bald an, und es wurde eine Freundschaft von sechzig Jahren – sechzig Jahre ungetrübten Vertrauens bis zu ihrem Tode. Helen wurde eine begnadete Ärztin, glänzende Diagnostikerin; ihr Haus in Nürnberg, wo sie mit ihrem gleichermaßen liebenswerten Mann praktizierte, war immer wieder ein Zufluchtsort für mich, wenn ich Probleme hatte. Die Freundschaft mit ihr war der eigentliche Gewinn aus der Arbeitsdienstzeit.

Der Tag begann mit Frühsport und dem Fahnenspruch. Führerin Nummer zwei liebte Nietzsche und quäkte pathetisch: «Besser ein eckiges Etwas als ein rundes Nichts!» Sie *war* ein eckiges Etwas, allerdings weiß ich nicht, besser als was … Nach dem Frühstück schwärmten wir mit unseren Fahrrädern zu unseren Arbeitsstellen aus, nach Aurich oder in eines der Dörfer im Moorgebiet. Dort wurden wir als Haushaltshilfen eingesetzt. Ich habe Zweifel, ob ich sehr nützlich war. Bald waren meine büchergewohnten Hände total zerrieben, da ich verschmutzte Maurerwäsche in kaltem Wasser (anderes gab es nicht) auf dem Waschbrett waschen mußte. Also sperrte man mich in die Bügelstube, wo ich nach dem ersten Fiasko mit einer versengten weißen Bluse sechs Wochen lang gestreifte Schlafanzüge bügeln mußte. Viel schlimmer aber war, daß man mir meine arabische Grammatik aus dem Spind entfernte – ein deutsches Mädchen lernt nicht Arabisch! Aber ich ließ mir sogleich ein anderes arabisches Buch von den Eltern schicken. In einem Augenblick der Verzweiflung schrieb ich an den Imam der Berliner Moschee, ob er – aus Lahore stammend – eine Möglichkeit sähe, daß ich in einer muslimischen Familie in Lahore ein Jahr zubringen, mein Arabisch vertiefen und den indischen Islam besser kennenlernen könnte. Der Arme war überfragt. Keiner von uns beiden konnte ahnen, daß 1982 eine der schönsten Straßen Lahores am Kanal nach mir benannt werden würde: *Khiyaban-i Annemarie Schimmel.* Auf der gegenüberliegenden Seite des Kanals liegt übrigens die Goethe-Allee.

Die Tage gingen dahin, abends wurde gesungen oder diskutiert. Einmal sollten wir unser Lieblingsbuch nennen. Während Helen Eduard Stuckens *Die weißen Götter* erwähnte (mehr, um die Führerin zu schockieren als aus wirklichem Interesse), nannte ich natürlich etwas aus der Welt des Orients. Ich rechne es der Führerin hoch an, daß sie einem Mädchen, die *Mein Kampf* gewählt hatte, klipp und klar sagte, *das* könne sie nun wirklich nicht glauben!

Manchmal schlüpften Helen und ich an einem freien Nachmittag in die Heide, um Gedichte zu lesen – am liebsten Rilke. Einmal gelang es uns auch, am Sonntag nach Borkum zu fahren und Tante Johanna zu besuchen, deren zierlicher Haushalt so wohltuend von unserem Alltag abstach. Ansonsten ging die tägliche Pflicht weiter: putzen und waschen. Da die ostfriesische Hausfrau wünscht, ihre Herdplatte (Kohlen- bzw. Torfherd) spiegelblank zu sehen, war auch das Polieren Teil unserer Pflichten; manchmal mußte der Schweinestall ausgemistet werden; aber in erster Linie waren es Bohnen, die mich beschäftigten – Bohnen pflücken, brechen; Bohnen pflücken, schnippeln; Bohnen pflücken, zum Trocknen aufziehen – so wurde der Wintervorrat bereitet. Und mit jeder verarbeiteten Bohne kam die ersehnte Stunde der Entlassung näher. So dachte ich jedenfalls. Aber am Vormittag des 1. September 1939 wurden wir ins Lager zurückgerufen, und, auf dem Rasen gelagert, hörten wir die Kriegserklärung. Später hat man mich manchmal gefragt, ob wir gejubelt hätten, so, wie man es von den Soldaten zu Beginn des Ersten Weltkriegs erzählte, wo selbst zartbesaitete Dichter wie Rilke heldenhafte Verse schrieben. Jubeln? Ach nein, nicht in unserem Lager. Die Mädels dachten sorgenvoll an ihre Brüder, ihre Freunde, ihre Zukunft, und ich dachte an meine Eltern, deren Möbel gerade unter den Klängen der Kriegserklärung in Erfurt in den Möbelwagen geworfen wurden, denn mein Vater mußte eben an jenem Tag seinen Dienst in Berlin antreten.

Natürlich liebten wir Deutschland und hatten Rudolf Alexander Schröders Hymne:

Heilig Vaterland, in Gefahren
Deine Söhne sich um dich scharen . . .

oft gesungen. Doch für uns – jedenfalls für die Menschen, die ich kannte und mit denen ich lebte – war Deutschland einfach die Heimat, Landschaft und Dichtung, Musik und Malerei. Zumindest bei uns zu Hause gehörte auch die weiteWelt dazu. Die deutsche Sprache war unser kostbarstes Gut, war ein Markt, wie Goethe einst gesagt hatte, auf dem sich die Literaturen aller Völker trafen. Wir würden unsere Heimat verteidigen, aber nicht andere angreifen. Wie konnten wir wissen, wie unser Heimatbegriff manipuliert, mit einem vielen von uns Jungen unbekannten Inhalt gefüllt, pervertiert wurde?

Wir saßen wie versteinert da, bis die Stimme des «eckigen Etwas» erklang: «Ach Mädels, nun könnt Ihr ja unserem Führer noch länger dienen!» Wer hätte das gewollt? Wir Abiturientinnen sehnten uns, endlich studieren zu dürfen. Die Medizinerinnen erhielten bald Erlaubnis, zu ihrem kriegswichtigen Studium abzureisen – Helen war darunter. Aber was sollte eine Orientalistin tun?

Mama fand Rat. In Berlin nahm sie Kontakt mit Emil Dovifat auf, dem Professor für Zeitungswissenschaft, den sie seit ihrer Jugend kannte. Er riet dazu, Naturwissenschaft zu studieren. Das war die Rettung. Meine Noten in den naturwissenschaftlichen Fächern waren ausgezeichnet, und ich träumte sofort davon, arabische naturwissenschaftliche

Handschriften zu studieren, vor allem über Mineralogie zu arbeiten, ein Fach, das ich besonders liebte. Der Plan klappte, und so machte ich mich zum Ärger der Führerinnen an einem grauen Oktobermorgen auf, eine nicht gerade erstklassige Entlassungsurkunde in der Tasche. Vielleicht war diese Bescheinigung zusammen mit einer nicht weniger «unlobenswerten» Urkunde vom Erfurter BDM ein Grund dafür, daß ich nicht, wie die meisten Mädchen meiner Altersgruppe, automatisch mit achtzehn Jahren in die Partei übernommen wurde. «Wer weiß, wofür es gut ist», sagte Mama, weise wie immer.

Berlin – ein Studium im Krieg

Zum Glück umfaßte die Philosophische Fakultät an der Berliner Universität sowohl die Geistes- als auch die Naturwissenschaften. So konnte ich meine sechs Pflichtstunden Physik und Chemie belegen und mich gleichzeitig nach orientalistischen Fächern umsehen.

Ich ging zunächst zu Walther Braune, fand aber, daß er «an einer Jungfrau, die Arabisch lernen wollte» kein Interesse hatte; so sah ich ihn nie wieder. Richard Hartmanns Bemerkung (im schönsten Schwäbisch): «Wir lesen jetzt den Abu Yusuf», war auch nicht sehr lockend, denn das _Kitâb al-charâdsch_ des frühislamischen Juristen lockte mich nicht unbedingt. So wählte ich moderne Zeitungslektüre und fand mich im Wintertrimester 1939 morgens um acht mit Walter Björkman allein. Björkman, der anderthalb Jahrzehnte später mein Kollege in Ankara werden sollte, war ein trefflicher, absolut zuverlässiger Philologe, ohne Phantasie, aber auch ohne Falsch, fast zu unschuldig für das durchaus nicht intrigenfreie akademische Leben. Noch nach vierzig Jahren erinnerte er sich daran, daß er traurig gewesen war, weil ich eine schwierige grammatische Form nicht erkannt hatte! In jenem Wintertrimester aber gehörte meine ganze Liebe den Vorlesungen Ernst Kühnels zur islamischen Kunst. Kurz vor Weihnachten wagte ich mich zu ihm und erbat einen Rat. Ich weiß noch, als sei es heute gewesen, daß ich einen selbstgestrickten roten Pullover mit weißem Kragen trug und ihm mein selbstgezeichnetes Buch «Land des Lichts» zeigte. Kühnel lächelte die Siebzehnjährige an: «Fräulein Schimmel, lassen Sie den Unsinn mit der Naturwissenschaft! Belegen Sie Arabisch, Persisch, Türkisch und meine Vorlesungen, und wenn Sie promoviert haben, werden Sie meine Assistentin!» Damit war mein Geschick entschieden.

Ich kam nun doch zum Abu Yusuf, aber auch zu spannenden mittelalterlichen Reiseberichten arabischer Kaufleute aus Europa und lernte Persisch bei einem Spezialisten für Mittelpersisch, so daß das Neupersische nicht allzu gut wegkam. Im folgenden Trimester wagte ich mich an türkische Lektüre. Auch besser vorbereitete Kommilitonen hatten Schwierigkeiten mit dem Stil Evliya Tschelebis, des weitgereisten Gelehrten des siebzehnten Jahrhunderts. Damals begann meine Freundschaft mit Hanna Sohrweide, die mir mehr als ein Jahrzehnt später in Istanbul viele Türen öffnete. Im Arabischen lasen wir Quellen zur Geschichte der Mamluken in Ägypten (1250–1517). Ich liebte die lebhaften Schildcrungen des Alltagslebens und der politischen Wirren in den Werken Ibn Taghribirdis und Ibn Iyas'. Gegen Ende des Sommertrimesters meinte Richard Hartmann, es sei nun an der Zeit, meine Dissertation zu beginnen. Welches Thema würde ich wählen? Er billigte sogleich meine Wahl: Die Stellung der religiösen Würdenträger in der mamlukischen Gesellschaft und das Problem des Zusammenspiels zwischen der Türkisch sprechenden Militärschicht und der muslimischen Elite.

Eine erste Liebesgeschichte endete häßlich; aber die intensive Arbeit war – wie so oft auch in späteren Zeiten – das beste Heilmittel.

Nicht, daß ich mich sogleich ganz auf die Dissertation konzentrieren konnte: In den Sommerferien gab es Pflichtdienst in einer Fabrik – unbezahlt natürlich –, damit einige Frauen zusätzlichen bezahlten Urlaub bekommen konnten. Ich wurde in eine Telefonfabrik verpflichtet – sechs Tage zu zehn Stunden in der Woche. Als erstes mußte ich stanzen: Messerscharfe Eisenbänder wurden durch eine Lasche gezogen, während der Fuß einen Hebel drückte, so daß Ringe aus dem Eisen fielen; das Akkordmaß waren tausend Stück pro Stunde. Noch denke ich dankbar an den Vorarbeiter, der mich mittags tröstete, während das Blut mir aus den Fingern lief: «Warten'Se, Frolleinchen – nach Mittag lös' ick Ihnen ab!» Nicht alle Arbeiten waren so hart, und die Kontakte mit den Arbeiterinnen waren sehr freundschaftlich. Dreimal arbeitete ich in den Ferien in der gleichen Fabrik; im Sommer 1941 wurde eine größere Anzahl von Studentinnen eingestellt – und auch bezahlt. Vom ersten Lohn kaufte ich mir Maulana Rumis *Mathnawi*, und als ich wegen meines vorgezogenen Rigorosums etwas früher als geplant entlassen wurde, schenkten die Kollegen mir das Schönste, was sie sich ausdenken konnten: die eben erschienene deutsche Übersetzung des türkischen Romans *Yaban, Der Fremdling*, von Yakup Kadri.

Aber da hatte der Krieg mit Rußland schon begonnen. Nie vergesse ich jenen schwülen Junitag 1941! Wir gingen in den Grunewald; ich hatte Goldzihers *Vorlesungen über den Islam* bei mir. Die Luft war wie Blei; wir fühlten den Druck fast körperlich. Wenn mancher vielleicht noch 1939 an einen raschen Sieg geglaubt hatte – an diesem Tag spürte man das kommende Unheil. Vielleicht dachten meine Eltern, oder andere Menschen, an Richard Dehmels Gedicht *Anno Domini 1812*:

> Über Rußlands Leichenwüstenei
> faltet hoch die Nacht die blassen Hände;

mit den Schlußzeilen:

> glänzt der dunkelrot gekrümmte Mond,
> eine blutige Sichel Gottes.

Wie studierten wir überhaupt in jenen Jahren? Viele glauben, daß wir ständig mit Nazi-Parolen berieselt wurden. Das traf zumindest im Berliner Orientalischen Seminar nicht zu. Gewiß, einige Iranisten und Indogermanisten freuten sich über die Betonung des arischen, nordischen Geistes und machten sich zu glühenden Vertretern des Systems, doch Semitisten hatten da ihre Schwierigkeiten. Wie hätte ein Islamwissenschaftler ohne die grundlegenden Werke Ignaz Goldzihers und manch anderer jüdischer Gelehrten überhaupt auskommen können?

Meine Lehrer, verschieden wie sie waren, ergänzten sich in für uns idealer Weise. Richard Hartmann, aus der Tradition des Tübinger Stifts kommend, war ein vorzüglicher Kenner islamischer Geschichte und Geographie. Sein noch 1944 erschienenes (und 1987 wieder aufgelegtes) Buch *Die Religion des Islam* ist immer noch eine der besten Einführungen, nüchtern und verständnisvoll. Hartmanns Frau war die Tochter eines Holländers und einer Syrerin; so war eine antisemitische Haltung ausgeschlossen. Erst nach dem Krieg erfuhren wir, daß seine beiden Söhne gefallen waren. Nie hörten wir eine Klage von ihm. Er war ein vorbildlicher Lehrer, ruhig und geduldig mit den wenigen, die sich mit komplizierten arabischen und osmanisch-türkischen Texten abquälten. Dazu kam, daß er den Orient aus eigener Anschauung kannte; er war einer der ersten, wenn nicht der erste deutsche Orientalist gewesen, der die neue Türkei 1926 besucht hatte. Sein Buch *Im neuen Anatolien* gibt ein treffliches Bild vom Leben nach der Atatürkschen Reform; es hätte einen Nachdruck verdient.

Völlig anders war Hans Heinrich Schaeder. Hochgewachsen, mit leuchtenden dunklen Augen unter dem früh ergrauten Haar, wirkte er schon durch sein imponierendes Äußeres. Er war ein begnadeter Redner, der mit seinen geschliffenen Vorträgen seine Hörer geradezu in Ekstase versetzen konnte – und dabei wohl hin und wieder Formulierungen verwendete, die ihm später den Vorwurf einer allzu großen Nähe zum Nationalsozialismus einbrachten. Seine Übungen im Neupersischen waren faszinierend; denn es war nicht nur die persische Geschichte von ihren frühesten Anfängen, die sich vor den staunenden Studenten manchmal aus einem Wort, einer grammatischen Form entfaltete, nein, jetzt waren wir bei Plato, jetzt bei chinesischer Poesie, jetzt bei mittelalterlicher Musik. Viele Jahre später führte er mich in T.S. Eliot und die *Metaphysical Poets* ein. Für normale Studenten war er viel zu fordernd: «Fräulein Schimmel, machen Sie Ihr Manuskript zu – ich will wissen, was Sie wissen, nicht, was Sie geschrieben haben!» So lehrte er mich, frei zu sprechen. Zum Glück hatte ich dank meiner Arabischstunden in Erfurt eine gute Grundlage in islamischer Geschichte; denn wenn man allzu ahnungslos war, konnte es wohl heißen: «Herr X, gehen Sie radfahren, das ist besser für Ihre Gesundheit, als Persisch zu lernen!» Schaeder konnte in Extremen denken; wenn er einen Menschen schätzte, neigte er dazu, ihn in den Himmel zu heben. Oft war das Ergebnis, daß er dem geschätzten Menschen unabsichtlich schadete oder irgendwann zutiefst von ihm enttäuscht war. Er hatte sich wohl durch einige überspitzte politische Formulierungen bloßgestellt, wie ich später von schwedischen Kollegen hörte. Man sollte aber nicht vergessen, daß zwei der prominentesten deutschen Emigranten in den USA ihn tief verehrten – Franz Rosenthal und Gustave E. von Grunebaum. Bei meinem ersten Besuch in Los Angeles 1965 mußte ich Giselle von Grunebaum bei unserer Stadtrundfahrt den ganzen Morgen von Schaeder erzählen, weil sie wissen wollte, wer der Gelehrte war, den ihr Mann so tief bewunderte. Ich wußte nicht, daß Schaeders Schwester Hildegard, Spezialistin für die Ostkirche, seit 1943 im KZ Ravensbrück gewesen war; als sie mich 1949 in Marburg besuchte, schenkte sie mir ihr Buch *Ostern im KZ*, ein erschütterndes Denkmal christlichen Lebens und Glaubens, das 1995 in erweiterter Form herausgegeben worden ist.

Schaeder verehrte ich unendlich. Freilich begriff ich erst spät – und das war wohl gut so –, daß für ihn der Islam in erster Linie die Funktion hatte, die klassische Philosophie nach Europa zu bringen. Er war nie in einem islamischen Land gewesen und hatte die Sprachen, deren feinste Wurzeln und Verzweigungen er beherrschte, nie praktiziert. Der Orient war für ihn Teil eines gewaltigen Weltbildes, das sein Zentrum in der klassischen und christlichen Tradition hatte.

Man täte Schaeder Unrecht, wenn man nicht seine wunderbare Frau Grete erwähnte, die hochbegabte Wiener Germanistin, die seinem Schaffen so eng verbunden war, seine Liebe zu Goethe teilte, dem sie ein viel zu wenig bekanntes Werk widmete, und die ihm durch die gemeinsame Verehrung für Hugo von Hofmannsthal verbunden war – eine Verehrung, die auch den Schlüssel zu Schaeders Freundschaft mit Carl Jacob Burckhardt bildete.

Hans Heinrich Schaeder stammte aus einer auf die Reformationszeit zurückgehenden Familie lutherischer Theologen. Der nach dem Krieg blühenden dialektischen Theologie stand er sehr kritisch gegenüber. Einmal sagte er mir: «Als guter Protestant hat man nur zwei Möglichkeiten: Man wird entweder Muslim oder katholisch.» Er entschied sich für die zweite Lösung, und die Versenkung in diese Welt stützte ihn in den letzten Jahren eines qualvollen Leidens.

Ganz anders Ernst Kühnel; lebhaft und gewinnend, mit langen Erfahrungen im islamischen Orient, verstand er es, uns die Schönheit und den Reiz der islamischen Kunst nahezubringen: die Welt der Teppiche oder der Fayencen, Schlösser und Moscheen und besonders meine geliebte Kalligraphie. Unvergeßlich mein letztes Trimester, als ich jeden Sonnabend allein in der Islamischen Abteilung im Museum in der Bodestraße arbeiten durfte, um mein Referat über mamlukische Bauepigraphik vorzubereiten. Es war für Kühnel ebenso wie für mich überaus frustrierend, daß ich nach der Promotion ins Auswärtige Amt gehen mußte statt ins Museum – doch damals galt nur, was kriegswichtig war.

Zu meinen geliebten Lehrern gehörte auch Annemarie von Gabain, bei der ich Turkologie studierte. Wir waren drei Studenten – ein Ukrainer, ein Ungar und ich – und erfreuten unsere Lehrerin durch unsere guten Übersetzungen, die allerdings das Ergebnis geschickter Zusammenarbeit waren. Die schöne dunkelhaarige Generalstochter war eine der ersten, die sich, vom Studium des Chinesischen kommend, die reiche Welt der Turkvölker erschloß, die seit den zwanziger Jahren vor allem in Deutschland erforscht wurden. Sie war eine geduldige Lehrerin, der ich weitgehend meine Liebe zum Türkischen in seinen verschiedenen Schattierungen verdanke. Allerdings war Maryam Apa (Ältere Schwester), wie ich sie bald nennen durfte, immer um mein Seelenheil besorgt: «Singlim, vertief dich nicht in die islamische Mystik, geh nüchtern wissenschaftlich daran!» Für die fromme Katholikin war auch meine Übersetzung von Yakup Kadris Derwischroman *Nur Baba*, die 1948 unter dem Titel *Flamme und Falter* erschien, ein Stein des Anstoßes:

Wie konnte man Religion und Erotik so verknüpfen? Als der Roman 1985 in überarbeiteter Form bei Diederichs erschien, fanden die Lektoren ihn so absolut unerotisch, daß sie ihn fast ablehnten! Aber als Maryam Apa meine Mutter ermahnte: «Verbieten Sie doch Ihrer Tochter, Gedichte zu schreiben – das schadet ihrem guten Ruf!» konnte Mama nur sagen: «Wenn Gott ihr das Talent gegeben hat, soll sie es auch anwenden!» Maryam Apa war eine wunderbare Frau, die nach dem Krieg wegen ihrer Parteizugehörigkeit große Schwierigkeiten im akademischen Leben hatte; aber wer immer sich mit Turkologie beschäftigte, liebte und verehrte sie. Für eine junge Orientalistin war sie ein leuchtendes Vorbild.

Der Berliner Orientalistenkreis war weitgespannt. Im Seminar für Orientalistische Sprachen hörte man eine sehr langweilige Vorlesung Sebastian Becks über Kapitulationen in Iran; man konnte ihn aber immer ablenken, wenn er mit seiner makellosen Kalligraphie etwas an die Tafel schreiben konnte. Er ist nach dem Krieg elend in der DDR umgekommen. Wir hörten moderne türkische Geschichte, die Gotthard Jäschke in seinen nützlichen Geschichtskalendern dokumentierte. Praktisches Arabisch belegte ich bei M. Zakariya Haschmi aus Aleppo, bei dem wir nicht nur eine flüssige Handschrift lernten, sondern auch wöchentlich einen kleinen Aufsatz auf Arabisch schreiben mußten, sei es über den Berliner Zoo oder über eine Gestalt aus der frühislamischen Geschichte. Dazu kamen allgemeine Vorlesungen, die Pflicht waren. Ich wählte Eduard Sprangers psychologische Kurse und Emil Dovifats geistreiche Einführungen in die Zeitungswissenschaft, die voller unterschwelliger Kritik am Regime waren. Die Höhepunkte der sonst so bedrückenden Jahre aber waren für mich die Orientalistentreffen, die Helmuth Scheel organisierte und wo die junge Orientalistin, die immer als Protokollführerin fungierte, all die Koryphäen der Wissenschaft vom Orient traf.

Zu der normalen Arbeit kam noch etwas anderes. Im Oktober 1940 fragte ich Schaeder, ob ich einmal das *Mathnawi* von Rumi lesen sollte. Er riet mir ab und empfahl mir statt dessen, die kleine Auswahl Reynold A. Nicholsons aus Rumis *Divan*, seiner lyrischen Dichtung, durchzuarbeiten und gleichzeitig Louis Massignons gewaltiges französisches Werk *La Passion d'al-Hallaj* zu studieren. Als der *Divan* in meinen Händen war, geschah etwas wie ein Blitzschlag. Der Klang der Gedichte riß mich hin, und obgleich ich damals noch kaum etwas von persischer Metrik und Rhetorik gelernt hatte, verstand ich die Texte fast unmittelbar,

دو چشم گشته شنیدم که سوی جان نگری

چرا بجان نگری چون بجان ِ جان رفتی

دلا چه نادره مرغی که در شکار شکور

تو با دویر چو سپر جانب سنان رفتی

گل از خزان بگریزد عجب که شوخ گلی

که پیش باد خزانی خزان خزان رفتی

ز آسمان تو چو باران بیا م عالم خاك

بهر سوئ بدویده بناودان رفتی

خوش باش تواز رنج گفت وگوی مخب

که در پناه چنان یار مهربان رفتی

Zwei Seiten aus meinen Übertragungen aus Rumis Divan. Weihnachten 1940

so daß sich viele von ihnen gleichsam ohne mein Zutun in deutsche Verse verwandelten. Ich schrieb mir das ganze Buch Nicholsons mit allen Anmerkungen ab – Fotokopien gab es ja nicht; und zu Weihnachten überraschte ich Schaeder mit einem Bändchen Übersetzungen samt Text, darunter auch einige Übersetzungen aus dem *Divan* des Märtyrermystikers Halladsch, schön in beiden Sprachen kalligraphiert und mit Arabesken geziert. Manche der Übertragungen habe ich bis heute nicht verändert. Ich schien Rumi einfach zu verstehen und bin ihm seither treu geblieben, bin oftmals zu seinem Grab in Konya gepilgert, seinen Spuren in Ost und West nachgegangen und immer wieder zu ihm zurückgekehrt. Denn es scheint mir, daß kein anderer Mystiker das ko-

Ich hörte, die Augen gewendet
    du blicktest zur irdischen Seele.
Was schaust du? Denn du bist doch selber
    zur Seele der Seele gegangen!
Du bist eine mutige Rose!
    die Rose entflieht sonst dem Herbste:
Doch du bist beim Nahen des Sturmes
    zum Herbst, in den Herbstwind gegangen
So, wie vom Himmel der Regen,
    die staubige Erde zu tränken,
herabrinnt von allen Seiten:
    so bist du ins Ew'ge gegangen·
Sei still nun vom schmerzvollen Sprechen
    und Reden; doch schlafe nicht! Siehe,
Du bist in den Schutz eines Freundes
    der liebend dich hütet, gegangen!

ranische Wort (Sure 41,53) besser interpretiert hat als er: «Wahrlich, Wir werden ihnen Unsere Zeichen zeigen in den Horizonten und in ihnen selbst» – der wahre Gläubige erkennt Gott und sein Wirken in der Welt, aus der Geschichte und in seinen eigenen Erfahrungen.

Gleichzeitig kämpfte ich mich durch die beiden dicken Bände von Massignons Werk, das in kompliziertem Französisch das Leben und Leiden Halladschs vor dem Leser ausbreitet, jenes Mannes, der *anâ al-haqq*, «Ich bin die göttliche Wahrheit», sagte und der seither eine zentrale Stellung in der islamischen Mystik einnimmt. Ich sprach oft über das Werk und seinen Helden mit Papa, der mir manches im Denken des Mystikers erklärte, der in Ketten tanzend zur Hinrichtungsstätte ging. Hatte mich als Kind das Wort «Die Menschen schlafen, und wenn sie sterben, erwachen sie» zutiefst getroffen, so war es nun Halladschs todessehnsüchtiger Ruf

uqtulûnî ... Tötet mich, o meine Freunde,
denn im Tod nur ist mein Leben,

ein Vers, den ich hundertfach in Rumis Werk wiederfand. In dieser Zeit gelang es Schaeder, in einem Prosawerk Halladschs die Quelle für Goethes Gedicht *Selige Sehnsucht* mit dem Bild des sich in die Flamme stürzenden Falters zu entdecken.

Im Oktober 1941 reichte ich meine Dissertation *Kalif und Kadi im spätmittelalterlichen Ägypten* ein und bestand am 20. November das Rigorosum mit *magna cum laude*. Ich war neunzehn Jahre alt, und daß die Dissertation nicht schlecht war (wenn sie auch nicht den gewaltigen Umfang heutiger Doktor- oder sogar Magisterarbeiten hatte), zeigt sich daran, daß sie 1943 in der *Welt des Islam* gedruckt wurde.

Am 1. Dezember 1941 wurde ich im Auswärtigen Amt angestellt, um dort anstelle meines Kollegen Franz Taeschner, der auf seinen Lehrstuhl nach Münster zurückkehren mußte, türkische Telegramme zu dechiffrieren. Wir Akademiker wurden in den höheren Beamtendienst eingestuft und trugen den schönen (?) Titel «Wissenschaftlicher Hilfsarbeiter». Da man aber erst vom dreiundzwanzigsten Lebensjahr an entsprechend dem höheren Dienst bezahlt werden konnte und ich gerade neunzehn war, verlor ich vier Jahre meines mir zustehenden Gehaltes. Die Arbeit war nicht so aufregend oder brisant, wie man sich das vielleicht vorstellen mag. Die türkischen Diplomaten hatten offenbar keine tieferen Einsichten in die Lage, oder aber sie hielten damit zurück, so daß wir kaum etwas erfuhren, was über die normalen Informationen hinausging. Wir waren eine kleine Gruppe in Dahlem, Im Dol, unter Leitung des Turkologen J. Benzing, und wenn wenig zu tun war, arbeiteten wir an turkologischen Themen.

Ich selbst hatte außerhalb des Dienstes allerlei Pläne. Gleich nach der Promotion schlug mir Richard Hartmann vor, den längst überfälligen Index zu der arabischen Chronik des Ibn Iyas (drei dicke Bände zu je rund fünfhundert Seiten) anzufertigen, die die Hauptquelle für meine Dissertation gewesen war. Das war eine Abendunterhaltung, die mir viel Freude machte. Als die schweren Karteikästen mit Tausenden von Karteizetteln Ende 1942 nach Istanbul geschickt wurden, war Hellmut Ritter, der Herausgeber vieler großer islamkundlicher Werke, so zufrieden, daß er mich als Mitarbeiterin nach Istanbul holen wollte. Ich konnte mich nicht überwinden, Berlin und die Eltern zu verlassen und mit einem großartigen, aber bekannt schwierigen Gelehrten zusammenzuarbeiten. So schickte Ritter mir Fotos von einer guten Handschrift der Geschichte Aleppos von Ibn al-Adim, die ich herausgeben sollte; zu Kriegsende gingen diese Vorarbeiten ebenso wie die meisten meiner Arbeiten über verschiedene Aspekte der Mamlukengeschichte verloren. Ich arbeitete aber in erster Linie an meiner Habilitationsschrift über die Militärkaste im Mamlukenreich – wobei die Emire mich oft sehr an unsere damaligen «Führer» erinnerten.

Ich weiß nicht mehr genau, wie ich damals gelebt habe. Jeden Morgen ging es zum Dienst, der von unserer neuen Wohnung in Charlottenburg ziemlich gut zu erreichen war. Unter den Mitarbeitern erinnere ich mich noch an den alten Herrn Baumert, der eines Tages seine Anrede an mich – gut schwäbisch «Schimmele» – in das arabische *Dschemile*, «schön» (türkische Umschrift *Cemile*), umformte. So war mein Kosename entstanden, den meine türkischen und viele meiner deutschen Freunde zum Teil bis heute verwenden.

Im Spätherbst 1942 ergriff mich eine rätselhafte Serie von Krankheiten, die in einer Thrombose gipfelte. Nur ein Dutzend Blutegel, von Papa unter abenteuerlichen Umständen gefunden und durch Schnee und Glatteis nach Hause gebracht, retteten mir das Leben.

Die Bombenangriffe nahmen zu; die Tragödie von Stalingrad zeichnete sich ab – und im Wunschkonzert des Radios hörte man immer wieder den Gefangenenchor aus Verdis *Nabucco*. Wir wußten nicht, wie sehr er die wahre Lage wiedergab. Wir versuchten irgendwie zu überleben.

Am 23. November 1943 fand der erste Großangriff auf Berlin statt. Wir konnten die Brandbomben auf unserem Dach Gott sei Dank löschen, aber morgens im Büro erfuhren wir von den Verlusten unter unseren Kollegen – Frau und Schwiegermutter tot, Haus zerbombt. Jeder, der überhaupt kam, hatte Menschen oder Dinge verloren. Ich wurde losgeschickt, um meine Freundin Hanka zu suchen. Vom Fehrbelliner Platz bis zum Lehrter Bahnhof ging ich, das Gesicht mit einem leichten Schleier bedeckt, zwischen brennenden, rauchenden Häusern hin; Hankas Haus stand nicht mehr. Seither kann ich noch immer nicht durch den Südwesten Berlins gehen, ohne das Inferno wieder vor mir zu sehen, wie mich auch das schönste Feuerwerk an die «Weihnachtsbäume» erinnert, die die Bomber abwarfen, um ihre Ziele auszumachen. Wer damals gesagt hätte, daß auf den Tag zwanzig Jahre nach diesem ersten großen Luftangriff die Berliner Bevölkerung auf die Straßen gehen würde, um John F. Kennedy zu betrauern, der gerade ermordet worden war, wäre als verrückt angesehen worden! Die Angriffe wurden regelmäßiger; bald stand meine Freundin Ings mit Mutter und Ehemann vor der Tür – ausgebombt. Die Luft zum Atmen wurde dumpfiger, aber die Nachrichten über den immer enger werdenden Ring der alliierten Truppen verschleierten die Lage. Wußten wir überhaupt, daß diese Truppen schon seit Anfang März im Rheinland waren?

Am 31. März 1945 reichte ich meine Habilitationsschrift ein. Am folgenden Tag wurde unsere Abteilung vom Dol aus auf Lastwagen verteilt und mit unbekanntem Ziel fortgefahren. Zum letzten Mal sah ich meinen geliebten Vater. Ende April wurde er, wie so viele ältere Männer und Jugendliche, zum Volkssturm eingezogen – ein Mann, der nie eine Waffe in der Hand gehabt hatte. Er sagte Mama Lebwohl: «Wir sind sechsundzwanzig Mann und haben drei Gewehre, und man sagt uns: Ihr seid die Hauptverteidigungslinie.» Er fiel am 4. Mai 1945 nahe Ketzin. Mama blieb allein in Berlin, überstand den Einmarsch der Russen – und erfuhr von Papas Tod im Juni, einen Tag, bevor ihr jemand die Nachricht brachte, daß ich lebte und in Sicherheit in Marburg sei.

Zweiter Teil

Erste Nachkriegsjahre

(1945–1952)

Marburg – ein neues Tor zur Welt

Die Busse rollten von Berlin südwestwärts nach Halle, wo wir drei, vier Tage in Baracken blieben, die auch von Ratten bewohnt waren. Wegen der zunehmenden Tieffliegeraktivität wurden wir bald weitergefahren. Zschepplin in Sachsen war die nächste Station: Die Akten wurden verbrannt, und wir beschäftigten uns ein wenig mit Gartenarbeit. Am 20. April erschienen die Amerikaner, und am 1. Mai verlud man uns auf Lastwagen, die uns in ein Gebäude mit einem asphaltierten Hof brachten. Man steckte etwa dreißig von uns in einen winzigen Raum, dann für einige Tage in einen unterirdischen Bunker. Eines Abends luden die amerikanischen Soldaten, unsere Bewacher, uns ein, gaben uns zu essen, schenkten uns Schokolade und verabschiedeten uns freundlich. Ich muß immer wieder betonen, daß sich die GIs musterhaft gegenüber einer Gruppe meist jüngerer Frauen verhielten, die doch völlig in ihrer Hand waren. Mit dieser Bemerkung erregte ich übrigens später in den USA großes Erstaunen, weil dort wegen des Vietnam-Krieges jeder Soldat als eine Art Verbrecher angesehen wurde.

Am nächsten Morgen wiederum ein Transport. Es war Kriegsende, der 8. Mai – unvorstellbar! Nie hatte die Sonne so strahlend geschienen wie an diesem Tag, da wir einem unbekannten Ziel entgegenfuhren. Die Bäume leuchteten im schönsten Grün, überall tönte Vogelsang. Wir wußten nicht, was uns bevorstand, wo unsere Familien waren, wer lebte, wer dem Krieg zum Opfer gefallen war. Aber der Krieg war vorüber, keine Bomben mehr... Am Abend erreichten wir Marburg und wurden in einem Studentenhaus, dem Westfalenhaus in der Lutherstraße, ausgeladen. Wir – das waren sechsundzwanzig Weiblichkeiten – ließen uns in einem Schlafsaal nieder, wo zweistöckige Betten standen; der Balkon überblickte die Stadt. Das sollte unsere Heimstätte für die nächsten Monate werden. Es war ein unglaublich günstiges Geschick, das uns nach Marburg gebracht hatte, hatten wir doch ein Dach über dem Kopf und bekamen regelmäßig etwas zu essen – was uns jeweils genau zugewogen wurde –, während Millionen von Menschen heimatlos, hungernd, leidend die Monate durchlebten – und viele sie nicht überlebten (so u. a. Ings' Ehemann in einem amerikanischen Gefangenenlager). Eines Tages kam die Nachricht, daß Sachsen und Thüringen unter Sowjetherrschaft gestellt worden seien (daher waren wir in den Westen verlegt worden). Als wir diese schlimme Kunde hörten, waren wir fassungslos. Es war eine ältere, etwas sonderbare Dame, die als erste die Sprache wiederfand: «Ach, da wird mein Kater ja russisch!» Zunächst hatten wir Hausarrest und wurden hin und wieder verhört; doch man fand nichts Belastendes. Wir organisierten bald eine Lageruniversität. Mit welchem Entzücken las ich mit einer Kollegin altgriechische Lyrik! Sie führte in eine Welt fern vom damaligen Elend:

Als dich, Herrscher Apoll, unter dem wipfelnden Palmbaum
Den sie mit Armen umschlang, Leto, die Hehre, gebar ...

Englische Konversation wurde praktiziert, ein Klavier gab es, und wir übten unter meiner Freundin Ings Brahmslieder. Ich aber hielt meine ersten islamkundlichen Vorlesungen vom oberen Bettrand aus.

Bis heute begreife ich nicht, wie ich damals meinen Koffer schleppen konnte. Er enthielt nur wenige Kleider (man hatte ja auch nicht viel), aber neben der Kopie meiner Habil-Schrift das Neue Testament, den *West-Östlichen Divan* in der dicken Beutlerschen Ausgabe, die mir Schaeder geschenkt hatte; drei dicke Bände von Rumis *Mathnawi* im persischen Original, das ebenfalls schwere arabische *Kitâb al-luma'* von Sarradsch sowie eines meiner Lieblingsbücher, *Die Renaissance des Islam*, von Adam Mez. Noch zeugen die vollgekritzelten Blätter von Rumi und Sarradsch von meiner Aktivität beim Übersetzen. Wir halfen auch manchmal auf einem Gut, wo Erika Stoevesand – wir nannten die junge Kriegerwitwe «Mutter Erde» – ein Hilfswerk organisiert hatte. Viele Jahrzehnte später sollte sie in Bremen das Ökumenische Gymnasium gründen, dem eine ähnliche Einrichtung in Magdeburg folgte.

So verging der Sommer. Erstmals hörten wir einen amerikanischen Gospel-Chor – eine neue Welt für uns alle. Sonst wußten wir nichts von der Welt, von Berlin. Im August aber fand uns die Mutter unserer Kollegin Brigitte (genannt Wüstenbraut, da sie mit einem Missionar in Südafrika ferngetraut war), und sie brachte erste Briefe. Ein Brief Mamas zeigte mir, daß sie in Berlin überlebt hatte, enthielt aber zugleich die Nachricht, daß mein geliebter Papa irgendwo bei Ketzin beim Volkssturm gefallen war.

Im Juli kam hoher Besuch. Friedrich Heiler, der designierte Dekan der Philosophischen Fakultät der bald wiederzueröffnenden Universität, besuchte das Westfalenhaus, um einen Vortrag über Nathan Söderblom zu halten, den faszinierenden Religionshistoriker und Vorkämpfer der

*Vorlesung während der Internierung im Westfalenhaus in Marburg, Sommer 1945
(aus meinen Scherenschnitten)*

Einigung der Kirchen, der jahrelang lutherischer Erzbischof von Schweden war. Wir wußten, daß Marburg eine große religionsgeschichtliche
Tradition hatte. Rudolf Otto war gewissermaßen der «Dorfheilige»; sein
Werk *Das Heilige* hatte ich gelesen, aber damals noch nicht verstanden.
Erst später wurde es zu einem höchst wichtigen Unterrichtsmittel. Wir
fragten unseren gelehrten Besuch einiges, doch er sagte kaum etwas,
und ich fühlte mich sehr hilflos und unbedarft. Aber der Besuch hatte
Folgen. Als wir etliche Wochen später auch außerhalb des Lagers arbeiten durften, wurde die Wüstenbraut Heilers Sekretärin. Sie stürzte eines
Abends aufgeregt in den Schlafsaal: «Du sollst mit deiner Habil-Schrift
zu Heiler kommen!» Etwas ängstlich ging ich den Marbacherweg ent-

lang, stieg die hohe Treppe empor und fand mich in einer wunderbaren Bibliothek, wo der Gelehrte mich empfing. Fast schüchtern fragte er, ob ich mir vorstellen könnte, mich in Marburg zu habilitieren; der hiesige Arabist sei ein so wilder Nazi gewesen, daß man ihn nicht wieder einstellen könne. Völlig überrascht nahm ich den Vorschlag an und ließ meine Arbeit in Heilers Händen. Kurz darauf wurden wir entlassen. Wohin? Berlin war unerreichbar. So brachte ich es fertig, mit tausenderlei Schwierigkeiten auf Kohlenzügen nach Essen zu fahren, wo ich auf Tante Ulis Gastfreundschaft hoffte, die sie mir in reichem Maße angedeihen ließ. Als erstes steckte sie mich und meine Kleider in die Badewanne – welch lang entbehrter Luxus! Nach ein paar Wochen der Rezivilisierung fuhr ich zu Tante Mia nach Aurich und half ihr ein wenig in der Bibliothek, in der sie arbeitete (ohne Arbeit gab es ja keine Lebensmittelkarten). Auch lernte ich die Mitarbeiter der *Ostfriesischen Landschaft* kennen, und wir planten das erste ostfriesische Kulturfest nach dem Krieg. Mit einem von der britischen Besatzungsbehörde geliehenen Auto fuhren wir durch ganz Ostfriesland, sammelten Dichter und Maler, Kunsthandwerker und Bildhauer ein und feierten das erste Mal nach dem Krieg. Die Dichter lasen aus ihren Werken vor, wir hatten eine Ausstellung organisiert, es gab etwas zu essen – und die Briten hatten sogar eine Extra-Ration Tee spendiert! Bruno Loets, glänzender Übersetzer aus dem Niederländischen, ein skurriler Typ, war da, außerdem Moritz Jahn, dessen erschütternde Gedichte kaum außerhalb Ostfrieslands bekannt sind, da er ein außerordentlich «echtes» Platt schrieb, nicht so eingängig wie Klaus Groth oder Fritz Reuter.

Dann kam Weihnachten. Wir hatten Puppen und ein Bilderbuch für die ländlichen Verwandten in Georgsheil angefertigt, die ein Gut hatten, und so kam etwas extra in den Kochtopf. Aber viel aufregender war ein Telegramm, das von Schaeder aus Göttingen kam und mir mitteilte, daß die mündliche Prüfung zur Habilitation am Sonnabend, den 5. Januar, in Marburg stattfinden sollte. Wer einmal versucht hat, in der britischen Zone in und zwischen den Feiertagen alle Behördengänge abzuwickeln, weiß, was Schwierigkeiten sind. Aber wir schafften es. Am 2. Januar gelang es mir, nach Essen zu kommen, wo Tante Uli mir noch schnell ein anständiges schwarzes Kleid schenkte. Die Nacht brachte ich auf den Stufen des Hagener Bahnhofs zu, und ich erhielt sogar eine Zulassungskarte für den Zug: Der Bahnbeamte, dem ich meine Einladung zur Habilitation zeigte, lächelte: «Na, da gratulier' ich aber!» Ich erreichte

Marburg am 3. Januar abends; man hatte schon die Hoffnung aufgegeben, aber die Diskussion verlief gut.

Am 12. Januar fand die Antrittsvorlesung statt. Ich wartete darauf, gerufen zu werden, als Heiler kam: «Es sind so viele Leute da, wir müssen ins Audimax umziehen. Haben Sie Angst?» «Nein», sagte ich. Ich sprach über «Hauptgestalten der islamischen Mystik», und die Marburger waren offenbar begeistert. Es war schließlich die erste Habilitation nach dem Krieg, und dazu noch eine Frau – und zwar eine junge Frau, ganze dreiundzwanzig Jahre alt. Als ich meine Rede beendet hatte, kam Luise Berthold, die streitbare Germanistin, aufs Podium, drückte mir die Hand, gratulierte und sagte mit tiefer Stimme: «Kindchen, merken Sie sich eins: Die Männer sind unsere Feinde!»

Meine Laufbahn fing unter idealen Bedingungen an – soweit man das vom Frühjahr 1946 sagen kann. Der amerikanische Universitätsoffizier Dr. Hartshorne, der sich unglaublich für die Marburger Kollegen einsetzte, fuhr mit seinem Wagen nach Berlin und brachte mir einen großen Teil meiner Bücher, denen Mama noch allerlei andere Dinge beigepackt hatte. Daß Hartshorne nach einiger Zeit einem rätselhaften Autounfall zum Opfer fiel, bestürzte uns alle sehr; der Fall wurde nie aufgeklärt.

Ein besonderes Glück war es, daß ein großer Teil der Berliner Bestände der Staatsbibliothek in Marburg ausgelagert war. Ich verbrachte den größten Teil meiner Freizeit in den Magazinen, wo ich so kostbare Dinge wie Hammer-Purgstalls *Fundgruben des Orients* oder Prisse d'Avennes' großformatiges Buch über *Les arts décoratifs arabes* fand, aus dem ich ungezählte Motive abzeichnete. Viele Dinge, die ich damals auf Zetteln (es gab ja kaum Papier) in winziger Schrift notierte, haben mir bis heute genützt. Dazu hielt ich Vorlesungen und Übungen über die verschiedensten islamkundlichen Themen, Einführungen ins Arabische, Persische und Türkische. Mein Glück schien vollkommen, als es uns gelang, im Mai 1946 Mama nach Marburg zu holen. Sie hatte in Berlin als «Nähfummel» gearbeitet, um Lebensmittelkarten zu erhalten, war aber durch Kummer und Hunger völlig abgemagert. Das Glück, wieder mit der «verlorenen Tochter» zusammen zu sein, gab ihr bald neue Kräfte. Sie ging später nochmals nach Berlin, und es glückte ihr – ich weiß nicht wie – einen Teil unserer Möbel und andere Dinge in den Westen zu bringen.

Natürlich verlief nicht alles so positiv. Die Entnazifizierung führte oft zu üblen Spannungen zwischen Kollegen. Wir erfuhren von Verbrechen, von denen wir nichts geahnt hatten. Wir hatten den Begriff Konzentrationslager gehört, hatten aber keine Vorstellung, was das eigentlich war. Ich erinnere mich an einen Ausflug zu Himmelfahrt 1938, als wir mit Bekannten von Erfurt über Buchfahrt zum Ettersberg wanderten, wie man das in Erfurt im Frühling gern einmal tat. Auf der Landstraße gab es eine ungewöhnliche Menge Maikäfer, die viele Bäume kahlgefressen hatten und vor denen Mama sich ekelte. Am Bergrand lagen Baracken, aus denen Rauch oder Dampf aufstieg. «Müssen die denn immer neue Fabriken bauen und die Luft verpesten?» sagte Papa ärgerlich, als wir nicht weit von den Gebäuden zum Wald hinaufgingen. Wir wußten nicht, daß wir am KZ Buchenwald vorbeigegangen waren. Die Aufklärung, die wir 1946 und 1947 erhielten, war erschütternd und überschattete unsere Herzen – so dankbar wir auch waren, daß wir nun im Frieden lebten und uns der wissenschaftlichen Arbeit widmen konnten.

Natürlich gab es kaum etwas zu essen. Wenn ich zum Seminar ging, kam ich an dem amerikanischen Zentrum vorbei, aus dem der verführerische Duft frischgebackener Doughnuts kam. Wie viel hätte ich darum gegeben, ein solches Gebäckstück zu haben! (Meine Freunde in den USA haben zwanzig Jahre später sehr darüber gelacht.) So vertieften Mama und ich uns oft in Davidis-Holles Kochbuch von 1914, wo die köstlichsten Speisen aus «nur» sechsundzwanzig Eiern oder drei Kilogramm Rinderfilet beschrieben wurden. Das stillte unseren Hunger.

Auf dem Schwarzen Markt gab es alles, aber wir hatten nichts zu tauschen. Ein deutsch-amerikanischer Kollege, der die Marburger Studenten in die Geheimnisse der Politologie oder Soziologie einweihen sollte, wollte von mir einen Privatkurs in Alttürkisch – nicht gerade mein Spezialgebiet. Ich arbeitete hart, um ihn zehn Stunden lang in diese Sprache einzuführen, und erhielt als Lohn eine Schachtel Zigaretten. Ihn kosteten sie nichts, für uns bedeuteten sie ein Pfund Butter, Wert damals achtzig Mark und mehr. Aber wie groß war das Glück, wenn einmal ein CARE-Paket kam!

In jenen frühen Jahren füllten wir uns mit Wissen an, hörten die Vorlesungen unserer Kollegen. Werner Milch, zarte Seele, sprach über den *West-Östlichen Divan*, wobei ich ihm zur Seite stehen durfte, und über Hofmannsthal. Besonders vertiefte ich mich in die Theologie und Religionswissenschaft. Allerdings gab es in der Theologischen Fakultät viele Spannungen – vor allem zwischen Rudolf Bultmann mit seiner nüchternen Entmythologisierung und Friedrich Heiler, der die mystische

Seite des Christentums vertrat. Der Alttestamentler Emil Balla konnte die Psalmen und Propheten wunderbar rezitieren und erklären; er glich freilich mehr einem Reformjuden als einem christlichen Theologen. Als der brillante Studentenpfarrer Wolfgang Philipp seine Habil-Schrift mit dem Titel *Trinität ist unser Sein* einreichte, rief Balla entsetzt: «Da glaubt noch einer an die Trinität!» Philipp aber und seine Frau brachten ein wenig Farbe in die Fakultät; mit rollendem ostpreußischen Tonfall sprach er von «geronnener Ergriffenheit» und betonte die keltischen Wurzeln seiner Familie. Wer sonst wäre auf einer Universitätsveranstaltung im Schottenlook erschienen und hätte seinen fünf Kindern schottische Namen gegeben? Allzu früh starb er an den Folgen einer Kriegsverletzung.

Ich gehörte zum Kreis um Heiler, hatte er mich doch nach Marburg gebracht. Mit Begeisterung hörte ich seine Vorlesungen und nahm an seinen Übungen teil, bei denen ich die Islamkunde vertrat, ein Feld, das ihm nicht so vertraut war. So entwickelte sich eine beglückende Symbiose. Auch sein Ideal einer «Evangelischen Katholizität» lag mir sehr. Jeden Sonntag gingen Mama und ich zum Gottesdienst, der Evangelischen Messe, die er in der kleinen Kapelle in seinem Haus zelebrierte. Treue Freunde nahmen daran teil, und später saß auch das Hündchen Mitra und dessen Nachfolger, der schwarze Laqit, «Findelkind», still in der Kapelle. Ich stenographierte oft die Predigten mit und wußte, wenn der Satz «Gott ist Liebe» kam, war die Predigt bald zu Ende. Es waren schöne Stunden, in denen die für Heiler typische Verbindung von Gelehrsamkeit und mystischer Frömmigkeit deutlich wurde.

Es ist nicht überraschend, daß Friedrich Heiler innerhalb der Theologischen Fakultät keinen leichten Stand hatte. Seine Biographie erklärt das: In einer tieffrommen katholischen Münchner Familie aufgewachsen, interessierte er sich stark für den Modernismus. Ernesto Buonaiuti war einer seiner Favoriten unter den katholischen Theologen, und Alfred Loisy widmete er später ein Werk. Sein Studium der Orientalistik reichte vom Assyrischen zum Sanskrit, und die indischen Religionen faszinierten ihn sein Leben lang, beginnend mit seinen Frühschriften über *Die buddhistische Versenkung* und *Die Mystik in den Upanischaden*. Dann erschien sein umfangreiches Meisterwerk *Das Gebet*, aufgrund dessen Nathan Söderblom ihn nach Uppsala einlud. Das sollte ein für ihn entscheidender Aufenthalt werden. Er nahm am lutherischen Abendmahl teil und war damit exkommuniziert, wenngleich er nie einen «formalen» Bruch mit der römischen Kirche vollzog. Gegen Ende seines Lebens erschien ihm Papst Johannes XXIII. als der ersehnte *papa angelicus*, den er tief verehrte, und immer wieder zog es ihn nach Italien, wo Sorella Maria in einem franziskanischen Eremo seine geistige Schwester war. In seinen zahlreichen Werken versuchte er, die Entwicklung der frühen Kirche nachzuzeichnen. Der Ostkirche galt seine besondere Liebe. Er erhielt auch die Bischofsweihe in der gallikanischen Sukzession, was ihm ermöglichte, hin und wieder mit den in Marburg lebenden Griechen und Russen die orthodoxe Osternacht in einer kleinen Kapelle zu feiern. 1935 hatte er nach Greifswald strafversetzt werden sollen; doch das wurde umgewandelt in eine Strafversetzung von der Theologischen in die Philosophische Fakultät; daher konnte er auch philosophische Habilitationen durchführen. Ob sich die Bestrafung gegen ihn und seine politische Haltung oder vielmehr gegen die Marburger Theologische Fakultät insgesamt richtete, ist heute umstritten.

Heilers Belesenheit war stupend, und seine Vorlesungen, in schönen, schwingenden Sätzen gehalten, zogen immer wieder Verehrerinnen an, die wir mit einem Begriff aus dem Hinduismus als *Gopis* bezeichneten, jene Hirtenmädchen, die Krischna sehnsuchtsvoll umgeben. Es waren jedoch meist ältere Hirtenmädchen, darunter die getreue Grete Grönland, eine pensionierte Lehrerin, die ihn seit seiner Berufung nach Marburg 1921 umsorgt hatte. Die schwärmenden Gopis waren allerdings nicht sehr nach dem Geschmack seiner Frau, die eher den nüchternen Protestantismus repräsentierte; während der ersten Legislaturperiode war sie für die CDU im Bundestag.

Wir hatten geplant, Heilers Werk über das Gebet in erweiterter Form herauszugeben. Es kam zwar nicht mehr dazu; aber ich träume seitdem davon, die Hunderte von Notizen, die ich damals gesammelt hatte, doch noch eines Tages in ein Buch über das islamische Gebet zu verwandeln – denn dieses Thema ist ja das eigentliche Herz des Islam wie jeder Religion.

Heiler behandelte Themen, die erst Jahrzehnte später modern wurden, so das Verhältnis von *Eros* und *Agape*, den beiden Formen der Liebe in der Religion. An dem Seminar hierüber nahmen mein Kollege Goldammer und ich teil, so daß die Studenten amüsiert im Vorlesungsverzeichnis lasen: *Eros und Agape: Dr. Goldammer und Dr. Schimmel*.

Eines von Heilers Lieblingsthemen war «Die Frau in den Religionen», worüber er auch ein leider nicht sehr bekannt gewordenes Buch veröffentlichte. Er setzte sich sehr für die Ordination der Frauen ein, und wir nannten ihn liebevoll den «Schutzpatron der Dozentinnen».

Mir ist es immer ein Rätsel geblieben, warum er und seine Werke so wenig bekannt geworden sind, vor allem im angelsächsischen Gebiet, während die Werke des genialen Romanciers Mircea Eliade als *non plus ultra* in der Religionswissenschaft galten, obgleich Heiler ihm an tiefer Wissenschaftlichkeit weit überlegen war. Aber vielleicht kam es durch seine introvertierte Art, seine Neigung zur Mystik oder seine deutsche Gründlichkeit, die sich in Tausenden von Anmerkungen zeigte? Vielleicht war es auch ein wenig seine Neigung, allumfassende Güte und Schönheit überall zu erkennen und dabei das *mysterium tremendum*, den schauervollen Aspekt des Heiligen, der ja ebenso zur Religion gehört wie das *fascinans*, zu wenig zu betonen. (Seine allzu große Güte zeigte sich auch manches Mal in der Benotung von Dissertationen, was die Spannungen zwischen ihm und Bultmann verschärfte.) Aber Heiler war ein Mann der Harmonie, ein Musiker, der wunderbar Klavier spielte und meine 1948 erschienenen Ghaselen, *Lied der Rohrflöte*, mit romantischen Melodien versah und sie gern sang.

So kam das Jahr 1947. «Unser Perserkätzchen», wie der Althistoriker die junge Kollegin nannte, hatte sich ganz in Marburg eingelebt und sich auch an die sozialen Strukturen einer Universitätskleinstadt gewöhnt. Es gab ein Komitee «Gebildete helfen Gebildeten»; die Gruppe bestand vornehmlich aus *Prowis* (so genannt von Mama), Professorenwittiben, die die Stadt wie ein Netz überspannten. Sie alle waren «Frau Professor», obgleich viele von ihnen früher Köchin oder Haushälterin des Herrn Professors gewesen waren. Die einzige echte Frau Professor war Luise Berthold, die ständig darauf achtete, daß die Verlautbarungen der Verwaltung nicht an die *Herren* Kollegen adressiert waren; mit Recht legte sie auf die «Kolleginnen» größten Wert. (Auch heute noch bekomme ich Briefe an *Herrn* Prof. Dr. Annemarie Schimmel!) Von Luise Berthold lernte ich auch die Antwort auf die gegenüber erfolgreichen Frauen oft gemachte Bemerkung: «Ach wie schade, daß Sie keine Kinder haben!» Sie sagte schlicht: «Ich brauch' meine Erbmasse selber.»

Man begann mit neuen wissenschaftlichen Projekten: Hans Wehr, damals Professor der Arabistik in Erlangen, arbeitete weiter an seinem «Wörterbuch des Arabischen». Wir jüngeren Kollegen exzerpierten moderne Texte, suchten neue Bedeutungen von Worten; jede neugefundene Bedeutung wurde mit Fundstelle auf einem Zettel vermerkt, und jeder Zettel wurde mit zehn Pfennig honoriert; ich brachte es auf zweihundert Mark! Der Sommer 1947 war ungewöhnlich heiß. Für das Heilerseminar gab es jedoch ein paar Höhepunkte: Mitsommer feierten wir bei Erika Stoevesand ein richtiges Sommernachtsfest. Jeder brachte eine Kleinigkeit mit, und es gab eine wundersame Brotvermehrung, die uns half, bis gegen Morgen zu tanzen, wobei Heiler unermüdlich Walzer spielte (daß es andere Tänze gab, war ihm unbekannt). Zwei unserer Studenten hatten aus einem verwilderten Garten Büsche von Jasmin gebracht – es war unvergeßlich. Zehn Tage später feierten wir Hermann Hesses siebzigsten Geburtstag. Helmut Rückriegel, der ein geräumiges Zimmer hatte, lud einige Kollegen aus der Germanistik und Mitglieder des Heilerseminars ein, und die meisten von uns hörten erstmals vom *Steppenwolf* und von der *Morgenlandfahrt*. Begeistert schrieben wir Hermann Hesse einen Glückwunschbrief, den wir durch einen amerikanischen Soldaten in die Schweiz schmuggelten. Der Initiator des Festes, Cold (ein genialer, aber schwer zu bändigender Religionswissenschaftler), schickte ein Jahr später meinen Gedichtband *Lied der Rohrflöte* an den verehrten Dichter, ebenso wie Texte, die er auf seiner Handpresse in Holzminden gedruckt hatte. Zu unserer größten Freude kam ein Dankesbrief, und ich erhielt nicht nur Jahr für Jahr kleine Sonderdrucke, sondern auch ein schönes, handsigniertes Aquarell von Hesse, der 1957 auch ein Vorwort zu meiner Übersetzung von Iqbals *Buch der Ewigkeit* schrieb. In jener Zeit lernten wir auch Brechts Werke kennen; sein Taote-king-Gedicht wurde geradezu ein Kultwerk.

Noch ein anderes Ereignis hat sich mir eingeprägt: Ernst Kühnel kündigte mir den Besuch von D. S. Rice an, einem Spezialisten für islamische Kunst, der bei der britischen Armee in Deutschland war. Er kam an einem Sonntag. Wir hatten kaum etwas zu essen, und Mama mußte ein paar Kartoffeln borgen. Aber es zeigte sich, daß der Besucher Eßbares und Trinkbares in seinem VW mitgebracht hatte. Dann saßen wir in der Sonne und unterhielten uns über Kunst, über Kalligraphie, über Arabesken, und ich klagte ein bißchen, daß es keine Zeichentusche gebe. Zwei Wochen später kam ein Päckchen mit dem Zettel: «Das Schwarze ist Tusche!» – und der Rest bestand aus Ponds-Creme und ähnlichen nie gesehenen Kostbarkeiten. Wir hörten später, daß unser Besucher ein deutscher Semitist jüdischer Herkunft war (Reich), der vielen deutschen Orientalisten mit Lebensmitteln das Leben etwas erleichtert hatte. Unsere Freundschaft blieb bestehen, er half mir bei meinem ersten Besuch in dem ach so verwirrenden London. Daß er sich 1957 das Leben nahm, erschütterte uns tief.

Mitte August 1947 konnte man in der Zeitung eine kurze Meldung lesen: Der indische Subkontinent war geteilt worden – in Pakistan (West und Ost) und Bharat. Da dieser letztere Name kaum je verwendet wurde und jeder das größere Land *Indien* nannte, blieb Pakistan lange im Schatten, war kaum bekannt. Wer wußte schon von den Flüchtlingstragödien, die sich bei dieser Teilung abspielten? Ich brauchte lange, bis ich begriff, daß die Hauptstadt des neuen islamischen Staates Karachi war und nicht, wie man historisch hätte argumentieren können, Delhi, mehr als neunhundert Jahre das Herz des muslimischen Indien. Daß dann 1948 das Gebiet des Nizams von Hyderabad – Hort der islamischen Kultur im Süden des Subkontinents – von Indien annektiert wurde, weil zwar der Herrscher Muslim, die Mehrheit der Bevölkerung aber Hindus waren, während Kaschmir mit weit über neunzig Prozent Muslimen, aber unter einem Hindu-Herrscher, ebenfalls zu Indien geschlagen wurde, liegt den bis heute währenden Spannungen auf dem Subkontinent zugrunde.

Das Jahr 1948 brachte die Währungsreform, und damit normalisierte sich das Leben langsam, die Läden waren über Nacht gefüllt mit Waren. Jeder kaufte, was er oder sie seit Jahren erträumt hatte. Meine Übersetzungen von Yakup Kadris türkischem Roman *Nur Baba: Flamme und Falter*, erschien kurz zuvor, und der geschickte Verlag überwies mir das Honorar am Tag vor der Währungsreform – so hatte er den Vertrag erfüllt, ich aber hatte nur wertloses Geld. Und noch etwas passierte ein oder zwei Tage vor dem großen Ereignis: In Mainz fand der erste Orientalistentag nach dem Krieg statt, organisiert von Helmuth Scheel, der, weltanschaulich gewandelt, von Berlin nach Mainz gekommen war. Sein Organisationstalent war nicht geringer hier als bei den Orientalistentagen in Berlin. Die Tagung gipfelte in einer Weinprobe in Oppenheim. Beim Festvortrag über den «Weinbau im alten Ägypten» schwankte der Vortragende bereits ein wenig. Wir doch recht ausgehungerten Gelehrten feierten ein bacchantisches Fest mit Musik und Tanz, und Richard Hartmann wunderte sich am nächsten Morgen, daß so wenige Menschen zu den Fachsitzungen erschienen.

Durch den Einfluß der Amerikaner wuchs das Interesse an der Soziologie; für viele Amerikaner war der arabische Autor Ibn Khaldun (gest. 1406) der eigentliche Begründer dieser Wissenschaft, und wenn man sagte, man sei Arabist, kam oft die Reaktion: «Oh, you know Ibn Khaldun?» So «mußte» ich auf Anregung unseres Marburger Soziologen Max Graf Solms Stücke aus seinem Werk übersetzen – eine Arbeit, die man nur übernimmt, wenn man sehr jung und mutig ist.

In diese Zeit fiel die erste Promotion in meiner Lehrtätigkeit. Meine
Freundin Ings promovierte in Turkologie, und da sie sich damals auch
wiederum verlobte, schrieb ich ihr ein Glückwunschgedicht, das einen
Überblick über turkologische Themen bieten sollte:

Für meine erste Doktor-Tochter

Als einmal vor vielen hundert Jahren
Die Mongolen uns recht nahe waren,
Sprach zum Papst ein hochgelehrter Mann:
«Legt doch eine Sprachenschule an,
Um der Heiden Sprachen uns zu lehren,
Daß wir sie dann sprachgewandt bekehren.
Auch die Mädchen woll'n wir sprachlich bilden;
Und dann schicken wir sie zu den Wilden,
Geben dort den Fürsten sie zur Ehe,
Daß ein jeder ihre Tugend sehe
Und sich eile, ihnen nachzustreben . . .»
Leider kam die Schule nicht zum Leben!
Siebenhundert Jahre sind vergangen,
Eh' wir zu dem Doppelziel gelangen!
Wie Du lerntest, Dein Gehirn zu martern
Mit der Sprache «ungemenschter Tartern»,
Hast Du Dich auch anders ausgezeichnet
Und ein fremdes Herz dir angeeignet.
Zwar – er ist nicht grad Tatarenchan,
Doch Jurist zu Marburg an der Lahn.
Trotzdem nahen heut' zum Ehrenfeste
– Einem doppelten – gar viele Gäste:
Tief aus Asien die Türken alle
Kommen an mit lautem Jubelschalle:
Der Mahmud von Kaschgar trägt voll Würde
Seiner großen Weisheit schwere Bürde.
Neben ihm stehn die Özbekenknaben,
Die das Lautgesetz begriffen haben;
Die Kasaken schwenken ihre Jacken,
Ihre Mützen die Karakalpaken.
Unterdessen leeren die Tschuwaschen
Ihre wohlgefüllten Reisetaschen:

Milch und Butter, Käse, viele Eier –
Staunend sehen das die Karatschaier,
Die zusammen mit den Bergbalkaren
Nur auf einen Sprung gekommen waren.
In der Ecke stehen ein paar Schoren,
Fühlen sich im Trubel ganz verloren,
Bis sie mit den anderen Altaiern
Sehr vergnüglich auch Verlobung feiern.
Selbst der sonst verachtete Osmane
Schwenkt zum Glückwunsch seine Halbmondfahne,
Und begeistert kommen die Kirgisen
Von der Heimat weißverschneiten Wiesen.
Fast so eilig haben's die Turkmenen,
Die sich, dir zu gratulieren, sehnen.
Und es nah'n Jakuten und Dolganen,
Und Tataren, Baschkir und Komanen,
Karaimen, Kiptschak und Uiguren –
Alle, die einmal durchs Türkland fuhren! –
Ach, der Gratulanten sind so viele!
Ihnen schließt sich herzlichst an

Dschemile

Die Welt öffnete sich, Gäste aus dem In- und Ausland kamen nach Marburg, man traf in Heilers Haus die großen Gelehrten wie Gerardus van der Leeuw und Joachim Wach, und auch unser Gästebuch füllte sich mit den Namen fast aller deutschen Orientalisten. Ich denke an Wilhelm Gundert, der zusammen mit Walther Schubring und mir die schöne Anthologie *Lyrik des Ostens* herausgab, einfühlsam ediert von Herbert G. Göpfert, der mich immer weiter auf meinem literarischen Weg begleitet hat. Gundert, ein Vetter Hermann Hesses, war für den fernöstlichen Teil des Werks zuständig. Er hatte so lange in Japan gelebt, daß er fast selber Japaner geworden war: zart, zurückhaltend, lächelnd. Wir nannten ihn «das Reismännlein». Unvergeßlich, wie er bei einem Besuch Suzukis dessen Vortrag über Zen-Buddhismus übersetzte – eigentlich *lebten* die beiden alten Herren uns Zen vor. Am Ende gab Suzuki Gundert eine Ohrfeige, der gab sie zurück – und lächelnd verneigten sie sich vor den Hörern. Es entwickelte sich eine schöne Freundschaft mit diesem weisen Gelehrten. Heute hätte ich zu einer solchen Anthologie einen um ein Vielfaches größeren Teil arabischer, persischer

und türkischer Lyrik beigesteuert; aber es war der erste Einstieg in ein
Gebiet, das mich jahrzehntelang – und bis heute – beschäftigte.
Bald kamen auch ausländische Gäste und Studenten nach Marburg.
Der erste Türke, der dort studierte, war Nedim, sehr viel beliebter als
Fußballspieler denn als Musterstudent. Niyazi und Naime Bademli kamen – was hätten wir später ohne die liebevolle, überströmende Gastfreundschaft der Bademlis in Ankara tun sollen? Und durch Nusrats Erzählungen von seiner «mystischen Tante» lernte ich eine ganz traditionelle Familie kennen, die mir später den Weg zu Samiha Ayverdi öffnen
sollte. Mit Jim Peabody, einem amerikanischen Offizier, der bei mir
Arabisch lernen wollte, kam ein neues Element in den Heiler-Kreis.
Durch ihn erfuhr ich von den alten Bostoner Seefahrerfamilien; als wir
uns zwei Jahrzehnte später in Harvard wiedertrafen, stellte sich heraus,
daß er zum gleichen Harvard-Haus gehörte wie ich. In Marburg aber
war er bei der Heilerschen Nikolausfeier der großzügigste Nikolaus, angetan mit Heilers liturgischen Gewändern.

Noch einen seltsamen Vogel muß ich erwähnen, der Marburg besuchte: Elsa Sophia von Kamphoevener. Ich hatte sie zu einem Vortrag
eingeladen, denn damals waren ihre schönen Märchen *An Nachtfeuern
der Karawan-Serail* ein Bestseller. Freilich war der echte türkische Kern
so gering, daß die Fachorientalisten sich aufregten. Aber wenn sie erzählte, vergaß man alles und gab sich ganz dem Märchenhaften hin. In
Marburg nun sprach die große stattliche Dame im Amerikahaus vor –
ausgerechnet! – dem Evangelischen Frauenbund über das «Leben im
Harem». Drei tapfere Männer und eine große Anzahl tugendhafter älterer Damen lauschten mit wachsendem Erstaunen und Entsetzen, wie sie
den Harem verteidigte – in einem Crescendo, in dem sie die Frauen
aufrief, dafür zu sorgen, daß die Männer abgewertet würden: «Sooo
klein müssen sie werden!». Das Ganze gipfelte in der Bemerkung:
«Liebe Schwestern, wenn ihr euren Mann satt habt, kauft eine hübsche
Sklavin, schmückt sie, parfümiert sie und sagt zu ihr: Halt mir das alte
Ekel möglichst lange vom Leibe!» Ich weiß nicht, wer mir mehr zürnte, die protestantischen Damen
oder die drei völlig niedergeschlagenen Männer.

In diese Zeit fällt auch die Schaffung eines Doktorats für Religions-
schichte, *Dr. sc. rel.* Damit hatte die Evangelische Kirche von Kurhessen-
Waldeck einen Wunsch erfüllt, der seit den Tagen Rudolf Ottos immer
wieder geäußert worden war. Heiler bestand darauf, daß ich als erste
diesen Doktorgrad erwarb, und ich reichte eine Arbeit über den «Be-

griff der mystischen Liebe im Islam» ein. Bultmann fand die Arbeit nicht sehr geistreich; dem kann ich jetzt nur zustimmen. Es gab um diese Promotion so viele Streitigkeiten zwischen Kollegen, so viel Ärger und viele unglaublich erscheinende Ereignisse wie Beinbrüche, daß ich nach all dem Ärger niemals gedacht hätte, daß die Theologische Fakultät mein Goldenes Doktorjubiläum im Mai 2001 in schönster Weise feiern würde. Dafür bin ich dankbar; diese Promotion sollte eine wichtige, ja entscheidende Rolle in meiner weiteren Laufbahn spielen. Daß der Dr. sc. rel. nach der dritten Promotion von der Kirche wieder abgeschafft wurde, damit ja kein nicht-christlicher Student einen Doktorgrad in der Evangelisch-Theologischen Fakultät erwerben könnte, paßte in das absurde Szenarium.

Daß Luise Berthold mit ihrer Warnung vor den Männern nicht ganz unrecht hatte, zeigte sich, als einige Kollegen 1953 meine Beförderung zum außerplanmäßigen Professor hintertrieben. Aber das bedeutete nur ein Jahr Verzögerung – und da hatte mein Leben schon eine ganz andere Wendung genommen.

Schweden – zum ersten Mal im Ausland

Unter den vielen Besuchern, die zu Heiler kamen, war auch Märta Tamm-Götlind, eine schwedische Vorkämpferin für *kvinnliga präster*, ordinierte Theologinnen. Sie lud mich 1949 ein, am Kongreß *Fred og Frihet* in Stockholm teilzunehmen und sie zu besuchen. Schön und gut – aber die Reiseerlaubnis kam erst einen Tag, nachdem der Kongreß vorbei war; denn die Amerikaner sahen in der Organisation für Frieden und Freiheit eine kommunistische Propagandabewegung, zu der jemand aus ihrer Besatzungszone keine Verbindung haben durfte. Endlich saß ich dann im Zug nach Norden und erreichte nach einigen Abenteuern Uddevalla an der Westküste Schwedens, von wo aus ein Boot mich nach Bokenäs brachte. Auf der Insel verbrachte ich gut zehn Tage, in denen ich mein theologisches Schwedisch durch nützliche Vokabeln aus dem Alltagsleben ergänzte, mußte ich doch jeden Morgen zum Strand laufen und einkaufen. Es gab viele interessante Gespräche über Theologie und Frauenbewegung; daß Märta später zu ihrem neunzigsten Geburtstag von der Universität Uppsala den Ehrendoktor erhielt, hatte sie wahrhaftig verdient.

Von der Westküste fuhr ich durch Südschweden nach Stockholm

und durfte zwei Wochen in Sigtuna Stiftelse wohnen, einem Erholungsheim der schwedischen Kirche. Ich fühlte mich etwas unbehaglich bei all der Verwöhnung, die ich erfuhr. Konnte ich mich nicht wenigstens mit einem Vortrag nützlich machen? Aber nein, ich _mußte_ genießen, wie mir Manfred Björkquist, der Bischof von Stockholm, erklärte. Er war ein unvergeßlicher Mensch, groß und schlank, ein wahrhaft charismatischer Geistlicher. Dann kam Uppsala, wo ich bei einer Freundin Märtas wohnte. Regelmäßig besuchte ich den gewaltigen Dom, um die klangvollen Predigten zu genießen, und freute mich immer wieder der Silhouette des alten Schlosses, das sich gegen den glasklaren Himmel abhob. Und inmitten der vielen großen Gelehrten kam ich mir wie in einem Traum vor. Hatte ich je einen so kostbar gedeckten Mittagstisch gesehen wie bei Professor Zetterstéen, dessen Werk ich aus meinen Studien über die Mamlukengeschichte kannte? Natürlich besuchte ich Geo Widengren, den Religionshistoriker, der mir zwar zunächst die mir nicht bekannten politischen Sünden meines verehrten Lehrers Schaeder vorwarf, aber dann zu einem Freund wurde, mit dem ich später in der Internationalen Gesellschaft für Religionsgeschichte gut zusammenarbeiten sollte. Widengren war ein großer Reiter vor dem Herrn; daher trug mein Festschriftaufsatz für ihn über die Erziehung der Seele 1970 den Titel «Nur ein störrisches Pferd…». Seine Forschungen hatten einen völlig anderen Charakter als die eher mystisch ausgerichteten Werke Heilers; böse Zungen bezeichneten sie als _Geologie_.

Zentral aber war die Begegnung mit Henrik S. Nyberg, dessen Werke ich seit meiner Studentenzeit bewunderte. Er war einer der ersten, wenn nicht der erste europäische Orientalist, der sich einer Analyse der komplizierten Schriften des großen Theosophen Ibn 'Arabi widmete. Sein grundlegendes Werk über _Die Religionen des alten Iran_ hatte Schaeder übersetzt. In Nybergs gastlichem Hause traf ich seine Tochter Sigrid, mit der mich seit jenem Tage eine nun mehr als ein halbes Jahrhundert währende Freundschaft verbindet. Ich bewunderte ihren glänzenden Stil in Schwedisch, Englisch und Deutsch, und da sie bald einen deutschen Diplomaten Hans (John) Kahle (ebenfalls ein Orientalistensohn) heiratete, kreuzten sich unsere Pfade immer wieder – in Bonn, Harvard und in Schweden, nicht zu vergessen unsere gemeinsamen Freunde in Pakistan und Indien.

Das größte Erlebnis bei diesem ersten von vielen Besuchen in Uppsala war die Begegnung mit _gamla ärkebiskopinna_, Anna Söderblom, der

Witwe Nathan Söderbloms. Sie wohnte in einem alten Turmbau ganz nahe der Domkyrkan, und ich durfte immer wieder zu der alten Dame kommen, um ihr von Friedrich Heiler und von der Religionsgeschichte zu erzählen. Mit einer ihrer Enkelinnen befreundete ich mich (Söderbloms hatten zehn Kinder, die drei Töchter waren alle mit Bischöfen der schwedisch-lutherischen Kirche verheiratet). Ja, ich durfte sogar den 79. Geburtstag dieser bemerkenswerten Frau mit ihren strahlenden Augen im Kreise der Familie mitfeiern.

So war mein erster Auslandsaufenthalt in jeder Hinsicht ein Erlebnis. Ich hielt ein paar Vorträge und bekam sogar ein kleines Honorar – eine wunderbare Gelegenheit, etwas einzukaufen, da wir ja keine Devisen hatten, und so landete der Hut meiner Träume in meinem Gepäck, das sich immer mehr mit geschenkten Kleidern füllte.

Oft kehrte ich nach Schweden zurück; nach Stockholm und Göteborg; aber nie hätte ich davon geträumt, daß ich einmal Ehrendoktor der Theologischen Fakultät Uppsala werden sollte. Es war Sigrid, die mir die völlig überraschende Nachricht zu Neujahr 1986 telefonisch durchgab. Ende Mai war es dann soweit. Ein schwedischer Ehrendoktor ist etwas sehr Feierliches: Zuvor werden einem der Ring und der Doktorhut (er sieht aus wie ein Damenreithut) angemessen (die Literaturdoktoren tragen Lorbeerkränze), und man übt die Zeremonie, das Schreiten in die Aula, die Verbeugung, die Drehung zum Auditorium – kurz, es ist spannend. In der Theologischen Fakultät wurden Kurt Ruh und ich ausgezeichnet. Niemand hätte mir als Mitgeehrter lieber sein können als dieser profundeste Kenner der mittelalterlichen deutschen Mystik! Dann fand ich mich auf der Freitreppe neben Boutros-Ghali, dem damaligen Außenminister Ägyptens. Abends war das Festbankett im Schloß; man hatte mich aufgefordert, den Dank der ausländischen Ehrendoktoren auszusprechen, und zu meinem eigenen Erstaunen brachte ich eine schwedisch-englisch-deutsche Ansprache zustande und genoß dann den Abend, der von Musik untermalt war – keine «akademische Festouvertüre», sondern gehobene Unterhaltungsmusik, einschließlich *Old Man River*. Uppsala blieb mir seit jenen Tagen im Gedächtnis als ein Meer von Syringen, die überall ihren Duft verbreiteten. War es der Duft der Heiligkeit?

Holland – Land der Religionshistoriker

Zu den Besuchern, die ich im Hause Heiler traf, gehörte auch Gerardus van der Leeuw, der bekannte Religionshistoriker aus Groningen, dessen Einleitung in die Religionsphänomenologie wir mit Begeisterung lasen. Er berichtete, man wolle 1950 den ersten Internationalen Kongreß für Religionsgeschichte nach dem Kriege in Amsterdam abhalten, wobei auch die Gründung der IAHR, *International Association for the History of Religion*, beschlossen werden sollte. Eine verlockende Aussicht – aber wie würden die Holländer die Gegenwart so vieler deutscher Kollegen so bald nach dem Krieg aufnehmen? Wir hätten keine Bedenken zu haben brauchen. Der Kongreß verlief in höchst angenehmer, ja freundschaftlicher Atmosphäre. Wir wurden wegen fehlender Devisen privat untergebracht; mich hatte man zur Erheiterung der Kollegen der Leiterin der Sittenpolizei anvertraut, die mich aufs netteste verwöhnte. Und der Kongreß selbst – welch ein Erlebnis, wenn so viele Namen aus der Fachliteratur sich in lebendige Menschen verwandeln! Da waren Karl Kerényi, der ungarische Spezialist für antike Mythologie, und Gershom Scholem, der profunde Kenner der Kabbala. Wir freundeten uns fünf Jahre später beim Kongreß in Rom an, als ich in Ankara lehrte, weil er sich für die seltsame Gruppe der Dönme interessierte, die in erster Linie in Saloniki lebten. Sie sind Anhänger des «falschen Messias» Sabbatay Zwi (1626–1676), der gegen Ende seines Lebens im türkischen Gefängnis zum Islam übertrat, worin ihm seine Anhänger folgten. Verhaßt bei strenggläubigen Muslimen, hatten die Dönme eine hochinteressante mystische Frömmigkeit entwickelt und verwendeten gern Lieder des anatolischen Mystikers Yunus Emre, verbunden mit Relikten jüdischer Tradition. Scholem arbeitete damals an der Biographie Sabbatay Zwis, einem – wie alle seine Werke – glänzend geschriebenen Buch.

Der hochgelehrte baschkirische Turkologe Zeki Velidi Togan – nach dem Ersten Weltkrieg Präsident des für kurze Zeit unabhängig gewordenen Baschkiristan – war nach langem Aufenthalt in Deutschland in Istanbul tätig. Er lud mich zum Essen ein, um seinen Vortragstext noch zu glätten, und am Ende der Mahlzeit steckte er seine Zähne mit der lakonischen Bemerkung «es drückt!» in eine Dose. Aber das tat seiner Gelehrsamkeit – und auch seinem Humor – keinen Abbruch.

Der Höhepunkt des Kongresses war für mich die Begegnung mit Louis Massignon, dessen gewaltiges Werk über Halladsch ich als Studentin mit ebensoviel Mühe wie Begeisterung durchgearbeitet hatte. Heiler brachte mich zu ihm, und während der Gelehrte mit raschestmöglichem Französisch freundlich auf mich einredete, stand ich ihm in stummer Fassungslosigkeit gegenüber. Nie zuvor oder nachher habe ich einen Menschen getroffen, der so lichtdurchflossen war wie er, als habe sich die Gottesliebe Halladschs und seine eigene Leidenschaft für die göttliche Liebe und Barmherzigkeit, aber auch das Wissen um die Notwendigkeit der Annahme des Leidens in seinem schön geschnittenen schmalen Gesicht, in seinen Augen konzentriert. Massignon war ja nicht nur ein wissenschaftlicher Erforscher der islamischen Mystik, sondern setzte sich immer – auch unter Gefahren – für die Unterdrückten (z. B. die Algerier) ein. Er gründete Gebetsgruppen und organisierte Pilgerfahrten zu Stätten, die Christen und Muslimen heilig sind. Ich sandte ihm später Texte über das Weiterleben Halladschs in der Poesie der verschiedenen islamischen Völker, vor allem des Subkontinents. 1957 begegneten wir uns beim Orientalistentag in München und saßen zufällig bei einem Vortrag des Münchner Orientalisten Franz Babinger zusammen, der über die Siebenschläferheiligtümer in Anatolien referierte; immer wieder seufzte er: «Cet homme ne croit pas, il ne croit rien!» Denn das Thema der ihm so teuren Siebenschläfer rein vom historischkritischen Gesichtspunkt zu behandeln, schien ihm Entweihung. Ein Jahr danach trafen wir uns beim Religionshistorikerkongreß im Spätsommer 1958 in Japan wieder. Unser letztes Gespräch fand in einem überfüllten Fahrstuhl in unserem Tokioter Hotel statt; es handelte von der *rosa mystica*, der Rose als Symbol göttlicher Schönheit und Glorie, wie sie in den von ihm erstmals bekannt gemachten Werken des Schiraser Mystikers Ruzbihan-i Baqli erscheint. Wir merkten nichts von der Enge im Fahrstuhl – er führte mich in eine höhere geistige Welt. Und so bleibt er mir im Gedächtnis: ein heiligmäßiger Mensch, ja, ein wahrer Heiliger.

In Amsterdam wurde die IAHR neu gegründet, so daß die Religionswissenschaftler nun eine eigene Organisation hatten, die sich langsam über die europäische Welt zunächst nach Amerika und dann nach Osten und Süden ausdehnte. 1958 fand ein bemerkenswerter Zwischenkongreß in Japan statt, an dem Prinz Mikasa – der jüngste Bruder des Kaisers – sehr aktiv teilnahm; 1960 war Marburg der Tagungsort. Wir trafen uns in Stockholm (1970) und in Lancaster (1975). 1985 tagten wir in Sydney, 1990 wie beim zweiten Kongreß in Rom. Ich liebte diese Zusammenkünfte, hätte es mir aber nie träumen lassen, daß ich in Winnipeg 1980 zur Präsidentin der IAHR gewählt werden würde – als erste Frau und als erste Islamwissenschaftlerin. Der Kongreß in Rom 1990 war mein Abschied von der Präsidentschaft, aber auch von der aktiven Teilnahme an den Kongressen. Zu sehr hatten sich die Methoden und Ideale der Religionswissenschaft gewandelt, der Ton lag nun in erster Linie auf «Wissenschaft», d. h. Theorie, Soziologie und Psychologie, weniger auf Religionsphilosophie.

Etwa zwei Jahre nach dem Kongreß in Amsterdam wurde ich eingeladen, an einer Tagung im Oude Loo nahe Amersfoort teilzunehmen, die sich mit Mystik und Gnosis befassen sollte. Es war die Zeit, als Königin Juliana sich bei der Suche nach Heilung für ihre jüngste Tochter an die Heilerin Greet Hofmans gewandt und Treffen zu esoterischen Themen angeregt hatte. Die Gruppe der Eingeladenen war seltsam; an bekannten Gestalten erinnere ich mich nur an Gilles Quispel, den großen Spezialisten für Gnosis. Ich selbst sprach wieder – wie könnte es anders sein – über Maulana Rumi. Es war ein Erlebnis, die Königin als liebevolle Gastgeberin zu sehen, die sich nicht nur mit Rednern und Gästen angeregt und anregend unterhielt, sondern um das Wohl aller besorgt war und wie selbstverständlich den Tee einschenkte und ein Tablett mit Sherry zu Ehren eines Geburtstagskindes herbeitrug.

Auch später besuchte ich mehrfach Holland. Da gab es zum Beispiel Vorträge für die Sufi-Gemeinschaft Inayat Khans zur Feier von Rumis siebenhundertsten Todestag 1973. Dabei machte ich die Erfahrung, daß die edlen Rumi-begeisterten Damen gar nicht wußten, daß er in Persisch geschrieben hatte – eine Erfahrung, die mich vielen westlichen Sufis gegenüber recht skeptisch werden ließ, und diese Skepsis vertiefte sich in den USA noch weiter. Sie wurde ganz stark, als die Werke von Idries Shah den Markt überschwemmten – Bücher, die aus der strengen, fordernden mystischen Suche eine verwässerte süßliche Weltschau machten, die jedermann leicht zugänglich fand.

Auch zu Vorträgen anderer Art kam ich nach Utrecht und Leiden, Universitäten, in denen die orientalischen Studien seit Jahrhunderten gepflegt werden. Besonders gerne denke ich an J. M. S. Baljon in Leiden, einen der wenigen Gelehrten, die sich dem Studium des indischen Islam gewidmet und die großen Reformtheologen wie Ahmad Sirhindi (gest. 1624) und vor allem Schah Waliullah (gest. 1762) bekannt gemacht haben.

Meine letzte Begegnung mit Holland war ein Kongreß in Utrecht über «Sufismus und seine Kritiker», an dem eine Anzahl vortrefflicher

Gelehrter aus aller Welt teilnahm. Es war Anfang Mai 1995, und es wurde gerade mitgeteilt, daß ich den Friedenspreis des Deutschen Buchhandels erhalten sollte. Die ARD wollte eine Aufnahme machen: So fuhr ich nach Hilversum und wurde interviewt. Auf die Hexenjagd, die sich anschloß, werde ich später eingehen (s. S. 316 ff.). Der Kongreß hatte offenbar den richtigen Titel «Sufismus und seine *Kritiker*». Aber für diese Ereignisse kann Holland ja nichts.

Schweiz – geistige Erfahrungen

Eine andere Folge des Amsterdamer Kongresses war eine Einladung nach Ascona – nicht zu den Eranos-Tagungen, deren Ergebnisse ich als Studentin begeistert gelesen hatte, zu denen ich aber erst Jahrzehnte später eingeladen wurde. Nein, ein holländisch-deutsches Ehepaar lud mich ein, und so reiste ich erstmals über Basel und den Gotthard nach Ascona. Dort angekommen, erklomm ich eine scheinbar endlose Treppe an einem Hang, bis ich die Casa Raganella erreichte, wo ich zwei Wochen lang ein luxuriöses Zuhause hatte. Leider machte die rundliche Hausherrin gerade eine Fastenkur, was für jemanden ohne Devisen, der sich kein Restaurantessen leisten konnte, ziemlich mühsam war.

Aber dafür gab es geistige Speise in Hülle und Fülle. Zum ersten Mal traf ich meinen Basler Kollegen Fritz Meier, der sich durch seine ersten Publikationen als profunder Kenner der islamischen Mystik ausgewiesen hatte. Klein und zierlich, mit durchdringenden blauen Augen, schaute er die junge Kollegin prüfend an und schien sie zu billigen; wir besuchten zusammen mit seiner damaligen Frau, einer lebhaften Jungianerin, Ronco, den romantischen Nachbarort von Ascona, wo der Maler Lenne seit langem den jenseits des Sees liegenden, schöngeformten Berg in immer neuen Ansichten malte. Als ich eines Mittags einsam und etwas verloren auf der Piazza spazierenging, trafen wir uns, und der gelehrte Kollege fragte freundlich: «Darf ich Sie zu einer Cassata einladen?» Ich wußte zwar nicht, was eine Cassata war, fand aber, daß es etwas sehr Erfreuliches war. Das war das erste von Dutzenden Malen, daß Fritz Meier mich einlud, denn im Laufe der Zeit entwickelte sich eine wunderbare Freundschaft zwischen uns, die bis zu seinem Tode dauerte. Wie oft stand er am Badischen Bahnhof, wenn ich aus irgendeinem Grunde (und es gab deren viele, vor allem Vorträge) in die Schweiz kam, und wie oft führte er mich in ein schönes Lokal, sei es in der

Schweiz oder in Iran, wo wir uns bei Kongressen manchmal sahen.
Meier, der bei vielen als unnahbar angesehen wurde, war ein Perfektio-
nist, ein Mann von unendlich weitem gründlichen Wissen, Philologe
ersten Ranges, aber auch philosophisch und historisch gleichermaßen
beschlagen.

Er kannte die entferntesten Handschriften, die feinsten
Regeln des Arabischen und Persischen und verlangte von seinen Studenten absolut exakte Arbeit beim Studium der – vorzugsweise mystischen – Texte, mit denen sie im Seminar zu tun hatten. Er blieb nie bei
der reinen Philologie stehen, die unabdingbare Grundlage für jedes Verständnis eines Textes ist, sondern erwartete auch eine solide historische
Betrachtungsweise. Seinem prüfenden Blick hielt nicht jeder stand. Intensiver Fleiß, gepaart mit feinstem Sprachgefühl, zeichnete ihn aus,
und so konnte er im Laufe seines langen Lebens die Gestalten der
großen Mystiker Mittelasiens zum Leben erwecken und in jeder seiner
Biographien weite Querverbindungen zu den verschiedensten Facetten
der islamischen Kultur spannen. Wer sonst hätte das Problem der Freude
bei den frühen Sufis behandelt? Wer hätte die unendlich komplizierten
mystisch-sinnlichen Erfahrungen von Maulana Rumis Vater analysiert?
Dabei war er, wenn er sich von seiner Arbeit erholte, ein Connoisseur,
der vorzügliche Speisen, guten Wein und Musik ebenso kannte und
liebte wie die verwickeltsten Probleme persischer Grammatik und Poesie. Ich war dankbar, daß ich nicht seine von Kollegen und Schülern ge-
fürchtete strenge Seite kennenlernte, sondern auch die des frohen und
gastfreundlichen Menschen, der einmal beim Anblick eines Kinderwa-
gens sagte: «Jedesmal wenn ich ein kleines Kind sehe, denke ich: Wie
gut du's hast, weil dir noch so viel Schönes bevorsteht!» Sein Tod war so,
wie er ihn sich gewünscht hatte: Auf dem Rückweg von einer kleinen
Feier zu seinem sechsundachtzigsten Geburtstag, am 10. Juni 1998, brach
er auf dem Nachhauseweg zusammen und starb, einen Rosenstrauß in
der Hand.

Eine andere Persönlichkeit, die ich in jenem Frühjahr 1951 in Ascona
kennenlernte, war Rudolf Pannwitz, der Philosoph, der lange in Jugo-
slawien gelebt hatte und damals mit seiner Frau in einer unsagbar dürftig
möblierten Wohnung nahe Ascona lebte. Der Mann mit dem kantigen
Schädel beeindruckte mich tief; ich lauschte atemlos seinen Worten,
vorgetragen mit einer überraschend hohen Stimme. Nie hatte ich eine
so durchsichtige Darstellung philosophischer Probleme gehört wie damals. Auch seine Bücher begeisterten mich, die Nicht-Philosophin,
durch ihre Klarheit. Da ich damals gerade über Muhammad Iqbal, den

indo-pakistanischen Dichter-Philosophen, zu arbeiten begann, führten
wir einen intensiven Briefwechsel, in dem sich Pannwitz zum Bewunderer Iqbals entwickelte, den er – selbst an Nietzsche geschult – als besseren Interpreten Nietzsches empfand, als es die meisten europäischen
Denker waren.

Bald nach unserem Treffen in Ascona erhielt ich einen Brief von
ihm, in dem er mich mit einem seiner Freunde bekannt machte, «damit Sie sehen, was für sonderbare Früchte auf märkischen Kiefern
wachsen». Dieser Freund war Hanns Meinke, Lehrer in Königswuster-
hausen, der zur poetischen Schule Otto zur Lindes, dem «Charon»,
gehörte. Zunächst manifestierte er sich durch ein von ihm selbst
genähtes und besticktes Kleid, das er mir schickte und das seltsamerweise vorzüglich paßte. Und nicht nur ein bestickter Samtgürtel und
andere Kunstwerke kamen aus Ostdeutschland, nein, zwei für mich
absolut zentrale Bücher, nämlich Iqbals persische Dichtungen: *Payâm-i
mashriq*, «Botschaft des Ostens», und *Jâvidnâme*, «Buch der Ewigkeit»,
die den Grundstock für meine weiter wachsende Iqbal-Bibliothek bildeten. Meinke hatte nämlich um 1930 eine Anzahl von Gedichten
Iqbals auf Grund englischer Übersetzungen in deutsche Verse übertragen und diese, in schöner Kalligraphie, an den Dichter-Philosophen
nach Lahore geschickt, wo man sie jetzt im Iqbal-Museum bewundern
kann. Iqbal aber hatte seine beiden Gedichtbände als Dank nach
Deutschland gesandt, und da Meinke kein Persisch konnte, kamen sie –
zu meiner größten Freude – zu mir. Von da an gab es eine lebhafte
Korrespondenz zwischen Hanns Meinke und mir; er schickte mir seine
Gedichte, die er zum Teil unter dem Namen «Merlin» veröffentlichte
oder auch nur für seine Freunde in schön gebundenen Heften, kunstvoll kalligraphiert, versandte. Ein großer Band von freien Nachdichtungen Maulana Rumis, den er mir widmete und in einem selbst-
gehämmerten kunstvollen Kupferband schickte, erinnert mich täglich
an ihn und an die Tage, die er später mit seiner Familie bei mir in Ankara und Konya verbrachte.

Ascona wurde erst viele Jahre später wieder in meinem Leben wichtig,
als ich 1991 aufgefordert wurde, an den Eranos-Tagungen teilzunehmen,
die seit 1930 dort stattfanden und eine Galaxie von Geisteswissenschaft-
lern vereinten, eine Gruppe, deren Arbeit mir sehr lag, wenn ich auch
nicht unter die Jungianer gezählt werden kann, die zu Zeiten dort domi-
nierten. Aber wie schön war es, Menschen wie Magda Kerényi wiederzusehen, die das Erbe ihres Mannes Karl Kerényi noch immer hütet! Viele

neue Freundschaften haben sich dort für mich iń den vergangenen Jahren ergeben, zu dem Basler Ägyptologen Erik Hornung und zu Elisabeth Staehelin, zu den Jungianern Regine und Andreas Schweizer und vielen anderen mehr. Die Geschichte von Eranos, wie sie kürzlich von Thomas Hakl gründlich und kenntnisreich dargestellt worden ist, hat in den letzten Jahren mancherlei Brüche erlitten, und es ist zu hoffen, daß sich die Arbeit wieder konsolidiert.

In der Zeit, da ich *Fikrun wa Fann* mit herausgab (siehe Seite 163 ff.), führte mein Weg oft in die Schweiz, weil die Redaktion dieser arabischen Kulturzeitschrift in Unterägeri im Kanton Zug lag. So lernte ich zunächst auf der Durchreise, dann immer gründlicher Zürich kennen. Das Rietberg-Museum war stets ein Anziehungspunkt, wo ich manches Mal Vorträge hielt und mich der schönen islamischen Kunstwerke erfreute. Auch die Société Turco-Suisse lud mich häufiger ein, so daß das Haus meiner Orient-interessierten Freunde Fortunat und Ursula von Salis ein weiterer Mittelpunkt meiner Schweizer Reisen wurde. Und könnte ich die Tage in Bern vergessen, wo mein früherer Schüler und Kollege Christoph Bürgel die Orientalistik vertrat? Oder nicht Genf erwähnen, wo sich die kostbare Sammlung islamischer Kunst Prinz Sadruddin Aga Khans findet, in der die schönsten indischen und persischen Miniaturen aufbewahrt werden – eine Sammlung, die zu den besten Privatsammlungen Europas, wenn nicht der Welt, gehört. So ergaben sich freundschaftliche Beziehungen zu Prinz Sadruddin und dem Kreis der Freunde islamischer Kunst. Dazu gehörte auch Felizitas Gräfin Schönborn, in deren gastfreundlichem Haus es nicht nur geistige Anregung gibt, sondern auch viel Fröhlichkeit; sogar das lustige Hündchen Ambrosia erheiterte mich dort.

Ein Ort lockte mich nie. Und das war Bad Ragaz. Hugo und Gerda Vedder aus Lüdinghausen, deren Freundschaft zu meinen kostbarsten Schätzen gehört, aber gingen dort jeden Sommer zur Kur, und einmal – es war 1989 – luden sie mich ein, dort eine Woche mit ihnen zu verbringen. Ich schüttelte den Kopf und reimte:

Ein Kater ging einst nach Ragaz
und wollte an selbigem Platz
mit Baden, Massieren
sein Rheuma kurieren –
sag, war das nicht nur für die Katz?

Dann gab ich nach und verbrachte mit den Freunden zehn Tage im Quellenhof. Mein Zimmer hatte einen sonnigen Balkon, und da ich einen dicken Band der türkischen Verse des mittelalterlichen Sufis Yunus Emre mitgebracht hatte, benutzte ich die vielen Stunden, die ich nicht mit «Baden, Massieren» hinbrachte, dazu, wieder einmal Gedichte des anatolischen Sängers zu übertragen, der mir früher in Anatolien so viel Trost gespendet hatte. Als ich nach zehn Tagen nach Bonn zurückflog, war mein neues Büchlein fertig, das ich *Wanderungen mit Yunus Emre* nannte und in dem ich versuchte, das letzte Lebensjahr des Sängers als eine Art Legende darzustellen und ein wenig von der Stimmung Anatoliens einzufangen. Also war Ragaz doch nicht nur für die Katz.

Da ich mich nun auch dem Arzt zeigen mußte, hatte ich die erfreulichste Erfahrung, die ich je mit einem Arzt gemacht habe: Nachdem Dr. Diethelm Urban mich gründlich angesehen und meine nicht gerade ideale Wirbelsäule untersucht hatte, meinte er, er könne mir ja tausenderlei Übungen und Medikamente verschreiben, aber dann würde ich mich wahrscheinlich so sträuben und ärgern, daß es eher schlimmer als besser werden würde, und so sollte ich nur tun, was mein Herz mir eingebe, denn – und nun kam im stärksten innerschweizerischen Tonfall der Satz, der mich seit jenem Tag begleitet und gestärkt hat – : «Denn Sie sind ein Be-ischpiel für den Sieg des Ge-ischtes über den Körper.»

Dritter Teil
Türkei
(1952–1959)

Bist du denn fremd hierhergezogen –
   Ach, warum weinst du, Nachtigall?
Und hast ermattet dich verflogen?
   Ach, warum weinst du, Nachtigall?

Hast hohe Berge überschritten?
Bist über Flüsse tief geglitten?
Hast Trennung du vom Freund erlitten?
   Ach, warum weinst du, Nachtigall?

Ach, wie so bitter klingt dein Flehen!
Neu läßt du meinen Schmerz erstehen!
Du möchtest deinen Freund wohl sehen?
   Ach, warum weinst du, Nachtigall?

Du kannst doch deine Flügel breiten
Und kannst sie ja zum Fluge weiten
Und alle Schleier überschreiten!
   Ach, warum weinst du, Nachtigall?

. . .

Du wohnst im Lenz im Rosenhage,
Dir duften Blüten alle Tage,
Doch immer neu klingt deine Klage:
   Ach, warum weinst du, Nachtigall?

. . .

Yunus Emre

Eine Stadt ohnegleichen – Istanbul

Wie sagt Orhan Veli, der den Zauber der Stadt auf zwei Kontinenten in immer neuen Bildern besungen und seine Leser gelehrt hat, auf Istanbuls vielfältige Klänge zu lauschen, den erregten Pulsschlag der Galata-Brücke zu spüren?

Ich hab' nicht vor, auf Reisen zu gehn.
Aber wenn ich so was unternehmen sollte,
führe ich gradewegs nach Istanbul.
Wenn du mich in der Tram nach Bebek sähst,
was würdest du dann wohl tun?

Und Yahya Kemal, Vertreter der großen klassischen Dichtung zu eben der Zeit, da Orhan Veli ganz neue Klänge in die türkische Poesie einführte, singt, wie dieser, von seiner unstillbaren Sehnsucht nach der Stadt, der die schönsten seiner Verse galten:

Könnt' jeder Geist im Himmel seinen Platz
nach seinem Wunsche sich eröffnen sehen,
hätt' freundlich sich das Glück zu mir gewandt
und gäb' mir einen neuen Stern zur Hand,
so kümmert' ich um solche Huld mich nicht:
Ich möchte wieder nach Istanbul gehen!

Ich lernte Istanbul durch Gedichte kennen, durchwanderte es, ließ mich die Straßen, die steilen Gassen hinauf- und hinabtreiben, atmete den Duft von Teer und Kebab, von Fischen und vertrockneten Blüten auf Friedhöfen ein, nahm halb unbewußt die türkischen Lieder auf, die überall aus den Radios in den Altstadtvierteln plärrten, und verlor mich in den Moscheen oder in der Betrachtung der immer wieder neuen Sonnenaufgänge und -untergänge, wenn der Bosporus silbern oder sanftlila erschien oder die Sonne in den Wellen eine rotglitzernde Lichtbrücke baute.

Die Fahrt auf einem Dampfer von Neapel nach Istanbul im Februar 1952 war ermüdend, da ich mit drei – milde gesagt – vollschlanken Griechinnen in einer winzigen Kabine eingepfercht war; doch ein deutsches Professorenehepaar, dem ich von türkischer und islamischer

Geschichte und Dichtung erzählte, um sie seelisch auf ihren Aufenthalt vorzubereiten, verwöhnte mich zum Glück den größeren Teil der Tage. Am Kai stand Behcet Necatigil, der Dichterfreund, mit dem ich seit einiger Zeit korrespondiert hatte; er und seine warmherzige Frau brachten mich in ein Gebäude in Laleli, das heute zum Ramada-Hotel geworden ist. Meine Wirtin war eine Dame mittleren Alters, mit der ich mich sogleich gut verstand und durch die ich manche interessante Menschen kennenlernte, die aber auch mein Vokabular hochklassischer Ausdrücke um nützliche Begriffe wie Zahnbürste, Regenschirm und Ofenrohr bereicherte. Auch nachdem ich eine Woche später nach Pangaltı auf der europäisch geprägten Seite des Goldenen Horns überwechselte, blieb die Freundschaft mit meiner ersten Betreuerin für Jahre bestehen.

Unvergeßlich ist der Tag, als ich erstmals zu Jale und Mustafa Inan kam, die mich eingeladen hatten, bei ihnen zu wohnen. Das Wohnzimmer hatte schöne, perlmutteingelegte Möbel; und als Mustafa, Professor für Mathematik, der in Zürich promoviert wurde, zum Mittagessen nach Hause kam, erzählte Jale ihm, daß ich seit Jahren einen türkischen Kosenamen hätte, den mir ein alter Kollege in Berlin gegeben hatte.

«Sie heißt Cemile!»

Der Hausherr sah mich kritisch an: «Kommt dieses Wort im Koran vor?» fragte er.

«Nein,» sagte ich, «nur die Maskulinform *dschamil (cemil)* in Sure 12, *sabrun dschamil*, schöne Geduld.»

Damit war ich in die Familie aufgenommen, der ich die schönste Einführung in türkisches Leben und türkische Kultur mit allen ihren Facetten verdanke. Jale (die ihrem Namen «Tautropfen» alle Ehre machte) war die Tochter des Malers und Museumsdirektors Aziz Oğan; sie arbeitete als Archäologin und wurde zu einer der führenden Spezialisten besonders für das Gebiet von Side, wo sie Jahr für Jahr ausgrub. Mustafa besaß eine profunde Kenntnis türkischer Literatur, Musik und Traditionen. Wenn ich abends von meinen Handschriftenstudien in der Universitätsbibliothek nach Hause kam, lernte ich unendlich viel auf die angenehmste Weise. Auch der kleine Hüseyin freundete sich bald mit «Tante Cemile» an.

Das Haus in Pangaltı blieb meine Istanbuler Heimat, als ich im Herbst 1953 wieder in die Türkei kam, um dort weitere Handschriftenstudien zu treiben. Als mich meine Mutter im folgenden Jahr auf dem Wege nach Ankara begleitete, wurde auch «Tante Mama», wie Hüseyin sie nannte, zum Familienmitglied. Und «Tante Mama» begleitete mich immer wieder in die Türkei, half mir in den nicht immer leichten Jahren meiner Lehrtätigkeit in Ankara.

In meiner Erinnerung verfließen manchmal die beiden ersten Aufenthalte in der Türkei, die doch in vieler Weise so verschieden waren. Die Wochen im Frühjahr 1952 sind mir im Gedächtnis geblieben als ein ewiger Frühling. Wann hätte ich je herrlichere Kastanien gesehen als in Paşabahçe (einst für seine Glaskunst berühmt), wo eine von Jales Freundinnen in einem schönen alten Yalı wohnte? Und wann hätten wir je wieder so angeregt diskutiert wie an den berühmten Dienstagen, wenn sich die jungen fortschrittlichen Dichter Istanbuls im Maçka Kahvesi trafen? Ich saß bei ihnen und hörte ihren Argumenten gegen die klassische Poesie zu; die ganze Gruppe der sich um die Zeitschrift *Varlık* sammelnden Progressiven traf sich dort. Behcet Necatigil, der mich hingeführt hatte und zu dessen herben, oft geradezu kargen Gedichten ich nicht leicht Zugang gewann, war immer dabei. Noch sehe ich sein von einer gewissen Schwermut überschattetes Gesicht vor mir, das sein Bemühen um äußerste Ehrlichkeit in der Poesie, seine geradezu angstvolle Abwendung vom Romantischen widerzuspiegeln schien (und doch sind ihm einige ganz zarte Liebesgedichte gelungen). Manchmal kam Yaşar Nabi, der Chefredakteur des *Varlık*; Salah Birsel gehörte zu dem Kreise; Cahit Külebi erschien hin und wieder; mit Haldun Taner und vielen anderen ergaben sich freundschaftliche Beziehungen. Auch Samim Kocagöz, der Erzähler, tauchte auf – oft war ich später Gast in seinem Heim in Izmir-Karşıyaka.

Angeregt von meinen türkischen Freunden begann ich damals, Artikel über deutsche Kultur in türkischen Zeitschriften zu schreiben. Im *Istanbul Dergisi*, in *Yeditepe* und der großen Zeitschrift *Hayat* erschienen eine ganze Reihe von Skizzen, sei es über deutsche Städte und Landschaften, sei es über mir wichtig erscheinende Persönlichkeiten, gezeichnet mit dem Pseudonym Cemile Kıratlı (*kırat* = Schimmel).

Bei unseren Zusammenkünften wagte ich gelegentlich, die klassische Dichtung zu verteidigen und ein paar Zeilen von Yahya Kemal zu zitieren, die mir so lieb und teuer geworden waren. Aber nein! – «Solche Ghaselen und in klassischer Form gebundene Verse zu schreiben, ist doch zu leicht!» hieß es dann. «Wir müssen uns abquälen, wir müssen ehrliche Formen finden. Wir können nicht im Elfenbeinturm sitzen und von Sonnenuntergängen und Rosen und Nachtigallen schreiben, während um uns herum Menschen leiden, hungern, nach Gerechtigkeit schreien!»

Ich fragte mich (und sie) zwar manchmal, ob nicht auch zur Zeit Homers oder der großen orientalischen Dichter wie Hafis oder Fuzuli Menschen gelitten hatten, hungrig gewesen waren; aber solche Argumente wurden als irrelevant abgewiesen. In einer Weise hatten die jungen Dichter freilich recht: Die klassische Form des Ghasels und der Kasida (beide mit Monoreim), die seit Jahrhunderten in der islamischen Welt üblich waren, kann auch von einem Dichter verwendet werden, der nicht mehr als ein geschickter Reimeschmied ist, denn die Bildwelt, der Symbolismus, die Regeln für Reim und Rhythmus und das Spiel mit ungezählten Assoziationen ist festgelegt: Man kann diese Dinge geradezu handwerklich lernen. Doch die großen Dichter der islamischen Welt haben ihre Gefühle und die Probleme ihrer Zeit in diesen Formen so elegant verschlüsselt, die überkommenen Formen mit so viel Energie erfüllt, daß man bis heute darin Gedanken findet, die modern, ja fortschrittlich wirken – wenn man den Schlüssel besitzt. Und dieser Schlüssel war in der Türkei für die jüngere Generation verlorengegangen; denn durch die Ersetzung des arabischen Alphabets, das für die meisten Sprachen des islamischen Kulturgebiets verwendet wird, durch die lateinische Schrift (1928) waren Millionen junger Menschen von ihrer kulturellen Vergangenheit abgeschnitten, konnten die Grabinschriften ihrer Ahnen, die Tafeln in den Moscheen und Hunderttausende von Versen früherer Dichter nicht mehr lesen. Selbst wenn man im Laufe der Jahre die wichtigsten literarischen Werke in Lateinschrift umsetzte, waren doch sehr viele der Wort- und Sinnspiele, die sich im arabischen Alphabet ausdrücken ließen, nicht mehr verständlich.

Es war also mehr als nur eine fortschrittliche Ansicht von Poesie, die meine Dichterfreunde vertraten; es war in gewisser Weise das Ergebnis der Schrift- und der damit zusammenhängenden Sprachreform, die ihnen einen «Klassiker» wie Yahya Kemal unzeitgemäß erscheinen ließ.

Doch ich hatte das Glück, meinen bewunderten Dichter einmal im Hause von Freunden zu treffen, und hörte atemlos zu, als er von osmanischer Geschichte und von historischen Problemen ganz allgemein sprach und dazu ein Glas Whisky trank. Ich hatte damals gerade sein Gedicht *Spanischer Tanz* übertragen, in dem er, der jahrelang im diplomatischen Dienst tätig gewesen war, den Flamenco-Rhythmus Spaniens und das aufblitzende Rot der Röcke meisterhaft im Türkischen wiedergegeben hat – ähnlich wie in seinem während seiner Warschauer Botschafterzeit entstandenen Gedicht *Schneemusik* die Melancholie eines winterlichen Abends eingefangen ist, aus der sich der Dichter be-

freit, indem er «auf der alten Platte Tamburi Cemil» dessen Musik hört
und sich so in die Heimat zurückführen läßt. Tamburi Cemils Sohn aber
war in jenen Jahren eine wichtige Persönlichkeit beim türkischen Radio.
Es war dieser Mesut Cemil, mit dem ich mein erstes Rundfunkinterview
hatte, und noch erinnere ich mich, daß ich damals meine Übertragung
von Yunus Emres schönem Gedicht *Ach, warum weinst du, Nachtigall?*
vorlas. Dieser Kehrreim des alten Gedichts wurde geradezu zu einem
Motto für unseren Kreis von Freunden, die alle mehr oder minder in
deutscher Kultur erzogen worden waren.

Unter ihnen muß jenes Mannes gedacht werden, durch den ich Mesut Cemil kennengelernt hatte: Vedat Nedim Tör mit seiner charman-
ten Berliner Frau Alice Hanım. Ganz für die moderne und modernste
Haltung der Türkei plädierend, hatte Vedat Bey für die Entwicklung
des türkischen Theaters gearbeitet, wenngleich seine eigenen Stücke
(von denen ich eines aus Freundschaft übersetzte) nicht sehr erfolgreich
waren. Er hatte die Volksfestspiele organisiert, sorgte für die Wiederbelebung und das Weiterleben türkischer Volkstanztraditionen sowie anderer volkstümlicher Künste und Überlieferungen, war jahrelang der
kulturelle Beauftragte der «Yapı ve Kredi Bankası» und hatte bei der
Einführung moderner Drucktechniken eine wichtige Rolle gespielt.
Vieles im kulturellen Leben der fünfziger Jahre, Filmproduktionen eingeschlossen, ging auf den quirligen, niemals rastenden und stets voller
neuer guter Ideen steckenden Vedat Bey zurück, den ich oft sah, obgleich er, verständlicherweise, meine Neigung zur klassischen Tradition oder gar zur Mystik in keiner Weise teilte. Aber das beeinträchtigte
unsere Freundschaft nicht.

Durch Vedat Nedim lernte ich auch Kâzım Taşkent kennen, der, von
Haus aus Chemiker, zunächst durch die Anlage von Zuckerfabriken
und Förderung des Zuckerrübenanbaus sein Vermögen gewonnen
hatte und dann in den verschiedensten Sektoren des öffentlichen Leben tätig war: Er gründete die Yapı ve Kredi Bankası und den Verlag
Doğan Kardeş, der damals die bestgedruckten Zeitschriften herausgab;
der Name Doğan erinnerte an Kâzım Beys jungen Sohn, der bei einem
Lawinenunglück in der Schweiz umgekommen war – ein Verlust, den
die Mutter nie verwunden hatte, während der Vater seine Energie in
immer neue Projekte steckte. Seine Landsleute zu erziehen, ihnen
neue Bildungsmöglichkeiten zu geben, das war sein Wunsch, und wir
unterhielten uns mehrfach über seine Ideale, über diese wahrhaft hu-
manistischen Versuche, seine Mitmenschen weiterzuführen. Ein-, zwei-

mal besuchte er uns in Deutschland, und jahrelang gehörte ein köstliches Paket Feigen aus den Produktionen seiner weitgespannten Geschäfte zur jährlichen Weihnachtsfreude.

Wenn ein osmanischer Historiker des sechzehnten Jahrhunderts, der
Zeit Süleymans des Prächtigen, geschrieben hatte, unter jedem Pflaster-
stein Istanbuls liege ein Dichter, so stimmte das zwar für die Neuzeit
nicht mehr ganz, aber ich begegnete doch immer neuen Künstlern:
Man konnte sie in der Galerie von Adile Ayda in Pera treffen, wo moderne türkische Kunst ausgestellt wurde und wo ich erstmals einen meiner Lieblingsdichter traf: Bedri Rahmi, dessen surrealistische und doch
erdhafte Bilder und ausdrucksstarke Gedichte mir wie die beiden Seiten
einer Münze erschienen. Eine Zeitlang war er wohl der bekannteste
türkische Maler, der auch im Ausland mit seinem «anatolisch-kräftigen»
Stil Erfolg hatte. Ganz anders war mein Freund Asaf Halet Çelebi, der
mystischen Tradition verhaftet: seine Verse, in denen er manchmal die
Bilder des Derwischtanzes, die geheimnisvolle Gestalt des Märtyrermystikers Mansur Halladsch oder die alten Sagen von Ferhad, dem betro-
genen Liebenden, und seiner Schirin aufnahm, schienen mir besonders
anziehend. Wir wanderten zusammen die alte byzantinische Stadtmauer
entlang, wo er mir die Zigeuner zeigte und die Geschichte der Türkei in
legendenhafter Form heraufbeschwor.

Wenn ich meine Studien in der Bibliothek beendet hatte, streifte ich
durch die Stadt, teils, weil ich sehr wenig Geld hatte und mir kein Vehikel leisten mochte, teils, weil ich die Stadt näher kennenlernen wollte,
so ermüdend die unregelmäßigen Pflastersteine, die wie Flickenteppi-
che zusammengestückelten Bürgersteige, die plötzlichen Löcher in den
Straßen auch sein mochten. (Sie sind es noch, und trotzdem habe ich es
auch fast fünfzig Jahre später genossen, mich durch die von Menschen
und Katzen wimmelnden Straßen treiben zu lassen.)

Am schönsten war es natürlich, die Moscheen zu besuchen: Wer
wäre nicht von der Süleymaniye hingerissen, die wie eine Krone auf
dem Haupt Istanbuls sitzt? Man entdeckt immer neue Details in dem
gewaltigen Raum, bewundert die Inschriften, vor allem jene große
goldene Linie, die an der Hofwand steht und den «Thronvers» des Korans in exquisiter Kalligraphie enthält – jenen Vers, dem besonders
schützende Kraft zugeschrieben wird, da er die Macht des «Lebendigen, durch sich selbst Beständigen» preist, dessen Thron Himmel und
Erde umfaßt, ohne daß Ihm deren Schutz Mühe machen würde. Die
zahlreichen zu einer offiziellen Moschee gehörigen Bauten wirken

vollkommen in ihrer Eleganz, und das *Türk ve Islam Eserleri Müzesi*, das damals noch im Süleymaniye-Komplex untergebracht war, bot dem Auge die schönsten Schätze. Ich verbrachte die meiste Zeit dort mit der Bewunderung der Schriftkunst, der Korane und der Tafeln mit kunstreich geschriebenen Koranversen, Anrufungen oder Namen, mit den Sultansurkunden, deren jede eine andere Tuğra, das «Handzeichen» des Sultans, trug. Man sah vor sich die Schreiber in den Büros, dem *Divan*, des Großherrn, die mit der Herstellung solcher Dokumente beschäftigt waren. Und mit solchen Träumen mochte man dann ins Topkapı Saray gehen, dessen Schätze wie ein Märchen aus Tausendundeiner Nacht anmuteten.

Unten am wimmelnden Brückenkopf der Galata-Brücke, nahe dem überdeckten Bazar (in den ich, glaube ich, in all diesen Jahren nur einmal gegangen bin, weil ich nie gelernt habe zu handeln) lag die Yeni Cami, an der damals noch zahlreiche *Arzuhalcis* saßen, Schreiber, vor denen Männer und vor allem Frauen standen, um Anträge und Formulare ausfüllen zu lassen, die man für die komplizierte Bürokratie benötigte, oder auch einfach einen Brief an ferne Verwandte zu diktieren. Nicht weit von der Yeni Cami fand man, in verwinkelten Gassen, die Rüstem Paşa Camii, die Sultan Süleymans Schwiegersohn hatte errichten lassen. Keine andere Moschee hat einen so reichen Fliesendekor wie diese. Es gibt Dutzende von verschiedenen Tulpenmotiven, die in strahlendem Rot auf den Wänden leuchten; es scheint dem Betrachter, als sei die Phantasie der Maler und Keramiker unerschöpflich gewesen. Ich besuchte die Moschee einmal mit türkischen Freundinnen, die mir erklärten, warum die Türken die Tulpe so liebten: Ihr türkischer Name, *lâle*, ergibt, in arabischen Buchstaben geschrieben, den gleichen Zahlwert wie das Wort *Allah* und wie das Wort *hilâl*, «Mondsichel», die alle nach der alten Buchstabenrechnung sechsundsechzig ergeben. Welche Blume könnte passender für die Türken sein als diese, die auf den Namen des einen und einzigen Gottes hinweist und zugleich auf das Symbol des Islam, die Mondsichel!

Die schönste aller Moscheen Istanbuls aber war und ist für mich die von Sultan Süleymans Tochter, Rüstem Paschas Gattin Cemile Mihrimah, die an der alten Stadtmauer direkt am Edirne Kapı liegt. Mit ihrer einen großen Kuppel, ihrer hellen Bemalung und dem überschlanken Minarett ist sie für mich das Ideal, ist völlige Perfektion und ist gleichzeitig, wie mir scheint, ein sehr feminin wirkender Bau. Geistiges und Materielles sind in ihr zu völliger Harmonie verschmolzen.

Lichte Blüte vor dem dunklen Wall,
Makelloser zierlicher Kristall –
Seit ich dich betrat, versank die Welt,
Und durch Tränen schaute ich das All.

Fast ein halbes Jahrhundert nach meinem ersten Besuch besuchte ich
wieder einmal die geliebte Mihrimah in Begleitung des berühmten
ebrucu (Künstler, der kostbare marmorierte Papiere herstellt) Hikmet
Barutçugil. In dem verwilderten Garten, wo ein paar ältere Männer
Seife kochten, spielten – wie eh und je – Katzen. Wir nahmen ein Kätzchen mit uns, das uns wie ein flaumiges, weiß-grau und bräunlich mar-
moriertes Knäuel Seide vorkam – und es fühlte sich im Hause des
Künstlers gleich heimisch. Wir nannten es Mihrimah.

Nie konnte ich mich recht mit der Hagia Sophia befreunden. Vielleicht hätte man sie zu einer Zeit sehen müssen, da bärtige Priester in
kostbaren Gewändern vor einer dichtgedrängten Menge die Osternacht
feierten und das Licht von Tausenden von Kerzen sich im Gold der Mo-
saike widerspiegelte, vielleicht auch später, wenn sich Scharen von
Frommen zum Frühgebet am Fest des Fastenbrechens versammelten
und sich im gleichen Rhythmus niederwarfen, knieten, sich beugten,
sich erhoben. Die griechische Überlieferung ist nicht müde geworden,
schmerzerfüllte Legenden um die Eroberung ihres größten Gotteshau-
ses durch die Türken zu weben, die alle in der Hoffnung gipfelten, daß
sich eines Tages eine in der Mauer verborgene Tür öffnen würde und
die Engel die Kirche wieder in Besitz nehmen würden. So haben die
Muslime in ihren Überlieferungen nicht weniger leidenschaftlich darauf hingewiesen, daß dieses Gotteshaus von Anbeginn an ihnen gehört
habe. Der Baumeister – so heißt es mit schönem Anachronismus – habe
jahrelang die Kuppel nicht fertigstellen können und sei schließlich
durch eine himmlische Stimme angewiesen worden, das Bindemittel
für den Mörtel aus Arabien zu holen; die Karawane, die dorthin ausge-
sandt wurde, brachte auf Geheiß der Stimme ein kleines Gefäß mit dem
Speichel des Propheten Muhammad mit sowie siebzig Kamellasten
mekkanischer Erde und siebzig Gefäße mit Wasser vom heiligen Brunnen Zamzam in Mekka. Damit wurde die Kuppel unzerstörbar gemacht. Hier hatten schon manche muslimische Heilige gebetet, ehe
sich am 29. Mai 1453 die Weissagung des Propheten Muhammad verwirklichte: «Sie werden Konstantinopel erobern – Heil dem Heer, das
dies tun wird!» Eine der ersten Amtshandlungen Mehmets des Eroberers
(damals erst zweiundzwanzig Jahre alt) war es, in der Aya Sofya sein Ge-

bet zu verrichten. Die Legenden aber wucherten weiter: War nicht das große Portal aus dem Holz der Arche Noah errichtet? Und wenn man vor einer Reise zwei Gebetseinheiten betet und eine *Fatiha* für Noah rezitiert, wird die Reise gutgehen. – Jetzt aber ist die Aya Sofya ein leerer Museumsraum, in dem der Besucher wohl die gewaltigen Mosaiken, die in sich gemusterten riesigen Marmorsäulen, die seltsam flach wirkende Kuppel bewundern mag oder sich in die Schriftzüge auf den runden Schildern versenkt, die die Namen des Propheten und seiner ersten vier Nachfolger tragen.

Wie viele Male ging ich durch den kleinen Garten, durchschritt das Tor und wandte mich eilig zur Rechten, wo hinter einem zarten schmiedeeisernen Gitter der für mich schönste Teil der Aya Sofya lag: die Bibliothek mit ihren kostbaren Handschriften! Der kleine Raum war mit bunten Fliesen ausgekleidet, Fliesen, auf denen zwischen bläulichen und grünlichen zart gerippten Blättern bolusrote Blumen blühten – ähnlich denen im Topkapı Saray, ähnlich auch denen auf den großen Schalen und Ampeln, die man im sechzehnten und siebzehnten Jahrhundert in Iznik herstellte. Ein Schrank und ein Kasten, die mit feinen Perlmuttarabesken eingelegt waren und wohl aus dem indischen Gudscharat stammen dürften, eine lange Sitzbank, ein Tisch, der Schreibtisch des Bibliotheksdirektors vervollständigten die Einrichtung. Es war kühl und dunkel im Zimmer, und das Gurren der Tauben erklang den ganzen Tag. Der Blick, ermüdet vom Abschreiben arabischer oder persischer Handschriften, glitt auf den türkisfarbenen Ranken der Fliesen auf und ab, in denen sich das letzte Licht des Tages spiegelte, und senkte sich wieder auf die Handschrift. Manchmal brachte der junge Direktor aus dem Magazin seine kostbarsten Schätze, miniaturgeschmückte persische Gedichte, alte medizinische Manuskripte mit Zeichnungen, vergoldete Gebetbücher, von Fürsten geschrieben, die sich damit himmlischen Lohn erhofften, Autographen jener Großen, die man aus der Literaturgeschichte kannte und die hier in ihrer Handschrift lebendig wurden. Manchmal kam ein alter türkischer Gelehrter, der sich in theologische Traktate vertiefte, manchmal ein jüngerer Forscher. Es war ein wunderbar stilles Leben. Der einzige Kummer war, daß kein Menschenleben ausreichen würde, all die Handschriften, die hier in der Aya Sofya lagerten, in die Hand zu nehmen, geschweige denn, zu lesen oder zu verarbeiten.

Manchmal stiegen der Direktor und ich auf die Galerien der Moschee, wo die großen Mosaiken repariert wurden, und einmal kletterten wir durch geheimnisvolle winzige Türen eine steile, finstere Treppe hinauf und fanden uns plötzlich auf dem Rand des Gebäudes, direkt am Ansatz der Kuppel. Von dort aus war der Blick unbeschreiblich schön: das blaugraue Marmarameer, der gepflegte kleine Park, der zwischen der Aya Sofya und der Sultan-Ahmet-Moschee lag und in dem winzige Menschlein herumliefen, die graziösen Kuppeln auf den Anbauten der Sultan-Ahmet-Moschee, den ehemaligen theologischen Hochschulen und Armenküchen; rechts das langgestreckte Hippodrom mit dem Obelisken, von dem die türkischen Kinder früher lernten, es sei ein Prinz, der versteinert worden sei, weil er seinen Eltern nicht gehorcht hatte; im Vordergrund das von Kaiser Wilhelm II. bei seinem Besuch gestiftete Brunnenhäuschen und in der Mitte, alles beherrschend, die Sultan-Ahmet-Moschee selbst, deren Kuppel, an Spannweite der Kuppel der Aya Sofya nur um zwei Meter nachstehend, langsam und würdig wie ein Fürst aus den dienenden Halbkuppeln emporsteigt.

Der Vorhof der Moschee bringt den Besucher an ein Tor: Wenn man an dessen unterster Stufe steht, erreicht der goldene Halbmond auf der Hauptkuppel genau die Torspitze, so, als sei die Moschee hineingesetzt wie ein Bild in seinen Rahmen. Dann ein zweiter arkadenumgebener Hof, und schließlich die Moschee selbst, die von Europäern oft als die schönste der Istanbuler Moscheen angesehen wird (weshalb sie heute von wahren Heuschreckenschwärmen von Touristen erfüllt ist). Sie ist in der Tat bezaubernd, einmalig in den mannigfachen Abstufungen des Blaus in der Wandverzierung, der ornamentalen Malerei im Hauptraum und auf den überreichen Fliesen an der Rückwand, die den Betrachter immer tiefer in einen bläulich-grünlichen Märchengarten ziehen; und wenn das Auge sich davon abwendet, der Stirnseite der Moschee zu, trifft es auf das Blau des Marmarameeres, das durch alle Fenster sichtbar ist, überglänzt vom zarten Porzellanblau des Himmels. Wie in einem blauen Kristall eingeschlossen wandert der Besucher zwischen den vier tragenden Pfeilern umher, die je fünf Meter Durchmesser haben, aber dank der Rippung der Oberfläche nicht wuchtig wirken. In einer Ecke zitieren ein paar Jungen den Koran; hier wirft sich ein älterer Mann zum Gebet nieder, ungestört von der Menge der gaffenden Besucher; ein anderer läßt die Perlen des dreiunddreißig-perligen Rosenkranzes durch die Hand gleiten und versenkt sich in das Geheimnis der neunundneunzig schönsten Namen Gottes.

Von unserem luftigen Platz an der Kuppel der Aya Sofya sahen wir die Eintretenden, die in dem silbrig-grauen Bau verschwanden, um dort dem Lärm der Welt zu entfliehen. Hatte nicht der Prophet gesagt: «Das

Gebet ist Himmelfahrt!» Die Straßenbahnen quietschten in ihren Gleisen, die Taxis eilten hupend vorüber; über das blaue Wasser zogen kleine Dampfer und Fischerboote. Die Schatten der sechs Minarette der Sultan-Ahmet-Moschee wurden länger, und der herbstliche Nachmittagswind ließ uns frösteln. War Istanbul im Frühling schöner oder in jenem verwunschenen Herbst 1953?

Ich lernte die Stadt noch tiefer kennen; an den Hängen am Bosporus blühten die letzten Blumen, und an manchen Tagen lebte die Heiterkeit der Tulpenperiode zu Beginn des achtzehnten Jahrhunderts wieder auf, der Zeit eben jenes Sultan Ahmet, der die Blaue Moschee errichtet hatte, einer Zeit, in der Nedim seine heiteren Liebesgedichte schrieb und Levni die Damen und Herren der höfischen Gesellschaft anmutig malte. Selbst wenn sich der Bosporus gewandelt hatte, konnte man doch manchmal sagen:

> Sieh dort an der Landestelle
> drei Paar Boote wartend stehn –
> Komm, du wandelnde Zypresse –
> laß nach Saadabad uns gehn!

In jenem Herbst traf ich die Dichterfreunde des vergangenen Frühlings seltener. Ich hatte dank meiner Freunde in Ankara Zugang zum Kreise Samiha Ayverdis gefunden, einer Mystikerin, die die geistige Tradition Kenan Rifais weiterführte und einen ganzen Kreis gebildeter jüngerer Menschen um sich gesammelt hatte. Mit drei Freundinnen – Nezihe Araz, Safiye Erol (die in München von Fritz Hommel in Semitistik promoviert worden war) und Sofi Huri, einer libanesischen Christin – hatte sie das Leben und Werk ihres mystischen Meisters geschildert: ein erster Versuch, in der Zeit des reinen Laizismus den Sinn für die inneren Werte, die religiösen Traditionen wiederzuerwecken, die dazu beigetragen hatten, das Osmanische Reich zu formen, und die nun aufs neue notwendig schienen. Die ruhmreiche Zeit Mehmet Fatihs, des Eroberers von Konstantinopel, sollte noch einmal lebendig werden: Samihas älterer Bruder, der Architekt Ekrem Hakki Ayverdi, hatte ein Werk über die Architektur der Fatih-Zeit und viele andere Studien geschrieben; Familienmitglieder und Freunde veröffentlichten und veröffentlichen noch eine Reihe wichtiger Monographien zur osmanischen Kultur. Das Haus in Fatih, wo Samiha Abla, wie ich sie nennen durfte, lebte, war ein reines Museum; hier lernte ich zum ersten Mal die Tradition der osmanischen Kalligraphen genauer kennen, die mit Scheich Hamdullah

begann, der, aus Amasya stammend, Kalligraphie-Lehrer von Sultan
Bayezid II. wurde und eine hohe Stellung bei Hofe erhielt. Seine Nachfolger in der Kunst der Kalligraphie hatten jenen eleganten Stil weitergeführt, der für die osmanische Schriftkunst so typisch ist; und wie
Hamdullah, so wurde auch sein bedeutendster Nachfolger, Hafiz Os-
man, der ebenfalls zwei Herrschern Unterricht gab, nämlich Mustafa II.
und Sultan Ahmet, geehrt. Auch ihm rückten die Fürsten die Kissen zu-
recht, reichten ihm das Tintenfaß, und die in der Türkei gedruckten
Korane wurden im zwanzigsten Jahrhundert von einem von ihm gefer-
tigten Manuskript hergestellt. Ja, so groß war der Ruhm dieses Manu-
skriptes, daß ich oft türkische Freunde traf, die meinten, dies und nichts
anderes sei die Urschrift des heiligen Buches, und die Hafiz Osmans
Manuskript zur Grundlage zahlenmystischer Auslegung machten, indem sie durch Zählen bestimmter Buchstaben je Seite auf eine Ent-
schleierung der Zukunft hofften (wie man es auch aus dem christlichen
Mittelalter und aus der jüdischen Kabbala kennt). Die Nachfolge Hafiz
Osmans, den Yahya Kemal in einem schönen Gedicht als «Propheten
der Kalligraphie» bezeichnet hat, wurde im zwanzigsten Jahrhundert
schließlich von Aziz Rifai angetreten. Aus Trapezunt stammend, hatte
dieser sich, wie meine Freunde, dem Meister Kenan Rifai angeschlossen; er ging dann nach Ägypten und wurde zum Begründer der modernen ägyptischen Kalligraphie.

In dieser Umgebung sah ich Schätze der osmanischen Zeit, vor allem
natürlich solche, die mit Kalligraphie zu tun hatten; da gab es winzige
Federmesser in eleganter Form mit Griffen aus edlem Material; da gab es
die kleinen Brettchen, auf denen die Feder zum Anspitzen und Schräg-
schneiden hingelegt wurde; sie konnten aus Elfenbein sein oder aus har-
ter Lachshaut; *Kalemdans* gab es, Behälter für die Rohrfedern und die
anderen Schreibutensilien, die aus Metall sein mochten, mit feinen Zi-
selierungen, oder aus Papiermaché, farbig bemalt; sehr häufig waren
persische oder türkische Verse darauf geschrieben oder eingelegt in Perl-
mutt, umgeben von zartesten Elfenbeinranken; und zahllos waren die
künstlerisch gestalteten Schriftblätter, die oft auf marmoriertem Papier,
ebru, aufgeklebt waren. Das Auge wanderte über goldverzierte Handschriften und über Stickereien, mit denen die Frauen ihre Handtücher
verziert hatten: die verschiedensten Blumenmotive in feinster Aus-
führung, so daß rechte und linke Seite nicht zu unterscheiden waren,
und dazwischen goldene Akzente; jedes Muster hatte seinen eigenen
Namen, seine eigenen Traditionen. So war es auch mit den *oyas*, den

ganz feinen, mit einer nähnadeldünnen Nadel gehäkelten Blüten und Blättern, die um die farbigen, mit Holzmodeln bedruckten Kopftücher, *yemeni*, genäht wurden. Auch hier hatte jede ihren Namen, sei es nun «was der Sekretär gekniffen hat» oder «Schwiegermutters Grabstein». Samiha Abla konnte der staunenden Besucherin genau erklären, wer wem welche Art *oya* schenken durfte. Ich begann die zierlichen Gebilde zu sammeln, die je nach Herkunftsort verschieden waren, aus unterschiedlichen Sorten Seidengarn hergestellt.

Oft traf ich Kollegen, die die Tradition ebenso liebten wie meine Freunde; Süheyl Ünver war darunter, der, obgleich Medizinhistoriker, einer der besten Kenner der Kalligraphie und Miniaturmalerei war; und Nihat Sami Banarlı, der die großen Traditionen in seinen Büchern und Artikeln wiederaufleben ließ. Derart geprägt wuchs auch der Enkel Samiha Ablas auf, der den Namen des großen türkischen Architekten Sinan trug – des Erbauers der Süleymaniye, der Mihrimah, der Rüstem-Paşa-Moschee und der Selimiye in Edirne. Samiha Abla selbst aber verewigte die ihr so teuren Traditionen in ihren Romanen und Kurzgeschichten. Ich liebte es, ihr zuzuhören, wenn sie in langen schwingenden Sätzen aus dem alten Istanbul erzählte, dessen schönste Seiten sie in ihrem Buch *Istanbul Geceleri* vor dem Leser erstehen läßt. Diese «Istanbuler Nächte» haben mich immer von neuem entzückt.

Meist saßen wir in dem Familienhaus in Fatih, nahe der Moschee Mehmets des Eroberers, einmal auch in ihrem Sommerhaus in Istinye am Bosporus. Während sie von den Pflichten und Bemühungen des Menschen auf dem geistigen Pfade sprach, breitete sich über den Himmel ein riesiger Fächer aus Schäfchenwolken, die von der sinkenden Sonne rosarot gefärbt wurden, bis sie wie sanft schimmernde Vögel verschwanden. Hatte nicht der große persische Mystiker Ruzbihan-i Baqli einst die Vision der Schönheit Gottes in Rosenwolken erfahren?

Ich lernte durch Samiha Ablas Kreis ein Istanbul kennen, das im Trubel der modernen Stadt fast verloren schien. Manchmal war deshalb ihre Kritik an gewissen Erscheinungen und Entwicklungen unserer Zeit sehr hart; sie war kompromißlos in ihrer Haltung, denn sie kannte nur den einen Weg, der zur Vollendung führte. Ihre Briefe, in vogelschwingengleicher Schrift geschrieben, sind wichtige Dokumente einer großen Seele. Ich sah Samiha Abla wenige Tage vor ihrem Tod im März 1993. Sie verließ diese Welt in der Lailat al-Qadr, der heiligsten Nacht des Jahres, in der Muhammad die erste Offenbarung des Koran empfangen hatte.

Immer neue Ecken entdeckte ich in der Landschaft des Bosporus. Ich vergesse nicht meine Aufregung, als ich das erste Mal mit dem Dampfer in Üsküdar ankam, was damals ganze achtzehn *kuruş* kostete, und vor Begeisterung fast den Boden Asiens geküßt hätte. «Nicht sehr gesund», sagte meine nüchternere deutsche Studienkameradin Hanna Sohrweide, die im Deutschen Krankenhaus am Taksim wirkte. Üsküdar – das war Yahya Kemals Gedicht, in dem er den Glanz der Fenster des «armen Üsküdar» bei Sonnenuntergang besingt, denn:

> Der von dem goldenen Weine berauschte Architekt
> des Lichtes, der die Hände am Horizont ausstreckt
> mit einem Purpurbecher – wie manche tausend Jahr'
> erbaute er so wieder das Märchen-Üsküdar!

Es gab das Haus einer Bekannten in Çifte Havuzlar unter alten Bäumen; es gab den Garten von Jales Familie in Erenköy, und auf schwankendem Boot fuhren wir zu dem *Yalı* des bekannten Literaturhistorikers Fahir Iz in Anadolu Hisar, durchgeschaukelt vom Nordwind. Von den Hügeln von Kandıllı wurden bei Mondschein Yahya Kemals Verse lebendig:

> Als Kandıllı schwimmend im Schlummer lag,
> in Wassern zogen das Mondlicht wir nach …

Alte großräumige *Yalıs* (Villen) erhoben sich am Ufer. Man sah im Geiste die Vergnügungen an den Süßen Wassern von Asien vor sich, wie europäische Reisende und Künstler sie im ausgehenden achtzehnten Jahrhundert beschrieben haben. Man konnte mit dem Dampfer fast zum Eingang des Schwarzen Meeres fahren und in irgendeinem der ungezählten Restaurants köstliche Fische genießen. Die Sommerresidenz der deutschen Botschaft mit ihrem weiten Garten in Bebek wurde sichtbar sowie das Robert College (heute Universität). Nach Bebek fuhren wir manches Mal, um die großzügige Gastfreundschaft von Jales Verwandten zu genießen. Wir erstiegen die Festung von Rumeli Hisar und stellten uns vor, wie diese Burg und das am asiatischen Ufer gegenüberliegende Anadolu Hisar die Stadt vor Angriffen hatten schützen sollen. Der Dolma-Bahçe-Palast dehnte sich heiter am Ufer aus, und jeder Besucher liebte die fotogene kleine Dolma-Bahçe-Moschee.

Istanbul hat viele Gesichter. Es ändert sich je nach Windrichtung; der warme Lodos vom Mittelmeer und der kalte Poyraz vom Schwarzen Meer prägen sein Wetter, sein Licht, seine Stimmung. Wie Üsküdar und seine Umgebung nicht nur romantische Vergangenheit darstellten, sondern man auf der asiatischen Seite auch die großen Kasernen und vor allem den Bahnhof von Haydarpaşa fand, so war Pera nicht nur europäisch geprägt; man konnte dort auch schöne alte osmanische Häuser sehen.

In Galata erhob sich das alte Mevlevihane, wo im späten achtzehnten Jahrhundert einer der größten osmanischen Dichter, Şeyh Galib, sein tiefgründiges und vielschichtiges Epos von der Liebesgeschichte von *Hüsn u Aşk*, «Schönheit und Liebe», verfaßt hatte.

Ja, Istanbul hat viele Gesichter, und während man sich leicht von dem Charme der Architektur, von den ungezählten Brunnenhäuschen in der Altstadt, von den alten Holzhäusern begeistern lassen konnte, gab es auch Tage, da der bisher so strahlende Herbst in eisigen Winter verwandelt wurde, Tage, wo die Überfahrt nach Üsküdar in Schneeregen und peitschendem Wind kein reines Vergnügen war; Tage, an denen der Regen die steilen Straßen glitschig gemacht hatte und plötzlich ungeahnte Pfützen, kleine Seen, tiefe Schlaglöcher auftauchten. Es gibt einen Winkel am Bosporus, der als die kälteste Stelle Istanbuls gilt. Das ist Kireçburnu, wo der Poyraz, der scharfe Nordwind vom Schwarzen Meer, mit ganzer Kraft die Meerenge trifft. Dort lebte einer der interessantesten mystischen Denker, die ich kennenlernte, Hasan Lutfi Şuşut, dessen Werke inzwischen auch auf Englisch zugänglich sind. Ich hatte ihn mehrfach in seinem Büro in der Stadt gesehen, und der kleine schmächtige Körper ließ erkennen, daß Hasan Lutfi Bey ihn durch ständiges Fasten ganz in seine Gewalt gebracht hatte – war nicht Hunger, wie er im Einklang mit alten mystischen Traditionen sagte, «die Speise der Heiligen»? Ständige Meditation mit Atemkontrolle lehrte er, und sein Ziel auf dem Wege war das «Absolute Qualitätslose», das «Nicht-Sein», das von allem Geschaffenen völlig Verschiedene. Er glaubte, daß dies eine typisch türkisch-zentralasiatische Art des Gottesverständnisses war und lehnte die traditionelle Mystik ab. Nein, von mystischer Liebe, von dem Überschwang der großen Dichter wollte er nichts wissen – «Entwerden», zu Nichts werden, das war das Ziel.

«Je mehr du Nichts wirst, desto mächtiger wirst du», belehrte er uns, während der Sturm an den Fenstergittern rüttelte. «Wie ein Steinmetz löst dich der Schmerz aus dem Steinblock.»

Er wußte freilich, daß der geistige Führer nur ein Leuchtturm, nicht aber das Ziel war, «aber er kann sein Licht nicht verstecken». Während der eiserne Ofen glühte, versuchte er uns in die Welt des Absolut Anderen zu führen, und mich fror. Beim Abschied schenkte er mir eine schöne türkische Handschrift mit Legenden des großen Gottesfreundes Abdul Qadir al-Gilani. Doch der eisige Regen an der Bushaltestelle ließ mich Sehnsucht empfinden nach etwas Wärme, auch im geistig-seelischen Bereich.

Nein, ich zog die Gedichte meiner Freunde dieser Abstraktion vor und freute mich, wieder an der Galata-Brücke anzukommen, wo man die Menschen in ihrem täglichen Kampf ums Dasein beobachten konnte:

> Manch einer rudert mühsam voran,
> manch einer holt Muscheln von den Pontons,
> manch einer steuert in Leichtern,
> manch einer ist Schauermann, vorne am Tau,
> manch einer ein Vogel, fliegend, poetisch,
> manch einer ein glitzernder blitzender Fisch,
> manch einer ein Dampfer, und mancher 'ne Boje.

Orhan Velis Verse klangen in mir nach, als ich meinen Weg nach Hause nahm.

Wie könnte man je genug von Istanbul sprechen?

> Ein einz'ges deiner Viertel nur zu lieben,
> ist schon ein ganzes Leben wert,

sagte Yahya Kemal, und er hatte sicherlich recht. Ein Besuch in Eyüp sollte beschrieben werden, dem alten Friedhof, wo man, als die Stadt in muslimische Hände fiel, die Gebeine Ayyub Ansaris entdeckt hatte, des Fahnenträgers des Propheten. Die römischen Antiquitäten, die kostbaren Mosaiken der Kariye sollten gebührend dargestellt, der Blick von Cihangir zur asiatischen Küste besungen werden. Ich müßte all der Kollegen gedenken, die ich in Istanbul traf, sei es Zeki Velidi Togan, der große baschkirische Historiker, oder Ahmed Hamdi Tanpınar, der Literaturkritiker, dessen stimmungsvolle Gedichte ich liebte; all der Freunde, die mir immer neue Brücken bauten. Wie war es noch, als der Direktor der Kunstakademie, Zeki Faik Izer, mich einlud und mich zum ersten Mal die Rohrflöte der Derwische vernehmen ließ? Oder wenn wir Freundinnen uns bei Sofi Huri in der Amerikanischen Bibelgesellschaft trafen und nicht so sehr über Übersetzungsprobleme sprachen (das große Wörterbuch von Redhouse wurde dort auf den neuesten Stand gebracht), sondern über Fragen der Religion, der tiefen gemeinsamen Verbindungen zwischen Christentum und Islam? Oder wenn Robert Anhegger, dem die deutsch-türkische kulturelle Szene so viel verdankt, mich einlud, den berühmten Scheich Abdülbaki Gölpınarlı zu treffen, der eine der ganz großen Autoritäten für Maulana Rumi, die Mevlevis und tausend andere mich interessierende Fragen war. Der berühmte Mann berichtete jedoch den ganzen Abend höchst dramatisch von den Zahnschmerzen seiner Katze, statt mich in die Tiefen der mystischen Literatur einzuführen.

Tausende von Erinnerungen ziehen vorbei wie ein Film, bitter-süße Erinnerungen, aber immer durchglänzt von dem Licht des Bosporus. Vielleicht so wie an jenem Tag, da wir eine antike Ruinenstätte auf der europäischen Seite des Marmarameeres besuchten. Die Frauen und Kinder waren zu einer nahen Quelle gelaufen; wir hockten unter einem Baum, in dessen Krone unzählige Vögel zwitscherten und sangen. Es war ein Lächeln in der Luft, und zwischen den geborstenen Säulen eines antiken Theaters wuchs roter Mohn. Das Meer dehnte sich leuchtend blau, erfüllt von der Geschichte und den Gedichten von Tausenden von Jahren. Istanbul – gewoben aus Wasser und Licht:

> So war das Ende des Frühlings: wie
> Musik, eine heimliche Harmonie.

Als Professorin in Ankara

Ich war erstmals im Spätsommer 1953 nach Ankara gekommen und wurde auf dem Bahnhof von Brieffreunden abgeholt. Nach meinem ersten Aufenthalt in der Türkei hatte ich eines Tages ein Päckchen mit Zeitschriften namens *Sohbet*, «Gespräch», erhalten, ein Ausdruck, der vor allem für das belehrende Gespräch zwischen mystischem Führer und Jünger verwendet wird. Mit dem Herausgeber, Ismail Hüsrev Tökin, entspann sich ein intensiver Briefwechsel. Er und seine muntere, gar nicht so mystisch wirkende Schwester Mehpare warteten nun auf mich, wohlvorbereitet durch einen Tag religiösen Fastens. Erst später erfuhr ich, wie immer in kleinen Bruchstücken, daß Hüsrev, der damals eine führende Stellung in der Eisenbahnverwaltung einnahm und später Direktor bei der Yapı ve Kredi Bankası, dann Generalsekretär der Türkischen Handelskammer in Istanbul wurde, zu den führenden politischen Ökonomen des Landes gehörte; nach einem Studium in Moskau nach dem Ersten Weltkrieg, wo eine Gruppe von sechs türkischen Studenten Wirtschaftswissenschaften studiert hatte, gründete er mit Kollegen die sogenannte *Kadro*-Gruppe in Ankara, die durch ihre radikalen ökonomischen Untersuchungen und Theorien eine bedeutsame Rolle in den späten zwanziger Jahren spielte. Zahlreiche Werke und Aufsätze zur Wirtschaftstheorie entstammten seiner Feder. Aber ich lernte ihn nur als intensiv an sich arbeitenden Mystiker kennen, der die religiöse Tradition seiner Eltern wiederentdeckt hatte und in sich zu verwirklichen suchte.

Hüsrev und Mehpare brachten mich in das Haus ihres Freundes, meines Gastgebers: Es war Selahettin Batu, der, obwohl Professor der Tierheilkunde, mir in erster Linie als Dichter bekannt war; neben tiefgefühlten Gedichten schrieb er vor allem Dramen, die Themen aus der türkischen Volkssage (wie *Kerem und Aslı*) aufnahmen oder auf uralte türkische Legenden zurückgingen. Doch das eindrucksvollste Stück des in Deutschland ausgebildeten Selahettin Batu war sein Drama *Helena bleibt in Troja*, das – wohl zum ersten Mal im türkischen Sprachraum – das Motiv der Helena aufnahm und in deutscher Nachdichtung durch Bernt von Heiseler 1974 bei den Bregenzer Festspielen großen Erfolg hatte.

Das Haus Batus war ideal für mich. In dem Stadtteil Bahçelievler gelegen, der damals seinen Namen «Häuser mit Gärten» zu Recht trug, war es schön und modern eingerichtet. Die Hausfrau, der Sohn (den ich dreißig Jahre später als türkischen Botschafter in Islamabad wiedertraf), das blonde Töchterchen Çiğdem, «Krokus», und eine große weiße Katze leisteten mir Gesellschaft.

Was für schöne Gespräche gab es in den folgenden Wochen! Und wie viele neue Freunde gewann ich! Zum ersten Male hörte ich das *Yunus Emre Oratoryosu*, als Adnan Saygun, der Komponist dieses mitreißenden Oratoriums, uns besuchte; die Art, wie er klassische Derwischmusik und moderne Klangwelten miteinander verschmolzen hatte, war etwas völlig Neues für mich. Şevket Süreyya Aydemir kam, dessen Erinnerungen, *Suyu arayan adam* («Der Mann, der nach Wasser sucht»), eine eindrucksvolle Schilderung seiner Studentenjahre in Moskau und seiner Rückkehr in die türkische Heimat boten. Auch Suut Kemal Yetkin gehörte zu den Gästen, und durch ihn – Literaturkritiker und Kunsthistoriker – erfuhr ich erstmals von der Ilâhiyat Fakültesi, die nach dem Wahlsieg der Demokraten 1951 in Ankara gegründet wurde und an der er türkisch-islamische Kunstgeschichte lehrte.

Der erste Aufenthalt in Ankara ging schnell vorüber; aber da ich mei-

nen ersten türkischen Vortrag gehalten hatte, als islamfreundlich galt
und zudem meinen zweiten Doktorgrad kurz zuvor in Marburg in Religionsgeschichte erworben hatte, schien ich der Ilâhiyat Fakültesi eine
ideale Kandidatin für den noch unbesetzten Lehrstuhl für Religionsgeschichte. Daß ich eine nicht-muslimische Frau war, spielte dabei keine
Rolle. (Hätte eine evangelische Theologische Fakultät wohl eine muslimische Kollegin berufen?) So entwickelte sich im Laufe der folgenden
Monate dieser Plan, und als mir der Vorschlag gemacht wurde, am 1. November 1954 in der Fakultät zu beginnen, sagte ich freudig zu. Es schien
eine ideale Gelegenheit, nicht nur in meiner geliebten Türkei zu lehren,
sondern auch selbst vieles an praktischer Islamkunde zu lernen.

Die Ilâhiyat Fakültesi war ein Versuch, türkische Theologen auszubil-
den, die bei allem Respekt vor der islamischen Tradition auch über die
moderne, westliche Wissenschaft Bescheid wußten. Man wollte qualifi-
zierte Imame und Prediger sowie Lehrer für den langsam, zumindest in
einigen Schultypen, nach Jahren der Religionslosigkeit wieder einge-
führten Religionsunterricht erziehen: Männer und Frauen, die etwas
von europäischer Philosophie, von Religionssoziologie und vor allem
vergleichender Religionsgeschichte wußten, aber auch mit dem Koran
und den Traditionen des Propheten (*hadith*), mit den Grundlagen des islamischen Rechts vertraut waren und die, statt den Koran einfach auswendig zu lernen, eine solide Kenntnis des Arabischen hatten. Kurz, es
war ein höchst interessantes Projekt. Unter den Studenten hatten wir
auch eine Anzahl tüchtiger junger Mädchen (von denen keine ein
Kopftuch trug), ebenso wie dort eine Reihe junger Offiziere ausgebildet wurde, um in der Armee religiöse Fragen zu beantworten. Ich war
fasziniert von den Möglichkeiten und unterrichtete Religionsgeschichte, von den damals sogenannten «primitiven» Religionen bis zum
Christentum. Der christlichen Lehre und der Kirchengeschichte sowie
der Judaistik war das zweite der beiden Unterrichtsjahre gewidmet. Da
es keine türkischen Bücher über Religionswissenschaft gab, mußte ich
mein Lehrbuch selbst schreiben. Es gab den Studenten eine erste Orien-
tierungshilfe. Als ich später eine bedeutend erweiterte Neuauflage vorbereitet hatte, verschwand das Manuskript auf geheimnisvolle Weise
und wurde viele Jahre später in der Schublade eines verstorbenen Kollegen entdeckt, um wiederum im Nichts zu verschwinden. Soviel ich
weiß, hat es dennoch niemand unter seinem Namen veröffentlicht.

Was mich bei diesem Unterricht besonders interessierte, waren die
Reaktionen der Studenten, die meist aus dörflicher oder kleinstädti-

---

scher, traditioneller Umgebung kamen. Ihre scharfe Ablehnung der indischen Religionen mit ihren vielarmigen Göttern entsprach genau der Haltung der Muslime auf dem Subkontinent. Einige von ihnen erkannten vielleicht die hohe mystische Weisheit der Upanischaden als Parallele zur islamischen theosophischen Mystik an, standen aber im allgemeinen dem dschungelgleichen Hinduismus ganz verständnislos gegenüber. Das Kastensystem empfanden sie als besonders harten Gegensatz zu den im Koran verankerten Gleichheitslehren des Islam. Wenn es zum Christentum kam, so versuchte ich, die christologischen Lehren der Ost- und Westkirche sowie der protestantischen Gruppen und Sekten so klar wie möglich darzustellen. Immer wieder überraschte mich die Begeisterung der jungen Türken für Martin Luther; ein Mann wie er, so schien es ihnen, war genau das, was der Islam heute brauchte. Es kostete mich nicht wenig Mühe, sie zu überzeugen, daß Luther nicht gerade islamfreundlich war, hatte er doch geschrieben:

Erhalt' uns, Herr, bei deinem Wort
Und steur' des Papsts und Türken Mord!

Ich versuchte, ihnen die großen mittelalterlichen Theologen ihrer eigenen Heimat, Kappadokiens, näherzubringen, oder Gestalten wie Raymundus Lullus, der im späten dreizehnten Jahrhundert so viele Anregungen aus der islamischen Mystik übernommen hatte. Die vom Koran gelehrte Verehrung Jesu, des letzten großen Propheten vor Muhammad, und seiner jungfräulichen Mutter war ihnen ja vertraut. Als ich davon sprach, daß moderne Christen zum Teil das Mysterium der Jungfrauengeburt leugnen, sprang eine Studentin empört auf: «Dann sind wir ja viel bessere Christen als die!» rief sie, und die Klasse stimmte zu. Wir fanden, daß wir, mochten die theologischen Voraussetzungen auch in manchen Fällen ganz verschieden sein, doch viel Gemeinsames entdecken konnten, wenn ich den jungen Leuten Kirchenlieder übersetzte. Denn welcher fromme Muslim hätte nicht Paul Gerhardts «Befiehl du deine Wege» aus vollem Herzen mitsprechen können?

Ich nutzte die Zeit, um mich von Ali Alparslan, der damals Assistent für islamische Geschichte war, in die Kunst der Kalligraphie einführen zu lassen. Er war ein bekannter Kalligraph des *nasta'liq*-Stils, der «hängenden» Variante der arabischen Schrift, der in erster Linie in Iran, aber auch in Indien und der osmanischen Türkei verwendet wurde. Erst dadurch begriff ich, wie lange Übung nötig ist, die Feder korrekt anzuschneiden und auch nur einen der so einfach aussehenden Buchstaben in makellosen Abmessungen zu schreiben. Als Gesprächspartner über klassische osmanische Literatur und Kultur gab es Kemal Edip, der noch die alte Kunst der Chronogramme beherrschte, in der man historische Daten dadurch ausdrückt, daß man sie zu einem sinnvollen Wort oder Satz formt, dessen Buchstaben das Datum ergeben – hat doch jeder arabische Buchstabe einen Zahlwert zwischen eins und tausend. Bei Stalins Tod erfand er ein Chronogramm des Inhalts: «Der Teufel ist zur Hölle gefahren.»

Die Fakultät, die zu meiner Zeit rund vierhundert Studenten hatte, wuchs später, und neue theologische Hochschulen wurden überall im Lande eröffnet, an denen eine Reihe meiner damaligen «Kinder» lehren (oder, schwer zu glauben, bereits pensioniert sind); ja, selbst «Enkelschüler» vertreten zumindest einige Zweige der Religionsgeschichte in Ankara, Izmir, Urfa oder im nordrhein-westfälischen Marl.

Doch das sind spätere Entwicklungen. Im November 1954, als meine Mutter und ich, mit dem Zug anreisend, eintrafen, war alles neu, und wir waren gespannt, was Ankara uns bieten würde. Zunächst bot es uns gastfreundliche Aufnahme bei Bademlis, die wir aus Marburg kannten: Dr. Niyazi hatte dort seine Fachausbildung in Anatomie gemacht. In ihrem gemütlichen Haus in Cebeci fanden wir erste Unterkunft, liebevoll betreut und umsorgt von Frau Naime, zärtlich geliebt von den drei wohlerzogenen Kindern. Niyazi gehörte zu einer alteingesessenen Honoratiorenfamilie der Stadt und erzählte mit seinem leicht verschmitzten Lächeln, wie sein Ahn mit Timur Kaffee getrunken habe, als der zentralasiatische Eroberer im Jahre 1402 die Stadt Ankara eingenommen hatte. Er konnte wunderbar von der Zeit berichten, in der er als junger praktischer Arzt in Ostanatolien gearbeitet und versucht hatte, den hartschädligen Kurden die Wunden zu verbinden, die bei Schlägereien entstanden waren: «... und keiner hat geschrien. Hab' ich gesagt: ‹Muß doch weh tun!› ‹Nein, Doktor, tut nicht weh!›, ‹Muß aber weh tun› und so weiter, bis die klare Antwort kam: ‹Vor Doktor sagen *Tut weh*, ist Schande!›»

Auch für uns war Niyazis Hilfe in jenen ersten Monaten lebenswichtig, allerdings auf einem anderen Gebiet. Zwar stand mir auf dem Papier ein ganz ordentliches Gehalt zu (daß die türkische Lira gerade bei meiner Ankunft stark abgewertet wurde, war eine besondere Überraschung – aber fünfundzwanzig Jahre später geschah mir das gleiche in Harvard – der Dollar fiel gewaltig). Doch Woche um Woche verging, ohne daß ich

Geld sah. Niyazi verbürgte sich für uns, für die Miete, für die Stepp-
decken, für die Kohlen, für den Besen und was man sonst noch am not-
wendigsten brauchte, und ohne ihn und seine Familie wäre der Anfang
fast unüberwindlich schwierig gewesen. Immerhin – als ich einmal (es
war schon gegen März) das Neue Testament aufschlug, fiel mein Blick
auf den Brief des Paulus an die Galater, wo er klagt: «O ihr unverständi-
gen Galater, ich fürchte aber, daß ich *umsonst* für euch gearbeitet habe!»
Der Gedanke, daß auch er offenbar hier, mitten in Galatien, ähnliches
wie wir erfahren haben könnte, erheiterte uns so, daß wir den Rest der
Wartezeit besser überstanden.

Unsere erste Wohnung lag genau der Ilâhiyat Fakültesi in Cebeci gegenüber; mit ein paar schwarzbraunen Ziegendecken und einigen Bildern war sie bald recht gemütlich. Auf dem Hügel zur Rechten wuchsen immer neue *Gecekondus* heran, die seither auf alle Abhänge der Stadt
gekrochen sind, da der Zuzug aus den ländlichen Gebieten ständig wei-
tergeht. Heute wohnt ein Großteil der Menschen in Ankara in diesen
eigentlich, wie der Name sagt, für eine «Nacht» (*gece*) erbauten Behelfs-
heimen.

Im Hof des Hauses lebten einige Katzen, die schneeweiße Ipek,
«Seide», und ein häßliches, geflecktes Tier mit grellgelben Augen, von
dem uns unsere Nachbarin, die bekannte Schriftstellerin Halide Nusrat
Zorlutuna, erzählte, man nenne sie in der Nachbarschaft «Gestapo». Der
weiße Fakultätskater, eine echte Van-Katze mit einem grünen und einem blauen Auge, hielt sich vornehm zurück, doch wir wurden rasch
Freunde. Auch Ipek vertraute der Fakultät: Als uns einmal etwas
Schweinefleisch mitgebracht worden war, das uns nicht vertrauenerweckend aussah, warfen wir's in den Hof. Ipek beschnupperte erstaunt
das unbekannte Fleisch und schritt dann hocherhobenen Schweifes über
die Straße, sicherlich, um sich ein Rechtsgutachten zu holen, ob man als
gute türkische Katze das für Muslime verbotene Schweinefleisch ver-
zehren dürfe. Das Gutachten fiel offenbar negativ aus.

Ein Kätzchen spielte auch die wichtigste Rolle in unserer zweiten
Wohnung, die in einem Vorort lag. Mama erwachte eines Nachts von
einem seltsamen Gefühl in den Kniekehlen, konnte nichts finden,
suchte später wieder und entdeckte ein winziges Kätzchen in ihrem
Bett. Das gestromte Tierchen mit weißem Gesicht und weißer Brust
stolzierte am Morgen wie ein wohlerzogenes Kind ins Wohnzimmer
und adoptierte uns. Sie war unsere ganze Freude, und selbst Katzen-
feinde konnten ihrem Charme nicht widerstehen. Wer konnte ernst

bleiben, wenn Huraira (das ist arabisch «Kätzchen») plötzlich mit großen Kinderaugen aus dem Kragen eines Mantels blickte, wohin sie durch den Ärmel geklettert war? Dann wieder guckte sie hold hinter einer Reihe Bücher hervor, und wenn ich schrieb, legte sie sich als Pelzkragen um meinen Nacken; da sie immer sehr klein blieb, war das keine Last. Auch lernte sie, sich beim Ruf «Huraira, tot!» in voller Länge flach vor den Eisschrank zu legen, aus dem dann etwas Eßbares hervorgezaubert wurde. Später begann sie zu husten; die Diagnose lautete «zerrissenes Zwerchfell», und sie überstand die Operation nicht. Ich war darüber sehr traurig.

Dann fütterte ich ihre Verwandtschaft, die sich zu den Lungenschüsseln im Flur drängte, allen voran Dschingis Khan, der riesige gestreifte Kater mit dem Mongolenschnurrbart; doch stärker als alle war eine elegante graue Katzendame mit smaragdgrünen schwarzgeränderten Augen, die mich immer an Sophia Loren erinnerte; die Schönheitskönigin verstand es, sich das beste Stück Fleisch zu sichern und ohrfeigte alle, die ihr im Wege saßen.

Natürlich war unsere Katzenliebe nichts verglichen mit der Fülle geschwänzter Gäste, die mein ehemaliger Arabisch-Professor in Berlin und Ankaraer Kollege, Walter Björkman, und seine Frau beherbergten, fütterten, pflegten. Denn Katzen zu töten, gilt in der Türkei als große Sünde: «Wer eine Katze tötet, kann das nicht wiedergutmachen, selbst wenn er eine Moschee baute», sagt der Volksmund. So lebten die armen Kreaturen eben in den Mülltonnen, aus denen mildtätige Menschen sie nach Hause holten. Infolgedessen war Björkmans Apartement von zweiundzwanzig Katzen bevölkert. Ich sehe noch heute, wie eine davon hoch vom Schrank in eine auf dem Tisch stehende Schokoladentorte sprang und kunstvolle Muster auf der Tischdecke hinterließ.

Björkmans waren unsere nächsten Freunde unter den zahlreichen deutschen Experten, die in Ankara lehrten. Die Türkei hatte während der Nazizeit einer ganzen Reihe von deutschen Professoren Lehrstühle gegeben, und noch waren einige Kollegen aus der damaligen Zeit da, wie etwa der Musiker Eduard Zuckmayer, Bruder des Schriftstellers Carl Zuckmayer, der am Gazi Eğitim Enstitüsü unterrichtete und hohes Ansehen genoß. Auch nach dem Kriege hatte sich der Zuzug von deutschen Gelehrten fortgesetzt; Katharina Otto-Dorn lehrte viele Jahre islamische Kunst in Ankara, Rudolf Fahrner war als Germanist tätig, und man traf sich mehr oder minder regelmäßig bei den Veranstaltungen der Türkisch-Deutschen Freundschaftsgesellschaft oder bei Vorträgen in

dem langsam heranwachsenden Deutschen Kulturinstitut. Zu den türkischen Kollegen, die man dort sah, gehörten vor allem die Archäologen
Ekrem Akurgal und Sedat Alp (die ich beide noch aus meiner Berliner
Studienzeit kannte) sowie der Soziologe Yavuz Abadan.

Besonders aber
muß ich der Tätigkeit des Kulturreferenten an der Botschaft, Friedrich
von Rummels, gedenken; als ausgezeichneter Kenner des Landes und
der Literatur und Verfasser des schönen Buches *Die Türkei auf dem Weg
nach Europa* war er ein idealer Vertreter deutsch-türkischer Zusammenarbeit.

Doch war ich, infolge meiner besonderen Interessen, mehr mit türkischen als mit deutschen Freunden zusammen; denn, wie ich mir selbstsüchtig sagte, selbst die langweiligste türkische Einladung hatte immerhin
den Vorteil, daß ich ein paar neue idiomatische Ausdrücke lernte, immer
mehr von traditionellen Sitten erfuhr, vom ganzen ritualisierten Austausch der Höflichkeitsformeln, mit denen man sich unterhalten
konnte: jene langen Dialoge, in denen in immer wieder neuen Formulierungen nach dem Wohlergehen gefragt wird, oder die bewundernden
Ausrufe *elinize sağlik*, «Mögen Ihre Hände gesund bleiben!», wenn man
eine Speise, eine Handarbeit bewunderte; der Dank an den Besucher,
indem man ihm *ayağınıza sağlik* wünschte, «Mögen Ihre Füße (die Sie
zu uns getragen haben) gesund bleiben!» Man lernte die verschiedenen
Tonarten des Segens kennen: *güle güle giyin*, «Tragen Sie es immer
lächelnd» (wenn man ein neues Kleidungsstück trug), ja selbst *güle güle
yakın*, «Verbrennen Sie es (nämlich die Winterbriketts) immer lächelnd»;
außerdem die zahlreichen Formen des Lobes, der Abwehr des Lobes,
die guten Wünsche für Eltern und Kinder: *analı babalı büyüsün*: «Möge
es mit Mutter und Vater aufwachsen!» Und wenn man sich nach dem
Befinden des Babys erkundigte, kam die (für uns etwas überraschende)
Antwort: «Es küßt Ihnen die Hände!»

Besonders berührte mich die Sitte, bei einer Todesnachricht oder bei
der Erwähnung eines Verstorbenen nicht einfach zu sagen: «Soundso ist
gestern gestorben», sondern: «*O, dün sizlere ömür oldu*» – «Er wurde gestern zu ‹Möget ihr andern leben!›» – und vieles andere mehr, was mein
Philologenherz entzückte. Ich erfuhr, welche kleinen Verse man
spricht, wenn man den Neumond zum ersten Mal erblickt, und lernte
kurze Gebete, die Segen für die folgenden Wochen erflehen. Besonders
glückbringend war es, wenn man dabei einen «mondschönen» Menschen ansah: Hell und strahlend wie sein oder ihr Gesicht sollte der Monat werden. Hatte der Mond einen Hof, so waren das Engelsflügel.

Wenn man uns zum *iftar*, zum Fastenbrechen bei Sonnenuntergang im Ramadan, einlud, standen die Speisen schon auf dem Tisch, und man sagte, daß die wartenden Speisen in ihrer stummen Sprache Gottes Lob singen, bis der Augenblick des Fastenbrechens gekommen ist, wo man zunächst eine ungerade Zahl von Datteln ißt. Manchmal schickte eine Bekannte mir auch *aşure*, das ist eine aus vielerlei Körnern und Früchten gekochte Speise, die ursprünglich bei den Schiiten am 10. Muharram gegessen wurde, dem Tag, an dem des Märtyrertodes des Prophetenenkels Husain in Kerbela am 10. Oktober 680 gedacht wird. Die Speise, die an das aus lauter Resten zusammengewürfelte letzte Mahl des Märtyrers erinnern soll, ist jetzt ganz allgemein zur immer erhältlichen Süßspeise geworden.

Auch bei Beschneidungen waren wir zu Gast; *sünnet*, die Beschneidung, ist ja ein wichtiger Tag im Leben des Jungen. In früheren Zeiten wurde dieses Ereignis, durch das der Knabe zum rechten Mitglied der muslimischen Gemeinde wird, mit großem Pomp und Prunk gefeiert. Die Miniaturalben aus der osmanischen Zeit zeigen, was für Belustigungen aufgeboten wurden, damit der Sultanssohn von seinen Schmerzen abgelenkt wurde. Man feierte daher auch die Beschneidung vieler Jungen gleichzeitig, um sie besser mit Schattenspiel und Karagöz-Theater, mit Musik und Rezitation erheitern zu können. Stolz ließ sich der kleine Patient, der in der Regel zwischen sieben und zehn Jahre alt war, in seinem feinen Festgewand, mit weißem Käppchen, fotografieren und erzählte uns, was er alles erlebt hatte. Von Mädchenbeschneidung habe ich in all den Jahren meines Lebens in der Türkei und in anderen islamischen Ländern nie gehört, so offen die Frauen untereinander sonst über die intimsten sexuellen Probleme sprachen. Diese Sitte gehört zur afrikanischen Tradition und ist über den Sudan leider auch nach Ägypten gekommen. Allgemein verbreitet aber war und ist sie nicht. Dafür aber war Abtreibung kein Tabu; selbst in der kleinen Buchhandlung nahe dem Zentralheiligtum von Ankara, der Hacci-Bayram-Moschee, fand man Bücher und Pamphlete, etwa *Çocuk nasıl düşürülür?*, «Wie treibt man ab?» Und mir gut bekannte fromme Damen sprachen ohne Scheu davon, daß sie eine «Kürtaj», eine «Ausschabung», hatten vornehmen lassen, weil ihnen drei oder vier Kinder genug erschienen.

Ich lernte in diesen Jahren die Formen des Grüßens, den Handkuß gegenüber Älteren, bei dem man die Hand an die Stirn zog, den bei Derwischen üblichen gegenseitigen Kuß auf die verschränkten Hände sowie die Sitte, ältere Menschen, je nach Abstand mit *abla*, «ältere

Schwester», *ağabey* (gesprochen *âbî*), «älterer Bruder», mit *hala* oder *teyze* (Tante väterlicher- oder mütterlicherseits) oder *amca*, «Oheim», anzureden, was dann noch durch andere Zusätze erweitert wird: Mehmet Amca Bey, «der geehrte Onkel Herr Mehmet». Sollte aber eine übereifrige europäische Konvertitin behaupten, daß alle Christen, einschließlich ihrer Eltern, natürlich in die Hölle kämen, so fand sich unter den Anwesenden sicher jemand, der leise bemerkte: *Yeni müslümanın ezanı minareyi yıkar* – «der Gebetsruf des Konvertiten zerstört das Minarett» –, weil er nämlich so laut schreit.

Es kam auch vor, daß bei Zusammenkünften von Frauen allzuviel «Wasser im Mörser geknetet», das heißt leeres Zeug geschwatzt wurde. Dann schlich ich mich davon, zog mich «wie ein Haar aus der Butter», obgleich es ja heißt: *Sabreden derviş muradına ermiş*: «Ein geduldiger Derwisch erreicht sein Ziel.» Aber mein Ziel war meist der Schreibtisch.

Wie viele Frauen kreuzten in jenen Jahren unseren Weg! Da war die alte Nachbarin, eine Flüchtlingsfrau, die zwar schon zur Zeit des Balkankrieges 1911 aus Mazedonien in die Türkei gekommen war, aber immer noch ein merkwürdiges Türkisch sprach, in dem sie ihre Leiden klagte oder der jüngeren Nachbarin Ratschläge gab. Vierzehn Kinder hatte sie geboren, elf waren klein gestorben, ein Sohn war irgendwo in Ostanatolien begraben, die Tochter kurz nach der Geburt ihres dritten Kindes mit zwanzig Jahren an Schwindsucht dahingesiecht, der letzte Sohn meist auf Reisen. Die alte Frau hatte Phasen geistiger Umnachtung, kam ein halbes Dutzend Male zu mir, um zu fragen, ob sie wohl ihr Gebet schon verrichtet habe, und fand Trost darin, ihren Rosenkranz zu beten.

«Du hast's gut», pflegte sie zu sagen. «Du hast einen Beruf, du hast goldene Armbänder – wenn ich so was gehabt hätte, glaubste, ich wär bei meinem Mann geblieben?»

Erst von den älteren Brüdern geprügelt, bei denen sie nach dem frühen Tod der Eltern aufgewachsen war, mit vierzehn Jahren verheiratet und wieder verprügelt – «Aber Gott sei Lob, jetzt hab' ich's ja gut – du kommst direkt ins Paradies, *cennetliksin, cennetlik*», murmelte sie zufrieden, schlürfte ihren süßen Tee, den ich ihr gern brachte, und mümmelte ein Stück Konfekt.

Manchmal sah ich ihre Verwandten zu ihr kommen, umfangreiche Frauen in schwarzen Gewändern, die zum Teil erst eben aus der Balkanheimat gekommen waren. Wie große Fledermäuse saßen sie auf dem

Bett, das ich durchs Fenster sah, manche ein paar Stunden, manche blieben auch gleich ein paar Tage oder Wochen. «Kann das alte Weib ja nicht leiden, aber hab' gesagt ‹Bleib doch!› Ist ja wohl Sitte», erzählte sie mir grimmig lächelnd, wenn wieder ein Besuch nach zehn Tagen das Haus verlassen hatte und sie sich bei mir erholte, indem sie sich auf meinen Divan hockte und mir beim Schreiben zusah. «Viel besser als zu den Nachbarinnen rennen; hab' mal 'nen Prediger in der Moschee gehört, der hat gesagt, alles Böse kommt nur vom Klatschen mit Nachbarinnen», nickte sie wohlgefällig, und ihr langer dünner Zopf wippte.

Die arme alte Frau hatte recht. Es gab gewisse Nachbarinnen, deren einzige Gesprächsthemen Kindererziehung und die intimsten Fragen des Ehelebens waren, allenfalls noch Kochen. Manchmal hätte ich bei deren Besuchen gern dem türkischen Aberglauben Folge geleistet und ihnen Salz in die Schuhe gestreut, die sie natürlich beim Eintreten auszogen, denn «dann geht der Gast rasch wieder». Oder ich hätte gern «hinter manchen hergefegt»: dann kommen sie nie wieder. Und es schien ratsam, ein wenig Rautensamen gegen den Bösen Blick in Reichweite zu haben.

Es waren jene Frauen, die, von der traditionellen Lebensführung getrennt, versuchten, europäisch zu sein: Zwar hielten sie äußerlich am alten Familienideal fest – «Das Mädel hat doch zwei Brüder, das wär' doch eine Schande, wenn sie draußen arbeitete!» hieß es wohl von einem unzufriedenen älteren Mädchen, das viel lieber ins Büro gegangen wäre, statt bei Verwandten Kinder zu hüten –, doch nur die äußere Hülle war bestehen geblieben. Ähnlich verhielt es sich mit ihren Äußerungen zur Religion: Die in sich ruhende Sicherheit der Muslime war durch den Wandel geschwächt und konnte daher in borniert Angriffslust umschlagen, der gesunde Nationalstolz in Chauvinismus. Andererseits fehlte solchen Frauen jede solide Kenntnis türkischer Traditionen, jede Wertschätzung türkischer Handwerkskunst: Sie wohnten in Häusern, in denen Plüschdecken mit Hundemotiven auf dem Tisch lagen, grelle, importierte Satins den warmfarbigen handgewebten Materialien vorgezogen wurden, Teppiche mit schreienden Farben in groben Mustern statt der schönen alten Kelims den Boden bedeckten, während die feinen Kelims in irgendeiner Ecke zum Einwickeln unbrauchbarer Gegenstände verwendet wurden.

In solchen Frauen zeigten sich die Gefahren eines überstürzten Wechsels vom behüteten Dasein innerhalb der Familie zu Geschöpfen,

die europäisch wirken wollten und nur das gleißende (und oft falsch
gleißende) Äußere der europäischen Zivilisation sahen. Gerade in den
fünfziger Jahren konnte man diese Unsicherheit bei Frauen der Mittel-
schicht beobachten: Zu jung, um noch im traditionellen Stil aufgewachsen zu sein, zu jung auch, um die gewaltigen Anstrengungen im
türkischen Freiheitskrieg miterlebt zu haben, waren sie, wie mir schien,
Wesen einer Zwischenwelt. Ich dachte daran, wie sehr sich die türkischen Frauen im Freiheitskrieg engagiert hatten, wie groß die Opfer
waren, die sie gebracht, die Hilfe, die sie den Soldaten geleistet hatten!
War es nicht eine Frau, die einen der bekanntesten Romane über jene
Zeit geschrieben hatte, nämlich Halide Edip, deren wegweisendes Werk
in den späten zwanziger und dreißiger Jahren bewundert wurde?

Ich liebte die einfachen Dorffrauen. Obwohl sie weder lesen noch
schreiben konnten, hatten sie einen unerschöpflichen Vorrat an Sprich-
wörtern, Rätseln, Gedichten und Geschichten von uralten Weisheits-
worten. Ihr Urteil war oft besser als das der halbgebildeten Städterinnen,
und unter den niemals endenden Schicksalsschlägen, denen ihresgleichen
seit Jahrtausenden in dem harten Leben Anatoliens ausgesetzt waren, versuchten sie tapfer weiterzuleben, mochte die Arbeit noch so hart sein.
Eine von ihnen – ich weiß nicht mehr welche – lehrte mich Ibrahim
Hakkı Erzerumlus Vers:

Laß uns sehen, was Gott tut,
Was Er tut, das tut Er gut.

Auf der anderen Seite standen die zahlreichen Frauen, die alle Gelegenheiten ergriffen hatten, die das moderne Leben bot. Der Prozentsatz der
Dozentinnen und Professorinnen in der Türkei lag in den fünfziger Jahren um ein Vielfaches höher als in Deutschland; in meiner Fakultät gab es
außer mir noch eine Dozentin für europäische Philosophie und etliche
Assistentinnen, die ihren Weg weitergegangen sind. In der Philosophischen Fakultät waren zahlreiche Lehrstühle mit Frauen besetzt, sei es in
der Germanistik oder in der Islamischen Kunstgeschichte, wo Katharina
Otto-Dorn eine bedeutende Anzahl von jungen Türkinnen in ihrem
Fachgebiet ausbildete. Heute stehen die türkischen Kunsthistorikerinnen
mit an der Spitze in der islamischen Kunstgeschichte und wirken in der
Heimat wie im Ausland. Das gleiche gilt für Archäologinnen, die hethiti-
sche und römische Stätten ausgruben, wie für Historikerinnen; zu meiner
Zeit war es Afetinan, die, als Vertraute Atatürks, eine wichtige Rolle im
Türkischen Geschichtsverein spielte. Die medizinische Fakultät hatte da-

mals bereits eine Dekanin, und heute scheinen Frauen besonders häufig zu Dekanen gewählt zu werden: Fleißig und intelligent, widmen sie sich den Problemen der Studenten und der Verwaltung mit großer Energie. Daß meine Freundin Meliha, mit der ich seit meinem ersten Aufenthalt in Ankara befreundet bin, Dekanin meiner alten Fakultät wurde, freute mich besonders; und ich denke manchmal, wie stolz ihre Mutter auf diese Laufbahn wäre – ihre schöne Mutter, die, sehr früh verwitwet, ihre sieben Kinder alle zur Universität schickte und die Kraft zu einem solchen Unterfangen aus ihrem tiefen Glauben schöpfte: Wenn ich ihrer gedenke, sehe ich sie immer beim Gebet, blütenweiß gekleidet. Hier gab es keinen Bruch zwischen islamischer Tradition und Modernität; die beiden Sphären fügten sich nahtlos ineinander.

In jenen Jahren traf ich Rechtsanwältinnen und Juristinnen, aber auch weibliche Offiziere, ja, Luftwaffenoffiziere. Noch steht mir das klare schöne Gesicht einer jungen Frau vor Augen, die Ausbilderin bei der Luftwaffe war – tieffromm und doch allen Anforderungen der Moderne gewachsen. Meine eigenen Studentinnen gehörten dazu, die später an die Imam-Hatip-Schulen gingen oder selbst an der Universität lehrten. Man trug kein Kopftuch, außer – wie vorgeschrieben – beim Gebet oder bei der Koranrezitation; denn man war überzeugt, daß der Islam mit dem modernen Leben völlig vereinbar ist und man sich nicht durch Kleidersitten abzugrenzen brauchte.

Mit den türkischen Freunden feierte ich gern *mevlût*. Das ist die Feier des Geburtstags des Propheten Muhammad, die am zwölften Tage des dritten Mondmonats stattfindet. In der Türkei war es jedoch Sitte, daß man *mevlût* auch am vierzigsten Tag nach einer Geburt, nach einem Todesfall oder als Jahrgedächtnis rezitierte, oder man konnte ein Gelübde ablegen, daß man, sollte dieser oder jener Wunsch in Erfüllung gehen, ein *mevlût* halten würde. Der Text, der bei solchen Gelegenheiten rezitiert wurde, stammte aus dem frühen fünfzehnten Jahrhundert. Das kindlich einfache *mevlûd-i şerif* des Bursaer Dichters Süleyman Çelebi hatte seinen Ehrenplatz in der Türkei durch die Jahrhunderte bewahrt, obgleich Dutzende von Nachahmungen geschrieben wurden.

Wir hatten das *mevlût* in Berlin im Kolleg bei Professor Richard Hartmann gelesen; es war der erste türkische Text, den ich wirklich mit Genuß las und übersetzte, nachdem ich mich nur mit großer Mühe durch die langgewundenen historischen Texte des siebzehnten Jahrhunderts durchgekämpft hatte. So war die lebendige Begegnung mit dem Werk

Süleyman Çelebis eine besondere Freude und eine immer wieder
schöne Erfahrung.

Ein *mevlût* kann in einer Moschee gefeiert werden; als wir in Ankara
ankamen, wurde eine solche Feier zu Atatürks Todestag am 10. November in der Süleymaniye in Istanbul gehalten. Meist aber war es eine Fami-
lienangelegenheit. Man lud Freunde ein, und Männer und Frauen
lauschten, getrennt sitzend, der schlichten Melodie, die immer wieder
durch Koranrezitation unterbrochen wurde. Es bewegte mich stets besonders, wenn der Sänger die eigentliche Beschreibung der lichtvollen
Geburtsnacht erreichte, wo Amina, die Mutter des künftigen Propheten,
drei himmlische Frauen (eine davon Maria) herabschweben sieht, die ihr
beistehen wollen; sie klagt über Durst und erfährt dann, daß sie sich selbst
kaum noch vom Licht unterscheiden kann. Und dann sagt sie:

> Kam ein weißer Schwan geflogen schwingenweich,
> Streichelt' meinen Rücken stark sogleich.

Dann streicht jeder Teilnehmer dem Nachbarn oder der Nachbarin über
den Rücken, als ob das Wunder wiederholt werden soll, von dem es
weiter heißt:

> Ward der Glaubensfürst gebor'n zu jener Stund,
> Ganz in Licht versanken Erd' und Himmelsrund.
> Was geschaffen, wurde alles freudenreich,
> Gram verging, die Welt fand neues Leben gleich,
> Alle Stäubchen in der Welt – mit Freudenschrei
> Riefen sie zusammen all: Willkommen sei!

Nun beginnt das vielfach wiederholte *merhaba*, «Willkommen», das alles
Geschaffene der «Nachtigall des Schönheitgartens» zuruft, der, wie der
Koran sagt, «als Erbarmung für die Welten gesandt» ward. Am Ende
wird Scherbet kredenzt, und die Gäste erhalten kunstvoll gedrehte Tüt-
chen oder Päckchen mit Süßigkeiten.

Ich ließ einmal ein *mevlût* zu Hause rezitieren: Mein Buch über den
Schiraser Mystiker Ibn Chafif, das in der Fakultätsserie gedruckt wurde,
war erschienen, und ich wollte es feiern. Hafiz Sabri, unser Lehrer der
Koranrezitation, kam und brachte einen blinden jungen Sänger mit,
dessen Stimme gewaltig war. Wir bewunderten seine Ausdruckskraft,
seine alles erfüllende Präsenz. Es war Kâni Karaca, der in den folgenden
Jahren und Jahrzehnten zum berühmtesten Sänger religiöser Lieder, vor
allem bei den Mevlevi-Zeremonien, geworden ist. Das Zusammenwir-

ken der beiden großen Künstler, die die heiligen und geheiligten Texte jeder auf seine Weise den Hörern nahebrachten, war unvergeßlich.

Am anderen Ende des Spektrums stand das Ankara Atatürks, deutlich sichtbar in dem Anıt Kabir, dem gewaltigen Mausoleum, das die Stadt von dem zentralen Hügel aus überblickte. Wir gingen gern dorthin; die weite Anlage mit dem überaus schlichten Bau, mit den hethitischen Vorbildern nachempfundenen Löwengestalten, die vornehme Innenverkleidung mit dunklem Mosaik und nicht zuletzt der herrliche Blick über die Landschaft machte das Mausoleum (in dessen Seitenflügel später ein Museum für Erinnerungsstücke an Atatürk eingerichtet wurde) zu einem immer wieder anziehenden Punkt in der wachsenden Stadt.

Es wuchsen auch Museen und, später, Kunstgalerien; wir erlebten die Entwicklung des gewaltigen Hethitermuseums – jetzt Museum für vor- und frühgeschichtliche Kulturen –, das aus dem alten Bedestan nicht weit von der Burg mit großem Geschick und feinstem Geschmack errichtet wurde: Hier hatte man den schönsten Eindruck von der Vielschichtigkeit Anatoliens, und die Funde aus den Ausgrabungen von Çatalhüyük, Boğazköy und Yazılıkaya, aus griechischen und römischen Stätten ließen ahnen, wie reich der scheinbar karge Boden Anatoliens ist. Im Ethnographischen Museum dagegen konnte man Werke der Gebrauchskunst bewundern: Teppiche und Schmuck, schwere Seidenstoffe und kostbare Stickereien, wie man sie auch noch in manchen Familien fand. Wenn man seine Besucher durch die Museen geführt hatte, konnte man sich noch ein wenig in dem zentralen Jugend-Park ergehen oder, zumindest in unseren Tagen, die Atatürk-Farm und den winzigen zoologischen Garten besuchen. Dort war die Wirkung der nie gesehenen Tiere besonders auf die anatolischen Besucher tief: «Gelobt sei Gott!» rief ein bärtiger alter Mann beim Anblick des allerdings besonders häßlichen schwarzen Wildschweins aus. «Gelobt sei Gott, daß er uns verboten hat, ein so abscheuliches Tier zu essen!» Aber wenn der große Pfau sein Rad schlug, brachen die Zuschauer in beglückte Dankgebete aus.

Zum Ankara Atatürks gehörte auch ein Freund, der den Besuchern des Deutschen Kulturinstituts wohlbekannt war, obgleich wenige wußten, wer der stattliche weißhaarige Herr eigentlich war. Es war Tevfik Bıyıklıoğlu, der mit unermüdlicher Regelmäßigkeit alle Konzerte, Vorträge und Filme besuchte, die von der Botschaft und den deutschen Instituten geboten wurden, wenn er auch gelegentlich dabei einmal einschlummerte. Der 1888 Geborene hatte den Ersten Weltkrieg als aktiver Offizier, zum großen Teil an der Balkanfront, mitgemacht; während des Freiheitskrieges wurde er Chef der Operationsabteilung der Westfront und als solcher enger Mitarbeiter Mustafa Kemal Paschas. Als militärischer Berater von Ismet (Inönü) Pascha nahm er an den Konferenzen von Mudanya und Lausanne teil und wurde im November 1926 zum Generalsekretär Atatürks ernannt, eine Stellung, die nur durch seine Tätigkeit als türkischer Botschafter in Moskau zwischen September 1927 und November 1928 unterbrochen wurde. Im Februar 1932 war Tevfik Bey Vorsitzender der türkischen Delegation der Genfer Abrüstungskonferenz.

Die neueste türkische Geschichte war für Tevfik Bey ein Stück seines eigenen Lebens; stundenlang wußte er Einzelheiten aus Atatürks Leben zu erzählen, die außer ihm wohl kaum jemand gekannt haben dürfte, und seine Detailkenntnis machte auch dem Laien die einzelnen Etappen des Freiheitskampfes verständlich. Unvergeßlich ist mir jene Stunde, da wir, mit einigen Freunden von Gordion zurückkehrend, auf seinen Wunsch nach Duatepe hinauffuhren. Hier stand Tevfik Bey, das Tal des Sakarya überschauend, wie ein Feldherr der Antike und schilderte uns, wie Mustafa Kemal Pascha die Griechen immer tiefer ins anatolische Hochland hatte eindringen lassen, um sie von ihrer Basis Izmir abzuschneiden, und wie sie auf die Linie Polatlı-Haymana vorgerückt waren. Wir vermeinten die Heere dort unten zu sehen, mitzuerleben, wie die türkische Armee zusammengezogen wurde und wie von diesem Hügel, auf dem wir unter strahlendem Himmel im kühlen Aprilwind standen, in den ersten Septembertagen 1921 der Gegenangriff begann, der die Griechen über den Sakarya zurückwarf und den türkischen Heeren den Weg nach Süden auftat. Wir glaubten diesen Kampf mitzukämpfen, der das Schicksal des türkischen Volkes entschieden hatte – nicht weit von dem Platz, wo einst Alexander der Große den Gordischen Knoten durchhauen hatte.

Es war das einzige Mal, daß Tevfik Bıyıklıoğlu die Stätte seiner größten Erinnerungen wieder besucht hat.

Ankara war in den fünfziger Jahren im Grunde eine ideale Stadt zum Leben und Arbeiten; vielerlei Gäste aus Europa und Amerika kamen, um mit uns die moderne Türkei und das islamische Anatolien zu sehen, sich über die so erstaunliche Ilâhiyat Fakültesi zu informieren.

Das Gästebuch füllte sich. Freilich hatten wir gewisse Probleme, einigen Damen zu erklären, daß hier Männer der verschiedensten Gesellschaftsschichten Arm in Arm gingen, ohne daß dabei etwas Anstößiges zu vermuten wäre.

Eine große Schwierigkeit lag darin, daß in jenen Jahren die wirtschaftliche Lage der Türkei miserabel war. Kaffee war nicht zu finden, was als Butter verkauft wurde, war ziemlich weit entfernt von unseren Vorstellungen, und wenn auch in den Schaufenstern der Fleischerläden die Hammel aufgereiht hingen, mit einer bunten Krepp-Papierquaste anstelle des so begehrten Fettschwanzes, war es schwierig, zumindest für Europäer, gut zu kochen. Wie oft geschah es, daß Mama zum kleinen Laden unserer Straße ging und fragte: «*süt?*» (Milch), und der freundliche Kaufmann sagte bedauernd: «*Milch yok!*» *Yok*, «nicht vorhanden», war in jenen Jahren für uns eine der wichtigsten Vokabeln, denn es gab wenige Dinge, die nicht dann und wann *yok* waren.

Die treue Fatma, Frau eines Dieners in der Fakultät, half uns durch die wirtschaftlichen Probleme. Bei Wind und Wetter, fastend oder nicht, wanderte sie vom Burghügel zu uns, ein Fußweg von einer Stunde, oft schwerbepackt mit Dingen aus dem Haushalt, die uns unnütz, ihr aber nützlich schienen. Wenn sie wirklich einmal gern etwas haben wollte, sah sie mich treuherzig an und flötete: «*Ablacığıiiim ben bir rüya gördüüüüm ...*», «Liebe ältere Schwester, ich hab was geträumt ...», und nachdem ich das obligatorische «Möge es gut sein» gesagt hatte, kam es heraus: «Ablacığım, ich habe geträumt, du hättest mir ein Kleid geschenkt ...» Wie hätte man da widerstehen können? Denn der Traum hat Wahrheitsgehalt, er ist, nach islamischer Auffassung, ein Sechsundvierzigstel des Prophetentums. Und Fatma verließ sich darauf.

Von Fatma lernten wir auch, wie man mit Ratten umgeht. Im Dezember 1957 gab es eine Wanderrattenplage in Ankara, und wir hörten mit großem Mißbehagen das Hin- und Herhuschen eines Tieres in unserem Badezimmer – im dritten Stock des Hauses. «Du darfst sie nicht totschlagen, Abla», sagte Fatma. «Sonst kommt der Ehemann oder die Ehefrau und klagt eine ganze Nacht um ihre tote Gefährtin.» (Daß sie recht hatte, erwies sich ein Jahr später.)

So beschlossen wir, den ungebetenen Gast höflich zu behandeln, nannten das Geschöpf «Adelgunde» und klopften an, wenn wir ins Badezimmer wollten. Nie sahen wir Adelgunde, doch nach drei, vier Tagen – es war der vierte Advent – gab es plötzlich keine Elektrizität mehr im Hause. Eilig herbeigerufene Handwerker (ja, Handwerker kamen auch sonntags!) schüttelten den Kopf. «'s ist, als hätte 'ne Maus das Kabel durchgebissen», murmelte einer, und sie versuchten ihr Bestes, während Mama und ich zum Adventsgottesdienst in die Botschaft eilten. Wie sehr stimmten wir in das Gebet des Pfarrers ein: «Herr, laß Licht werden in unseren Häusern!» Als wir heimkamen, war der Schaden behoben, und das Licht brannte. Es gab keine huschenden Schritte mehr an diesem Abend; doch als wir am Morgen ins Bad gingen, lag mitten im Raum ein frisches Stück rosa Lux-Seife, das ganz feine Spuren von Nagezähnchen trug. Adelgunde hatte es irgendwo gestohlen und uns – offenbar als Dank für unsere Gastfreundschaft – als Weihnachtsgeschenk offeriert.

In jenen Jahren entwickelte sich eine Beziehung, die meinen späteren Weg beeinflussen, ja formen sollte: Ich hatte mich seit langem mit der Poesie Muhammad Iqbals, des «geistigen Vaters von Pakistan», befaßt und 1957 eine deutsche Nachdichtung seines großen persischen Epos, des *Jâvîdnâme*, veröffentlicht, das des Dichters Himmelsreise in Begleitung Maulana Rumis besingt und ein Schlüsselwerk für das Verständnis von Iqbals dynamischer Religionsphilosophie ist. Meine türkischen Freunde bedrängten mich immer mehr, nachdem ich zahlreiche Vorträge über Iqbal gehalten hatte, doch das *Jâvîdnâme* auch ins Türkische zu übertragen. Daß das nicht in poetischer Form geschehen konnte, war klar; aber weil das Werk so vielschichtig ist, beschloß ich, einen Kommentar dazu zu schreiben. Der eigentliche Initiator des Projekts, der frühere Kultusminister Hasan-Ali Yücel, war immer bereit, mir mit Rat und Tat beizustehen. Da die Werke Iqbals damals noch nicht in Ankara zu finden waren, konnte ich meine Exzerpte aus seinen Schriften in der überreichen Bibliothek von Kâzim Gülek machen, der in jenen Jahren eine wichtige politische Rolle spielte. Daß ich in Hasan-Ali Yücels Haus auch Mahmud Makal traf, einen Lehrer an einem *Köy Enstitüsü* (Dorf-Institut) und Verfasser des Büchleins *Bizim Köy*, «Unser Dorf», sei nur am Rande erwähnt; ich las ergriffen das schmale Bändchen, in dem das Elend, die Rückständigkeit und die Kümmernisse eines abgelegenen anatolischen Dorfes in knapper, klarer und gerade deshalb so erschütternder Weise geschildert werden. Daß Verfasser und Buch von gewissen Kreisen stark angefeindet wurden, ist klar – zu unwahrscheinlich schien solches Elend in einem Land, das sich doch mit allen Kräften bemühte, modern zu werden.

Hasan-Ali Yücel, nicht nur am sozialen Fortschritt interessiert, sondern auch Verfasser schöner Gedichte zu Ehren Maulana Rumis, sorgte dafür, daß das große Werk als *Cavidname* gedruckt wurde und 1958 erschien. Es war ein Erfolg; noch im Jahre 2000 erschien ein weiterer Nachdruck. Das schönste Echo aber war für mich ein langer Brief eines *garson*, «Kellner», aus Ostanatolien, der in Iqbals Werk eine Vorstellung vom Islam fand, die seinen Träumen entsprach und der mir in rührenden Worten dankte. Mein geistiger Weg führte nun aus der Türkei nach Indo-Pakistan.

Natürlich kam ich auch nach meinem Ausscheiden aus der Fakultät 1959 immer wieder in die Türkei, und 1996 wurde mir der Orden für Verdienste um Kunst und Wissenschaft verliehen. Präsident Demirel versuchte, ihn mir auf der Brust zu befestigen; ich konnte es nicht vermeiden, daran zu denken, daß sein Name ja «Eisenhand» bedeutet.

Konya – die Stadt Maulana Rumis

Achtzehn ist die heilige Zahl der Mevlevis, der Tanzenden Derwische, denn das Eingangsgedicht von Maulana Dschelaladdin Rumis großem Lehrgedicht, dem *Mathnawi*, hat achtzehn Verse.

Zweimal achtzehn Jahre vergingen zwischen meinem ersten Besuch in Konya und dem vorläufig letzten im Herbst 1988, als ich zur Entgegennahme eines Ehrendoktorats der Selcuk Üniversitesi nach vielen Jahren die Stadt wiedersah, die einstmals fast Heimat in der Türkei für mich gewesen war. Wie hatte Maulana gesungen:

> Komm in unser Haus, Geliebter,   kurze Zeit!
> Und belebe unsere Seele   kurze Zeit! . . .
> Daß der Himmel sehen möge   mitternachts
> Eine klare Sonne strahlen   kurze Zeit,
> Daß von Konya aus erstrahle   Liebes-Licht
> Bis Samarkand und Buchara   kurze Zeit.

Da ich schon als Studentin Maulanas Gedichte geliebt und übersetzt hatte, schien es selbstverständlich, daß ich bei meinem ersten Aufenthalt in der Türkei unbedingt nach Konya wollte. Aber wie? Ich fragte deutsche Freunde, ob sie mich begleiten würden.
«Ja gerne, aber . . .»
Ich bat türkische Freunde, mit mir zu kommen.
«Ja mit Vergnügen, aber . . .» Und so war ich fast verzagt und klagte

meinen Kummer einer türkischen Bekannten, einer lieben, verständnisvollen Seele, die nahe der Istanbuler Universität wohnte. Sie sah mich an: «Aber Kind, das ist doch ganz einfach: Hazret-i Maulana will diese Leute nicht sehen. Er will dich allein sehen!» So rechnete ich all mein Geld zusammen und kaufte mir mutig eine Flugkarte nach Konya, einem Flugplatz, den es nur wenige Jahre gab. Ich fand ein einfaches sauberes Hotel in der Stadtmitte und ging zur *Yeşil Türbe*, zu dem Mausoleum Maulanas, dessen türkisfarbene, spitz zulaufende Kuppel von weitem leuchtete: ein kleiner verwilderter Garten, hinter dem Mausoleum Grabsteine treuer Anhänger des Meisters, alles wenig gepflegt, aber bewegend. Der damalige Museumsdirektor half mir mit Informationen weiter. Ich ließ mich durch die Stadt treiben, sah die zerfallene Burg, die gewaltige Alaeddin-Moschee, die schönen kleinen Medresen – alles in einer Art Trance. In der Nacht gab es ein schweres Gewitter, und am Morgen war die Stadt in Grün gehüllt. Der schwere Duft der Ölweide (*iğde*) erfüllte die Luft. Ich ging umher und begriff, warum in Maulanas Dichtung das plötzliche Erwachen des Frühlings, die Tränen der Wolke, der Hall des Donners, in dem der Dichter die Posaune der Auferstehung zu hören meinte, eine so große Rolle spielen. Man muß diese Verwandlung miterlebt haben, um zu verstehen, warum er immer wieder den Tanz der Zweige im Frühlingswind, die paradiesischen grünen Gewänder der Bäume und Sträucher besingt: Die ganze Natur stimmte in das Lob der Frühlingssonne ein, die der Welt neues Leben schenkte.

Ich wurde aus meinen Träumereien geweckt, als mir plötzlich ein Kollege aus Istanbul begegnete, der mich für den Rest des Tages unter seine Fittiche nahm und mit dem ich die Stadt nochmals durchwanderte – eine verschlafene Stadt mit, wie mir schien, liebenswerten Menschen, die die einsame Besucherin erstaunt, aber wohlwollend ansahen. Als ich am folgenden Tag die kleine Maschine bestieg, gerieten wir in ein solches Gewitter, daß ich schon fürchtete, das Flugzeug werde wie ein aufgespießter Schmetterling auf einem der nadelspitz scheinenden Felsen bei Afyon Karahisar enden. Aber Maulanas Segen brachte uns heil nach Istanbul, und bei dem abendlichen Empfang im Hause Professor Erdmanns, eines alten Bekannten aus meiner Berliner Studienzeit, wurde mein Abenteuer gebührend bewundert.

Das war der erste, unvergeßliche Besuch. Im folgenden Jahr, 1953, fuhr ich mit Ankaraer Freunden erstmals auf der Landstraße nach Konya, die ich im Laufe der folgenden Jahre so gut kennenlernen sollte; ja, man kannte damals eigentlich jeden Stein, wenn man von Ankara kam. Kurz vor Kilometer hundert standen zwei Bäume, dann gabelte sich die Straße. Die linke führte am großen Salzsee vorbei dem Taurus zu, während der Weg nach Konya nach weiteren sechzig Kilometern auf den Flecken Cihanbeyli stieß. Dort erquickte man sich – im Winter auf dem ungepflasterten Markt fast im Schlamm versinkend – für eine Viertelstunde, trank Tee oder Ayran. Nur noch hundert Kilometer: Die Straße war schnurgerade und verlockte zum Rasen, aber plötzlich auftauchende Schafherden und unberechenbar das Auto angreifende Wachhunde geboten Vorsicht. Dann, nach links abbiegend, überquerte man den letzten niedrigen Paß, und die weite Ebene Konyas tat sich auf. Man fühlte sich schon zu Hause, wenn zum ersten Mal die beiden Gipfel der erloschenen Vulkane im Süden der Stadt sichtbar wurden und von fern das Grün der Gärten zu erkennen war.

Der Weg, scheinbar so eintönig in der waldlosen, baumlosen, unendlichen, sanft hügeligen Hochebene war immer von neuem reizvoll. Manchmal war das ganze Land graubraun; Schafe, Steine, die flachen Lehmhäuser, gelegentlich ein Zug mit Salz beladener Kamele – alle waren gleichfarbig, einer unwirklichen Mondlandschaft zugehörig. Manchmal hoben sich die weißen Lämmchen, in Herden von den Mutterschafen getrennt, wie Frühlingsblumen von dem lichten Grün der Felder und Weiden ab; die fernen Berge waren durchsichtig blau, trugen vielleicht noch eine Schneekappe. Dann wieder brannte der Asphalt in der unbarmherzigen Mittagssonne und ließ seltsame Luftspiegelungen tanzen. Manchmal leuchtete der Hasan Dağ von jenseits des Salzsees im Abendlicht. Manchmal auch ließ ein Sonnenuntergang die Straße im schmelzenden Schnee zu einem amethystenen Band werden und verwandelte die Schafe in große Traumgeschöpfe, die sich zu den uralten Brunnen drängten, während die Hirten in ihren steifen breitschultrigen Filzmänteln ein schwaches Feuer zu entzünden suchten.

Die violetten Schafe
am Brunnenrand gedrängt,
ein Mond, der halb im Schlafe
weiß zwischen Wolken hängt,

Von feuchtbeschneiten Straßen
ein amethystnes Band, –
wie wir die Zeit vergaßen!
Wie Mond und Wolke schwand!

Aus Sternen wuchs der Reigen,
von ew'gem Wein berauscht.
Der Flöte Klang. Das Schweigen,
das Deinem Schweigen lauscht.

Jede Reise hatte ihre eigene Schönheit und ihre eigenen Abenteuer:
Der Motor des Autobusses konnte unterwegs seinen Geist aufgeben
und der Fahrer die Passagiere in einen vorüberkommenden, schon über-
vollen anderen Bus stecken (eine gute Gelegenheit, neue türkische Ausdrücke, vor allem Schimpfworte, zu lernen!). Der Bus konnte auch in
eine tiefe Schneewehe geraten oder im fetten Lehm einer Baustelle
steckenbleiben oder den Weg in einer Rekordzeit von viereinhalb Stunden zurücklegen – immer aber waren die Mitfahrer bereit, ihre Früchte
und ihr Brot mit dem fremden Gast zu teilen. In den Tagen vor dem
großen Fest, dem Todestag Maulana Rumis am 17. Dezember, brauste
der Autobus von der Begeisterung der Besucher, die, fromme Lieder
und Gebete rezitierend, aus allen Teilen der Türkei zum Grabe des
größten mystischen Sängers der islamischen Welt pilgerten.

Aber viele Reisende fuhren nur dienstlich nach Konya: Die aufstre-
bende, breit hingelagerte Stadt entwickelte sich von Jahr zu Jahr mehr
zu einem wirtschaftlichen Zentrum. Eine große Zuckerfabrik und
viele andere Fabriken wuchsen aus der Erde; neue Hotels, um den Ansturm der immer zahlreicher werdenden Touristen aufzunehmen, wurden geschaffen, die Denkmäler der seldschukischen Kunst wurden restauriert, und die Teppichhändler machten gute Geschäfte, ebenso wie
die Händler, bei denen man die typischen buntbemalten Konyaer
Holzlöffel erstehen konnte: Zu den Traditionen der Stadt gehörte das
kaşık oyunu, ein mit hölzernen Löffeln ausgeführter Tanz, und, im Zuge
der neuen Zeit, wurden die Löffel jetzt mit Porträts Maulanas, mit Bildern seines Mausoleums bemalt, Verse aus seinem Werk mehr oder
minder kunstreich gekritzelt. 1988 aber hatte sich Konya in eine Großstadt verwandelt; bei der Fahrt durch die Stadt kam ich mir eher wie in
den Bronx vor. Es war zum Weinen.

In jener frühen Zeit war Konya für mich nichts als die von Maulana
Rumis Versen durchflutete Stadt. Wenn sich die Landstraße der Stadt
näherte und man gedacht hatte:

Unsere Wüsten haben nicht Grenze noch Rand,
Unser Herz hat die Ruhe niemals gekannt,

sah man zur Rechten den Horozlu Han, eine verfallene Karawanserei der Seldschukenzeit (leider mit Hilfe der danebenliegenden Zementfabrik später wenig schön ausgebessert). Hier in Konya, dem alten Ikonium, hatten sich Schicht um Schicht die Völker der Antike überlagert; Höhlen mit Wandmalereien, die mehr als siebentausend Jahre alt waren, wurden in Çatalhüyük in der Konya-Ebene entdeckt; Griechen und Römer ließen sich dort nieder. Die Volkssage verbindet den Ort mit Plato, der als großer Magier erscheint und dessen Name das an einem Quell gelegene hethitische Heiligtum von Eflâtun Pınarı nahe dem Beyşehir-See trägt. Antike Marmorplatten, die man hin und wieder als Brunneneinfassungen in Konyaer Gärten sah, zeigten die Präsenz der Römer, und der Kirchenhistoriker erinnerte sich aus der Apostelgeschichte, wie Paulus nach seiner Auseinandersetzung mit den Bewohnern der Stadt Ikonium den Staub von den Füßen schüttelte und weiterzog gen Lystra. Doch hat es wohl immer eine bedeutende christliche Gemeinde in Konya gegeben: Denn Kappadokien, die Heimat der großen, von tiefem mystischen Glauben durchdrungenen Väter der Ostkirche, wie Gregor von Nyssa und Gregor von Nazianz, lag nur wenige (antike) Tagesreisen entfernt. Diese Gemeinden bestanden fort: Die christlichen Höhlen bei dem zwischen Konya und Beyşehir liegenden Sile mit ihren interessanten Wandmalereien und die verlassene griechisch-orthodoxe Kirche des kleinen Ortes zeigen diese Einflüsse und Traditionen. Als die türkischen Seldschuken 1071 die Byzantiner bei Mantzikert geschlagen hatten und nach Anatolien vordrangen, wurde Konya ihr Zentrum. Die wohlhabende Stadt zog viele Gelehrte und Künstler an, vor allem, als der Mongolensturm seit 1220 die östlichen Gebiete der islamischen Welt verwüstete. Der Einfluß ostiranischer, chorasanischer Frommer, die vor den Horden Dschingis Khans flüchteten, ist aus der kleinen Geschichte zu erkennen, die den Namen Konyas erklären soll: Zwei chorasanische Heilige kamen schwebend und fliegend langsam über Iran nach Anatolien. Sie sahen die grüne Konya-Ebene vor sich und beschlossen, sich dort niederzulassen. «*Konalım mı?*» («Sollen wir uns niederlassen?»), fragte der eine, und der andere nickte: «*Kon ya!*» («Laß dich doch nieder!») Und so erhielt die Stadt ihren Namen.

Unter denen, die aus dem Osten kamen, war auch Maulana Dschelaladdin Rumi, ein Jüngling, dessen Vater, ein berühmter Gelehrter, die Familie aus Balch durch die zentralen islamischen Gebiete nach Anatolien geführt hatte. Die Familie ließ sich in Laranda-Karaman nieder, bis

sie 1228 nach Konya gerufen wurde, wo der Vater 1231 starb und sein
Sohn ihm auf dem Lehrstuhl für islamische Theologie in einer der zahlreichen theologischen Schulen (Medresen) nachfolgte. Hier in Konya
wurde er von mystischer Liebe zu dem Wanderderwisch Schams-i Tabrizi ergriffen, einer Liebe, die aus dem gelehrten Professor den eksta-
tischsten Dichter der islamischen Welt machte: Nahezu vierzigtausend
lyrische Verse, das über fünfundzwanzigtausend Verse umfassende Lehrgedicht, das *Mathnawi* («Doppelverse») und eine Reihe von Prosaschrif-
ten entstanden in Konya zwischen 1244, dem Jahr der Verzückung, und
1273, Maulanas Todesjahr.

Bevor der Autobus die Stadt erreichte, fuhr er an einem alten Friedhof
vorbei: Halbversunkene Grabsteine, ein paar kleine Mausoleen, ein
großes schlichtes Grabmal in Form einer Gebetsnische, erbaut für eine
seldschukische Prinzessin, gemahnten den Besucher daran, daß sich die
islamische Mystik aus der Meditation jener Koranverse entwickelte, die
die Vergänglichkeit alles Irdischen betonen, der die Unvergänglichkeit
des Allmächtigen gegenübersteht. Maulana selbst hatte das Geheimnis
des «mystischen Todes», des Verbrennens des Falters in der Flamme, das
«Stirb und werde» in unzähligen Versen besungen. Denn für ihn, wie für
die Mystiker allgemein, war der Tod «die Brücke, die den Liebenden
zum Geliebten führt», nachdem die irdischen Hüllen abgeschüttelt sind
wie ein bunter Flickenrock.

Dann wand sich der Bus durch die engen Straßen, und plötzlich erschien die Alaeddin-Moschee, stolz und ernst auf dem Burghügel erbaut. 1220 errichtete Sultan Alaeddin Kaykobad sie, jener Herrscher, der
den Flüchtlingen aus dem Osten eine neue Heimat gab. Zu seiner Zeit
reichte die Macht der Seldschuken bis ans Mittelmeer; die Werft von
Alanya zeugt noch davon. Barbarossa hatte auf seinem Weg zum Heiligen Lande hier im Frühjahr 1190 die Gastfreundschaft der Seldschuken
genossen; 1236 erreichten Franziskaner die Stadt, um mit Alaeddin Kaykobad religiöse Diskussionen zu führen (es war ja die Zeit, da die Franziskaner Möglichkeiten der Verbindung der Kirche mit den Mongolen
erkundeten und wenig später bis nach Zentralasien vordrangen). Han-
del und Wandel blühten; die jährlichen Einnahmen des Staates betrugen
in jenen Jahren mehr als dreihunderttausend Goldstücke. Von der gewaltigen Festung, die ursprünglich den ganzen Alaeddin-Hügel be-
deckte, steht heute nur noch ein kümmerlicher Rest; als Helmuth von
Moltke Konya 1838 besuchte, sah er noch die Umfassungsmauern. Die

Reliefs, jetzt in der Ince Minareli Medrese zu Füßen des Hügels im Museum aufbewahrt, lassen ahnen, wie wunderbar die Festung und ihre Tore geschmückt gewesen sein müssen: Große Engelsgestalten, Falkner, Tierkämpfe und überaus kunstreiche Inschriften gibt es dort.

Die Moschee aber, deren Halle Raum für viertausend Beter bietet, steht noch unversehrt: ein unregelmäßiger Bau aus gelbem Sandstein, überragt von einer konischen Spitze, die das Mausoleum der Fürsten überdeckt. Die Unregelmäßigkeiten des Inneren – verschiedene Säulen, leichte Drehung der Achse, wie sie durch An- und Umbauten verursacht wurden – fallen beim ersten Blick kaum auf, denn man betrachtet die ungezählten bunten Teppiche und Kelims, die den Boden bedecken und deren schönste vor der großen Gebetsnische liegen, die das im dreizehnten Jahrhundert weithin übliche dunkeltürkisgrüne Fliesenmosaik aufweist. Der daneben stehende hohe Predigtstuhl (*minbar*) ist ein Meisterwerk der Holzschnitzerei: Aus dem dunklen Walnußholz erheben sich Sterne und Rosetten, in geometrischen Mustern zu einem großen, geheimnisvollen System zusammengefaßt, und eine einfache, schöne arabische Inschrift im kufischen Duktus umgibt die Ränder. Wie oft mochte Maulana hierher gekommen sein, um sein Gebet zu verrichten! Sein Schatten schien die ernste Stätte zu beleben, war er doch der große Beter, der von sich sagen konnte:

> Ich ward ganz zum Gebete, so viel hab' ich gefleht –
> Wer immer mich erblicket, der bittet um ein Gebet!

In einer zugemauerten Wandnische befindet sich ein in rosenduftende Seidentücher eingehülltes Kästchen, das die kostbarste Reliquie, ein Haar des Propheten, enthält. Wir waren Zeugen, als die Nische in den späten fünfziger Jahren erstmals geöffnet wurde.

Zu Füßen des Burghügels liegen die beiden seldschukischen Medresen, die zu Maulanas Lebzeiten erbaut wurden; die Karatay Medrese (1251), die sein Freund, der Minister Dschelaleddin Karatay, errichtete, und die Ince Minareli, sieben Jahre später erbaut, in dem für die islamische Welt so schicksalsschweren Jahr 1258, als die Mongolen unter Hulagu Bagdad einnahmen und den letzten Kalifen des seit 750 regierenden Abbasidenhauses töteten. Schon kurz zuvor, am 25. November 1256, hatten mongolische Soldaten Konya belagert, wovon Maulana in einem seltsamen visionären Gedicht Kunde gibt; aber, so heißt es, seine Segenskraft hatte die Heere ferngehalten.

Bei der Ince Minareli, die vor Jahrzehnten die Spitze ihres hohen,
schlanken (*ince*) Minaretts durch Blitzschlag verloren hat, ist es das Portal, das den Betrachter fasziniert: Es dürfte das erste religiöse Bauwerk
Anatoliens sein, dessen Tor mit einer großen verknoteten Inschrift in
der kursiven Form der arabischen Schrift umgeben ist; vorher war das
steile und durch tausenderlei Raffinesse emporstilisierte Kufi für
Bauepigraphik verwendet worden.

Während die Kuppel der Ince Minareli im Innern schlicht ist – wenige türkisfarbene Ziegel unterbrechen das einfache graubraune Ziegelwerk –, ist die Kuppel der nahegelegenen Karatay Medrese für mich der
vollkommenste Ausdruck mystischer Frömmigkeit. Vieles von dem
Fliesenschmuck der Wände ist abgefallen, doch ahnt man, wie das vornehmlich türkisgrüne Innere früher gewirkt haben muß: Daß die Medrese jetzt als Keramikmuseum dient, wo die Grabungsfunde aus dem
Seldschukenschloß von Beyşehir, Kobadabad, ausgestellt sind, ist eine
ausgezeichnete Idee.

Das Schönste an der Karatay Medrese ist die Kuppel über dem Zen-
tralraum: In den vier Ecken wird die Überleitung vom Quadrat zur
Kuppel durch jeweils fünf sogenannte «türkische Dreiecke» gewonnen,
die, sich nach oben verbreiternd, den Raum in ein Vierundzwanzigeck
verwandeln. Auf ihnen sind in türkis und schwarz glasierten Fliesen die
Namen des Propheten Muhammad, seiner ersten vier Nachfolger (der
«rechtgeleiteten Kalifen») und die Namen einiger anderer koranischer
Propheten in quadratischem Kufi zu finden: Nur das Auge des Einge-
weihten erkennt sie. Auf dem Rande des Tamburs folgt eine außerordentlich komplizierte koranische Inschrift, in der das verästelte, verkno-
tete Kufi seinen Höhepunkt erreicht zu haben scheint; darüber erheben
sich in der Kuppelwölbung Sterne – große und kleine, bis zu vierund-
zwanzigstrahlige Gebilde –, die in geheimnisvoller Weise miteinander
verbunden sind und das Auge des Betrachters zu der kleinen Öffnung
im Apex ziehen, durch die nachts die wirklichen Sterne beobachtet
werden können, die sich dann wiederum in dem kleinen Wasserbecken
in der Mitte des Raums spiegeln. Der Sternenreigen, der, wie man sagt,
ein Vorbild für den mystischen Reigen der Mevlevis bildet, ist hier für
einen Augenblick erstarrt. Für mich drückt diese Kuppel besser als jeder
Kommentar den Charakter von Rumis *Mathnawi* aus, das wenige Jahre
nach Vollendung dieser Medrese begonnen wurde: Fest gegründet in
der islamischen Tradition und in den Worten des Korans (die, ebenso
wie die verschlungenen Buchstaben der Inschrift, immer wieder neu

erscheinen), wird der Sinn, das Herz, durch Zentralthemen und unlösbar mit ihnen und in sie verknüpfte Abschweifungen, kleinere «Sterne», in wachsendem Staunen hinaufgezogen zu der göttlichen Wahrheit, die sich dann wiederum geheimnisvoll in jenem wasserklaren Spiegel zeigen kann, als den die Sufis das Herz bezeichnen. Was könnte man dem mondschönen Geliebten anderes als Geschenk bringen als einen Spiegel, in dem er sich selbst betrachten kann?

Seit ich zum ersten Mal in Konya war, sah ich diese Stadt durch Maulanas Verse, las seine Gedichte als unlösbar mit der Stadt, ihren Moscheen, Medresen, Gärten verbunden – so sehr sie auch jede zeitliche und räumliche Beschränkung überwinden, um sich immer wieder zum Quell der ewigen Liebe, zu der alles wärmenden, aber auch alles verbrennenden Sonne der Liebe hinaufzuschwingen. Aber würde ich je den Reigen der Derwische sehen, den frühere Reisende beschrieben, Maler dargestellt hatten? Es schien völlig ausgeschlossen, denn seit 1925 war jede Tätigkeit mystischer Bruderschaften in der Türkei verboten, waren alle *tekke* (Derwischkonvente) geschlossen. Nur noch die Erinnerung war lebendig.

Doch im November 1954, als ich gerade in der Ilâhiyat Fakültesi in Ankara meinen Lehrstuhl übernommen hatte, kam ein Brief ins Haus. Man plane, zum Todestage Maulanas eine Feier in Konya zu veranstalten: Wollte und könnte ich wohl eine Rede halten? Und ob ich wollte und konnte! Nur, so fragte ich zurück, dürfte ich Mama mitbringen? Aber selbstverständlich! Die Gnädige Frau Erzeugerin (*Valide Hanım*) sei herzlich willkommen. So bereiteten wir uns vor, und die Vorfreude ließ mich im Traum einen herrlichen Derwischreigen sehen. Ich erzählte den Traum meinem guten Freund, Hafiz Sabri, der, im Hauptberuf höherer Beamter in einem Ministerium, an unserer Fakultät Koranrezitation lehrte. Hafiz Sabri lächelte. «*İnşallah hayır*», sagte er, «So Gott will, bedeutet es etwas Gutes!». «Ich werde auch da sein», fügte er hinzu.

An einem graunassen Dezembertag bestiegen wir den Autobus und gingen in Konya zum Maulana Müzesi, wo im Direktorenzimmer Mehmet Önder mit einigen Herren saß. Wir wurden herzlich empfangen und zu unseren Gastgebern geleitet, einer begüterten Familie, in deren weiträumigem Haus wir uns gleich wohlfühlten. Da die älteste Tochter in wenigen Tagen heiraten sollte, durften wir die Aussteuer bewundern und erfuhren, daß es Sitte war, jedem Mitglied des Haushaltes eine vollständige Garnitur Kleider zu schenken. Alles war mit Liebe ausgewählt, und Elmas, das kleine *evlatlık*, ein Mädchen, das, ins Haus aufgenommen, als Hilfe und Spielgefährtin der Kinder mit aufwuchs, strahlte schon in Vorfreude auf das Fest.

Abends gegen neun oder zehn Uhr erschienen Männer, die uns in ein Auto luden und in die Innenstadt fuhren, wo wir in einem weiten, fast völlig leeren Haus eine größere Anzahl von älteren Herren sahen, die geheimnisvolle Pakete öffneten, aus denen Rohrflöten, Trommeln und – ich traute meinen Augen nicht – die hohen Filzkappen der Mevlevi-Derwische hervorgeholt wurden. Während wir auf den beiden einzigen Sesseln des Hauses thronten, begannen die Männer, zu musizieren und zu singen, und dann entwickelte sich der mystische Reigen (*sema*): das dreimalige langsame Schreiten und die Begrüßung des Scheichs, dann, mit dem zunehmend schnelleren Rhythmus der Instrumente, das Drehen, die rechte Hand gen Himmel geöffnet, die linke erdwärts weisend, um die Gnade zu empfangen und zur Erde zu leiten. Die Derwische, die aus Ankara, Konya, Afyon und anderen Städten gekommen waren, hatten seit fast dreißig Jahren die Zeremonien nicht mehr gemeinsam halten können. Es war eine überwältigende Erfahrung, sie zu sehen, wie sie in dem Reigen wieder zu den Wurzeln ihrer religiösen Tradition zurückgingen, sich der Musik, dem sehnsüchtigen Klang der Rohrflöte, den Stimmen, die Maulanas Verse sangen, hingaben. Träumten wir, oder war es Wirklichkeit? Hafiz Sabri lächelte wieder. «Sehen Sie, Ihr Traum hat sich erfüllt», sagte er und war sicher ebenso glücklich wie wir.

Am folgenden Tag begann die Pflicht: Vorträge in Schulen und im Lehrerinnenseminar, dann wieder Moscheebesuch, wieder Reden, und stets wurden wir von liebenswürdigen Herren begleitet, sahen den Bazar der Goldschmiede, wo Maulana einstmals den Goldschmied Salaheddin zum Reigen gezogen hatte, hingerissen vom silbernen Hämmern der Handwerker. Da waren die Medresen, die osmanische Moschee neben Maulanas Türbe, und immer wieder das Mausoleum selbst, dessen um den Hof geordnete Zellen später in ein kleines Museum umgewandelt werden sollten. Jetzt lebte noch der uralte Mehmet Dede darin, der von Atatürk besondere Erlaubnis erhalten hatte, in seiner Zelle zu bleiben. Die Bibliothek des Mausoleums barg Schätze, und in der großen Küche konnte man sich vorstellen, wie die jungen Leute, die Mevlevi werden wollten, tausendundeinen Tag Küchendienst verrichten mußten, Stufe um Stufe aufsteigend, wobei sie gleichzeitig die Verse des *Mathnawi* studierten, in Musik unterwiesen wurden und den Wirbeltanz lernen mußten. Wir sahen auch dies: Im Holzboden steckten große Nägel, deren einen der Adept zwischen die beiden ersten Zehen des linken Fußes steckte, um sich dann, in täglich zunehmendem Maße, gegen den Uhrzeigersinn um die eigene Achse zu drehen – bis er imstande war, die sich lange hinziehende Zeremonie ohne Schwindelgefühl durchzuhalten und beim Aufhören der Musik sofort wieder unbeweglich an seinem Platze zu stehen.

Am dritten Tag war das eigentliche Fest: Der Kinosaal, in dem wir uns versammelten, war übervoll; Honoratioren waren aus Istanbul und Ankara gekommen, so der damalige Kultusminister Tevfik Ileri mit seiner Frau; Samiha Ayverdi und ihr Kreis waren aus Istanbul herbeigeeilt. Ich war aufgeregt, die türkische Festrede über Maulanas Einfluß auf westliche Literaturen halten zu müssen (oder zu dürfen). Alles ging gut (es war mein achter Vortrag in drei Tagen), und dann begann der Reigen: Hafiz Sabri sang das Prophetenlied, mit dem jeder *sema* eingeleitet wird. Nach der dreifachen Umkreisung warfen die Derwische ihre schwarzen Übermäntel ab und erschienen in ihren weißen Tanzgewändern, die sich im Wirbeltanz fast waagerecht ausbreiteten. Der eine war in wirklicher Ekstase, sich in unvorstellbarem Tempo drehend, andere gaben sich völlig dem Rhythmus der Trommeln, kleinen Violinen und Rohrflöten hin, bis jene – nicht immer – gesungene türkische Schlußzeile *Dinle sözümü* ... erklang, ein Vers, in dem in immer rascherem Tempo der *sema* als Seelenspeise gepriesen wird. Dann plötzlicher Schluß; die Derwische warfen die schwarzen Mäntel um, kehrten gewissermaßen aus dem lichtvollen Auferstehungsleib wieder zur Erde zurück und sprachen das gemeinsame Gebet, immer endend mit dem tiefen *Hû*, «Er».

Wir verstanden, daß Rückert recht hatte, wenn er eines seiner schönsten Rumi-Gedichte mit dem Vers schließt:

> Wer die Kraft des Reigens kennet, lebt in Gott,
> Denn er weiß, wie Liebe tötet – Allah Hû!

In dieser Nacht schliefen wir kaum ...

Am nächsten Morgen, als wir gerade abreisen wollten, wurden wir nochmals ins Mausoleum gebeten, wo der Reigen gefilmt werden sollte: zum ersten (und einzigen) Mal seit 1925. Wir wurden freudig begrüßt, und meine Rede vom Vortag brachte mir viele Hand- und andere Küsse ein; selbst der uralte Mehmet Dede schloß mich in die Arme, was mich tief rührte. Dann noch einmal der Reigen an der Stelle, wo er eigentlich hingehört. Doch der Film wurde durch ein merkwürdiges Mißgeschick zerstört.

Wir wurden im Omnibus der Abgeordneten nach Ankara mitgenommen, und von jener Zeit an gehörte ich in gewisser Weise zu den Mevlevis, sah den Reigen wieder und wieder (und bemerkte auch bekümmert, daß die alten Sitten nicht mehr so streng gepflegt werden). Denn wer den Reigen nur als «Sufi-Tanz» lernt, ihn ohne jene Jahre der Unterweisung in der Auslegung des *Mathnawi*, ohne Kenntnis der Originalsprache, ohne das «Gekochtwerden» von tausendundeinem Tag ausführt, dem wird doch eine Dimension dieses Rituals verschlossen bleiben, das nicht Maulana selbst, sondern sein Sohn und zweiter Nachfolger, Sultan Veled, organisiert hat. Trotzdem entzückte und entzückt mich die Musik, das wunderbar aufgebaute Kunstwerk, immer von neuem, und wenn Kâni Karacas gewaltige Stimme das Prophetenloblied singt, sind die alten Tage von Konya und Ankara wieder ganz lebendig.

Im Laufe der nächsten Jahre wurde das Museum in der Yeşil Türbe verschönert und erweitert, die seldschukischen Bauten wurden repariert, so daß Konya dank der Aktivitäten Mehmet Önders immer anziehender wurde. Für uns blieb es der Ort, wo man nicht nur Maulana besuchen konnte, sondern auch bei dem Grab seines mystischen Freundes und ersten Inspirators, Schams-i Tabrizi, anhielt. Daneben lag ein alter Brunnen, in den, wie berichtet wird, die eifersüchtigen Jünger Maulanas Schams geworfen haben sollen, nachdem sie ihn in einer Dezembernacht aus dem Hause Maulanas (dessen Lage bekannt ist) gerufen und getötet hatten. Ein großes Grab mit eilig darüber gestrichenem Gips aus der Seldschukenzeit entdeckte Mehmet Önder bei Reparaturarbeiten dort, und so wurde die oft als Fabel verstandene Geschichte verifiziert. Ja, man *mußte* dieses Mausoleum besuchen, sonst würde der reizbare, überwältigende Schams ärgerlich werden.

Manchmal besuchten wir auch das Grab eines anderen Zeitgenossen Maulanas; das war Sadreddin Konavi, der kurz nach ihm, 1274, starb. Er war der Stiefsohn und Kommentator des aus Spanien gebürtigen Ibn 'Arabi, der 1240 in Damaskus starb und dessen gewaltiges theosophisches System die islamische Mystik bis heute beeinflußt. Maulana zog die leidenschaftliche Musik, die Liebe, dem systematischen Gedankenbau seines Konyaer Nachbarn vor: Schlägt nicht die Liebe den Verstand mit der Keule auf den Kopf, so daß er dann dasitzt und Laute spielt? Trotzdem waren die beiden Männer in Freundschaft verbunden; manchmal meint man, im *Mathnawi* ein Echo von Gesprächen der beiden Mystiker zu hören. Sadreddins Grab ist offen, dem Wind und der Sonne ausgesetzt, und nur wenige erweisen ihm die Ehre eines Besuchs.

Konya hat noch andere Facetten. Die köstliche Küche der Stadt zu rühmen wäre ein ganzes Buch wert, ob es nun Fleischgerichte oder Süßspeisen waren, und unsere Konyaer Freunde fanden immer neue Köstlichkeiten, um die aus dem schlecht versorgten Ankara kommenden Freunde zu verwöhnen. In Meram stand damals noch das Wasserrad, dessen Klang Maulana zu Gedichten angeregt hatte, und eine Fahrt mit einer der lustigen bunten Pferdedroschken war immer ein Vergnügen.

Ein besonderer Anziehungspunkt war ein altes, baufällig wirkendes Haus mitten in der Altstadt. Wenn das junge Hausmädchen in seinen dunkelblauen weiten Hosen die schwere Tür öffnete, war man sofort verzaubert, denn jede Ecke, jede Wand war bedeckt mit Gebetsteppichen, und das kleine Zimmer, in dem wir zu sitzen pflegten, enthielt sicher ein Dutzend feinster anatolischer Teppiche: Da war der Ladik mit dem typischen Motiv von drei oder fünf Tulpen an der Schmalseite des – meist rotgrundigen – Mittelfeldes, hier ein feingeknüpfter dunkler Gördes, dort ein gelblicher Kulu mit nicht weniger als neunzehn verschiedenen schmalen Randbordüren; dort wieder ein Gebetsteppich, in dem nicht nur, wie häufig, eine Moscheelampe dargestellt war, sondern auch die zur Waschung nötigen spitztülligen Kannen. Wie hieß noch das Rätsel, dessen Auflösung «Teppich» lautet? «Alle Arten Blumen wachsen, deren Wurzel ich in der Hand halte.»

Izzet Koyunoğlu, der Besitzer dieser Schätze, wußte über jedes Stück etwas zu erzählen. Der Eisenofen, dessen Rohr durch dieses Zimmer ging, glühte an kalten Winterabenden. Ich stand immer Ängste aus, wenn ich an das völlig ungesicherte Gebäude aus Holz und Lehm dachte, das von einem Funken hätte zerstört werden können. Während der Kaffee gebracht wurde, griff Izzet Bey in einen Bücherschrank: «Das sind nur einige besonders hübsche Sachen», sagte er und reichte mir eine Handschrift des türkischen *Divan* des usbekischen Fürsten Ubaidi, dann ein Inventar der Ausgaben bei der Hochzeit einer osmanischen Sultanstochter, dann wieder Werke über byzantinische Musik oder eine persische Handschrift mit Miniaturen: Seine Sammlung umfaßte, wie er sagte, zehntausend arabische, persische und türkische Manuskripte, darunter Autographen berühmter Literaten und prächtige Kalligraphien.

Aus einem anderen Schrank quollen Rosenkränze von unvergleichlicher Schönheit – dieser aus Bergkristall, jener aus Koralle, hier ein schlichter brauner aus edlem Holz, dort einer aus Kamelzähnen; Türkise und Achate waren darunter und andere Gebetsketten aus großen mattschimmernden Perlmuttkugeln, aus glattem Elfenbein oder aus dornigen Früchten. Man konnte sich nicht satt sehen und dachte daran, durch wessen Hände die Schnüre wohl geglitten sein mochten, welche Lippen die neunundneunzig schönsten Namen Gottes gemurmelt, die Formeln des Glaubensbekenntnisses oder des Segens über den Propheten gezählt hatten.

Eine diamantene Helmzier blitzte im Dunkel des Nachbarraumes; gebogene Säbel und damaszierte Schwerter lehnten in den Ecken; Stickereien auf Leinen und Seide, hauchzarte Blütengärten auf leichten Baumwolltüchern gestickt, golddurchwirkte Samte aus Bursa, Batisttücher, die unter der Last der schweren Goldstickerei zerrissen waren, lagen unter einem weißen Leinentuch; und manchmal, wenn wir mit Freunden bei Izzet Bey saßen, durfte ich eines der farbenprächtigen alten Kostüme anziehen: helle Seidenhosen und violette oder rote Samtmäntel oder Jäckchen mit Goldstickerei, gestreifte oder rosendurchwirkte Seidenmäntel. Wenn ich dann schweren Herzens wieder in europäisch nüchterne Kleider zurückgekehrt war, gab es andere Dinge zu sehen: persische Silbervasen, Schalen und Vasen aus Iznik, dem Zentrum klassischer osmanischer Porzellane, und wieder neue Manuskripte. Manchmal kam auch ein Stück echten europäischen Kitsches zum Vorschein.

Amerikanische Sammler hatten Izzet Bey, der diese Schätze in Jahrzehnten seiner Tätigkeit als Eisenbahninspektor in ganz Anatolien gesammelt hatte, bereits damals mehrere Millionen Dollar für sie geboten. Doch er hatte beschlossen, die Schätze seiner Heimatstadt Konya zu überlassen, unter der Bedingung, daß ein würdiges Museum erbaut würde – noch warten wir darauf. Wenn wir uns schließlich, berauscht von den schönen Dingen, dankend verabschiedeten, so gab es noch ein großes, ach so hartes Stück Zuckerwerk, das uns viel Segen bringen sollte.

Immer wieder rief dann die Pflicht zurück, klang die Karawanenglocke, denn im Zentrum von Maulanas Dichtung steht der Gedanke der ständigen Bewegung, der Aufwärtsentwicklung, des niemals rastenden Aufstiegs in die Nähe der göttlichen Wirklichkeit, so wie er dann singt:

Unser Ruf ist wie die Karawanenglocke
Oder Donner, wenn die schwere Wolke zieht:
Wandrer, lege nicht das Herz auf einen Rastort,
Daß du müde bist, wenn es dich weiter zieht!

Aber Konya hatte auch ein lebendiges Herz – das war Ismail, der für uns
die Verkörperung aller Ideale Maulanas war.

Mein Bruder Ismail

Ismail stand strahlend an unserer Tür. «Also dann auf Wiedersehen in
Deutschland im Sommer!» sagten wir. «Inschallah! Und denken Sie sich,
von meiner Familie hat keiner geweint, als ich fortging; alle waren so
glücklich, daß ich endlich nach Deutschland komme!» Er drehte sich
noch einmal um, und wir winkten ihm nach, bis er im Nebel dieses un-
freundlichen Ankaraer Februartages 1959 verschwand – jenes Tages, in
dessen Nacht die Maschine von Adnan Menderes abstürzen sollte.

Der Wunsch, Deutschland zu sehen, war seit Jahren in Ismail lebendig. Er lernte eifrig deutsche Vokabeln, von «Sperling» bis «Mülleimer»;
aber wir hatten immer gezögert, ihm eine Arbeitsmöglichkeit zu suchen, weil wir fürchteten, die Umstellung aus der Konyaer Heimat, aus
der fast mittelalterlichen Enge seiner Schreinerwerkstatt, in der er gute,
solide Möbel anfertigte, in den hochtechnisierten Betrieb einer deutschen Fabrik würde für ihn anstrengend sein, würde sein klares Weltbild, sein empfindsames Herz zu sehr erschüttern.

Denn Ismail war einer jener Menschen, in denen sich das Ideal des
Derwischs so vollkommen verkörperte, wie man es nur selten in der islamischen Welt trifft. Aus einer alten Konyaer Handwerkerfamilie stammend, hatte er von Kind an die Tradition der Mevlevis miterlebt. «Seit
dreihundert Jahren hat meine Familie die Tekke mit Fleisch beliefert»,
erzählte er einmal stolz. Er hatte das Glück, geistige Führer gefunden zu
haben, die ihn in die Tiefen der mystischen Poesie Maulana Rumis ein-
führten und ihm gleichzeitig die Welt der islamischen Kunst, vor allem
der Kalligraphie, eröffneten. So lernten wir ihn kennen.

Es war während der Gedenkfeiern zu Maulana Rumis Todestag am
17. Dezember 1954. Beim letzten Mittagessen stand plötzlich Ismail vor
uns (er war ein Verwandter unserer Gastgeber) und bot mir, als Ausdruck seines Dankes für meinen Vortrag, eine schön geschriebene Tafel
mit einem persischen mystischen Vierzeiler, datiert 1810, zum Ge-

schenk. Noch zögerte ich, sie anzunehmen, aber seine gewinnende Herzlichkeit, sein Lächeln und seine aufrichtige Freude machten es unmöglich, die Gabe zurückzuweisen. «Ich rahme es noch ein und bringe es dann nach Ankara!», versprach er – und ein paar Wochen später stand er vor uns, nicht nur mit der Schrifttafel (die bis heute mein Arbeitszimmer schmückt), sondern auch noch mit einem kunstvoll geknüpften kleinen Wandteppich mit einer religiösen Inschrift. In den ersten Monaten des Jahres 1955 sahen wir ihn oft in unserer Wohnung in Cebeci, wohin er Kelims und frische Konyaer Butter, köstliche Marmelade aus uns unbekannten Wildfrüchten und andere begehrenswerte Dinge trug. Wir wußten nicht, womit wir diese Verwöhnung verdienten, und erst im Laufe der Zeit begriffen wir, daß es für Ismail ein Lebensbedürfnis war, zu schenken und so seinen Dank auszudrücken an diejenigen, von denen er glaubte, seelisch und geistig beschenkt worden zu sein.

In jenem Spätwinter besuchten wir zum ersten Mal sein Haus in Konya, das uns in den kommenden Jahren eine wirkliche Heimat werden sollte: ein von außen hinter dicken Lehmmauern fast unsichtbares, bescheidenes Gebäude nicht allzu weit von der schönen Sahib Ata Medrese. Das Haus hatte zwei kleine Höfe, an deren Ende die Küche lag; einige Stufen führten zum Vorplatz und zu den beiden, durch einen viereckigen Flur verbundenen Zimmern. Das rechte war das Gästezimmer – gab es je ein gemütlicheres? Nur zu Ehren der europäischen Gäste waren einige Stühle aufgestellt; doch zogen wir meist die niedrigen Sitzkissen vor, die sich an den Wänden entlang zogen. Gut ausgewählte Teppiche bedeckten den Boden, hingen an den Wänden. Die Wandschränke mit ihren geschnitzten Türen enthielten nicht nur eine reiche Bibliothek, in der persische und türkische Werke über Mystik zusammen mit einer Reihe deutscher Grammatiken standen, sondern auch Kästen mit feinsten Handarbeiten, in denen Şükrüye, die unermüdliche Hausfrau, Meisterin war. Abends spät wurden unsere Betten aus der Wand geholt und auf dem Boden ausgebreitet. Wie köstlich schlief man dort, nachdem der Abend meist mit langen Gesprächen über Religion und Kunst vergangen war! Manchmal waren Freunde zu Gast: Jemand spielte die Rohrflöte, der Buchhändler sang uralte Derwischlieder; die Lampe warf sonderbare Muster an die schöne Decke aus Balken, zwischen denen die Rohrmatten sichtbar waren, und die Teegläser wurden wieder und wieder gefüllt. Ismail bereitete den Tee selbst, wie er überhaupt bei allen Hausarbeiten seiner Frau musterhaft zur Hand ging. «Er ist eigentlich ein Mädchen!» sagte seine Mutter zärtlich.

Seine Mutter, das war die Seele des Hauses. Ihr Reich war der Raum zur Linken des Flurs; hier saß die schwergliedrige Frau mit dem klaren Gesicht, unermüdlich beschäftigt, die kleinen Jungen unter Kontrolle zu halten, gleichzeitig Gemüse zu putzen oder *Dolma* zu bereiten und mit dem Fuß den Strick der Wiege zu bewegen, die an der Decke hing und in der das kleine Mädchen schlummerte – Binnur hieß das Kind, «Tausend Lichter». Die Mutter war eine der eindrucksvollsten Frauen, die mir in der Türkei – und nicht nur dort – begegnet sind: die Verkörperung jahrtausendealter bester Tradition und von einer Feinheit der Seele, des Empfindens, wie man sie selten trifft. Immer bereit zu trösten, Schutz zu gewähren, nie zu klagen. «Ich habe zehn Jungen geboren; nur der älteste und hier der kleinste sind am Leben geblieben», das sagte sie ohne Auflehnung gegen das Schicksal (wenig später starb der älteste plötzlich). Sie kam gern zu unseren Gesprächen und warf ab und zu ein kluges Wort in die Diskussion, während die junge Frau meist von der erschöpfenden Tagesarbeit zu müde geworden war, um sich noch viel über geistige Dinge zu unterhalten. Dafür war ihr das leibliche Wohl der Gäste anvertraut: Wo in der Türkei gab es wohlschmeckendere Suppen, köstlichere *Dolmas*, saftigere *Böreks* als bei ihr?

Ismails Haus in Konya blieb nicht lange nur *unser* Heim. Es fügte sich, daß in den nächsten Jahren eine Reihe von Gästen aus Europa zu uns nach Ankara kamen, und alle wollten das Zentrum der Mevlevis, das Grab Maulanas und die seldschukischen Bauten in der alten Stadt sehen. Nach kurzem Zögern überlegte ich, ob Ismail uns wohl bei der Unterbringung der Gäste behilflich sein könnte. Von da an wurde es Sitte, daß ich einfach schrieb: «Lieber Bruder, dann und dann kommen wir mit den oder jenen Freunden» oder auch nur «Meine Freundin X kommt mit dem und dem Bus». Dann konnten wir sicher sein, daß er an der Busstation stand, strahlend den neuen Besuch empfing und ihn entweder in seinem Hause oder in einem guten Hotel unterbrachte. Er war unübertrefflich im Quartierfinden; noch 1958 bei der Maulana-Feier, als viel mehr deutsche Gäste nach Ankara kamen, als wir erwartet hatten, brachte er es fertig, nicht nur für alle ein Schlafquartier zu finden, sondern auch allen die Teilnahme an der Feier zu ermöglichen; er selbst saß bescheiden hinter der Bühne und war glücklich, daß die Gäste zufrieden waren. Es machte ihm nichts aus, bei einer anderen Maulana-Feier, als wir bis vier Uhr morgens im Hause eines Freundes zusammengesessen, der Musik und der Rezitation gelauscht hatten, achtzehn Istanbuler Damen, deren Hotel inzwischen geschlossen hatte, mit nach Hause zu

nehmen, sie mit Tee zu erquicken und ihnen ein Nachtlager zu bereiten. Als die deutschen Besucher zahlreicher wurden, zimmerte er für
sein zweites Haus, das inmitten der Weingärten lag und während des
Sommers bewohnt wurde, zwei wunderschöne Betten aus kostbaren
Hölzern, damit die Besucher sich ja wohlfühlten.

In diesen Kreis traten nun die verschiedensten Freunde ein: ein Hamburger Schiffbauprofessor und ein Berliner Arzt, Friedrich Heiler und
sein Amsterdamer Kollege C.J. Bleeker, deutsche Studentengruppen und
türkische Dozenten, Professoren, Dichter, Künstler – jeder war willkommen, und jeder sagte nach wenigen Stunden, überwältigt von der Reinheit dieser Gastfreundschaft, von der tiefen, allumfassenden Liebe und
Frömmigkeit dieses Mannes: «Mein Bruder Ismail!»

Wir wollten nach Beyşehir? Ismail fand Wege dazu, und erst bei unseren letzten Ausflügen gelang es mir, mich wenigstens an den Taxi-
kosten zu beteiligen. An einem frischen Märztag besuchten wir in Kara-
man das Grab der Mutter Maulanas. Auf dem Rückweg ließen sich
Hunderte von Störchen, die aus dem Süden kamen, erschöpft auf der
Landstraße vor uns nieder (vergleicht das türkische Volksrätsel sie nicht
mit makellos weißgekleideten Mekkapilgern?). Könnte man die Ausflüge nach Sile und Meram, wo Maulana dem Klang der Wassermühle
gelauscht hatte, vergessen?

Immer wußte Ismail unsere Wünsche zu erraten. «Ihr möchtet *oyas*
haben?» Er wußte, wo man diese zarten, bunten Nadelspitzen, mit denen die Kopftücher umnäht wurden, am besten und am billigsten erhielt. «Einen Kelim? Aber sicher!» Entweder führte er uns zum Teppichhändler «Mustafa mit der dicken Lippe», oder er entdeckte unter seinen
Kelims einen, der «sicher noch besser in euer Haus paßt!» Die Religi-
onskundliche Sammlung in Marburg möchte einen Gebetsteppich haben? Ismail sandte sofort einen anmutigen Kelim als Geschenk nach
Deutschland. Und so gäbe es Beispiel über Beispiel seiner Großmut zu
berichten. Jeder in Konya kannte, liebte und schätzte ihn; sein Geschäft
ging recht gut, die drei Kinder wuchsen zu seiner Freude heran (davor
waren schon drei kleine gestorben). Der älteste, Mehmet Emin, lernte
neben der Schule, mit der er eben begonnen hatte, die arabische Schrift.

«Er soll später in Deutschland studieren!» sagte Ismail stolz, und bei
jedem deutschen Gast mußte der Kleine ein «Guten Tag, wie geht es Ihnen?» anbringen. Auch Ismail lernte eifrig die Sprache des Landes, dem
seine Sehnsucht galt, und schrieb rührende Karten an meine Mutter,
versuchte, all seinen Freunden in Europa mit deutschen Weihnachts-

glückwünschen eine Freude zu machen. Die innigste Verbindung bestand zwischen ihm und Hanns Meinke, dem Dichter, der 1956 mit seinem Sohn und seiner Schwiegertochter aus Berlin gekommen war, damit sich der Wunsch seines Lebens, ein Besuch bei Maulana, erfülle. Der alte Herr mit seinem langen Bart feierte seinen 72. Geburtstag in Konya, noch dazu am Şeker Bayramı! Er gewann die Herzen der Konyaer im Sturm, und all die Ghaselen, die er, Maulanas Poesie nachempfindend, in seinem Leben geschrieben hatte, erhielten für ihn in jenen Konyaer Tagen Leben. Später pflegte er in seiner schönen Kunstschrift seine Briefe und Verse an Ismail zu senden, der ihm und den Seinen jenen Tag so verschönert, mit Rohrflötenspiel und mystischen Liedern verzaubert hatte.

Durch den Kontakt mit so vielen Deutschen wuchs Ismails Sehnsucht, unser Land zu besuchen. Die Welt der Freunde zu sehen und gleichzeitig neue Methoden der Holzbearbeitung, neue Formen der Möbelherstellung zu erlernen, war sein Wunsch. Im Herbst 1958 bot sich ihm, wiederum durch deutsche Freunde, die Gelegenheit, und nach Erledigung seiner Aufträge fuhr er endlich überglücklich im Februar nach Lengerich, wo er sich dank der Fürsorge eines deutschen Bekannten gleich daheim fühlte. Er war glücklich in der kleinen Stadt und bei der Arbeit in einer Möbelfabrik; und das Glück war vollkommen, als Meinkes ihn zu Ostern nach Berlin einluden. «Kann ich denn so viel Gastfreundschaft annehmen?» schrieb er mir. Vier Tage genoß er das Zusammensein mit den Freunden, die Kinder im Alter seiner eigenen Kinder hatten, sah die Bilder von Konya und sagte immer wieder: «Ich bin sehr glücklich! Ich bin sehr zufrieden.»

Waren die neuen Eindrücke zuviel gewesen? Hatte die Spannung zwischen der geistigen Welt in Konya und dem Leben in Deutschland ihn unbewußt geschwächt? Niemand weiß es. Ein leichtes Fieber befiel ihn bei der Rückkehr nach Lengerich, und ein jäher Blutsturz machte seinem Leben – er war zweiundvierzig Jahre – am Samstag nach Ostern ein Ende. Es war in der *laylat ul-qadr*, der heiligsten Nacht des Ramadan. Die Berliner Freunde haben ihn auf den islamischen Friedhof in Berlin überführen lassen – ihr Dank für seine Gastfreundschaft. Ich war nicht imstande, seiner Mutter ein Wort des Trostes zu sagen – einer Mutter, die ihren zehnten und letzten Sohn verloren hatte. Es war sie, die mich tröstete: «Sei nicht traurig. Deutschlands Boden hat ihn zu sich gezogen. Er wollte immer dorthin. Nun ist er ewiger Gast bei euch.»

Dieser Nachruf wurde im Herbst 1959 geschrieben, als ich, aus Ankara zurückgekehrt, in Marburg lebte. Nur selten noch kam ich in die Türkei, und wenn, dann konnte ich die alten Freunde nicht finden, wußte nicht, ob Şükrüye noch lebte, was aus den Kindern geworden war. Doch Ismails Geist blieb lebendig. Als ich im Herbst 1988 nach Konya kam, dessen äußere Verwandlung mich entsetzte, aß ich mein erstes Mahl mit Mehmet und Zafer Önder in einem bekannten Kebab-Lokal. Ich trank gerade den letzten Schluck Ayran, als drei Herren, die Treppe herunterkommend, uns anstarrten, und der jüngste von ihnen auf mich zustürzte: «Cemile Hala!» Es war Mehmet Emin, Ismails ältester Sohn, seinem Vater wie aus dem Gesicht geschnitten. Dreißig Jahre verschwanden wie nichts; wir mußten sofort mit ihm in seine gutgehende Zahnarztpraxis gehen und Kaffee trinken, von allen Verwandten hören, dankbar für diese Fügung. Ja, seine Schwester habe beim Aufräumen einen Brief gefunden, den ich ihm als Achtjährigem geschrieben hatte (ich hatte dem geschickten Jungen zierliche Spielsachen geschickt), und ich hätte ihm vorausgesagt, er werde eines Tages ein tüchtiger Zahnarzt werden ..., und das sei ja auch eingetroffen, obgleich er nichts mehr von dem Brief gewußt habe. Er sei verheiratet, habe drei kleine Jungen, der älteste sei wieder ein Ismail. Als wir am nächsten Abend spät in seinem Hause den beiden türkischen Musikern lauschten, die vom Universitätskonzert zu ihm gekommen waren, schien es wie eine Wiederbelebung der Tage, da wir bei Ismail Musik hörten – das Wunder einer über Zeiten und Räume währenden Freundschaft.

Ungewöhnliche Mittelmeerfahrt

Was kann man seiner Mutter im Januar 1957 zum siebzigsten Geburtstag schenken? Es gab kaum etwas zu kaufen, und uns war nicht zum Feiern zumute. Aber wie wäre es mit einer Schiffsreise entlang der türkischen Südküste? Ich eilte zur Denizcilik Bankası, um zwei Dampferkarten Iskenderun-Izmir zu kaufen, neunundneunzig Lira das Stück, alles inbegriffen. Die Angestellten sahen mich geradezu gekränkt an: Das sei Sache der Agentur in Iskenderun – und außerdem, man wisse doch nicht, was alles bis zum 1. Februar passieren könnte!

Trotzdem bestiegen wir den Zug, der uns in dreizehn Stunden nach Adana bringen sollte und sich mühsam durch das eisige, verschneite anatolische Hochland über den Taurus kämpfte. Endlich Adana – zwei

Unbekannte zerrten uns in ein Auto, das unter Palmen stand. Und dann wurden wir ins Haus Ismail Emres geschleppt, wo etwa dreißig Leute warteten, nicht aber das ersehnte warme Abendessen. Es ist nämlich nicht so leicht, im Haus eines Heiligen – oder zumindest eines heiligmäßigen Mannes – zu Gast zu sein; nach herzlicher Umarmung wurde ich aufgefordert, Probleme der islamischen Mystik darzulegen. Erst dann gab es etwas zu essen.

Ismail Emre war einer der interessantesten Männer in meinem Bekanntenkreis. Ein Schmied, mit nur geringsten Kenntnissen im Lesen und Schreiben, war er von der Glut mystischer Liebe erfaßt, und manchmal überwältigte ihn ein «Zustand», in dem er mystische Lieder im Stil von Yunus Emres Versen sang, der die türkische Volkspoesie um 1300 geprägt hat. Wir selbst waren einmal Zeugen eines solchen Ereignisses gewesen, als Emre bei der Fahrt nach Konya an einem kalten Dezembertag plötzlich zu singen begann und der ungeheizte Wagen sich so erwärmte, daß die Fenster beschlugen. Seine Verse wurden als *doğuş*, «Geburt, spontan Entstandenes», bezeichnet. Von seinen Anhängern wurde jedes Wort aufgezeichnet, die Verse des «Neuen Yunus Emre» wurden in zwei Bänden veröffentlicht.

Wir hatten den bescheidenen Mann gern, der keinen Unterschied machte zwischen den Bekennern der einen oder anderen Religion: «Alle diese Farben müssen Asche werden – erst wenn sie von der Liebe verbrannt und zu Asche (*kül*) geworden sind, sind sie eins und alles (*küll*).» Und zu Mama sagte er einmal: «Die Propheten sind wie die Sonne, die jeden Tag scheint und die Menschen erleuchtet – aber hast du schon mal gesehen, daß auf der Sonne ‹Dienstag› steht oder ‹Freitag?›»

Am nächsten Morgen genossen wir ein sehr reales Frühstück mit Dingen, die wir in Ankara seit Wochen nicht gesehen hatten, wie Käse und frische Butter. Mit einem *Dolmuş* erreichten wir in zwei Stunden am Nachmittag Iskenderun, fanden ein einfaches Hotel und eilten zum Seefahrtsamt. Der Agent wollte gerade zu einem Cocktail. Wann würde denn unsere «Izmir» ankommen? Der Seemann hob die Hände: «Ach, die ist gestern gesunken ...»

Jetzt wurde uns klar, daß die Ankaraer Agentur das Zweite Gesicht haben mußte, da sie uns keine Karten verkaufen wollte! Was tun? Der Seemann seufzte: Vielleicht, ja inschallah, könnten wir mit dem Postdampfer «Nejat» fahren; der sei zwar kleiner, halte aber an jedem Hafen, und statt vier Tage seien wir acht Tage für den gleichen Preis unterwegs. «Und wann kommt er?» «Gott weiß … eigentlich übermorgen, vielleicht auch später …» Ein schneebedeckter Berggipfel überragte die Bucht, und der Sonnenuntergang tauchte die Gegend in flammend purpurviolettes Licht. Nein, die «Nejat» käme inschallah erst in drei Tagen, seufzte der Seemann am nächsten Morgen. Wir wanderten die Uferstraße auf und ab und ab und auf, zählten die Palmen und die Bettler und die Schuhputzer, tranken etwas, das als Tee verkauft wurde, und beschlossen, über den Belenpaß nach Antakya zu fahren, nach Antiochien, wo die Jünger Jesu erstmals «Christen» genannt wurden. Der Orontes strömte gelbgrau unter der Brücke. Hier soll sich Daphne einst in einen Lorbeerbaum verwandelt haben. Hier im Museumsgarten fand man römische Mosaiken und rührende Marmorsarkophage. Große Veilchen blühten. Durch winklige Gassen führte der Chauffeur uns zu dem Lokal, wo es die besten Kebabs der Gegend gab. Die Schürze des Wirtes, der, mit einer feuerroten Jacke angetan, am Rost hantierte, war offenbar seit den Tagen der Apostel im Küchendienst gewesen; um so vorzüglicher schmeckten die Speisen.

Nach einem weiteren Tag in Iskenderun flohen wir vor Palmen, Bettlern und Schuhputzern nach Mersin über Tarsus, wo die späten Landsleute des Völkerapostels in der Sonne saßen, ohne den schönen Tag Gottes durch Arbeit zu entweihen. In Mersin fühlten wir uns wohl und konnten vom Balkon des Hotels das Meer sehen und nach unserer «Nejat» ausschauen. Die Stadt war von Orangenhainen umgeben, an deren Rand langhaarige Ziegen grasten – braun, weiß und schwarz wirkten sie wie eine lebende Mohairdecke.

Die Schiffsagentur wußte nichts von der «Nejat» – inschallah morgen. Aber einer der jungen Leute, der unsere Enttäuschung sah, versprach, uns zu einem Ausflug zu verhelfen: Am Nachmittag setzten er und sein Freund uns in einen Cadillac und fuhren uns nach Viranşehir, wo drei hohe Säulen von der verschwundenen Pracht eines Jupitertempels kündeten. Unter ihnen stand ein altes Weib, zahnlos und zerlumpt, das zwei starke Kamele führte. Sie bückte sich, um ein neugeborenes schwarzes Zicklein aufzuheben. «Die Ziegen warten», sagte sie und verschwand im hohen Gras.

Unser Gastgeber fuhr uns zurück; er war Hemdenschneider und hatte sich für den Ausflug rasch das Auto eines Adanaer Kunden geliehen, um uns eine Freude zu machen. Nein, keinen Dank, bitte – noch eine Tasse Kaffee zum Abschied!

Am nächsten Tag erschien «Nejat». Das schwarze Ungetüm sah wenig vertrauenerweckend aus – noch weniger, als wir es abends bestiegen hatten. Das Schiff war 1892 erbaut worden, und die Passagiere zweiter Klasse saßen hinter Gittern, sofern sie nicht bei schönem Wetter auf Deck lagen. Die Betten in den winzigen Kajüten waren von der Größe und Bequemlichkeit eines griechischen Sarkophags, und vier quietschende Kräne gab es auch. Ich mußte an Mehmet Akifs Gedicht von dem Unglückskahn denken, das ich gerade übersetzt hatte:

Am Abend schon sticht sie in See,
Die Unglückspost – Izmir das Ziel.

Würden auch wir am Ende ohne Karte und Kompaß untergehen?

Nein, die Fahrt war recht schön; wir sahen die türkische Küste mit ihren historischen Stätten langsam vorübergleiten und repetierten Geschichte. Doch sagten wir nicht nein, als uns abends Herr Solomon aus Beirut in fließendem Deutsch fragte: «Wenn ich euch einen kleinen Schnaps anbiete, trinken Sie den?» Und er füllte unsere Wassergläser mit Wodka.

Am Morgen tauchte die gewaltige Festungsanlage von Alanya auf schmaler Landzunge auf; dort hatten die Seldschuken im frühen dreizehnten Jahrhundert eine große fünfbogige Werft errichtet. Wir besuchten die Tropfsteinhöhle, in der Asthmakranke inhalierten, und blickten lange auf die turmalingrünen hohen Brandungswellen. An diesem Nachmittag entdeckten auch wir unseren künftigen Stammplatz auf der ersten Brücke der «Nejat». Zwar gab es dort keine Stühle, aber der Erste Offizier brachte einen hochbeinigen Hocker für Mama; ich saß unbequem aber glücklich auf der Reling. So genossen wir die ständig wechselnde Aussicht, hielten kurz in Antalya und ließen uns zur Südspitze der Türkei, zum Kap Kalydonis, treiben. In jedem kleinen Hafen wurde Fracht aus- und eingeladen, und das Zwischendeck wurde langsam zu einer Art Ausstellung von Menschen, Tieren und Waren.

Auf bunten Kelims hockten bunte oder ganz schwarz verschleierte Frauen. Ein Mann mit den landesüblichen weiten Hosen, lila Strümpfen, grünlicher Jacke und einem aufgespannten Regenschirm in der Hand schlief stundenlang dort. Ein paar sanfte Schafe hatten sich eingefunden, aus zwei Ecken krähten Hähne; dazwischen fegte die Krankenschwester des Schiffes herum, mehr oder minder blütenweiß gekleidet. Sie war aus Maraş und begrüßte uns mit den Worten «Schwester Paula, Schwester Anna, Schwester Hedwig – o du fröhliche, o du selige!» und machte dem Gerücht Ehre, daß die ideale Frau in Maraş so dick sein muß, daß sie nur seitwärts durch die Tür gehen kann.

Da war ein Kap, das einem tückischen Krokodil ähnelte, dahinter lag Fethiye – es wirkte, als seien wir in einen stillen See geraten, wo am Fuße einer Felswand eine hübsche Stadt, überragt von einer Burgruine, lag; in den Felsen aber waren in scheinbar unersteigbarer Höhe Höhlen mit kunstvollen Säulenportiken eingehauen. Gegenüber stiegen lichtgrüne Hügel auf, gekrönt von einem völlig regelmäßigen spitzen Schneegipfel – wie aus einem Traum. Ein grünes Boot, nach dem Hauptausfuhrgut des Hafens «Chrom» genannt, brachte uns an Land. Mit dem Schiffsarzt und einem Studenten wanderten wir durch die Gärten, in denen Pflaumen-, Kirsch- und Mandelbäume üppig blühten, und klommen an der Bergwand zu der untersten Grabhöhle. Beim Absteigen – oder -rutschen – umklammerte ein kleines Mädchen mit elfenbeinweißer Haut und armdicken kupferroten Zöpfen meine Hand. Und beim Tee schien die Welt in völliger Ordnung.

Am nächsten Morgen Marmaris. Die Tannenwälder dampften im Frühnebel. Ein Motorboot legte ab, um nach Rhodos zu fahren. Mit dem Fernglas konnten wir leicht Burg und Stadt der Insel erkennen, ehe ein unbeschreiblicher Sonnenuntergang die Welt lila-rosa färbte. In der Dunkelheit erschienen in der Ferne die Lichter anderer Inseln, und wir erfuhren von unseren Mitreisenden viel über die Schwierigkeiten des Fischfangs.

Als wir morgens vom Quietschen der Kräne erwachten, schrie ich fast vor Entzücken: Genau vor der «Nejat» lag die gewaltige Kreuzritterburg von Bodrum, dem alten Halikarnassos, wo einst eines der sieben Weltwunder zu bewundern war. Die Landschaft wurde belebter. Viele Passagiere waren ebenso wie die sanften Schafe an Land gegangen. Wir entdeckten die Insel Samos, deren Berge in Nebel gehüllt waren, als seien sie von süßem Wein berauscht. Man ahnte die Umrisse von Patmos. Am Himmel zog eine gewaltige Wolke auf, die genau die Form eines Engels hatte – soll nicht die Offenbarung Johannis hier auf Patmos entstanden sein?

Das Schiff kämpfte sich durch eine schmale Meerenge. Als wir in Richtung Izmir nordöstlich eindrehten, erhob sich ein starker Sturm, der uns nach Izmir trug, das sich wie ein leuchtendes Halsband am Golf entlangzog. Wir sahen auch die halbversunkene «Izmir», die uns eigentlich hätte tragen sollen. Die Nacht verbrachten wir noch auf dem Schiff – der Abschied fiel uns doch etwas schwer –, und morgens fuhren wir nach Karşıyaka, wo sich Samim Kocagöz und seine Familie schon Sorgen um uns gemacht hatten. Wir kannten uns aus Istanbul; ich hatte einige seiner Kurzgeschichten übersetzt, die sich in erster Linie mit dem Leben der Bauern in seinem heimatlichen Söke befassen.

Wir besuchten die alte Festung von Izmir mit ihrem großartigen Blick über den Golf, der noch lebendig wirkte, nicht von einer Kette von Betonbauten «zivilisiert». In Ephesus sahen wir erstmals die Diana der Epheser, das Standbild der achtzehnbrüstigen Göttin, die als Halsband Tierkreiszeichen trägt und deren Körper mit Pflanzensymbolen geschmückt ist. Löwen sitzen auf ihren Schultern, Rehe und Falken ihr zu Füßen. Könnte man die große Muttergöttin besser darstellen? Dann schlängelte sich der Wagen zu Meryem Ana, dem Heiligtum, wo der Legende nach die Jungfrau Maria die letzten Jahre ihres Lebens verbracht hat. Eine Quelle, ein kleiner Hain, Aussicht auf das ferne silberne Meer. Die Türken besuchen das kleine Heiligtum gern, wird doch die Jungfrau und die wunderbare Geburt Jesu ausführlich in Sure 19 des Korans erwähnt.

Am nächsten Tag ging es (nicht ohne die obligatorische Reifenpanne) nach Buca zu italienischen Freunden, mit denen uns das gemeinsame Interesse an dem italienischen Theologen Ernesto Buonaiuti verband. Liebevoll wurden wir in dem romantischen Haus mit dem verwilderten Garten aufgenommen.

Noch ein Abschiedstag, an dem wir Izmir durchstreiften, das mir als ein einziges großes Veilchenbeet in Erinnerung blieb. Gespräche über Literatur und Religion füllten den Abend – der freiere Geist des Mittelmeerhafens schien recht weit entfernt von unserem orthodoxen Zentralanatolien. Dann flogen wir nach Istanbul zu Jale und Mustafa. Dort holte uns der Winter nochmals ein. Wir wateten durch den knöcheltiefen Schnee, bis wir ein Taxi zum Busbahnhof fanden – und der Autobus hatte tatsächlich die edle Absicht, nach Ankara zu fahren. Daß er sich beim Auffahren auf die Fähre ein Loch ins Benzindepot schlug, daß es durchschneite und andere kleine Schönheitsfehler gab, war nicht so schlimm. Die zahlreichen umgestürzten Busse und Lastwagen auf dem steilen Aufstieg zum Bolu-Paß ließen es fast als Wunder erscheinen, daß wir Ankara lebend erreichten, wo unsere treue Fatma mal wieder eine Fehlgeburt hatte und uns viel Arbeit, aber auch ein neuer Umzug erwartete. Und manchmal sehnten wir uns nach unserer alten, quietschenden «Nejat».

Reisen in Anatolien

Reisen in Anatolien war zu unserer Zeit nicht immer einfach, doch stets voller Abenteuer. Man konnte mit dem Bus fahren, und manchmal stand uns ein Auto zur Verfügung, ein uralter schwacher Hillmann, den ich Düldül getauft hatte; denn Düldül war das Maultier Alis, des Schwiegersohns und Vetters des Propheten. Reifenpannen waren jeden Tag zu erwarten, und ich wurde zur Expertin im Reifenflicken. Was aber tun, wenn einem die Feile zum Aufrauhen des Gummiflickens fehlte? Nun, ich erlebte, wie in einem solchen Fall ein paar Männer aus dem Nichts auftauchten, sich den Schaden besahen – und sogleich hatte einer von ihnen das Gummi an seinem Dreitagebart aufgerauht; die Fahrt konnte weitergehen. Gegenseitige Hilfe auf den damals zum Teil noch recht einsamen Straßen war selbstverständlich. Ich denke mit Schrecken an die Fahrt von Erzincan nach Sivas, wo es keine Tankstelle gab und der Fahrer daher im Auto zwei Kanister Benzin verstaut hatte, deren Verschlüsse sich öffneten, so daß ich sie auf der steilen, kurvenreichen Straße festhalten mußte, damit nichts ausfloß; als der Fahrer sich gemächlich ein, zwei Zigaretten anzündete, dachte ich, mein letztes Stündlein habe geschlagen. Wenige Hotels waren damals auf fremde Gäste, vor allem Weiblichkeiten, eingerichtet. Manche zeichneten sich durch eine beachtliche Menge von Wanzen aus. Ich erreichte nie jene Stufe der Geduld, die einen frommen Bekannten ausrufen ließ: «Wie groß ist Gott! Er hat die Wanzen so geschaffen, daß sie selbst im Dunkeln genau auf mein Gesicht fallen!» Und doch möchte ich diese Reisen nicht missen.

Einmal sollte Düldül Mama und mich nach Kilis an der syrischen Grenze tragen, um dort das Opferfest mitzuerleben. Es würde «eine erholsame Reise» werden, versprach man uns. Wir mußten noch den Schulmeister von Kilis aus dem Krankenhaus entführen, da er nach Hause wollte. Seine Stimme wurde immer lauter, je näher wir dem Ziel kamen. Die Reise ging östlich am Salzsee vorbei. Dort gab es noch eine kleine armenische Siedlung, wo ich ein andermal an einer armenischen Verlobung teilnahm, die das ganze Dorf mitfeierte; auf der Brust der jungen Armenierinnen glänzten goldene Kreuze.

In einem anderen Dorf auf dem Weg nach Süden hatten sich nach dem Ersten Weltkrieg Tataren aus der Krim niedergelassen. Auch dort durfte ich die Hochzeit eines hübschen, etwa fünfzehnjährigen Mädchens miterleben. Das Brauthaus war mit Dutzenden bunter Tücher geschmückt, und die Geschenke hingen sternförmig, wie ein Zeltdach, von der Decke. Auf den kaum belebten Landstraßen dachte ich in der Sommerhitze immer wieder an die Verse Yunus Emres, der Landschaft und Seelenerfahrung so treffend zusammengefaßt hat:

Bald weh ich, wie der Wind es tut;
bald staub' ich wie ein Weg voll Glut;
bald fließ ich, wie's der Wildbach tut –
Sieh, was die Lieb' aus mir gemacht.

In Bor platzte ein Reifen genau zur Zeit des Mittagsgebets, was unseren Schulmeister höchlichst freute. Irgendwann am Nachmittag rasteten wir auf der Höhe der Kilikischen Pforte im Taurus, von der aus sich der Weg zum Mittelmeer öffnete. Nach einer Nacht im stickigen Adana ging es weiter. Als wir die Ebene erreicht hatten, machten wir Rast in Dörtyol, dort, wo einst Alexander bei Issus gesiegt hatte, und erquickten uns an dem frischen Orangensaft, den das dortige Mustergut produzierte.

An Iskenderun vorbei stöhnte Düldül sich die zahlreichen Kurven des Belen-Passes empor; dort teilte sich der Weg. Rechts nach Antakya, links nach Gaziantep. Im glühenden Mittagswind ging es an der syrischen Grenze entlang. Ein Stück Steppe brannte. Das mißfiel Düldül; ein Reifen platzte. Der Gebetsruf zum Mittagsgebet erklang, und der Schulmeister rief erfreut: «Was für ein gesegnetes Auto! Immer läßt es mich mein Gebet verrichten!»

Der Nachmittag wurde heißer, endlich tauchte vor uns Maraş auf – eine wundersame alte Festung, seit Jahrhunderten Grenze zwischen arabischen Stämmen und zwischen verschiedenen Völkerschaften, schließlich zwischen Türken und Franzosen. Die Kurven schienen kein Ende zu nehmen. Die Sonne sank hinter phantastisch geformten und gefärbten Wolken. «Es fällt ihr schwer, sich von Anatolien zu trennen!» krähte der Schulmeister begeistert. Die Ebene war von seltsamen Farben zwischen grau, rosa und violett übergossen, fremdartige Vögel huschten durch die Dämmerung. Es war schon dunkel, als wir Gaziantep erreichten. Ich hätte gern dort übernachtet, denn wir kannten ein paar freundliche Frauen, die hin und wieder nach Ankara kamen, um feine Stickereien auf heller Seide zu verkaufen – kleine Kunstwerke, die unter ihrer Anleitung von jungen Mädchen angefertigt wurden; während sie stickten, lernten sie Gebete und mystische Lieder. Wie viele Stickereien habe ich von ihnen gekauft und mich ihres Besuchs gefreut, selbst wenn sie schon morgens um halb sieben an meine Tür klopften!

Nein, kein Gaziantep. Kilis war ja *nur* noch sechsundfünfzig Kilometer entfernt. Die Straße war glatt und eben; alles schien gut, bis die Batterie versagte und wir ohne Licht im Straßengraben landeten. Ein warmer sanfter Wind umfing uns, aber es dauerte lange, bis einer der vorüberkommenden Lastwagenfahrer die Batterie repariert hatte, wobei das Staniol unserer einzigen kostbaren Tafel Schokolade eine entscheidende Rolle spielte.

Kilis – was für ein Ort! Durchgänge, Arkaden, Winkel gab es zwischen den Steinbauten; das kleine saubere Rasthaus überraschte uns, zwei uralte Männer (vielleicht waren sie gar nicht so alt?) in langen Gewändern kochten uns umständlich den ersehnten Tee, während sie von ihrer Pilgerfahrt nach Mekka erzählten. Daß das Hotel an den Moscheehof grenzte, hatte gewisse Nachteile, denn im Hof waren Ziegen und Schafe für das Opferfest angebunden, die in schönem Wechsel meckerten und bähten, bähten und meckerten, und gleich nach dem Morgengebet war vom nahen Bazar der Kupferschmiede das Kreischen des Metalls zu hören.

Doch unseres Bleibens in dem liebenswerten Hotel war nicht lange. Früh um neun stand der junge Bürgermeister vor der Tür, um uns klarzumachen, daß so geehrte Gäste doch nicht im Hotel wohnen dürften. Obgleich wir uns kräftig seiner Einladung widersetzten, ergriff ein Polizist unser Gepäck, und wir mußten ihm durch winkelige Gäßchen und tunnelartige Gänge folgen, bis wir im Haus des Bürgermeisters landeten. Das Haus war schön; das Schlafzimmer hatte allerdings den Nachteil, daß es im Erdgeschoß lag und die gardinenlosen Fenster bis zur Erde reichten. Daß am nächsten Morgen früh um fünf der Opferhammel unter jauchzender Anteilnahme der Kinder unter unserem Zimmer geschlachtet wurde, wäre ja noch hingegangen, aber das Aufstehen unter den Augen der zur Gratulationscour eintreffenden Besucher war etwas kompliziert.

Auf dem Bazar fanden wir hauptsächlich aus Syrien geschmuggelte Teppiche mit fünf oder sieben röhrenden Hirschen auf rotem oder blauem Grund. Immerhin gelang es uns, Mamas Schuhabsatz reparieren zu lassen, nachdem der aus der Koranlektüre aufgescheuchte Schuster dafür einige Nägel aus der Wand gezogen hatte. Von einem Hausdach aus sahen wir jenseits der Grenze die Ebene von Mardsch Dabiq, wo im August 1516 die entscheidende Schlacht zwischen Mamluken und Osmanen mit dem Sieg des osmanischen Heeres geendet hatte – für einen Augenblick dachte ich an die Tage, da ich meine Dissertation über diese

Zeit geschrieben hatte. Aber jetzt lag die Ebene friedlich da. Die bunten Satinkleider der Mädchen, die grellbunten Hemden der Männer zeugten von lebhaftem Schmuggelverkehr.

«Sie müssen auch Scheich Soundso besuchen: Er ist sehr gelehrt und hat persische Handschriften!» So betraten wir sein schönes Haus, wurden, auf der Veranda sitzend, von Frauen und Kindern angestarrt – und dann kam der Gelehrte, der uns huldvoll grüßte, während wir ihn bewundernd anblickten: ein blaugestreiftes langes Seidengewand, rote gebogene Lederschuhe, ein bunter Gürtel. Um das bärtige Gesicht hatte er einen Schal gewunden, und das Ganze war gekrönt von einem großen braunen Hut. Mit zahnlosem Mund lächelte er uns an, deutete auf Mama und sagte: «Meine Braut!» Er ergänzte das dahin, daß sie seine Braut fürs Paradies sein sollte. Wir lächelten geschmeichelt. Allerdings übersetzte ich seine Bemerkung erst später für Mama, die andere Paradiesvorstellungen hatte. – Dann durfte ich ein paar Handschriften sehen, und nachdem ich einen Hafis-Divan zu seiner Zufriedenheit identifiziert hatte, wurden wir in Gnaden entlassen. Jahrzehnte später hörte ich, daß wir durch diesen Besuch geradezu legendäre Gestalten in Kilis geworden waren.

Wunderschön waren die alten Häuser, leuchtend hell von innen, unzugänglich von außen. Hier herrschten die Frauen, die Mütter. Die Mutter des Bürgermeisters erzählte mit schelmischem Lächeln, daß zu ihrer Zeit die Mädchen zwar lesen gelernt hätten, aber nicht schreiben – dann hätten sie ja vielleicht einen Liebesbrief schreiben können!

Kilis war früher ein Bildungszentrum; nun war es für seine herrlichen Früchte bekannt. Nie habe ich schöner angerichtete Schalen mit Früchten, aber auch mit köstlichen Fleischgerichten gesehen – zu künstlerisch fast, als daß man sie mit gutem Gewissen essen konnte. Aus den Trauben aller Art wurde nicht nur Wein hergestellt, sondern auch Pekmez. Das ist bis auf Honigkonsistenz eingedickter Traubensaft, der früher – im eisigen anatolischen Winter – den Kindern morgens gegeben wurde und, mit etwas geschlagenem Eiweiß vermischt, ein nahrhaftes Frühstück ergab.

Wir konnten die Traubenfülle noch mehr bewundern, als wir am zweiten Tag des Bayram den Garten unseres redseligen Schulmeisters besuchten. Ich durfte mit einigen Herren dorthin reiten, durch fruchtbares Land, Oliven- und Weingärten. Mama und ich durchwanderten das Weingut, kosteten von den süßen Früchten und spielten mit dem weißen Maultier, das uns kläglich nachschrie. Der Sitte entsprechend

mußten wir bei den Frauen sitzen, aber als sie nach anderthalb Stunden
noch immer darüber redeten, ob man Babys schon nach anderthalb Jahren abstillen dürfe oder erst nach den koranisch vorgeschriebenen zwei
Jahren, stahlen wir uns hinweg und setzten uns zu den Männern. Im
Schein flackernder Petroleumlampen begann das Essen. Man fühlte sich
im Mittelalter, lauschte den lebhafter werdenden Gesprächen, in denen
die alten Grenzkämpfe wieder aufzuleben schienen, während Raki aus-
geschenkt wurde und immer neue Schalen mit Köfte, Salaten und Trauben erschienen – so, wie man es aus Reisebeschreibungen alter Zeiten
kannte.

Am Morgen trug uns Düldül, gut versorgt, gen Norden. In Gaziantep
lagerten lange Ketten von Kamelen im Frühlicht. In Malatya aber
brauchte Düldül wieder Pflege und wurde dann sehr gegen seinen (und
unseren) Willen nach Elazig geschickt. Es war ein seltsames Gefühl, den
jungen Euphrat entlangzufahren, der sich durch bizarr geformte, viel-
farbige Felsen zwängte. Heute ist das alles in dem riesigen Stausee verschwunden, den man vom Flugzeug aus sehen kann.

Man sagt, Elazığ, das alte Harput, sei interessant. Das mag wohl stimmen; aber das Haus, in dem wir zwei Nächte zubrachten, zeichnete sich
in erster Linie durch einen unerschöpflichen Reichtum an Fliegen aus,
die zwischen Küche, Abtritt und Hühnerhaus ein glückliches Leben
führten. Noch heute zürne ich dem großen Sufi-Meister, der mich geradezu anflehte, seine Jüngerin zu werden; er werde mir die Gabe der
Hellsicht verleihen, ich würde die Zukunft sehen können und so weiter
und so fort. Ich blieb hart, denn ein Mann, der solche Kräfte hatte, hätte
doch sehen müssen, daß meine Mutter, im Haus zurückgeblieben und
von Fliegen umgeben, mich dringend an ihrer Seite brauchte. Nein,
mein Glaube an gewisse Sufi-«Heilige» schwand.

Wir genossen den Morgen, als sich Düldül über Malatya gen Nordwesten nach Sivas aufmachte. Es balancierte an Abgründen, hüpfte
entsetzt über plötzlich auftauchende Gräben, quälte sich stöhnend an
Abhängen hinauf und eilte Steilhänge hinab. Es ließ uns in einem Ale-
vitendorf Tee trinken, wo die Männer in ihren weiten Hosen und mit
gewaltigen Schnurrbärten endlos Tricktrack spielten, während die Frauen
flink die hohen steilen Treppen der Häuser auf und ab liefen. Wie wir
auf der Hinfahrt im Mustergut Dörtyol gerastet hatten, so nahm uns
etwa vierzig Kilometer vor Sivas des Mustergut Ulaş gastlich auf. Zwei-
hunderttausend Pappeln waren zur Aufforstung gepflanzt worden. Tausende von Hühnern gab es, und auf den Hügeln grasten Fettschwanz-

schafe mit schwarzen Nasen, deren kranzartige Fettschwänze, aus denen noch eine Fettquaste heraushing, an die zehn Pfund wogen. Wenn all die tausend Fettkränze beim Galopp wackelten, war es ein umwerfend komischer Anblick. Rund fünfhundert Lämmchen der gleichen Rasse weideten anderswo. Wie sagt das Volksrätsel über das Schaf?

Deine Oberfläche habe ich zu Strümpfen gemacht,
Dein Inneres habe ich zu Braten gemacht.
Eines Tages habe ich dich geschlachtet
und ein sehr verdienstliches Werk getan,

(nämlich beim Opferfest). Ein Schaf war zurückgeblieben, es lahmte. Die hinter den Bergen untergehende Sonne vergoldete die Wolke über dem gegenüberliegenden Felsmassiv, vergoldete auch das Vlies des Schafes, das sich leuchtend von den thymianbedeckten Weiden abhob. Mir kamen Pir Sultan Abdals Verse in den Sinn:

Dem, der ein anvertrautes Kleid getragen,
glich ich, seit ich in diese Welt geboren.
Nun kam sein Herr und nahm mir's aus den Händen –
ward wie ein Schaf, am dürren Ort verloren.

Pir Sultan hatte vor mehr als vier Jahrhunderten hier gelebt, und seine Dichtung ist seltsam herb, wie die Landschaft. Als glühender Schiit und Parteigänger der persischen Safawiden, der Erzfeinde der sunnitischen Osmanen, wurde er in Sivas gehängt. Man sagte, er sei später gesehen worden, als er durch eines der Stadttore in die Dämmerung ging. Vielleicht wehte sein Atem in dem kühlen Wind, der sich jetzt erhob.

Am Morgen machten wir uns auf den Weg nach Ankara. Über Sivas an quietschenden Ochsenkarren vorbei schlich sich Düldül. Es bekam etwas Benzin zu trinken, für uns gab es nur eine alte Melone. Sehnsüchtig sahen wir das Schild nach Boğazköy – wie gern hätten wir das Zentrum der hethitischen Kultur besucht (ich sah es viele Jahre später). Da wir aber nicht abbogen, schickte uns der hethitische Gewittergott zürnend drei schwere Gewitter nacheinander. Die Landschaft wirkte wahrhaft urweltlich, und der Kızıl Irmak machte seinem Namen «Roter Strom» alle Ehre. Unser Hausflur in Ankara stand unter Wasser. Wir aber brauchten Tage, um den Staub Anatoliens aus Haaren und Kleidern zu entfernen, und dankten Gott, daß wir lebendig von dieser wahrhaft erholsamen Reise zurückgekehrt waren.

Einmal fuhr ich mit Mama im Bus nach Kastamonu, dem alten Sitz der Komnenen – eine wunderbare kurvenreiche Fahrt durch riesige Tannenwälder. Am schönsten Aussichtspunkt saß ein alter Mann, den wir um seinen Ausblick beneideten. «*Gözleri görmüyor!* Er ist blind!» sagte der Chauffeur. Mein Schüler Schükrü fand uns nur mit Mühe, da der Bus eine Stunde zu früh angekommen war – wie er am nächsten Tag eine halbe Stunde zu früh abfuhr. Es gab eine schöne osmanische Hallenmoschee, Burgruinen, ein Museum und ein Lyzeum – dieses erste Lyzeum der Schwarzmeerregion war bereits 1885 gegründet worden und hatte Kastamonu zu einem Ausbildungsort für Gelehrte und Staatsmänner gemacht. In Schükrüs Haus, das fast leer war, hatte die hübsche Mutter auf offenem Feuer ein köstliches Mahl aus Fladenbrot und Fleisch bereitet, das sie uns auf Zeitungspapier anbot; dazu hatte sie Melonen aus dem eisigen Brunnenwasser gefischt. Daß es in Kastamonu einhundertfünfundsechzig Rezepte für Suppen geben soll, erfuhren wir erst Jahre später.

Ein andermal trug uns der Bus zum Şeker Bayramı, dem Ende des Fastenmonats, auf scheinbar endlosen Wegen nach Bursa, der ersten der osmanischen Hauptstädte. Wir fanden ein kleines Hotel, das ich von einem früheren Besuch kannte und dessen einziger Luxus ein großer Pfau auf der Weinlaube im Garten war. Rasch besuchten wir nach dem Abendessen die zwanzigkupplige Ulu Cami, deren Inneres mit gewaltigen religiösen Inschriften aller Stilarten geschmückt ist. Das Geplätscher des dreischaligen Springbrunnens erfüllte den großen Raum.

Bursa ist eine Stadt mit zauberhafter Architektur. Man sieht die Grüne Moschee mit ihren türkisfarbenen Fliesen weithin leuchten. Ein buntes Pferdewägelchen, dessen braves Pferd zur Feier des Bayram zwei rosa Schleifen im Schweif trug, brachte uns zu dem Hügel, wo die Mausoleen der früheren Mitglieder des osmanischen Sultanshauses liegen. Man hat diesen Ort mit Recht den heitersten Friedhof der Welt genannt. Die Mausoleen, die durch den Wechsel von hellem Kalkstein und roten Ziegeln freundlich wirken, schienen zwischen Rosenbeeten und Platanen zu lächeln. Am schönsten hat Ahmad Hamdi Tanpınar die Stimmung in einem Gedicht eingefangen, das ich damals gerade übersetzt hatte:

> In Bursa ein Moscheehof, klein, uralt,
> drin Wasser plätschernd in dem Springbrunn wallt,
> und eine Mauer noch aus Orhans Zeiten

gleichaltrig die Platane ihr zu Seiten,
die allseits heitern Tag durchscheinen läßt.
Die Trauer, die noch eines Traumes Rest;
darinnen lächelt tief wie aus dem Innern,
gleichsam aus einem kühlenden Erinnern,
des Himmels Blau, das Grün der eb'nen Flur
und jene göttlichste Architektur.

Ein uralter Omnibus fuhr uns zum Uludağ, dem Bithynischen Olymp. Bei Kirazli Yayla in etwa 1800 Metern Höhe blühten die Krokusse, und der Bus brachte uns bis zum Skihotel, wo der Schnee hochgetürmt lag. Das mißfiel uns, und wir beschlossen, zur Yayla zurückzugehen und den Bus abzuwarten. Doch ein großes Auto aus Izmir hielt an, und man drängte uns, einzusteigen: Wir taten's, so sehr wir die frische Bergluft genossen hatten. Doch die großen Hunde, die aus dem Wald sprangen, hätten uns wohl nicht ungeschoren gelassen. Nach einem Tee mit unseren freundlichen Gastgebern bewunderten wir die Stadt, die nun nicht nur des Bayrams wegen illuminiert war, sondern auch, weil man am nächsten Tag den Ministerpräsidenten Adnan Menderes erwartete. Wir genossen das bunte Bild mit geschmückten Autos, fähnchengezierten Taxis, Pfadfinderinnen, Schulkindern und ließen uns in einem kleinen Park nieder, von wo aus man die ganze Ebene sah – bis zu den Bergketten, die Bursa gegen das Marmarameer abschirmen. Obgleich die Stadt einen berühmten Bazar hatte, waren die kostbaren Seidenstoffe, die früher dort hergestellt wurden, ins Land der Träume verschwunden.

Abends rief uns Militärmusik vors Rathaus, die sich bemühte, Menderes mit deutschen und türkischen Märschen herbeizulocken. Er kam nicht, dafür aber kamen sonderbare Gestalten mit Trommeln und Schalmei. Die Männer machten uns sogleich Platz. Ein halbwüchsiger Junge führte türkische Volkstänze mit ungeheurem Schwung vor; die Männer freuten sich ebenso über seine Kunst wie über unsere Begeisterung. Als die Musik beim Ruf zum Nachtgebet aufhörte, kamen sie alle, um uns zu versichern, daß die Deutschen ihre allerbesten Freunde seien. Dann hatte jeder der unheimlich aussehenden Gesellen plötzlich eine Fackel in der Hand, und mit Trommeln und Pfeifen zogen sie zum Hotel, wo sie den hohen Gast vermuteten.

Als wir am nächsten Morgen um sechs den Bus nach Ankara bestiegen, fiel mir ein, daß ein paar Jahre zuvor ein Mann mittleren Alters mit mir dort ins Gespräch gekommen war, der mich nach Woher und Wo-

hin fragte. Als er erfuhr, daß ich an der Ilâhiyat Fakültesi lehrte, legte er
mir eine Frage vor: «Wissen Sie, man sagt doch, der Islam beruhe auf
fünf Pfeilern: Glaubensbekenntnis, Gebet, Almosen, Fasten und Pilgerfahrt. Aber das Glaubensbekenntnis ist doch kein Pfeiler, es ist das Fun-
dament, das alles trägt.» Im Grunde hatte er recht. Ich konnte ihm keine
schlüssige Antwort geben.

Bursa war für mich eine Frühlingsstadt (daß auch sie sich stark verändert haben soll, höre ich immer wieder); doch die nächste Hauptstadt
der Osmanen, Edirne, schien dem Herbst zuzugehören. Die lange
Straße von Istanbul an abgeblühten Sonnenblumenfeldern vorbei machte
mich melancholisch, und die Nähe zur bulgarischen Grenze ließ die
Stadt verlassen wirken. Doch hat sie einige der schönsten Moscheen der
Türkei: Das Wunderwerk Sinans, die Selimiye mit ihren vier nadelspitzen Minaretten, die einen makellosen Kubus umgeben, ist unvergeßlich, und aus früherer Zeit stammt die Üç Şerefeli und die schwere Eski
Cami, in deren Innern sich der Besucher vor dem riesigen Wort *Allah*
wie ein Zwerg fühlt. Es gibt die Muradiye mit Fliesenschmuck und dem
Krankenhaus, in dem die Kranken mit Musik behandelt wurden, wie es
auch andernorts in der Türkei geschah.

Das schönste Beispiel einer solchen Moschee-Heilstätte liegt in Ostanatolien drei Autostunden hinter Sivas. Mehrfach hatte ich Sivas kurz,
allzu kurz besucht, um die wunderbare Steinmetzarbeit an dem Tor der
Çifte-Minareli-Moschee zu bewundern, der «Moschee mit zwei Minaretten», die zu den großen Kunstwerken des dreizehnten Jahrhunderts
gehört. Auch ihr ist ein Krankenhaus angeschlossen, das an seinen Fenstern Kufi-Inschriften in türkisfarbenen Fliesen zeigt – koranische Verse,
die aus dem Dämmer leuchten. Früher war die Stadt für feines Silberfili-
gran und farbenprächtige Wollsocken bekannt; sie galt auch als besonders
kalt und windig, wie Cahit Külebi in seinem Gedicht *Auf den Wegen von
Sivas* es beschreibt.

Einmal in den achtziger Jahren fuhr ich von dort mit Freunden weiter gen Nordosten: nach Divriği. Hier steht eines der Wunder anatolischer Architektur – Moschee und Krankenhaus aus schweren gelblichen
Blöcken; das Innere ist einer uralten frühgotischen Kathedrale ähnlich,
aber die Wände und das Tor sind mit seltsamen riesigen Steinblumen,
Adlern und den exotischsten Gewächsen aus Stein geziert. Man ist ge-
neigt, der Volksüberlieferung zu glauben, daß die Fürstin dieses Gebiets
auf der Suche nach Heilung für ihr scheinbar unheilbares Leiden einen
Derwisch fand, der sie nach langem Warten lehrte, welche Kräuter sie

abkochen und trinken sollte – und sie genas. Aus Dankbarkeit ließ sie Abbilder der Kräuter in Stein an dem Krankenhaus anbringen, das sie nun stiftete. Im Innenraum gibt es einen Brunnen, aus dem ein Wasserstrahl in Spiralen in eine weitere Schale tropft, und die süße beruhigende Melodie dieses Wassers beruhigte die Geisteskranken, die im Mittelalter zu bestimmten Stunden hier hingesetzt wurden.

Für mich ist Divriği der Ort in Anatolien, der mich am tiefsten bewegt hat – eine Welt, die ganz tiefe Schichten des Bewußtseins anregt, wie ein Traum sich einprägt und Teil der Seele wird.

Andere Gegenden waren eher spektakulär. Jeder Türkeireisende versucht wohl, das Tal von Göreme im alten Kappadokien zu besuchen, jene bizarre Landschaft mit ihren Felsenkirchen, deren manche interessante Wandmalereien zeigen – eine Welt, die, wie Juan Goytisolo so schön schreibt, offenbar ständig unter den Händen des katalanischen Architekten Gaudí weitergebaut wird, ein Gegenstück zur Kathedrale in Barcelona. Wer weiß, vielleicht hat der Dichter recht! Wir fanden dort liebenswürdige Menschen, die uns von den köstlichen Trauben schenkten, und bewunderten die fleißigen Teppichknüpferinnen. Sie lebten in Höhlenwohnungen, die seit Jahrtausenden bewohnt waren. Und manche Männer trugen spitze Mützen, die genau den spitzen Gipfeln der Kalksteinberge glichen.

Auch Überraschungsreisen – wenngleich nicht so dramatisch wie die nach Kilis – gab es; wenn mein Assistent Hikmet sich etwas einfallen ließ, konnte man sicher sein, daß es klappte. Wenn er an einem schönen Maitag geheimnisvoll fragte: «Hocam, kommen Sie Sonntag mit nach Güdül?», dann mußte das seinen Grund haben. Die Ortschaft liegt etwa neunzig Kilometer südwestlich von Ankara. Unser Bus rollte friedlich dahin, ich freute mich immer wieder an den Inschriften auf den Lastwagen, die wir überholten – etwa rechts *Seni seviyorum*, «Ich liebe dich», und links *Seni unutmam*, «Ich vergesse dich nicht». Freilich, die Buntheit der afghanischen und pakistanischen Lastwagen, die ich in den folgenden Jahrzehnten sah, war noch viel aufregender. Einige Kilometer vor dem Ziel hielt unser Bus – und was sahen wir? Auf der Landstraße standen, säuberlich in Dreierreihen, achtzig bis hundert Schulkinder, die Mädchen in abstehenden rosa oder weißen Kleidern aus Krepp-Papier, die Haare straff gescheitelt und zu steifen Zöpfen gebunden. In den Händen hielten sie Feldblumensträuße, während zwei Jungen ein gewaltiges Willkommenstransparent trugen. Andere bekränzten die Kühlerhaube des Busses. Im Gärtchen der Schule wurde uns Ayran angeboten, und

hinter dem Zaun hockten die stolzen Mütter, um zu sehen, wie ihre
Kinder von Studenten und Professoren der Universität Ankara ange-
lächelt wurden. Die Honoratioren fragten, wie es in der Hauptstadt
stünde, die Dichter, die wir mitgebracht hatten, rezitierten flammende
Verse über das Vaterland, über Atatürk, über die Ideale der türkischen
Jugend. Wir mußten dem jungen Lehrer hohes Lob zollen und die Leistung der Reformen Atatürks bei der Entwicklung ländlicher Bildungsmöglichkeiten anerkennen.

Bald tauchten die Häuser von Güdül auf. In einem wahren Triumph-
zug wurden wir auf die Veranda der künftigen Bibliothek geführt und mit
Tee gelabt. Die Stadtväter sprachen über die Bedeutung des Tages, da
man endlich eine Bibliothek besitzen werde, die Dichter rezitierten wieder flammende Verse über das Vaterland, über Atatürk, über die Ideale der
türkischen Jugend. Vier kleine Jungen führten vor der Veranda Volkstänze
vor, und auf allen Dächern saßen die Frauen: Aber keine kam auf die von
Menschen wimmelnden Straßen. Endlich wurde mir auf einem Glasteller
eine riesige Schere gereicht, ich improvisierte eine Rede und zerschnitt
das Band. Und da jeder von uns Bücher mitgebracht hatte, sah der dunkle
Raum bald wie der Beginn einer Bibliothek aus.

Nach einem köstlichen Essen beschlossen wir, die Höhlen am Flusse
Kirmir zu erkunden, der sich ein enges Bett durch die Felsen gegraben
hatte. Mama wollte lieber oben bleiben und die weite Landschaft genießen, aber da ein Gast und besonders eine Dame nicht alleingelassen
werden darf, gab man ihr als Ehrengarde den jungen Mittelschullehrer,
dessen Deutsch sich ausschließlich auf «Lili Marleen» beschränkte. Das
sang er ihr pausenlos vor.

Jahre später erzählte ich das dem genialen türkischen Romancier Orhan Pamuk, in dessen Roman *Das schwarze Buch* das geheimnisvolle
Güdül vorkommt, weil er meinte, diesen Ort habe sicher noch niemand
betreten!

Unter unseren Freunden in Ankara tat sich vor allem Turgut Bey, Direktor der Volksbank, hervor; war er doch auch ein Mystiker und erhielt
nachts Inspirationen, kleine Gedichte, die er in seiner Zeitschrift *İç
Varlık* veröffentlichte. Da er durch die Volksbank ungezählte Menschen
kannte, erfand er immer neue Überraschungen für uns. So nahm er uns
eines Tages nach Ereğli, südlich von Konya, mit, wo wir die von der Sü-
mer Bank betriebenen Spinnereien und Webereien besichtigten; ein
Kraftwerk entstand in Ivriz an den Hängen des Taurus, und in einem

Becken sprudelnden Wassers tummelten sich Forellen, auf die ein hethitisches Relief herabblickte: zwei Götter, die eine riesige Weintraube halten. Auf dem Rückweg ging mir das ständige Reden der Männer über Geld, Geld und Geld etwas auf die Nerven, und ich sagte aus Spaß: «Wenn ich so viel Geld hätte, würde ich mir ein Pferd leisten!» «Kein Problem! Das kriegen Sie noch heute! Welches möchten Sie haben? Den jungen Hengst? Oder die trächtige Stute? Oder die braune Zweijährige?» Ich wählte die zweijährige *Incigül*, «Perl-Rose». Aber als ich mich in Ankara, versehen mit dem Stammbaum meines edlen Rosses, nach der Unterbringung und allen sonstigen für mein Pferd nötigen Dingen erkundigte, stellte sich heraus, daß Stallungen und Pflegekosten das bescheidene Gehalt eines Professors weit überstiegen. So blieb Perl-Rose auf den Weiden von Ereğli.

Ein andermal nahm unser zauberkräftiger Bankdirektor uns mit nach Haymana, gut siebzig Kilometer von Ankara entfernt, berühmt durch seine stark schwefelhaltigen Quellen. Unser Freund Süreyya Pascha, Mikrobiologe an der Ankaraer Universität, erklärte uns die medizinischen Kräfte der reichlich wachsenden Blumen – einer wahren bunten Riesenapotheke. Abends, als es in dem rund 1200 Meter hoch liegenden Ort kühl wurde, fand das Bankett der Leiter der Handwerkerinnungen statt. Man wärmte sich an Bier und Raki; bunte Salate, Köfte und Kebab, «lieblich anzusehen und gut davon zu essen», wurden gebracht . . ., und jeder redete: Ich war erstaunt über die Beredsamkeit der Männer, die nicht nur eloquent, sondern auch mit sachlicher Kompetenz die Probleme ihrer Innungen vortrugen. Es blieb mir nicht erspart, auch eine mehr oder minder inspirierende Rede zu halten: Iqbals dynamische Philosophie und Dichtung war immer ansprechend, und die Betonung unermüdlichen Strebens, das in seinem Werk im Mittelpunkt steht, war bei solchen Anlässen angebracht. Am Ende wurde ich von den begeisterten Männern zum Ehrenmitglied des Wissenschaftlichen Beirats der Zünfte ernannt.

Wenn ich auch während meiner frühen Jahre in Anatolien Boğazköy nicht besuchen konnte, so kannten wir doch ein hethitisches Heiligtum, das wir sehr liebten. Wir waren in Konya bei den Maulana-Feiern, hatten die berühmte Holzsäulenmoschee von Beyşehir besucht, und ein junger Lehrer berichtete uns von einem interessanten Ort, Eflâtun Pınarı, «Platos Quelle», in der Nähe. Bruder Ismail bestand darauf, trotz der schneeschlüpfrigen Wege noch dorthin zu fahren. Wir bogen nach etwa zwanzig Kilometern von der Straße auf einen Feldweg ein und

fanden den Ort. Über einer sprudelnden Quelle, die einen kleinen
Teich bildete, ragten Steine empor, auf denen undeutlich geflügelte Gestalten zu erkennen waren. Die letzten Strahlen der roten Wintersonne
trafen genau die Flügel-Sonnenscheibe auf dem Monument; dann versank alles im violetten Dunkel. Aber als wir uns, zum Gehen bereit,
noch einmal umwandten, stieg der Vollmond der Wintersonnenwende
genau hinter dem Heiligtum empor und begann, das Wasser, die am
Feuer hockenden Hirten, die Steinblöcke zu versilbern. Andächtiger
können sich auch die Erbauer des Heiligtums sich ihm nicht zugewandt
haben, als wir, die Zufallsgäste, es jetzt taten.

Wir sahen Eflâtun Pınarı noch einmal an einem Ostersonntag, als das
erste Grün sproß und die Hirtenjungen uns geleiteten. Ismail breitete
seinen Gebetsteppich aus, und die Glocken der Ziegen klangen heiter.

Einmal auch besuchten wir Gordion. Ich bin nicht sehr empfänglich
für Mauern; auch das gerade von den Amerikanern geöffnete Königs-
grab begeisterte mich wenig – obgleich es vielleicht das Grab des Midas
war, in dessen Hand alles zu Gold wurde. Möglicherweise war die
Landschaft zu Zeiten Alexanders des Großen nicht so trostlos wie jetzt;
aber ich dachte, er habe recht daran getan, den Gordischen Knoten
schnellstmöglich zu zerhauen und weiterzuziehen.

Der Gordische Knoten? War er von jener Art, welche die Frauen zu
flechten verstanden und in die sie böse Wünsche bliesen? Jene Knoten-
bläserinnen, von denen es in der 113. Sure des Korans heißt: «Ich nehme
meine Zuflucht beim Herrn der Morgenröte ... vor den Knotenbläse-
rinnen, wenn sie anblasen»? Noch immer gibt es Frauen, die solche
Kräfte haben; denn die Gefühle im Orient sind heftiger in Liebe und
Haß. In Gordion begann ich zu ahnen, daß die Kunst, verderbenbrin-
gende Knoten zu schürzen, nicht durch Alexanders Schwertstreich aus
der Welt geschafft worden war. Ich wandte mich dem Wagen zu und sah
ein Paar haßerfüllte Augen auf mich gerichtet.

Am nächsten Morgen lag ich mit einer rätselhaften Krankheit unbeweglich im Bett, und gleichzeitig erhielten wir die Nachricht von Bruder Ismails Tod. Es sollte mein letztes Semester in Ankara sein.

Vierter Teil
Europäisches Zwischenspiel
(1959–1967)

Aber gottgesandte Wechselwinde treiben
Seitwärts ihn der vorgesteckten Fahrt ab,
Und er scheint sich ihnen hinzugeben,
Strebet leise sie zu überlisten,
Treu dem Zweck auch auf dem schiefen Wege.

Johann Wolfgang von Goethe

Von Marburg nach Bonn

L uise Berthold hatte mit ihrer Warnung «Kindchen, die Männer sind unsere Feinde!» wirklich nicht ganz so unrecht. Jedenfalls kam es mir im Herbst 1959 bei meiner Rückkehr aus Ankara nach Marburg so vor. Obgleich ich regelrecht beurlaubt war und sogleich hätte wieder eingestellt werden müssen, zog sich das ein Jahr lang hin; denn wie so oft hatten einige Kollegen allerlei Gerüchte über mich ausgestreut – vielleicht auch nur *ein* für seine Machenschaften bekannter Kollege (wir hatten später in den USA nicht weniger als sechs Kollegen, die seinetwegen Deutschland verlassen hatten). Wie dem auch sei, Mama mußte mich seelisch und auch finanziell stützen.

Aber eine Lösung, die später unerwartete positive Ergebnisse haben sollte, zeichnete sich ab. Sollte nicht Marburg 1960 der Austragungsort des Kongresses der Internationalen Vereinigung für Religionsgeschichte werden?

Ceterum censeo – sprach man in Rom,
nicht weit von dem berühmten Petersdom,
Marburgam non esse delendam, doch
sei es gewählt zum Tagungsorte noch,
so lange in der Universität
Freund Friedrich Heiler lehret das Gebet.
Und außerdem ist es ein schönes Motto,
erfreut den Geist des Heil'gen Rudolf Otto.

Nun benötigte Friedrich Heiler dringend Helfer, und da kam ich gerade recht. Die erste Hälfte des Jahres 1960 verging mit Organisation. Wer einmal mit sehr wenig Geld und kaum Hilfskräften einen Kongreß für rund fünfhundert Teilnehmer vorbereitet hat, und das in einer entzückenden Stadt, in der es damals kaum Hotels gab, ahnt, was wir erlebten. Wir – das waren der Chef (Heiler), meine Wenigkeit, Frau Boymann (Heilers Sekretärin, eine wunderbare Frau, mit der ich bis zum Ende ihres langen Lebens befreundet blieb) und Martin Kraatz, der bis vor kurzem der Religionskundlichen Sammlung der Universität treu geblieben ist. Computer gab es noch nicht, Fotokopierer hatten ihren Siegeszug noch nicht angetreten – und so saß ich Tag um Tag, tippte die eingehenden Vorträge auf Matrizen und dazwischen die Korrespondenz, die uns unsere Kollegen in sehr menschlichen Schwächen zeigte. So schrieb ich in meiner Ballade *Urzeit und Endzeit* (das war das Kongreßthema):

> Wer zählt die Wünsche, kennt die Namen,
> die im Büro zusammenkamen?
> Der eine legt viel Wert auf weiche Betten,
> die andere auf reine Servietten.
> «Ich hätte», schreibt Professor X, «sehr gerne
> mein Zimmer von Kollegen Z recht ferne!»
> *Une chambre à un lit* – welch scharfer Ton!
> «*C'est la con-di-ti-o si-ne qua non*!»

> Ein echter Prinz aus Japan kommt bestimmt,
> daß sich nur jeder ordentlich benimmt!
> Drum kam aus Bonn der Herr vom Protokoll
> und klärte, was sein muß, sein darf und nicht sein soll.
> Darf sein Chauffeur mit seinem Polizisten
> in einem schlichten Doppelzimmer nisten?
> Braucht jeder Kammerherr sein eignes Bad?
> Amaterasu, gib uns deinen Rat!

> «Ich brauche eine menschenferne Arche,
> dieweil» – erklärt Frau X «ich schrecklich schnarche!»
> *«I am a simple mystic – neither meat*
> *nor onion, garlic, cheese and egg I eat;*
> *my vegetables be in butter cooked,*
> *a first-class single room be for me booked!»*
> Was braucht ein Swami denn ein Bett?
> Genügt ihm nicht ein Nagelbrett?

Solche Anmeldungen kamen in den letzten Wochen täglich, und:

> Der sagte Nein, der sagte Ja –
> das Urzeitchaos schien uns nah.
> Wir lernten selbst die Garderobenfrauen
> als ein Problem «Sein oder Nichtsein» schauen ...

Aber wir schafften es, und der Kongreß wurde ein Erfolg; ja, lange erinnerte man sich an die trotz aller Enge so heiteren Tage. Prinz Mikasa als Ehrenpräsident genoß es offensichtlich, und mir machte es Spaß, bei den Vorbereitungen für sein festliches Abendessen zu helfen. Zu Hause – wir waren gerade zum vierten Mal in Marburg umgezogen – feierten wir C. J. Bleekers Geburtstag, und so trägt mein Gästebuch die Namen des gesamten Präsidiums der *International Association for the History of Religions*. Nach dem Mittagessen aber sauste ich zur Universität, um dort für Mircea Eliade einzuspringen, der – wie nicht selten – in letzter Minute seinen Vortrag abgesagt hatte. Daß es Spannungen gab, war unvermeidlich, denn nicht alle waren glücklich darüber, daß Heiler manches Mal Religionswissenschaft und Religionsverbrüderung verband.

Das Jahr 1960 ging weiter. Die Aussichtslosigkeit meiner Lage quälte mich. Sollte ich vielleicht nach Pakistan auswandern? Aber auch das schien keine Lösung zu sein.

Da flog mir im Januar 1961 eine Einladung auf den Tisch: Der pakistanische Präsident Ayub Khan, den ich wenige Tage nach seinem Regierungsantritt in Karachi im Oktober 1958 getroffen hatte, kam zum Staatsbesuch nach Bonn. Mit einem schönen neuen Abendkleid im Koffer fuhr ich dorthin, trotz der Vorfreude sehr bedrückt. Gegen Abend ging ich von meinem kleinen Hotel durch den Hofgarten – wäre es nicht das beste, in den Rhein zu springen?

Doch ich sah ein Licht von weitem – ein Licht im Orientalischen Seminar, und ich stieg die hohe Treppe hinauf. «Schimmelin!» rief Otto Spies, der gerade ein Privatseminar über einen juristischen Text hielt, «Kommen Sie wegen Ayub Khan? Wir holen Sie vom Hotel ab!» Und nach einigen belanglosen Sätzen fragte er: «Ich habe eine offene Stelle – Professor und Wissenschaftlicher Rat, eigentlich nicht gut genug für Sie ..., aber würden Sie nach Bonn kommen?» *Würde* ich kommen? Plötzlich war das Leben wieder lebenswert – die Sufis würden sagen: Die Sonne zur Mitternacht strahlte auf. Ich rief Mama hochbeglückt an und genoß den Abend, bei dem ich viele pakistanische Freunde traf, unter ihnen Qudratullah Shahab, einen der führenden Intellektuellen und Schriftsteller des Landes.

Gerade zum Frühjahrssemester 1961 hatte man mir meine alte Stelle in Marburg wiedergegeben. Ich war auch für etliche Wochen in Pakistan und kam zwar ohne meinen Schmuck zurück, der im Hause meiner Gastgeber verschwunden war, dafür aber mit einem wundervollen Rillhi, das ist eine buntgesteppte Decke mit zahllosen Spiegelchen, die, wie mir erzählt wurde, vor langer Zeit «drei gute Kamele» gekostet hatte. Sie schmückt noch immer mein Wohnzimmer.

Am 1. Mai 1961 begann ich in Bonn zu lehren; gute Freunde hatten ihre Wohnung für zwei Monate zur Verfügung gestellt. Mama ergriff am zweiten Tag die Zeitung, sah sich nach Wohnungen um, fand etwas, was ihr geeignet erschien, und als ich nachmittags aus dem Kolleg kam, saß sie im Schaukelstuhl und sagte triumphierend: «Ich hab sie!» Und so wurde die Lennéstraße 42 unser wirkliches Heim.

Wir genossen Bonn von Anfang an. In einem schönen alten Haus nahe der Universität, der Innenstadt, dem Bahnhof und dem Auswärtigen Amt war es ideal, nicht nur für die Arbeit und für immer neue Besucher aus aller Welt. Mama freute sich an der Nähe des Rheins, an dem wir jeden Sonntag vormittags wandelten, wie einst in der Kinderzeit im Erfurter Steiger, um gegen zwölf Uhr zu einem kleinen Sherry zurückzukehren.

Das Lehren machte mir Freude – wie eigentlich immer, wenngleich es in der Türkei wohl kaum vorgekommen wäre, daß ein Student es ablehnte, zum Persischkurs zu kommen, «weil ich zu dieser Stunde Tennis spiele». Dafür legte aber auch kein Studiosus die Füße auf den Tisch», wenn er oder sie mit mir sprach, wie ich das in Harvard erlebte. Zur ersten Gruppe des Arabischunterrichts gehörten drei sehr begabte junge Männer: Tilman Nagel, Gerd R. Puin und Gernot Rotter. Daß der Letztgenannte mehr als dreißig Jahre später eine, von ihm selbst wohl kaum beabsichtigte, unerfreuliche Rolle bei der Friedenspreisdiskussion spielen sollte, schmerzte mich besonders. Aber offenbar gibt es bestimmte Mechanismen, nach denen gerade Schüler (und auch Menschen generell), die man besonders schätzt, sich gegen einen kehren oder einen menschlich enttäuschen. Mir passierte das jedenfalls einige Male. Sagt nicht der persische Dichter Saadi:

> Keiner hat von mir die Schützenkunst gelernt,
> der zuletzt nicht mich gemacht zur Scheibe.

Neben den normalen Kursen gab ich zusammen mit unserem palästinensischen Lektor Azar Kurse in Arabisch für junge Diplomaten; nicht wenige von ihnen sah ich später im Orient wieder. Ohnehin war die Beziehung zum Auswärtigen Amt und zu den Botschaften der islamischen Länder für mich interessanter als das reine Lehren. Ich genoß die großen Empfänge – zunächst in der Beethovenhalle, manchmal auf dem Petersberg, gelegentlich auch in Schloß Brühl. Unvergeßlich der erste solche Empfang (nach dem für Ayub Khan) für König Mohammad V. von Marokko, dem Protokollchef Schwarzmann mich mit den Worten vorstellte: «Sie spricht Arabisch!», worauf Bundespräsident Lübke zwischen den Zähnen murmelte: «Donnerwetter – das kann meine Frau aber nicht!» Und dann mußte man den ganzen Abend über wohlerzogen ernst bleiben!

Viele solcher Empfänge gab es im Laufe der Jahre, Empfänge auch der verschiedenen Botschaften, vor allem aus der islamischen Welt. Die pakistanischen Botschafter wurden rasch zu guten Freunden, und ihre Kulturveranstaltungen – Modenschauen zum Beispiel – erfreuten die Bonner. Gute Beziehungen wurden mit den türkischen diplomatischen Vertretern gepflegt. Vor 1979 war auch die iranische Botschaft in Köln ein Zentrum der Gesellichkeit; doch dauerte es längere Zeit, bis sich nach 1979 dort eine streng geregelte neue Form der Begegnung entwickelte. Die märchenhafte Residenz der Syrer, die heiteren Zusammenkünfte der Kuwaiti und der Ägypter und vieler anderer machten die Jahre in Bonn und natürlich die Zeiten, die ich dort zwischen den Harvard-Semestern zubrachte, höchst erfreulich.

Viele Freunde fanden wir in Bonn – zu viele, um sie alle dankbar zu nennen. Zahlreiche Mitglieder des Auswärtigen Amtes und Damen vom Colloquium Humanum kreuzten unseren Weg; einige von ihnen blieben bis heute enge Freunde. Über jeden von ihnen ließe sich ein Roman oder zumindest eine spannende Geschichte schreiben... Könnte ich etwa vergessen, wie Cecilia, temperamentvolle Italienerin, Botschaftersfrau, Etruskologin und Inspiratorin manchen Ausflugs zu den Edelsteingeschäften von Idar-Oberstein, mich 1982 aus dem Krankenhaus entführte, um mich zu Hause durch eine junge Ärztin, mit der sie befreundet war, gesundpflegen zu lassen? Jeder Tag in Bonn brachte von Anfang an Neues. Freundschaften vertieften sich oder lösten sich langsam auf, schmerzlos oder hin und wieder schmerzlich – kurz, Bonn wurde zum wahren Zuhause.

Fikrun wa Fann

Es muß im November 1962 gewesen sein, daß Alberto Theile uns erstmals besuchte. An jenem Abend stand ein ziemlich kleiner Herr mittleren Alters mit lebhaften dunklen Augen vor uns, und wir luden ihn auf ein Glas Wein ein. Kurz zuvor hatte er mir ein Exemplar der von ihm herausgegebenen spanischen Kulturzeitschrift *Humboldt* geschickt, in der meine Übersetzung von Yahya Kemals *Spanischer Tanz* mit einer raffinierten Aufnahme einer Flamenco-Tänzerin veröffentlicht worden war. Nun saß er bei uns und erzählte von seinem Leben und seinen Arbeiten. Er war eine Zeitlang in Chile, wo er in der Emigrationszeit mit Udo Rukser die *Deutschen Blätter*, eine politisch-literarische Zeitschrift, herausgegeben hatte, dann wieder in Japan, nun in der Schweiz. «Und wie haben Sie eigentlich angefangen?» fragte Mama. «Ach», sagte er, «meine erste größere Arbeit war eine Zeitschrift, die Sie wahrscheinlich gar nicht kennen – die *Böttcherstraße*.» Da kam er nun an die Richtigen! Tante Mia hatte jahrelang in Worpswede gelebt, und da wir Verwandte in Bremen hatten, war uns der Kaffeekönig und Kunstmäzen Ludwig Roselius sehr wohl ein Begriff; ich bestaunte als Kind immer die seltsame Architektur der Böttcherstraße und sah ziemlich verständnislos auf die Werke von Bernhard Höttger, mit dem unser Gast gut befreundet war. Mama fragte nun nach allerlei Einzelheiten aus dem Worpsweder Kreis, und alle Fragen wurden befriedigend beantwortet, einschließlich der nach der exzentrischen Tänzerin Sent' Ma Hesa. Darauf beschlossen wir, auch die Erzählungen von Japan, Chile und anderen Gebieten für wahr zu halten, eingeschlossen den Geburtsort Albertos, Dortmund-Hörde.

Natürlich hatte der Besuch einen praktischen Zweck: Das Auswärtige Amt wollte parallel zu der spanischen und der portugiesischen Zeitschrift *Humboldt* auch eine arabische Kulturzeitschrift herausgeben. Theile hatte diese Aufgabe übernommen und suchte nun einen Fachorientalisten. Die Aufgabe war genau das, was ich insgeheim immer erträumt hatte: ein Organ, das die kulturellen Beziehungen zwischen Abendland und Morgenland betonte, schön gestaltet und künstlerisch hochstehend. Im Laufe der Zeit entwickelte sich *Fikrun wa Fann*, «Gedanke und Kunst», zu einer wunderbaren Zeitschrift, die in arabischer Sprache mit einem Umfang von sechsundneunzig Seiten zweimal im Jahr erschien. Jedes Heft hatte ein von einem berühmten Kalligraphen gestaltetes Schmuckblatt (diese großen Faltblätter schmückten später viele Häuser, ja auch Moscheen in der islamischen Welt) und stand unter einem bestimmten Thema. Das erste wirklich wohlgelungene Heft, Nummer 3, war der Kalligraphie gewidmet; es behandelte die Bedeutung der Schrift im abendländischen Mittelalter ebenso wie die Einflüsse orientalischer Kalligraphie auf die moderne westliche Malerei; es enthielt Gedichte über die Schrift und vieles mehr. Heft 5 hatte das Einhorn zum Thema, «das Tier, das es nicht gibt», das aber nicht nur im christlichen Mittelalter immer wieder erscheint, sondern auch in der islamischen Kunst, sei es in

Miniaturen, in seldschukischen Steinfriesen oder auf Keramik. Wir übersetzten aus der westlichen Literatur Ingrid Bachérs *Karussel des Einhorns* ins Arabische und umgekehrt aus dem Arabischen Taufiq Saighs mysteriöses Poem *Fragen, dem Einhorn zu stellen*. Heft 10 war nur den Frauen gewidmet und ausschließlich von Frauen gestaltet, und so ging es weiter. Jedes Heft enthielt auch mindestens einen philosophischen und einen naturwissenschaftlichen Aufsatz sowie die Biographie eines deutschen Orientalisten. Wir veröffentlichten auch gern Übersetzungen aus den orientalischen Sprachen – so lernte ich viel über neue arabische Poesie, über Badr Shakir as-Sayyab und die irakische Dichterin Nazik al-Malaika, über den Palästinenser Mahmud Darwish und den kraftvollen sudanesisch-ägyptischen Dichter Fayturi. Die Verse Abdulwahhab al-Bayatis, die ich besonders liebe, las ich zunächst in der tschechischen Übertragung Karel Petráčeks in Prag, fand aber dann doch, daß das Arabische etwas leichter zu verstehen war. In fast jedes Heft schmuggelte ich ein paar Proben aus der nicht-arabischen islamischen Welt, sei es ein Aufsatz über arabische Einflüsse in Indien, eine Übertragung aus der Urdu-Dichtung, Einführungen in das Werk Dschelaladdin Rumis oder Muhammad Iqbals. Denn ich erfuhr durch die überraschten Fragen unserer Übersetzer – Magdi Youssef sei besonders lobend erwähnt –, wie gering die Kenntnis der Araber, selbst der gebildeten, von der Kultur der östlichen islamischen Völker ist, und bemühte mich, ihnen etwas von dem ungeheuren Reichtum des persischen, türkischen, zentralasiatischen oder indisch-indonesischen Islam vorzulegen. Waren nicht Samarkand und Buchara schon im frühen Mittelalter Hochburgen islamischer Gelehrsamkeit gewesen? Und konnte sich nicht jeder – Muslim oder Nicht-Muslim – an der Schönheit des Taj Mahal erfreuen?

Es war aber nicht nur die wissenschaftliche Arbeit, die mich bei *Fikrun wa Fann* faszinierte; ebensoviel Freude machte es, die Zeitschrift mit einem erstklassigen Fachmann zu gestalten. Er brachte mir bei, einen klassischen Umbruch mit Schere und Leim herzustellen und eine Seite ästhetisch zu gestalten, hier eine Vignette einzufügen, dort ein Gedicht als Füllsel zu benutzen. Es war ein herrliches Vergnügen, vor allem, solange wir mit der seit alters berühmten Druckerei Augustin in Glückstadt arbeiteten, bevor die Sache computerisiert wurde.

Die Arbeit brachte auch andere Freuden. Wir reisten zu Museen und Ausstellungen, und Alberto versuchte, mir Verständnis für moderne Kunst beizubringen; ich lernte dadurch viel, wenngleich mir bei weitem nicht alles gefiel (meine Liebe zu Magritte hat sich erst viel später entwickelt). Wir besuchten hin und wieder auch das Theater – von *My fair Lady* bis zu einer faszinierenden Béjart-Inszenierung von *La damnation de Faust* in der Pariser Opéra. So wurde ich «gebildet». Wenn immer ich in die Schweiz kam, um in der Redaktion in Unterägeri an der Zeitschrift zu arbeiten, gab es vorher das Ritual, in der Walliser Kanne in Zürich zu Mittag zu essen und einmal durch die Bahnhofstraße zu gehen – der Weg endete immer bei Sprüngli am Paradeplatz, dem Paradies der Genießer. Und schließlich gab es ja auch den kleinen Austern-Imbiß an der Bahnhofstraße. Ich lernte neben der Arbeit also auch einige weltliche Dinge.

Aber als ich fest in Harvard war, ließ sich die Arbeit im alten Stil nicht fortsetzen, und außerdem fanden Kritiker, unsere Zeitschrift sei zu elitär. Wir wollten den Stil nicht ändern, und mancherlei Verwicklungen führten dazu, daß ich 1974, nach zehn Jahren erfreulichster Arbeit, ausschied. Als später auch Alberto die Arbeit niedergelegt hatte, bat mich Inter Nationes, doch die Redaktion allein zu übernehmen. Das wollte ich jedoch nicht, traute es mir auch nicht zu. So kam das Blatt in andere Hände, und ich habe mich davon ganz getrennt, denke aber hin und wieder an die reiche, schöne Arbeit zurück.

> Was vergangen, kehrt nicht wieder,
> aber ging es leuchtend nieder,
> leuchtet's lange noch zurück.

Auf mich warteten ohnehin neue Aufgaben.

Besuche in Prag

In meine ersten Bonner Jahre fallen auch meine Kontakte mit den Kollegen in Prag. Nachdem ich 1963 den Altmeister der Iranistik, Jan Rypka, und seine Frau Maria bei meiner ersten Iran-Reise kennengelernt hatte (siehe Seite 240), luden die beiden mich ein, Prag zu besuchen. Alberto, der Prag seit langem kannte, begleitete mich, und ich genoß die wunderbare Stadt, genoß auch das surrealistische Theater, die Laterna Magica und traf erstmals viele Kollegen, die mir bald zu Freunden werden sollten. Denn Rypka, der die alte österreichische Tradition der Orientalistik pflegte, war gewissermaßen zum *qutb*, wie es im Sufismus heißt, zur «Achse» und zum «Polarstern» der tschechischen Orientalistik geworden. Neben ihm wirkten der Arabist Felix Tauer, der unter anderem als ausgezeichneter Übersetzer der Märchen aus Tausendundeiner Nacht hervorgetreten war. Und da war die Gruppe der Jüngeren, unter denen besonders Jan Marek wichtig für meine Arbeit war. Denn er war einer der wenigen Europäer, die über eine vollkommene Kenntnis des Urdu und Hindi verfügten; die Poesie Ghalibs und Iqbals ebenso wie die revolutionären Verse des pakistanischen Dichters Faiz übersetzte er, und seine Reiseberichte (wie etwa *Dvá krat Pakistan* – «Zweimal Pakistan») über die politische und kulturelle Situation der beiden Teile Pakistans sowie seine Eindrücke aus Indien waren voll interessanter Details und ausgezeichneter Fotos. Jan und seine Frau Cyrila wurden wie Geschwister für mich. Mehrfach gelang es mir, ihn zu Vorträgen nach Deutschland einzuladen, ebenso wie er immer wieder zu allen mit der Urdu-Literatur zusammenhängenden Kongressen kam, selbst wenn er von Prag bis Brüssel oder Cordova mit dem Bus fahren mußte – so wie 1991, als wir in Cordova eine internationale Iqbal-Feier abhielten, bei der ich vor dem Hotel niedergeworfen und meiner Handtasche beraubt wurde. Ein Lieblingsmitarbeiter Rypkas war der Iranist Jiří Bečka, der sich auf die tadschikische Literatur konzentriert hatte und mit unendlichem Fleiß die Geschichte der Orientalistik in der tschechischen Literatur aufarbeitete. Auch wir wurden bald gute Freunde, und in seiner Wohnung unter der Burg, einem Haus aus dem fünfzehnten Jahrhundert, gab es hin und wieder heitere Zusammenkünfte. Ich war manches Mal besorgt darüber, wie offen die Gäste die Zustände des Landes kritisierten, während die Polizei ständig unter den geöffneten Fenstern patrouillierte – Anfang August 1968, zwei Wochen vor dem Einmarsch der Russen. Jiří nahm auch an dem großen Fest zum zweitausendfünfhundertjährigen Jubiläum Irans teil, und auf den langen Busfahrten bat ich ihn, mir doch etwas Tschechisch beizubringen. Das tat er (nachdem er behauptet hatte, Atheist zu sein!), indem er mit den Worten «Gott» und «Engel» begann. Dieser Zeitvertreib wurde später nützlich, denn als J. Gonda seine umfangreiche *History of Indian Literature* herausgab (zu der ich «Islamische Literaturen in Indien» und «Sindhi-Literatur» beizutragen hatte), bat er Jan Marek, den Beitrag über «Klassische Urdu-Literatur» zu verfassen. Doch Jan antwortete, das könne er nicht, weil er nicht im kapitalistischen Ausland publizieren dürfe; könne nicht «seine Schwester Annemarie» das tun? Nachdem der andere Urdu-Kenner, Alessandro Bausani, aus gesundheitlichen Gründen abgesagt und ebenfalls auf «seine Schwester Annemarie» verwiesen hatte, mußte ich mehr oder minder freiwillig an die Arbeit. Zum Glück bekam ich Jans tschechisches Manuskript, das ich tapfer übersetzte; ich beschloß jedoch, alle Proletarier, die aus ideologischen Gründen darin spukten, in Derwische, alle tyrannischen Herrscher wieder in normale Könige zu verwandeln; denn ich wußte ja, daß der arme Ostblock-Gelehrte solche Ausdrücke nur aus Not, nicht aus Überzeugung verwendete.

Selbst wenn ich nur noch einmal in den siebziger Jahren nach Prag kam, sind die Erinnerungen an den dortigen Orientalistenkreis noch sehr lebendig: Da war Ivan Hrbek, dem das Land eine sehr gute Koranübersetzung verdankt, die nach ihrem Erscheinen während der sowjetischen Besetzung in kürzester Zeit verkauft war, und die Veselýs, die Arabisch und Türkisch vertraten, vor allem aber Karel Petráček, der Arabist mit den unglaublich großen Händen, der mich erstmals auf die Gedichte Abdulwahhab al-Bayatis aufmerksam machte, die er in seine Muttersprache übertragen hatte. Ich war begeistert und widmete mich der Übertragung einiger von ihnen, die wir dann in *Fikrun wa Fann* publizierten. Manche Orientalisten traf ich nur flüchtig, denn auch in Prag gab es Spannungen zwischen den Kollegen, die vor allem aus politischen Gründen noch gefährlicher waren als anderswo und die sich natürlich nach dem sowjetischen Einmarsch in der Stellenverteilung bemerkbar machten.

Fünfter Teil
Jenseits des Atlantiks
(1967–1992)

Es muß das Herz bei jedem Lebensrufe
Bereit zu Abschied sein und Neubeginne,
Um sich in Tapferkeit und ohne Trauern
In andre, neue Bindungen zu geben.
Und jedem Anfang wohnt ein Zauber inne,
Der uns beschützt und der uns hilft, zu leben.

Hermann Hesse

Ein folgenschwerer Kongreß

Der Marburger Kongreß wirkte nach. Im Sommer 1964 kam Ken Morgan nach Bonn, um zu fragen, ob ich ihm helfen könnte, den nächsten IAHR-Kongreß zu organisieren, der erstmals in der Neuen Welt, in Claremont, California, stattfinden sollte. Wir kannten uns aus Tokio und vom Marburger Kongreß. Ken war ein Mensch, für den das Studium der Religionen eine Herzenssache war, um dadurch Brücken bauen zu helfen, und seine Bücher schildern die verschiedenen religiösen Strömungen nicht so sehr vom historisch-philologischen Gesichtspunkt, sondern durch Zeugnisse der Gläubigen. In der Colgate University in Upstate New York hatte er in lieblicher Umgebung ein religiöses Zentrum gegründet, Chapel House, mit einer Bibliothek, Kunstsammlung und vielen Platten religiöser Musik – ein idealer Treffpunkt.

Es war meine erste Reise nach Nordamerika. Ich flog im August 1965 nach Los Angeles, wurde von zwei netten Studenten abgeholt und war drei Tage Gast von Gustave E. von Grunebaum, der dort ein großes Zentrum für Islamkunde an der Universität aufgebaut hatte. Er gab vielen jüngeren europäischen Kollegen und Studenten die Möglichkeit, eine Weile dort zu arbeiten; später wurde unter seiner Ägide die Levi-della-Vida-Medaille zum Andenken an den großen italienischen Orientalisten gestiftet, zu deren Verleihung an einen bekannten Wissenschaftler immer ein hochkarätiger Kongreß stattfand. Ich nahm gern an diesen Kongressen teil, hatte aber nie erwartet, daß ich 1988 selbst so geehrt werden würde; das Thema dieses Kongresses war – wie könnte es anders sein – Maulana Rumi.

Kollegen zeigten mir das krakenartige Los Angeles, dessen Struktur ich auch bei meinen vielen späteren Besuchen nie begriff. Von Los Angeles ging es in das ziemlich nahe Claremont, den Sitz des wohlbekannten Pomona College. Man hatte mich bei einer freundlichen Pfarrerswitwe einquartiert. Im Wohnzimmer stand eine Harfe, so daß ich mich bereits unter Engeln wähnte. Mein erster Eindruck: Als ich morgens zu dem künftigen Kongreßbüro durch die Gärten ging, tönte aus dem Hinterteil eines seinen Rasen mähenden Mannes Musik – kleine Transistorradios hatten damals Bonn oder zumindest mich noch nicht er-

reicht; so war ich überrascht. Ich will nicht verschweigen, daß wir an einem freien Nachmittag auch ins nahegelegene Disneyland fuhren, wo
ich zum ersten und einzigen Mal in meinem Leben ein McDonald's betrat.

Die Organisation eines für fünfhundert Teilnehmer geplanten Kongresses war nicht leicht, selbst wenn einige der Marburger Probleme
fehlten. Eine besondere Schwierigkeit war jedoch, daß Claremont
«trocken» war: Kein Alkohol war innerhalb der Stadtgrenzen zu finden.
Was tun, um die Delegierten bei guter Laune zu halten? Nun, wir gingen unschuldigen Gesichts zu meiner lieben Gastgeberin, um ihr Auto
für wichtige Besorgungen zu leihen, und fuhren in den Nachbarort, wo
wir beträchtliche Mengen seelenerheiternden Stoffes zum Wohl unserer
Gäste holten. Aber trotz dieser schönen Geste war der Kongreß kein reiner Erfolg. Es gab starke Spannungen zwischen den europäischen und
den amerikanischen Kollegen. Während die Europäer, geleitet von dem
damaligen IAHR-Präsidenten Geo Widengren, die traditionelle histo-
risch-philologische Linie verteidigten, wünschten die Amerikaner eher
eine menschenbezogene Wissenschaft (damals war die soziologische
und theoretisierende Religionswissenschaft noch nicht so vorherr-
schend wie heute). Man schied also nicht sehr glücklich. Wie sollte die
Arbeit weitergehen?

Eines Morgens während des Kongresses rief mich Wilfred Cantwell
Smith von Harvard zu sich und, auf dem altmodischen Sofa im Vorraum
sitzend, legte er mir in den für ihn typischen langen, komplizierten Sätzen sein Problem dar: Ein reicher indischer Muslim, Mr. Ozai Durrani,
von Beruf Chemiker, hatte durch die Erfindung des *Minute Rice* in den
USA ein beträchtliches Vermögen erworben. Nun sollte das Geld einer
Universität zugute kommen, die sich mit der Übersetzung der Poesie
der beiden führenden Urdu-Dichter, Ghalib (gest. 1869) und Mir (gest.
1810) befassen sollte, und zwar in ähnlicher Weise wie Edward Fitzge-
rald hundert Jahre zuvor die *Rubaiyat*, «Vierzeiler», von Omar Chayyam
in der westlichen Welt heimisch gemacht hatte – eine Aufgabe, die etwa
so schwierig war wie die *Duineser Elegien* in modernen chinesischen
Tonfall zu übertragen. Harvard – so mein Gesprächspartner – bekomme
das Geld, aber man könne ja keinen Lehrstuhl für eine derartige Über-
setzungsarbeit gründen, sondern müsse die Aufgabe in einen größeren
Rahmen stellen. Wer könnte eine solche Aufgabe übernehmen?

Ohne zu zögern sagte ich: «Jan Marek aus Prag; die Prager Schule ist
erstklassig!»

«Um Gottes Willen! Der lebt ja im Ostblock!»

«Ja», sagte ich, «er ist aber der geeignete Mann dafür!»

«Nein, nein – wer kommt denn sonst in Frage?»

«Nun», sagte ich unschuldig, «da ist Alessandro Bausani in Neapel – ein großartiger Philologe mit weitgefächerten Interessen.»

«Aber nein! Der war doch in seiner Jugend Mitglied der Kommunistischen Partei Italiens.»

«Aber er ist doch Bahai!»

«Nein, das ist unmöglich, seine Vergangenheit ...»

Ich sah das zwar nicht ein und versuchte mein Glück weiter: «Der einzige in Europa, der noch in Frage käme, wäre Ralph Russell in London.»

«O Gott – der ist doch noch in der Kommunistischen Partei!»

«Das weiß ich nicht!» sagte ich etwas ärgerlich. «Mehr habe ich nicht auf Lager.» Ich hatte ja nicht an die Vorbehalte der McCarthy-Ära gedacht. Schweigen. «Was tun?» Weiteres Schweigen.

«Ja», sagte Wilfred, «wir wollen *Sie* haben!»

«Ich will aber nicht!» sagte ich verwirrt. «Ich bin kein Spezialist für Urdu, und diese unerhört schwierige Poesie ins Englische poetisch zu übertragen, traue ich mir schon gar nicht zu!» Ich sträubte mich mit Händen und Füßen. Aber Harvard ließ nicht locker. Telegramme, Besuche von Kollegen – was tun? Im Mai 1966 flog ich zu einer interreligiösen Konferenz nach Princeton und verband damit einen Besuch in Harvard. Mir schauderte beim Anblick der einfachen Backsteinbauten im Harvard Yard, wo die Bäume noch kaum grünten. War das mit unserer schönen Universität Bonn und dem Hofgarten zu vergleichen? Trotzdem verhandelte ich mit dem Dekan. In Princeton dann vermittelte Wilfred, der sich als ausgezeichneter Kenner des indischen Islam zum Advokaten des Minute-Rice-Geldes gemacht hatte, die Bekanntschaft mit Jim Cherry, dem Rechtsanwalt aus New York, der Testamentsvollstrecker war. Wir hatten sogleich guten Kontakt, und seine Frau fand mich gar nicht «teutonisch», sondern meinte: *«You look really like a New York girl!»* Konnte ich ein höheres Lob von ihr erhoffen? Ohne Jim Cherry wäre mein Leben in Harvard viel schwieriger gewesen. Er war Harvard Alumnus und kannte alle Eigenheiten des mir so völlig fremden Lebens, beriet mich in juristischen Fragen, in Steuerdingen, kurz, in allem, was nicht mit orientalischer Poesie, sondern mit praktischen Lebensfragen zusammenhing. Er war es auch, der Harvard überzeugte, daß das von mir gewünschte Arrangement für alle Seiten günstig sei, wenn ich nämlich alle Vorlesungen und Übungen in einem Semester hielte und das Herbstsemester für meine eigenen Studienreisen und Pläne benutzte. Mit Dankbarkeit denke ich an Jim zurück; New York ist ohne ihn nicht mehr wie in seinen Tagen, wenn wir lange diskutierten und er sich meiner Erfolge freute und wir dann – vorzugsweise japanisch – essen gingen. Wie viel Spaß hatten wir, als die kleine Kellnerin auf meine Bestellung «*Dry Sherry!*» ahnungslos fragte: «*Dly serry is dat witout water?*»

Nach den ersten Begegnungen mit Dekan und juristischen Beratern war der Würfel gefallen. Meine nächste Pflicht war, Urdu-Bücher in Indien und Pakistan zu kaufen, denn die in der sonst so überreichen Widener Library vorhandenen drei oder vier Urdu-Werke genügten beim besten Willen nicht für ein neues Fachgebiet. Und so mußte ich ein neues Leben beginnen.

Dreimal Schneesturm

Ein paar kaum sichtbare Schneeflocken kamen vom Himmel, als ich am 1. März 1967 in Boston landete. Mein alter Freund Dick Frye, Aga-Khan-Professor of Iranian Studies, holte mich ab und brachte mich nach einem nicht sehr schmackhaften Abendessen im «deutschen» Wursthaus am Harvard Square ins Radcliff Graduate Center, wo ich für mein erstes Harvard-Semester eine praktische kleine Wohnung hatte. «Ich hole dich morgen früh ab», sagte Dick, und nichts Böses ahnend sank ich ins Bett. Um acht Uhr früh klingelte das Telefon. «Sorry, ich kann dich nicht abholen, wir hatten einen Schneesturm, und ich finde mein Auto nicht unterm Schnee!» Was tun? Niemand hatte mir gesagt, daß im Winter in Massachusetts Stiefel das wichtigste Kleidungsstück sind. Nach einigem Überlegen siegte mein preußisches Pflichtbewußtsein über den Horror, und ich stapfte tapfer durch den mehr als knöchelhohen Schnee. Als ich zum Department kam, das damals in 1737 Cambridge Street untergebracht war, fand ich nur eine höchst erstaunt blickende Sekretärin: Nein, bei diesem Wetter würde wohl niemand kommen. Selbst die treffliche Köchin, Mrs. Black, zog es vor, daheim zu bleiben. So lebte ich von einem geschenkten Sandwich (ähnlich wie ich am Tag meiner Habilitation in Marburg nur mit Mühe einen Teller Suppe aus der Volksküche fand).

Das war der Anfang in Harvard. Andere Überraschungen folgten bald. Man ließ mich einen Kurs in islamischer Geschichte für Under-graduates halten, was nicht meine Aufgabe war, denn ich hatte genug mit meinen eigenen Vorlesungen und Übungen auf dem Gebiet der indo-muslimischen Kultur zu tun. Und außerdem: Was waren *Under-graduates*? Weder im deutschen noch im türkischen System gab es sie. Und überhaupt: Warum sollte man den Studenten für jede Woche ge-nau sagen, aus welchem Buch sie welche Seiten für die nächste Vorle-sung gelesen haben sollten? Waren es nicht intelligente Menschen, die das Material selbst in der Bibliothek finden konnten? Neben all den Lehrveranstaltungen saß ich in jeder freien Minute im tiefsten Keller-geschoß der Bibliothek, um die aus Indien und Pakistan angekomme-nen Urdu-Bücher durchzusehen und vorläufig zu katalogisieren. Der Winter wollte nicht enden, und mein Herz war in Deutschland, wo Mama ihrer an Krebs sterbenden jüngsten Schwester in Aurich beistand und wo mein verehrter Freund und Lehrer Heiler ebenfalls im Sterben lag. War es verwunderlich, daß ich am Semesterende zusammenbrach und mit einer Phlebitis ins Harvard Health Center kam? Ich versuchte, dem Arzt den Nutzen von Blutegeln begreiflich zu machen – Tiere, von denen er offenbar noch nie etwas gehört hatte. Als er mich nach ei-ner Woche als geheilt entließ, war mein Knie apfelsinendick, doch er meinte ungerührt: «*I'm not interested in your knee, I'm only interested in your phlebitis!*» Und das Knie wurde nie wieder ganz normal. Oh Land der unbegrenzten Möglichkeiten!

Der zweite große Schneesturm kam, als ich im Februar 1969 aus dem Subkontinent nach Boston zurückflog, mit einem Tag Zwischenstop in Bonn. Wir hatten in Karachi und Delhi den hundertsten Todestag Mirza Ghalibs gefeiert, und da ich ja für seine Poesie in Harvard zuständig war, mußte ich daran teilnehmen. Es war schön, dort viele Kollegen, besonders aus dem Ostblock, zu treffen. An einem Dienstag wollte be-ziehungsweise mußte ich in Harvard sein, weil dann die alljährliche Auswahl der neu im Department aufzunehmenden *Graduate Students* stattfand – eine Art Jüngstes Gericht, das über die akademische Zukunft junger Menschen entschied. Das Department hatte viele Lehrstühle, deren Gebiete von Sumerisch bis Turkologie reichten, und nur zwölf bis fünfzehn Studenten konnten angenommen werden, denn die meisten benötigten mehr oder minder große finanzielle Hilfe, die je nach De-partment verschieden hoch war. Uns oblag es, die Zeugnisse ihrer Uni-versitäten, ihre Absichtserklärungen, aber auch ihre finanziellen Bedürfnisse abzuwägen und sie dann auf die verschiedenen Lehrstühle zu verteilen, je nachdem, wofür sie sich gemeldet hatten. Daß sich dabei Eifersüchteleien zwischen den Kollegen etwa des Hebräischen oder Assyrischen, die möglichst drei oder vier Studenten für sich haben wollten, und den immer unterrepräsentierten Turkologen oder Spezialisten für Armenisch oder Persisch ergaben, ist klar – und wir fürchteten diese Sitzungen. Aber ich wollte unbedingt dabei sein, um mein ernsthaftes Interesse an der Arbeit zu beweisen, selbst wenn ich diesmal die Akten nicht vorher gelesen hatte.

Kurz vor Boston kam eine Stimme aus dem Cockpit: «Schneesturm in Neuengland –, Logan Airport geschlossen; wir fliegen nach Philadelphia; die Reisenden werden je nach Wetterlage morgen oder übermorgen weitertransportiert.» Was tun? Konnte man nicht die Bahn nehmen? Von New York fuhr doch nachts um drei ein Zug nach Boston! Ein paar Mutige machten sich zum Bahnhof auf, und gegen zweiundzwanzig Uhr erreichten wir New York Penn Station. Der unsagbar ungemütliche Raum füllte sich langsam, denn alle Boston-Maschinen waren umgeleitet. Ich schob meinen ach so schweren Koffer zentimeterweise weiter, setzte mich hin und wieder darauf und war gegen zwei Uhr überzeugt, daß ich Boston nie erreichen würde. Irgendwann öffnete ich wieder die Augen und war mir völlig sicher, daß ich bereits zu phantasieren begann; denn die Gestalt neben mir *konnte* doch gar nicht real sein. Vorsichtig berührte ich das «Trugbild» mit dem Finger. «Annemarie, was machst du denn hier?» fragte es, und ich konnte nur antworten: «Wilfred, was machst du denn hier?» Es war mein Kollege Wilfred Cantwell Smith, der, von Toronto kommend, zur gleichen Sitzung wollte wie ich. Als der Zugang zum Bahnsteig geöffnet wurde (das geschieht in den USA immer erst in letzter Minute!), ergriff er meinen Koffer – und dann *saßen* wir tatsächlich im Zug. Wilfred ruhte nicht, bis er in Boston das wahrscheinlich einzige Taxi im Schneematsch gefunden und mich in meiner Wohnung abgeliefert hatte. Drei Stunden später erschien ich, allerdings leicht grünlich-bleich, bei der Sitzung. Wie mir scheint, gewann ich so den Respekt einiger Kollegen, die bis dahin der deutschen Kollegin eher skeptisch gegenübergestanden hatten.

Der dritte Schneesturm kam im Februar 1978. Ich hatte Montag nachmittags zu Hause mit einem Studenten gearbeitet, und als er ging, fielen wieder einmal ganz zarte Flöckchen vom Himmel. Morgens wollte ich die Haustür öffnen – es ging nicht: Etwa neunzig Zentimeter Schnee lagen davor. Ausnahmezustand für das ganze Gebiet um Boston,

Die Eltern Paul Schimmel (Weida 7.3.1889, † Ketzin 4.5.1945),
ca.1940, und Anna Schimmel, geb. Ulfers (* Carolinensiel 11.1.1887,
† Bonn 11.4.1978), ca.1919 (oben); A.S. im Luisenpark in Erfurt,
1924, und beim Füttern von Omas Katzen in Carolinensiel, 1929 (unten).*

Abiturklasse der Königin-Luise-Schule, Erfurt, Januar 1938 (oben, A.S.: 1. R., dritte von rechts); im Hof der Lutherschule in Erfurt, 1929 (unten links); Ferien in Carolinensiel im Sommer 1936 (unten rechts).

Friedrich Heiler spielt Klavier mit seinem Hund Laqit, ca. 1953 (oben links); Hans Heinrich Schaeder, um 1944 (oben rechts); beim Religionshistoriker-Kongreß in Japan, 1958 (Mitte); mit Boutros-Ghali bei der Verleihung des theologischen Ehrendoktors der Universität Uppsala, 1983 (unten).

*Staatsbesuch des Königs von Marokko in Bonn, 1962 (oben); Überrei-
chung des pakistanischen Ordens Sitara-yi Quaid-i Qzam durch
Botschafter Abdur Rahman Khan in Bonn, 1966 (unten).*

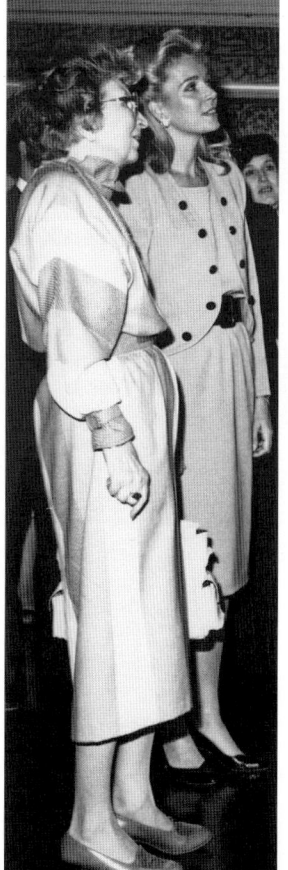

Geburtstag in Karachi, 1961 (oben);
mit Königin Noor von Jordanien bei einer
Kalligraphie-Ausstellung im Semitic
Museum der Harvard University, ca. 1982
(unten links); bei der Einführung auf den
Lehrstuhl für Indo-Muslim Culture der
Harvard University, 1971 (unten rechts).

Mit den Frauen in einem Dorf in Sindh, 1961 (oben); Ausschau nach der Neumondsichel für das Ende des Fastenmonats, Garhiyasin, Sindh, 1961 (unten).

چہ باید مرد را؟ طبع بلندے مشرب نابے
دلِ گرم طبیعت پاکبازے جانِ بے تابے

(گورنمنٹ مسلم ہائی سکول ملتان)

Bei der Iqbal-Feier in der Muslim High School, Multan, 1963.

*In Karachi, Februar 1958, von links nach rechts: S. A. Vahid, Mr. Ali,
A.S., Pir Hussamuddin Rashdi, Abdul Hayy Habibi (oben); Beginn der
Ausgrabung der frühesten Moschee im Subkontinent, Bhambhore, am
1. 3. 1958, im Zentrum des Bildes Mumtaz Hasan (unten).*

*Mit Z.A. Bhutto in Islamabad, 1975 (oben); im Haus von Makhdum
Sahib Qureshi, Leiter des Suhrawardi-Ordens, Multan, 1975 (unten).*

*Mit dem indischen Staatspräsidenten Dr. Zakir Husain, Delhi 1966
(oben); im Garten von Ebba und Benno Koch, mit Babur, Delhi 1977
(unten).*

Die Annemarie-Schimmel-Avenue in Lahore, 1982 (oben); mit Bundes-präsident Roman Herzog beim Staatsbesuch in Pakistan, April 1995, bei der Überreichung einer Kalligraphie von Rasheed Butt (unten).

Vortrag in der al-Furqan-Foundation London, rechts im Bild: Shaikh A. Zaki Yamani, London 2000 (oben); im Hause von Prinz Heinrich XVII. Reuss, Wien, im November 2001 (unten). Foto: Christine Turnauer, Wien.

keine Flüge, keine Bahn, selbst Harvard war zum ersten Mal seit dem frühen neunzehnten Jahrhundert geschlossen. Erst im Laufe einiger Tage konnte man ein wenig nach draußen, aber alle Verbindungen blieben zunächst gesperrt. Doch Freitag rief Peter, einer meiner Jesuitenstudenten, an: «Kommst du heute zum Abendessen?» Ich sagte zu und kroch gegen Abend in meinen Moonboots zwischen den Schneebergen zu meinem Ziel. «Komm in die Küche!» rief Peter – und was sah ich? Auf dem Küchentisch liefen fünf riesige Hummer herum! «Wo habt ihr die denn her?» «Nun», lachte er, «heute früh ging die U-Bahn zum ersten Mal wieder, da haben Jack und ich unsere *roman collars* (Priesterkragen) angelegt und sind zum Hafen gefahren, und da die Fischer alle irische Katholiken sind, waren sie glücklich, als sie zwei Priester sahen, die seit vier Tagen ihre ersten Kunden waren.» Es wurde ein sehr fröhlicher Abend.

Am Sonntagmorgen telefonierte ich wie immer mit Mama, und wir lachten herzlich über das Hummerfest. Doch als nachmittags eine Bekannte bei ihr anrief, um sich zu erkundigen, wie ich den Schneesturm überstanden hatte, stolperte sie und brach sich den Oberschenkelhals. Erst am nächsten Morgen wurde sie dank der Aufmerksamkeit des Briefträgers entdeckt und ins Krankenhaus gebracht. Freunde informierten mich, und ich flog sofort nach Bonn, in der Tasche das erste Exemplar meines Buches *The Triumphal Sun*, das mit der letzten Post angekommen war. So konnte ich auf ihre erstaunte, ja fast ärgerliche Frage «Was willst du denn hier?» antworten: «Dir mein eben erschienenes Buch über Rumi bringen!» Bald wurde sie aus der Intensivstation entlassen, schien sich rasch zu erholen, bis die Kräfte versagten (sie war einundneunzig Jahre alt) und sie friedlich einschlief.

Wem sollte ich jetzt noch täglich einen Brief schreiben, wie ich das seit Jahren zu tun pflegte? Ich dachte an Iqbals Elegie auf seine Mutter, in der es heißt:

Wer wird, zu Hause wartend, für mich beten?
Wer unruhig sein, wenn Briefe sich verspäten?
Ich werde in dein Grab die Frage senken:
Wer wird im Nachtgebet jetzt meiner denken?

Und doch ist meine Mutter, die vielgeliebte «Tante Mama» so vieler junger Freunde in Ost und West, noch immer gegenwärtig, ist eine schützende Präsenz, wo immer ich bin.

Harvard, das westliche Exil der Seele

Natürlich bestand Harvard nicht nur aus Schneestürmen, doch der eisige Winter, mit dem von Kanada heransausenden Wind, machte das Land ungemütlich. Bis zum Mai konnte man vor Schnee nicht sicher sein. Aber wenn es an wirklichen Blumen fehlte, konnte man die berühmte Glasblumensammlung im Peabody-Museum bewundern; hier waren unzählige Blüten naturwissenschaftlich exakt in Glas nachgebildet, um als Anschauungsmaterial zu dienen. Meine erste Wohnung in der Harvard Street, nahe dem Department, war zum Glück recht gemütlich – abgesehen von der Plage vieler Harvard-Gebäude, nämlich Cockroaches, in deren Bekämpfung nicht nur ich, sondern viele von uns Experten wurden. Zwei Straßen weiter war e. e. cummings geboren, der bald zu meinen Lieblingsdichtern gehörte. Schon in Ankara hatte ich eines seiner frühen Gedichte entdeckt:

All in green went my true-love riding...
Ganz in Grün ging mein Herzlieb reiten
auf groß-goldenem Roß
in die silberne Früh'...

Verse, die mich immer an einen kostbaren mittelalterlichen Gobelin erinnerten. In grauen Wintertagen in Harvard trösteten mich seine treffenden Schilderungen der Professorengattinnen:

Die Cambridge-Damen leben in möblierten Seelen.
Sie sind unschön und haben komfortablen Geist
(auch, mit der Kirche protestantischem Segen,
Töchter, unduftend, formlos und voller Eifer).
Sie glauben an Christus und Longfellow, beide schon tot,
sind unabänderlich interessiert an so vielem,
jetzt, dieses schreibend findet man doch noch immer
entzückte Finger stricken für – sind es die Polen?
vielleicht; während die unveränderlichen Gesichter verhalten
klatschen Skandal von Frau N und Professor D...

Wenn auch viele von Cummings Versen sich dem Verständnis entzogen, mit ihren zertrennten Silben, ihren unerwarteten Neubildungen, gab es doch immer wieder zauberhafte lyrische Momente und auch beißende Satiren auf die USA.

Zu den Aufgaben des Lehrstuhls für indo-muslimische Kultur

gehörte, wie der Stifter festgelegt hatte, die poetische Übertragung der
Gedichte von Ghalib und Mir. So hatte man, ehe ich kam, einen Pakistaner beauftragt, Gedichte der beiden Poeten in englische Prosa zu
übersetzen; seinen Rohstoff (und *wie* roh war er!) schickte man an amerikanische Dichter. Bei diesem Verfahren kamen zwar ganz nette amerikanische Verse heraus, aber sie waren himmelweit von der verfeinerten
rhetorischen Eleganz der Originale entfernt; denn ein persisches oder
Urdu-Gedicht ist ja kein Erlebnisgedicht, wie wir es kennen, sondern
ein überaus kompliziertes Filigranwerk aus seit Jahrhunderten vorgegebenen rhetorischen Formen. Daher wollten wir den Studenten eine
feste Grundlage in indo-muslimischer Kultur vermitteln, damit sie verstanden, was für eine umfassende Geistesgeschichte man kennen muß,
um orientalische Dichtung richtig zu verstehen. Unser Gebiet umfaßte
also die im Jahr 711 beginnende Geschichte des Islam im Subkontinent
sowie die Sprachen: das theologisch-juristische Arabisch, das Persische,
das seit dem elften Jahrhundert Literatur- und Verwaltungssprache war
(an der auch die Hindus weithin Anteil hatten), das Türkische zahlreicher
aus Zentralasien stammender Dynastien sowie die Regionalsprachen
Sindhi, Panjabi und Paschto (Bengali wurde besonders in Chicago gelehrt). Auch Kunstgeschichte gehörte dazu, die von Cary Welch vertreten
wurde. Kurz, wir mußten die gesamte Islamkunde einbeziehen.

Für Urdu brauchte ich einen Lektor. Allerdings hatte ich mit dem ersten, einem pakistanischen Historiker mit schwerem Panjabi-Akzent, allerlei Kummer; denn ich wußte damals noch nichts über die komplizierten Regeln für Beförderung oder Festanstellung. Harvard hat das Prinzip
«Friß, Vogel, oder stirb!» Schon Absolventen der Universität zu Beginn
des zwanzigsten Jahrhunderts sprechen von *Harvard's chilling indifference*
gegenüber Studenten und, wie ich in den ersten Jahren feststellen
konnte, auch gegenüber seinen importierten Lehrkräften. Nachdem ich
mich durch die Unannehmlichkeiten durchgekämpft hatte, wurde Brian
Silver mein Urdu-Assistent, eine zarte Seele und ein großer Musiker, der
einer der wenigen Ausländer ist, dessen Sitar-Spiel auch im Subkontinent bewundert wird. So brachte er eine neue Farbe in den Unterricht.
Als er, den Regeln zufolge, nach acht Jahren aus dem Department ausscheiden mußte und Leiter des Urdu-Hindi-Programms der Voice of
America wurde, empfahl er Ali Asani als Nachfolger. Ali, ein Ismaili aus
Kenya, den ich seit seinem zweiten (*sophomore*) Jahr in Harvard betreut
hatte und der 1992 mein Nachfolger wurde, hat durch sein pädagogi-
sches Talent die Zahl der Urdu-Studenten von wenigen Nebenfächlern

auf fünzig bis sechzig im ersten Semester steigen lassen – abgesehen von seinen Erfolgen in den Islamkursen. So konnte ich mich befriedigt zurückziehen. Mein *Betajee*, «lieber Sohn», führte das Projekt weiter.

Wir, das Department of Near Eastern Languages and Cultures (NELC), waren in den ersten Jahren in dem großen Gebäude 1737 Cambridge Street untergebracht und sollten nach langer Zeit wieder in den ursprünglichen Sitz des Departments, das Semitische Museum, 6 Divinity Avenue, zurückziehen, das vor etlichen Jahren von Henry Kissingers Büro besetzt worden war. Da sich die Renovierung hinzog, wurden wir für zwei Jahre in einer Baracke untergebracht, die mich höchst unangenehm an den Arbeitsdienst erinnerte. Im Untergeschoß befand sich ein Kindergarten, dessen Lärm unsere Arbeit beträchtlich störte. Die Umsiedlung bedeutete auch, daß die gemeinsamen Mittagessen aufhörten, bei denen man für 99 Cents nicht nur ein gutes Essen bekam, sondern auch nette Gespräche mit Kollegen und Gastprofessoren führen konnte – von Familienplanung im islamischen Mittelalter bis zu seltenen persischen Manuskripten oder auch über den Fortschritt des Krimis über den dreizehnten Imam, den ein Dozent gerade schrieb. Manchmal hätte man auch Romane über das Leben von Kollegen und Studenten schreiben können.

Das war je länger, je mehr so, weil ich gern mit meinen «lieben Kleinen» zum Mittagessen ging. Wir hatten ja auch in Marburg versucht, die Studenten wenigstens zu einer Tasse Tee einzuladen. Ich liebte diese Gelegenheiten, denn durch sie versteht man besser, warum die Leistungen plötzlich nachlassen oder eine Semesterarbeit nicht viel taugt. Vielleicht gibt es Probleme mit den Eltern, vielleicht hat der Student oder die Studentin Liebeskummer, oder die geliebte Katze ist gestorben, oder aber, wie es nicht selten der Fall war, wächst die Eifersucht auf Kommilitonen in dem harten Kampf um Examensnoten. Eifersucht war ein Hauptproblem, das die Harvard-Atmosphäre manches Mal vergiftete – und nicht alle Kollegen wußten dieses Problem richtig zu behandeln.

Endlich zogen wir in unser eigentliches Quartier. Das Semitische Museum hatte seinen Namen davon, daß im Untergeschoß ein kleines Museum altorientalischer Ausgrabungen aufgebaut war, das der Kurator liebevoll pflegte, wobei er seine eigene Begeisterung auch auf Kinder und Nicht-Fachleute zu übertragen suchte. Der Kurator, das war Carney Gavin, ein irischer Priester, dessen herzliches Lachen durchs ganze Gebäude dröhnte. Ich mochte seine Art, die so sehr von den Neuengländern mit ihren Sandpapierseelen abstach. Der Stolz des Museums waren Fotos orientalischer Ortschaften, einschließlich Mekkas, aus dem neunzehnten

Jahrhundert, die bei einem kleinen Bombenanschlag auf Kissingers Büro auf dem zerstörten Dachboden gefunden worden waren und nach und nach veröffentlicht werden sollten. Carney hatte ein Netz von Beziehungen, die vom europäischen Hochadel bis zu den Notabeln von Mekka reichten. Es war ein Jammer, daß ein neuer Ordinarius Ende der achtziger Jahre ihn nicht mehr im Amt beließ. Hin und wieder wurden Foto-Ausstellungen organisiert; ich erinnere mich an eine feine Ausstellung von Fotos indischer Moscheen und Abreibungen ihrer dekorativen Details, durch die ich Königin Noor von Jordanien führen durfte. Wie immer hatte Carney dafür gesorgt, daß hübsche Repliken von Kunstwerken zur Verfügung standen, um das Museum etwas finanzieren zu helfen.

Wenige Minuten von unserem Department lag die Divinity School und, für uns besonders wichtig, das *Center for the Study of World Religions*, liebevoll-spöttisch *God's Motel* genannt, sah es doch aus wie ein Motel und hatte den Zweck, den interreligiösen Dialog zu fördern. Die Studenten, die aus verschiedenen religiösen Traditionen kamen, konnten kleine Wohnungen bekommen, und im Common Room wurden viele Veranstaltungen durchgeführt, strikt alkoholfrei, da Wilfred Cantwell Smith, der lange Zeit Leiter des Centers war, von solchen Teufelsdingen nichts hielt. (So war es für einen blinden muslimischen Studenten nicht leicht, ein, zwei Flaschen des seelenverderbenden Getränks in sein Zimmer zu schmuggeln, wußte er doch nie, ob der Meister in der Nähe war.)

Das interreligiöse Interesse war stark bei unseren Studenten, und God's Motel war ein Treffpunkt für Menschen aller Weltreligionen. Manchmal wurde dort auch ein semesterlanges Seminar gehalten. So veranstalteten die französische Indologin Charlotte Vaudeville und ich ein Seminar über die hinduistische Form der Gottesliebe, *bhakti*, und die Gottesliebe im islamischen Sufismus, die sich so ähnlich sind. Mit einem Sindhi-Hindu aus Delhi, Motilal Jotwani, arbeiteten Ali und ich über neuentdeckte Verse eines Sindhi-Mystikers aus dem sechzehnten Jahrhundert und genossen die komplizierte Interpretationsarbeit mit den vielen Gefahren von erheiternden Mißverständnissen sehr.

Wie multireligiös die Studentenschaft zusammengesetzt war, zeigte sich, als ich einen Kurs über Religionsphänomenologie, basierend auf Friedrich Heilers Arbeit, anbot. Bei mehr als sechzig Studenten zählte ich über vierzig Denominationen, vom Jesuitenpater zum ceylonesischen buddhistischen Mönch (dessen gewaltige Stiefel mit seinem gelben Mönchsgewand kontrastierten), vom orthodoxen Juden bis zur Methodistin, vom pakistanischen Wahhabiten bis zur amerikanischen Sufi-Dame.

1970 las ich erstmals ein Kolleg über islamische Mystik. Es wurde sehr beliebt, und das Buch über *Mystische Dimensionen des Islam*, das daraus hervorging, wird in Übersetzungen in den verschiedensten Sprachen (jüngst sogar in Russisch) verwendet. Als ich damals auf Suhrawardis Konzept von der *ghurbat al-gharbiyya*, dem «westlichen Exil» der Seele, zu sprechen kam, meinte einer meiner Jesuiten ganz richtig, das sei wohl eine Anspielung auf mein «Exil» in Harvard. Schön waren die Kurse über Maulana Rumi, in denen wir manchmal Zeit und Raum vergaßen. In anderen Jahren überwog die Frustration mit den Studenten, die weder begriffen, wie man persische Poesie skandiert, noch Sinn für die leidenschaftliche Liebesmystik des Dichters hatten. Eine meiner kostbarsten Erinnerungen ist mit einem frühen Rumi-Kolleg verbunden: John, ein amerikanischer Anwärter auf den Auswärtigen Dienst, nahm daran teil. Er gehörte dann 1980 zu den in Iran festgehaltenen Geiseln. Viele Jahre später, 1992, war er zufällig auf Urlaub in Harvard, als ich meine Abschiedsvorlesung hielt, in der Rumi natürlich eine wichtige Rolle spielte. John fragte mich, ob er etwas hinzufügen dürfe, und berichtete den Studenten, wie er in der iranischen Haft Gedichte von Rumi und Iqbal zitiert habe und wie er daraufhin von den Wächtern ganz anders behandelt worden sei: Sie hatten ihn als einen der Ihren erkannt, der das Beste aus ihrer Kultur kannte und liebte, und so war er nicht länger ein Feind, sondern Freund. Konnte man sich einen schöneren Abschluß von fünfundzwanzig Jahren Lehrtätigkeit in Harvard vorstellen – mystische Poesie als Vermittlerin zwischen zwei scheinbar feindlichen Welten?

Bunt war das Bild der Studenten, die in Hauptseminaren oder als Nebenfächler zu mir kamen. Das Spektrum reichte von Gulshan, «Rosenhag», der liebreizenden Ismaili-Studentin aus Ostafrika, die mir wie eine Tochter erschien und mit der ich oft Joan Baez lauschte, bis zu Wheeler, dessen Englisch ich (wie auch andere) zu Anfang kaum verstand, so stark war sein *southern drawl*, die südliche Variante des amerikanischen Englisch. Zum Glück verstand man die orientalischen Sprachen besser, die er mit unglaublicher Leichtigkeit lernte und später auch lehrte. Freilich war er als typischer Southerner auch gegenüber nicht so begabten Studenten recht unduldsam. Er spielte, elegant wie alles, was er tat, Scott Joplin, und ich hatte viel Vergnügen an Ragtime; aber erst, nachdem Veronika Jochum bei einem Schubert-Konzert ein Stück von Joplin als Zugabe spielte, wagte auch ich, mich vor strengen Europäern zu meiner Vorliebe für diese Art Musik zu bekennen. Wheeler aber wurde im Laufe der Zeit zu einem der besten Kenner und Übersetzer der Mogulkultur.

Da war der schöne Rajput-Prinz Jitendra, der Kunstgeschichte studierte, mit seiner hochgebildeten französischen Frau. Durch ihn lernte ich einige der Rajput-Fürstinnen kennen, so die kluge Rajmata von Jodhpur und Fürstin Susan von Baroda, die sich hin und wieder bei ihren Besuchen im Bostoner Hospital auf meinem nicht sehr eleganten Sofa erholten. Der geliebte schwarze Kater Tufan war fast die wichtigste Person im Hause Jitendras. Wir erlebten mit Kummer, wie Jitendra unter der Harvard-Atmosphäre litt und dann grauenhaft an einem Gehirntumor starb.

Mehmet, der Anatolier mit dem Herzen eines Derwischs, diente nach seiner Promotion über die türkische Poesie des Mamlukensultans Qansuh al-Ghûri der Orientalistik dadurch, daß er einen Laden mit Gegenständen von der alten Seidenstraße – Teppiche, Schmuck und vieles andere – in Washington aufmachte, der *Woven History* heißt und dem Besucher den Reichtum der zentralasiatischen Völker vor Augen führt.

Da gab es Margaret, Folkloristin und Spezialistin für Afghanistan, und Maria, die zierliche Ukrainerin – die einzige in all den Jahren, bei der ich es erlebte, daß sie in der Doktorprüfung auch die ausgefallensten Fragen lächelnd beantworten konnte. Bill Graham zeichnete sich durch seine große Aktivität in Wissenschaft und Verwaltung aus und wurde zum unersetzlichen Mitglied des Departments. Die Zeit, da Hoseyin und seine ebenso schöne wie kluge Frau Mahasti zu uns kamen und einen Hauch iranischer Geistigkeit mit sich brachten, war unvergeßlich. Manchmal kamen auch brillante junge Deutsche, denen die USA bessere Entwicklungsmöglichkeiten boten als ihre Heimat.

Zu den so verschiedenartigen Doktoranden kam eine ganze Gruppe Jesuiten, die am Weston College studierten und sich gleichzeitig in der Orientalistik spezialisierten: Pat, der temperamentvolle Ire, der in Nigeria arbeitete, und Peter, libanesischer Herkunft, der mit seiner brillanten Intelligenz und seinem Humor wohl der Liebling aller war; seine Dissertation über «Satans Fall und Erlösung in der islamischen mystischen Tradition» war grundlegend. Peter verließ dann den Orden, nicht aber die Orientalistik. Das gleiche galt für Jack, dem die Islamkunde gute und lesbare Bücher verdankt. Und dann war da Toni aus der Eifel, in dessen schwerem Körper eine mimosenzarte Seele lebte und der allzu früh an Herzversagen starb, als er nach fünf Jahren als Leiter des Deutschen Orient-Instituts in Beirut nach Deutschland zurückgekehrt war, desillusioniert von den Wegen der Wissenschaftler und Verwalter. Meine Mutter liebte ihn besonders: Er war bei ihrem Tod gerade in Bonn und konnte mich stützen. Eine andere Gruppe von Studenten waren die Ismailis. Gulshan war die erste gewesen; aus ihrer Dissertation erfuhr ich vieles, was dem normalen Islam-Wissenschaftler gar nicht bekannt ist: Sie bearbeitete ein langes religiöses Epos in Sindhi-Gujarati aus dem sechzehnten Jahrhundert – ein Epos, in dem die seltsamsten Kombinationen vorkamen: Der Prophet Muhammad erscheint dort als der zehnte Avatar des Hindu-Gottes Vishnu! Solcherlei Kombinationen waren nicht selten in der indischen Ismaili-Literatur, und ein Gemälde, das Gulshan von einer Forschungsreise aus Burhanpur mitbrachte, zeigte den strahlenden Ali, Vetter und Schwiegersohn des Propheten und ersten Imam der Schia, mit seinem berühmten weißen Maultier Düldül, das von Hanuman, dem Affenkönig, geführt wird. Jeder normale Muslim würde erschauern, wenn er das sähe!

Die Ismailis – aus der Tradition der sogenannten Siebener-Schiiten im achten Jahrhundert entstanden – spielen eine wichtige Rolle in der modernen Welt, seit 1840 der Aga Khan aus Iran nach Indien kam. Ismaili-Gruppen hatten sich schon im Mittelalter an der indischen Westküste und im Industal niedergelassen; sie entwickelten ihre Devotionalliteratur, wurden aber erst durch die Ankunft des Aga Khan zu einer festen Gesellschaft, die durch den berühmten Aga Khan III. (gest. 1963) zu einer aktiven Gemeinschaft geformt wurde, in der die Erziehung, vor allem der Mädchen, eine wichtige Rolle spielt.

Die Gemeinschaft ließ sich teilweise in Ostafrika nieder, und nach den politischen Wirren, etwa in Uganda, wanderten viele nach Kanada oder in die USA aus und spielen dort eine wichtige Rolle in der Wirtschaft. Nach dem Tode des alten Aga Khan wurde sein Enkel, Karim Aga Khan, sein Nachfolger. Er ist jetzt der *hazir imam*, der gegenwärtige Imam, dessen Anblick von jedem Gläubigen ersehnt wird. Karim Aga Khan, Harvard Alumnus, setzte die Reformarbeit seines Großvaters fort, stiftete zum Beispiel den Lehrstuhl für islamische Kunst in Harvard, besondere Stipendien für Ismailis an der McGill University in Montreal, das Ismaili-Institut in London und viele andere Kulturzentren. Daher kamen immer eine Anzahl von Ismailis nach Harvard: Ali Asani war einer von ihnen. So bekam ich gute Beziehungen zum Aga Khan.

Unter den Studenten darf ich Herbert Mason nicht vergessen, der, in

Arabistik promovierend, sich intensiv mit Louis Massignon befaßte und später Massignons gewaltiges Werk über den 922 hingerichteten al-Halladsch ins Englische übersetzte. Da er Dichter war, verfaßte er Anfang der siebziger Jahre ein kleines Stück über diesen Märtyrermystiker, ein Lesedrama, das wir eines Abends in God's Motel aufführten. Ich spielte die Mutter des Kalifen, die versuchte, den Mystiker und seine Ideale zu verstehen. Es war ein schöner Abend, und ich verfolgte Herb's wissenschaftliche Laufbahn in Academia weiter, bis er Professor an der Boston University wurde. Gelegentlich schickt er mir noch seine Gedichte. Er war es auch, der mich ermutigt hatte, meine englischen Gedichte herauszugeben.

Auch sonderbare Typen tauchten auf. Da war Greg, den wir seines lockigen schwarzen Haars wegen Greg the Poodle nannten, und der, weiß an Hautfarbe wie ich, plötzlich wegen eines seiner Ahnherren für ein Stipendium für Schwarze qualifiziert war. Seine anfangs guten Leistungen sackten ab, und da er auch das zweite Examen nicht bestand – er war damals drogensüchtig –, mußte er die Universität verlassen. Ein Jahr später rief er mich an; er sei in Boston, dürfe er mich zum Valentine Dinner einladen? Er durfte – und ich erfuhr, er wolle in Kalifornien ein Restaurant aufmachen und lerne jetzt feine Küche. Das Abendessen, das er in der Küche eines Freundes bereitet hatte, war erstklassig. Ich hoffe, er hat mehr Erfolg als Koch denn mit persischer Epik.

Verehrer von Gurdjieff waren ebenso zu finden wie Mädchen, die sich für den klassischen ägyptischen Sufismus interessierten. Einmal nahm ein schlanker Tänzer an einem Kurs teil, der seine Semesterarbeit in Kunstschrift und sieben verschiedenen Farben einreichte, und ein andermal kam ein Jüngling, der wollte «the poems of Heifetz» bei mir studieren. Ich war überfragt – bis ich begriff, daß er den persischen Dichter Hafis meinte. «Oh, spricht man das so aus?» fragte er enttäuscht und ward nicht mehr gesehen. Es muß gesagt werden, daß die Sprachkenntnisse selbst bei Harvard-Studenten ziemlich unterentwickelt sind; der Student muß zwar ein Examen in Deutsch, Französisch oder einer anderen Fremdsprache ablegen – die Graduate Students vor ihrem Examen (Qualifikation für das Doktorat, MA) sollen sogar Kenntnisse in zwei Fremdsprachen aufweisen –, aber die Ergebnisse der schriftlichen Prüfungen sind nicht gerade glänzend – meistens jedenfalls.

Unter den Hörern der allgemeinen Kurse waren einige Jahre lang zwei nicht mehr ganz junge Damen: eine hochelegante pensionierte schwarze Juristin, die sich für den Islam in Afrika interessierte, und eine

Engländerin, Zoe Hersov, deren Mann in der Nähe eine Anstalt für Kinderpsychiatrie aufbaute. Sie nutzte die Zeit, um Islamkunde und ähnliche Fächer zu belegen, und wirkte im Hintergrund auch bei erzieherischen Unternehmen, Counselling und ähnlichem. Ihr Interesse galt der islamischen Kultur, und ihre besondere Liebe gehörte Pakistan. Eines Tages fragte sie mich fast schüchtern: Sie habe von ihrer Mutter ein kleines Vermögen geerbt und dächte nun daran, eine Stiftung für pakistanische Akademikerinnen zu gründen. Hätte ich wohl etwas dagegen, wenn sie die Stiftung «Annemarie Schimmel Scholarship» nennen würde? Ich fiel ihr begeistert um den Hals – und seither besteht dieses Stipendium, das jeweils einer Studentin im Jahr die Möglichkeit gibt, ihr Studium in England abzuschließen, ganz gleich welcher Fachrichtung sie angehört. Unsere erste Stipendiatin war Romanistin; wir hatten eine Künstlerin, Naturwissenschaftlerinnen und andere mehr. Das Stipendium, das von Lahore aus verwaltet wird, bringt interessante Frauen in den Westen; selbst eine Blinde war darunter. Daß sich auch manche Enttäuschungen nicht vermeiden lassen, ist klar; aber ich bin sehr glücklich über diese wunderbare Initiative, die meinen Namen trägt, ohne daß ich daran ein echtes Verdienst habe.

Doch wie studiert man in Harvard?

Dean Henry Rosovsky, der – wie er immer sagte – am gleichen Tag in der gleichen Stadt geboren war wie Günter Grass, hat ein ebenso unterhaltsames wie nützliches Buch veröffentlicht: *The University, A Manual for its owners.* Er entwickelte das Studium der Undergraduates neu, und sein Beispiel machte Schule. Die jungen Leute, die nach dem Highschool-Abschluß in der Regel mit achtzehn Jahren nach einer gründlichen Sondierung akzeptiert wurden (wobei die finanziellen Möglichkeiten, etwaiger Bedarf an Stipendien und anderes geprüft werden), müssen nach einem Jahr allgemeiner Einführungen als *freshmen* zwei Hauptfächer – sagen wir Französisch und Italienisch –, ein allgemeinbildendes Fach – Geschichte, Religion und ähnliches – und ein Fach aus einer anderen Fakultät, etwa Physik, belegen. Die Arbeit wird stark durch *tutorials* geordnet, und wer mit *honors* abschließen will, schreibt eine *honors thesis* in seinem Spezialgebiet – Arbeiten, die zum Teil erstaunlich reif sind. Dann kann man auf ein *magna* oder *summa cum laude* hoffen. Bereits vor dem Abschluß kommen Vertreter aller möglichen

Firmen und Institutionen, die sich für die künftigen Absolventen interessieren, die in den meisten Fällen einen lukrativen Job finden, wobei
das dichte Netzwerk der Alumni eine wichtige Rolle spielt.
Der Abschluß des Studienjahres ist das Commencement am ersten
Donnerstag im Juni. Dann ziehen die Professoren in ihren Roben durch
den Harvard Yard, um auf den Stufen der Memorial Church Platz zu
nehmen – ein buntes Bild. Meine scharlachrote Atlasrobe vom Ehren-
doktorat in Islamabad zog manchen Blick auf sich, wurde allerdings
einmal von einem anderen Gewand übertroffen, dessen Träger einen
lampenschirmartigen himmelblauen Doktorhut mit Fransen trug. Die
Studenten stehen in ihren schwarzen Roben mit farbigen Baretten im
Yard. In der Prozession marschieren auch Vertreter früherer Jahrgänge
mit, und besonders zahlreich sind die Alumni vertreten, die ihr zehntes
oder fünfundzwanzigstes Jubiläum feiern. Da sieht man im Jahr 2001 das
Schild *Class of 1931* – das können zwei, drei Neunzigjährige sein, oder
Class of 1981, eine Gruppe, die 1981 abgeschlossen hat. Das Ritual steht
fest: die Harvard-Hymne, Reden von Graduierten – darunter eine lateinische Rede, die meist sehr witzig ist. Dann werden die Ehrendoktoren
ernannt, und wenn die Studenten genannt worden sind (die ihre Urkunde in ihren jeweiligen Häusern erhalten), löst sich das Ganze zu einer heiteren Feier auf.

Die Alumni sind die Stützen der Universität; ihre finanziellen
Beiträge für die Entwicklung der Universität sind enorm. Harvard kennt
das Vermögen jedes einzelnen und kann daher hohe Summen fordern,
falls jemand sich nicht genügend engagieren sollte. Wenn der Präsident
zur Spende von zwei oder drei Millionen Dollar zum Bau eines neuen
Gebäudes oder zur Verbesserung des Bootshauses und was man so
braucht aufruft, kommt das Geld, und jeder Alumnus ist stolz, ein Stein
im geistigen und finanziellen Gebäude seiner geliebten Alma Mater zu
sein.

Nicht alle Studenten gehen sofort ins Berufsleben. Einige setzen das
Studium hier oder an einer anderen Universität als Graduates bis zum
MA (Master of Arts) oder Doktorat fort. Man bewirbt sich an verschiedenen Orten und entscheidet, wo es nicht nur wissenschaftlich, sondern
auch finanziell am günstigsten ist; andere aber sind glücklich genug,
eine der zahlreichen Belohnungen zu erhalten, die ihnen erlaubt, eine
gewisse Zeit – meist ein Jahr – ihren eigenen Interessen nachzugehen.
Dabei spielt nicht nur ihre wissenschaftliche Leistung, sondern auch ihr
Einsatz für soziale oder politische Belange eine große Rolle. Als ich

Mitglied in einer dieser Kommissionen war, wollte ein blendender junger Mathematiker sich ein Jahr im Ostblock der edlen Kunst des Jonglierens widmen (ich machte mich stark dafür, daß er sein Stipendium erhielt); hier wollte jemand alte Orgeln studieren, dort ein Mädchen Kinderfotos im südasiatischen Raum machen. Die Auswahl erlaubte die Einsicht in Wünsche und Träume junger Menschen, die man sonst nicht so kennenlernte. Mußte man nicht den jungen rothaarigen Farmerssohn aus dem Mittleren Westen fördern, der eine bestimmte Rindersorte in Südfrankreich und Italien studieren wollte und hinzufügte, er könne aber nicht garantieren, daß er sich nicht hin und wieder eine gotische Kirche oder ein Barockschloß ansehen werde?

Wenn in den späteren Jahren meiner Lehrtätigkeit auf Grund der antirassistischen Gesetze oder durch die Erstarkung der feministischen Bewegung nicht selten eher ein Farbiger oder eine Frau statt eines ebenso geeigneten Weißen oder eines Mannes zugelassen wurde, so wirkte sich das oft auch bei der Anstellung aus: «Oh, John hat keine Chance, eine Stellung als Pfarrer zu bekommen», klagte eine unserer Sekretärinnen; «er ist ja weiß, und dazu noch ein Mann!» Von solchen Erfahrungen bewegt, schrieb ich den Limerick:

> Ein frustrierter Jüngling in Harvard
> studierte, bis es ihm klar ward:
> «Dies alles ist Mist –
> ich werd' Feminist!»
> Worauf er in Harvard zum Star ward.

Das Leben der Studenten spielte sich großenteils in den «Häusern» ab, die jeweils Platz für dreihundert bis vierhundert Studenten boten. Als Pat – Tutor für Religion – mich fragte: «Hast du Lust, mit mir zu einer Ausstellung ins Eliot House zu kommen?», ergriff ich gern die Gelegenheit, endlich einmal zu erfahren, was es mit diesen «Häusern» auf sich hatte, die eine so große Rolle im Studentenleben spielten und zu denen jeder Undergraduate gehörte. Mein erster Besuch im Eliot House führte dazu, daß ich *Associate* wurde, das heißt das Recht hatte, an allen Veranstaltungen teilzunehmen und freie Mahlzeiten zu bekommen. Fast jeder Professor gehörte zu einem Haus. Wenig später sprach ich mit Laura, der ebenso anmutigen wie kompetenten Senior Tutor (das ist der eigentliche spiritus rector des Hauses), ob es wohl für mich eine kleine Wohnung gäbe; denn drei, vier Wohnungen standen für Professoren bereit. Da Mama im Alter von siebenundachtzig Jahren verständlicherweise keine Lust mehr hatte, jedes Frühjahr nach Boston zu fliegen, brauchte ich ja keine richtige Wohnung mehr. «Aber natürlich», sagte Laura, «wir freuen uns, wenn du kommst!»

So verließ ich Ende des Sommersemesters 1975 meine Wohnung (die ich sonst immer für die Zeit meiner Abwesenheit an Studenten vermietete oder einfach vergab), und als ich Ende Januar zurückkam, führten meine Jesuiten mich im Triumph in die neue Wohnung, die sie soweit wie möglich eingerichtet hatten. Die Wintersonne strahlte in den Wohnraum, der den Charles River überblickte. Es gab ein Schlafzimmer, ein kleines Arbeitszimmer sowie ein Bad – aber keine Küche: «Ich habe gesagt, du kochst doch nicht!» erklärte Peter, und in der Tat, eine Kochplatte und ein Wasserkessel waren genug, um Frühstück und Abendtee zu bereiten. Freitagmittag hatten wir Senior Common Room, das war Lunch mit Sherry (was das Essen etwas genießbarer machte).

Der Senior Common Room war es, der das Leben im Haus so interessant machte, denn dort traf man viele Kollegen, die der ziemlich isolierte exotische Orientalistenvogel sonst höchstens vom Namen her kannte. Der Philosoph Van Quine gehörte dazu, und da er von allen Kollegen die meisten internationalen Beziehungen hatte, die meisten Länder und Sprachen kannte, unterhielten wir uns häufiger – wenngleich ich von Philosophie allgemein und von der seinigen insbesondere nichts verstehe. Da war der Komparatist Harry Levin, dessen geschliffenen Sätzen zuzuhören immer eine Freude war. Und doch wunderte sich die Orientalistin, daß selbst ein solcher Meister der vergleichenden Literaturwissenschaft so wenig von den Literaturen des Orients wußte. Das galt aber nicht nur für die Literaturwissenschaft. Ich lernte im Laufe der Zeit, daß das Curriculum völlig Amerika-zentrisch war. Von den zwanzig, später etwa vierundzwanzig oder fünfundzwanzig Lehrstühlen im History Department waren zwei Drittel der amerikanischen Geschichte gewidmet; den einzigen Lehrstuhl für islamische Geschichte – und diesen in erster Linie für die Moderne – erhielten wir erst spät; in letzter Zeit ist ein Lehrstuhl für türkische Geschichte gestiftet worden. Und noch mehr: Es gibt eine beachtliche Anzahl von allgemeinen, nicht spezialisierten Kursen über das Christentum, etliche Kurse über das Judentum, aber nur eine einzige generelle Einführung in den Islam. Wundert man sich, daß die amerikanische Nahostpolitik so seltsame Wege geht? – Doch zurück zum Senior Common Room im Eliot House! Henry Hatfield, Spezialist für Thomas Mann, gehörte ebenso zu

unserer Gruppe wie Ed Sekler, der österreichische Kunstkritiker; es gab
ein paar Naturwissenschaftler, und Master Heimert, Amerikanist, do-
minierte die Szene. Ich lernte in der buntgemischten Gruppe immer
etwas Neues, und dadurch wurde unser kulinarisch nicht gerade erst-
klassiges Essen etwas gewürzt. Außerdem: Wo sonst hätte man den
freundlichen Romanisten Dante della Terza einfach mit «Hey, Dante!»
begrüßen können?

Aber wie funktionierten die Häuser? Die *freshmen* lebten innerhalb
des Yard, des umschlossenen Areals mit den wichtigsten Hörsaalgebäu-
den, der gewaltigen Widener Library und der Memorial Church. Nach
dem ersten Jahr wurden sie auf die Häuser verteilt, die ihre Namen
nach bekannten Professoren und Präsidenten erhalten hatten. Am
begehrtesten waren die River Houses, entlang des Charles River, auf
dem beim ersten Schmelzen des Eises die Ruderer aktiv wurden (Sport
spielte natürlich eine wichtige Rolle). Da die Zahl der Studenten
ständig wuchs – zu meiner Zeit gab es etwa zwölftausend Undergraduates –, wurden einige neue Häuser außerhalb des Universitätsareals
gebaut, und als Harvard 1969 co-ed wurde, fiel die strenge Regel, daß
die Harvard-Häuser ausschließlich männlichen Studenten zugänglich
waren, während die Studentinnen ziemlich weit entfernt im Radcliff
Yard eigene Häuser hatten und auch nicht gemeinsam mit den Männern unterrichtet wurden. Auf die Frage eines neugierigen Diplomaten, ob es nicht wundervoll sei, daß Männlein und Weiblein nun im
gleichen Haus wohnen könnten, antwortete eine meiner Studentin-
nen lakonisch: *«I don't think it's nice to meet your mistake over breakfast.»* In
der Tat führten diese Veränderungen, vor allem in den Anfängen,
manchmal zu psychologischen Problemen.

Allerdings konnten nicht alle Probleme auf *co-ed* zurückgeführt werden; sie waren oft ein Ergebnis des erbarmungslosen Wettbewerbs. Als
einer meiner Studenten, ein netter Franzose, einmal seelisch zusammenbrach und ich einen jüngeren Kollegen entsetzt um Rat fragte,
meinte er ungerührt: «Ach, so was passiert. Bei uns im Haus hat sich
neulich auch wieder einer aus dem Fenster gestürzt!»

Die Studenten lebten zu mehreren in kleinen möblierten Wohnungen, die sie am Ende des Studienjahres räumen mußten. Auch ich
mußte das, mußte immer wieder Kisten packen, denn während des
Sommers werden die Räume für die Teilnehmer an den Sommerkursen
benötigt. Zu Beginn des Studienjahres werden die Räume neu verteilt,
damit kein Student drei Jahre lang in einem ungünstigen Apartment le-

ben muß. Die Räume wurden von Jahr zu Jahr besser, denn im vierten Jahr steigern sich ja auch die Anforderungen. Gearbeitet wurde meist nachts; das bedeutet, daß dann auch am besten geheizt war; tagsüber aber war oft das elektrische Öfchen notwendig.

Jedes Haus hatte einige *resident tutors* – Tutoren, die für bestimmte Fächer zuständig waren. Sie spielten eine wichtige Rolle im Lehr-betrieb, denn in manchen Fächern trifft der Student kaum je seinen Professor, der wie ein Geist über allem schwebt und seine praktischen Belange, vor allem das Korrigieren der Seminararbeiten oder Sprach-drill, seinen helfenden Geistern überläßt. Der *senior tutor* eines Hauses hat große Verantwortung, und der Master, dessen Frau als Co-Master wirkt, ist der König seines Reiches; er bewohnt ein schönes Haus, wo oft Veranstaltungen stattfinden. Das Prestige eines Hauses und die Rich-tungen des geistigen, sportlichen oder sozialen Lebens hängen sehr vom Master ab. Eliot House hatte das Glück, jahrelang John Finley, den von den Studenten hochverehrten Altphilologen, als Master zu haben. Seine Vorlesungen über griechische Literatur waren ebenso überlaufen wie die eines anderen in Eliot House lebenden Kollegen, Jack Bates, über Samuel Johnson.

Jedes Haus hatte irgendwelche prominenten Gäste. Unser Haus war von 1970 bis 1972 der Wohnsitz Benazir Bhuttos, die auch als pakistani-sche Ministerpräsidentin die Verbindungen mit Eliot House nie vergaß.

Aber es wäre unrecht, wenn ich neben all den akademischen Kory-phäen nicht auch Hank erwähnte – Hank, der zum Hausmeister aufstieg und in nettester Weise für uns sorgte. Wenn ich über das schreckliche Packen am Semesterende klagte oder über die schlecht oder überhaupt nicht funktionierende Heizung jammerte – Hank wußte Trost: «*Don't worry, young lady, we'll fix it!*» Und so war es. Noch immer tauschen wir je-des Jahr Weihnachtsgrüße aus.

War schon die Studentenschaft in unserem Department und bei den Religionshistorikern bunt gemischt, so war auch unser Lehrkörper in-ternational.

Heute, da ich dies schreibe – am 10. September 2001 – wäre «Tante Ilse» hundert Jahre geworden. Auf ihrem Paß stand zwar 1907 – eine 7 ähnelt ja einer 1 –, aber sie erzählte uns die Geschichte von dem ge-fälschten Datum mit leichtem Triumph in der Stimme, als sie längst emeritiert war.

Tante Ilse – das war Ilse Lichtenstädter, eine der ersten deutschen Arabistinnen. Als Studentin hatte ich einen Aufsatz von ihr in der Zeitschrift *Islamica* gelesen: «Das *nasib* in der altarabischen Dichtung»; ich war begeistert davon. So sollte man schreiben! Aber niemand konnte mir sagen, wo ich die bewunderte Dame finden konnte. Doch fand ich sie fünfundzwanzig Jahre später in Harvard im Hause meines Kollegen und Freundes Omeljan Pritsak, des ukrainischen Turkologen, den ich seit Kriegsende gut kannte, als er nach abenteuerlicher Flucht aus der Sowjetunion bei Schaeder in Göttingen studierte und schließlich nach Harvard kam, wo er nicht nur die Turkologie, sondern auch die Ukrainistik aufbaute.

Ilse war die Tochter eines jüdischen Lehrers in Hamburg, hatte in Frankfurt bei Josef Horovitz studiert und war nach dem Abschluß ihrer Dissertation und nach dem plötzlichen Tod ihres Lehrers Ende 1932 nach Oxford gegangen, wo sie als Korrektorin bei Oxford University Press ein schmales Gehalt verdiente und nebenbei mit einer arabischen Textausgabe einen zweiten Doktorgrad erwarb. Später ging sie nach New York, wo ihre beiden Schwestern lebten – die jüngere in beachtlichem Reichtum, was sich aber nicht auf Ilse auswirkte, die sich mühselig am Asia Institute durchschlug und bis an ihr Lebensende jeden Cent umdrehte. Sie erzählte oft von einigen der deutschen jüdischen Kollegen, die in den dreißiger Jahren in die USA kamen, darunter Gustave E. von Grunebaum und Franz Rosenthal. Rosenthal ist der hochgelehrte, zurückhaltende Meister der Semitistik, vor dem wir alle verehrungsvollen Respekt haben und über den ich nie eine negative Bemerkung seitens eines Kollegen hörte – und das will etwas heißen! Auch Richard Ettinghausen gehörte zu den deutschen Emigranten, die der amerikanischen Islamwissenschaft ein neues Gesicht gaben, sie eigentlich erst schufen. Denn die amerikanischen Universitäten hatten sich bis dahin aus wirtschaftlichen Gründen hauptsächlich mit Ostasien beschäftigt, zum anderen aber die Altorientalistik gefördert, wichtige Ausgrabungen durchgeführt. Arabistik und Islamkunde erhielten in erster Linie durch die deutschen Emigranten einen festen Platz in den Universitäten.

Tante Ilse hatte diese Entwicklung miterlebt. Aus New York wurde sie von Sir Hamilton Gibb nach Harvard berufen, wo sie jahrelang klassisches Arabisch lehrte. Da ihr Lehrer Horovitz zu den deutschen Professoren gehört hatte, die in den zwanziger Jahren eine Zeitlang an indischen Elite-Universitäten wie Aligarh gelehrt hatten, hatte auch Ilse Interesse für den Subkontinent, und wir entdeckten viele gemeinsame Freunde in Pakistan.

Freilich dauerte es eine Weile, bis sie die jüngere deutsche Kollegin akzeptierte, und ich vermute, die Bekanntschaft mit meiner Mutter trug dazu bei, gelang es Mama doch sogar, Ilse zu ihrer ersten und einzigen Deutschlandreise zu inspirieren (1979). Die Freude, mit der sie eine Fahrt ins Ahrtal und nach Maria Laach erlebte, war überwältigend: Mit den Freunden, die uns mitnahmen, rezitierten wir den ganzen Weg deutsche Lyrik. Ich wurde langsam ihre Vertraute und erfuhr viel über das Leben in einer orthodoxen, kulturell ganz deutschen jüdischen Familie. Ja, zu Pessach durfte ich sogar ihren selbstgebackenen Mazze (Pfannkuchen) essen – daß der meist anbrannte, tat der Freundschaft keinen Abbruch.

Ilse – klein und lebhaft – liebte es, einmal im Semester die Studenten und einige Kollegen zu ihrem *bash*, ihrer Party, einzuladen, wo es immer recht heiter zuging. Später «nahm sie uns aus», lud uns in ein Restaurant ein. Manchmal traf man interessante Gäste bei ihr, darunter Harry Wolfson, den Philosophiehistoriker, der Anfang des zwanzigsten Jahrhunderts aus dem heimischen Galizien nach Harvard gekommen war und praktisch sein ganzes Leben in der Bibliothek zugebracht und im Faculty Club gegessen hatte. Es war spannend, wenn «Uncle Harry» aus jenen frühen Jahren zu erzählen begann, selbst wenn er dazwischen hin und wieder einschlief. Die Religionsgeschichte verdankt Wolfson den Begriff der «Inlibration» als Gegensatz zur «Inkarnation»: Der Koran ist das «inlibrierte», Buch gewordene Wort Gottes, während Jesus das inkarnierte, fleischgewordene Wort Gottes ist.

Verkörperte Ilse die deutsche Emigration, so wirkte Isador Twersky, der Judaist, mit seinen großen schwarzen Augen wie eine Gestalt aus einem alten Gemälde; leise klang seine Stimme, fast unhörbar in den Fakultätssitzungen. Schweden war vertreten durch Richard (Dick) Frye, den ich seit langem durch unsere gemeinsame Liebe für die iranische Kultur kannte; lebhaft, und manchmal recht kontrovers, brachte er seine Argumente vor und wirkte wie ein beunruhigender Geist aus dem Wilden Osten, wenn er in irgendeiner der zahlreichen ihm geläufigen Sprachen redete. Wir waren gute Freunde, und er brachte etwas mehr Schwung in das edle Department. Ganz anders der Däne Thorkild Jacobson, der mit leiser Stimme und unverkennbar dänischem Akzent über sumerische und akkadische Kultur sprach, meisterhaft und fesselnd (auch wenn es manchmal schwer war, ihm rein akustisch zu folgen). Da waren der Assyriologe Bill Moran und der britische Armenologe Robert Thomson. Und für uns besonders wichtig: George Makdisi, strenger Meister des klassischen Arabisch und Spezialist für die rigideste theologische Richtung, die hanbalitische, und Muhsin Mahdi, Araber

aus Kerbela, der ein profunder Kenner der mittelalterlichen Philosophie
war und später das früheste arabische Manuskript von *Tausendundeiner
Nacht* edierte. In ihnen beiden schien sich die Mentalität des frühen Islam – des omayyadischen Syrien einerseits und des schiitischen Irak andererseits – widerzuspiegeln.

Şinasi Tekin vertrat das Türkische, und noch mancherlei Kollegen,
Gastprofessoren kamen in das Department. Man könnte annehmen, daß
ein so kleines Department trotz der inneren Spannungen und Verschie-
denheiten einen freundschaftlichen Kontakt gehalten hätte, aber in den
fünfundzwanzig Jahren meiner Harvardzeit habe ich kaum je das Haus
eines Kollegen betreten. Ilse war die Ausnahme, und hin und wieder lud
Wilfred Cantwell Smith ein, aber sonst beschränkte sich die außerhalb
der Arbeit bestehende «Geselligkeit» allenfalls auf Treffen im Faculty
Club.

Das änderte sich, als Wolfhart Heinrichs 1977 zunächst als Gastprofes-
sor für ein Jahr und dann als Ordinarius zu uns kam. Mit ihm und Alma
Giese gab es wieder eine richtige Familie für mich; während die Studenten Wolfhart bewunderten und verehrten, wurde auch Alma – eine
ausgezeichnete Arabistin – zu einer Stütze unseres Lebens, geliebt von
den Studenten. Jahrelang war das Haus in Arlington eine Heimat für
mich; ich fühlte mich bei ihnen wie ihre Hauskatze – verwöhnt mit
guten und schönen Gesprächen, mit köstlichen Speisen –, und die Anwesenheit dieser Freunde machte die späteren Harvardjahre doch recht
schön.

Und noch eine – und zwar eine der wichtigsten – Stütze meiner Harvardzeit muß ich erwähnen: S. Cary Welch, den ich in meinem ersten
Semester kennenlernte. Spezialist für islamische und indische Kunst, faszinierte er durch seine exquisite Kennerschaft. Da er außer dem Harvard
B.A. keine akademischen Grade aufwies, war er ein wenig Außenseiter
in dem streng gegliederten Kosmos der Fakultät. Aber seine Vorlesungen waren hinreißend. Die Liebe zu seinen Objekten, verbunden mit
einem glänzenden, wenn auch nicht gerade streng akademischen Stil,
und seine so ungewöhnliche Freiheit im Umgang mit der Kunst – alles
dies schockierte viele Kollegen, die ihn nicht als richtigen Akademiker
ansehen mochten. «Warum nimmst du eigentlich immer an Carys Vorlesungen und Übungen teil?» fragte Ettinghausen einmal, und ich
konnte nur sagen: «Weil er mich *sehen* lehrt!» Eine schöne und berei-
chernde Freundschaft mit ihm und seiner Frau Edith entwickelte sich.

Ich verlebte interessante Stunden in seinem Haus in New Hampshire, und zusammen durchstreiften wir einmal die historischen Stätten des Dekkan. Wir trafen uns immer wieder irgendwo zwischen Boston und Delhi, Bonn und Genf. Die Zusammenarbeit mit ihm im Fogg (jetzt Sackler) Art Museum, in dem viele seiner kostbaren Miniaturen und Kalligraphien aufbewahrt waren, gehört zu meinen schönsten Erinnerungen, ebenso wie unsere gemeinsamen Publikationen. Was für prächtige Seminare und Ausstellungen gab es im Fogg Museum unter der Ägide von Cary und von Oleg Grabar, dessen Haltung zur Kunst so völlig verschieden von der Carys war! Ihn interessierte mehr das Theoretische, die soziologischen Implikationen der Kunst, nicht das rein Ästhetische. So gab es durchaus Spannungen in der Kunstgeschichte in Harvard. Doch vielleicht aus diesem Grunde brachte dieses Department eine große Anzahl führender Vertreter der islamischen Kunstgeschichte hervor. Immer wieder begegnete ich meinen jüngeren Freunden irgendwo zwischen Australien und Wien und, nicht zu vergessen, in London. Ich nenne hier nur den allzu früh verstorbenen Mark Zebrowski, den ich mit seinem Freunde Bob in einem der ersten Harvardjahre durch Deborah kennenlernte, die mir gerade wenige Tage, bevor ich dies schrieb, als Professorin in Wien begegnete. Marks exquisite Kenntnis der Dekkani-Kunst, vor allem der leuchtend-schönen schwarz-silbernen Bidri-Ware, zeigte sich auch in seinem Londoner Haus. Und wie sehr wirkten wir alle an dem Symposium über Kaiser Akbars zeitweilige Hauptstadt Fathpur Sikri mit, das sämtliche Liebhaber der Mogulkunst in Harvard vereinte!

Solche Symposien erinnern mich auch an die vielen Freundschaften, die sich am Rande von Harvard entfalteten. In den ersten Jahren nahm ich oft an den Parties der Studenten teil, zu denen jeder etwas beitrug; später waren die Geburtstagsfeste bei Samina, der temperamentvollen Pakistanerin, immer etwas Aufregendes. Samina und ich arbeiteten an verschiedenen Büchern zusammen, in denen sie ihre eindrucksvollen Fotos aus Pakistan darbot, und wir blieben im Wandel des Schicksals verbunden.

Im Laufe der Jahre lernte ich Boston und seine Umgebung besser kennen. Ganz zu Anfang meiner Harvardzeit entdeckten Mama und ich bei ihrem – ich glaube zweiten – Besuch eine Stelle, die unsere Freunde nicht unbedingt für reizvoll hielten: Roxbury im Süden der Stadt. Dorthin führte uns einer meiner muslimischen Studenten; ein junger bulga-

196 *Jenseits des Atlantiks (1967–1992)*

rischer Muslim hatte dort gerade eine Zufluchtsstätte für sozial benachteiligte Jugendliche, meist Schwarze, eingerichtet. Dort lernten sie verschiedene Handwerke; vor allem gab es eine einfache Handpresse, auf der man hübsche Karten drucken lassen konnte. Da uns der Eifer und die Hingabe des jungen Leiters beeindruckten, wurde der ziemlich finster aussehende Bezirk zur Quelle unserer Glückwunschkarten, auf denen eine wunderschöne arabische Inschrift zu sehen war, die ich von einem indo-muslimischen Bauwerk abgezeichnet hatte. Sie gefiel allen, und es brachte dem Hilfswerk ein paar Dollar ein.

Ein anziehender Platz war das weitberühmte Arboretum, der zu Harvard gehörige große Park im Randgebiet Bostons, bekannt für seine seltenen Pflanzen. Ich kannte es nur wenig, wurde aber dazu verurteilt, zwischen den blühenden Bäumen für einen Fernsehfilm zu posieren. Ein türkisch-holländisches Team hatte sich vorgenommen, eine Woche in meinem Leben zu dokumentieren, und verfolgte mich nicht nur bei Vorlesungen und Seminaren, sondern jagte mich auch in den Botanischen Garten – sehr untypisch für mich. Da mußte ich, türkische Gedichte rezitierend, von einem Hügel herabschweben. – «Nein, nochmals bitte … nein, linkes Bein etwas mehr dorthin … Bitte nochmals, dritte Zeile des Gedichtes …», so wie es eben bei Fernsehaufnahmen ist – und hinein in den Fliederbusch, wieder heraus aus dem Fliederbusch … wie ein Perpetuum mobile. Nie wieder bin ich danach ins Arboretum gegangen!

Die herrlichen Museen in Boston und Umgebung – von Cambridge bis Worcester – waren meine Lieblingsstätten. Ich denke noch mit Freude an ein Seminar im Museum of Fine Arts in Boston zurück, wo ich den Studenten die reiche, niemals ausgestellte Sammlung osmanischer Kalligraphien zeigen und sie auf die Feinheiten von Schrift und Illumination hinweisen durfte. Das Fogg Art Museum in Harvard aber war mein kleines Paradies. Dort fand regelmäßig das Kalligraphie-Seminar statt, denn die Handschriften – von einigen Pergamentblättern des neunten und zehnten Jahrhunderts bis zu Meisterwerken persischer, türkischer und indo-muslimischer Schriftkunst – boten überreiches Material für den Kunsthistoriker. Der Kalligraphie-Kurs war mein Lieblingsfach. Ich glaube, daß es für den Islamkundler unbedingt notwendig ist, zumindest ein wenig über die Eigenheiten der Manuskripte, über Pergament und Papier, über Tintenarten und Vergoldung zu wissen, um nicht nur die Kunst selbst, sondern auch die zahlreichen Anspielungen auf Kalligraphie, die man in der Literatur des Islam findet, richtig zu ver-

stehen. Es freute mich immer, wenn auch Nicht-Orientalisten einfach
aus ästhetischem Interesse an diesen Seminaren teilnahmen, die sich mit
den Kursen über persische und indische Miniaturmalerei – gehalten von
Cary Welch – so ideal ergänzten.

Aber es gab nicht nur Museen, die mein Herz erfreuten. Ich muß
auch einige kulinarische Aspekte meiner Umgebung erwähnen: Da war
das versteckte spanische Restaurant, die Iruña, nahe meiner späteren
Wohnung in Eliot House. Dort brauchte ich nie zu bestellen; mein
Lieblingsessen kam automatisch. Sonntags ging ich in ein wundervolles
Fischrestaurant am Bostoner Hafen (neben dem der Lobsterpool lag, wo
man die frischesten dieser Köstlichkeiten spottbillig bekam). Ein anderes
Fischrestaurant aber erlebte eine sonderbare Metamorphose: Durch
Margaret erfuhr ich vom Legal Seafood, wo sie abends ihre Studien-
gebühren mit dem Braten von Fischen verdiente. Das war ein überaus
einfacher Platz mit Holztischen und Plastikgeschirr, an dem man den
frischesten Fisch bekam und dazu interessante Menschen aus der Künst-
lerszene treffen konnte. Der Platz war nicht weit von unserem Middle
East Center entfernt, und einmal wöchentlich ging ich mit Maria zwischen zwei Seminaren dorthin, oft durch hohen Schnee stapfend. Eines
Morgens brachte das Radio die traurige Nachricht, das Restaurant sei in
der Nacht abgebrannt. Was tun? Nun, ein, zwei Tage später eröffnete
der Besitzer unter dem gleichen Namen ein hochelegantes Fischrestaurant im Zentrum Bostons. Welch wunderbarer Zufall! Jedenfalls wurde
das nun zu unserem Sonntagsrestaurant.

Die Umgebung Bostons ist berühmt; viele der wohlhabenden Einwohner haben ihre Sommerhäuser auf Cape Cod oder auf einer der vor
der Atlantikküste gelagerten Inseln. Mich lockte es wenig, diese Orte zu
besuchen. Schöner war die North Shore, das Gebiet, das sich am Atlan-
tik entlang gen Norden erstreckte und wo man beispielsweise in Salem
das Hexenhaus mit den sieben Giebeln besuchen konnte, das literarisch
durch Hawthornes Roman *The House of the Seven Gables* verewigt worden ist. Und welch herrliche Jakobsmuscheln und andere Schätze des
Meeres gab es, gewissermaßen als Abschiedsessen! Denn meist fuhren
wir an einem der letzten Sonntage des Semesters dorthin und freuten
uns des überreich blühenden Flieders und des blauen Ozeans, an dessen
anderem Ufer Europa lag, das ich – Gott sei Dank – bald danach wiedersehen würde.

Aber auch das Gebiet gen Süden zur Grenze nach Connecticut hatte
seine Reize. Dank einer amerikanischen Freundin, die sich vor allem der

ausländischen und hier insbesondere der pakistanischen Studenten der
Region annahm, kam ich zum ersten Mal zu einem Trappistenkloster,
das, ein wenig entfernt von der Landstraße, auf einem Hügel lag. Die Kirche, vor einigen Jahren abgebrannt, war außerordentlich geschmackvoll
wieder aufgebaut worden: helle große Feldsteine, in denen ungewöhnlich schöne Fenster leuchteten, die in den verschiedensten Schattierungen, vom zartesten Rosa bis zu einem tiefen Violett, in abstrakten Or-
namenten zusammengesetzt waren. Das Kirchlein lud zur Meditation
ein, und wir fühlten uns dort einfach glücklich. Die Trappisten hatten
aber auch einen weltlicheren Aspekt. Zum einen waren sie nicht völlig in
Schweigen gehüllt (ein junger Deutscher, der nach 1945 in die USA gekommen war, erzählte uns sehr offen von seinen Problemen), und zum
zweiten gab es einen Laden, wo die klostereigenen Produkte, vor allem
Süßigkeiten, verkauft wurden. Natürlich bereicherten wir die Kloster-
kasse bei jedem unserer Besuche, und Bruder Leonard unterhielt uns
währenddessen strahlend. Eines Tages, als wir wieder kamen und ich
meinen schwarzen Regenmantel und – gegen den starken Wind – ein
weißes Kopftuch trug, bekam ich nicht nur meine Süßwaren von ihm,
sondern einen kräftigen Kuß auf die Wange – und ich hörte zwei ältere
Damen im Laden sich zuflüstern: _«Is she a nun?»_

Rings ums Metropolitan Museum

Zu Boston bekam ich nie ein besonders herzliches Verhältnis, so sehr es
als «europäischste» aller nordamerikanischen Städte gilt. New York aber
faszinierte mich, seit ich bei meinem ersten Besuch im Spätsommer
1965 auf dem Rückweg von Claremont dort einige Tage Station
machte. Mein alter Freund aus Marburger Tagen, Helmut Rückriegel,
der dort am German Information Center tätig war, führte mich von der
Südspitze der Stadt bis zu den Cloisters, jener Museumsanlage, in der es
die wunderbaren Einhorn-Teppiche gibt – Gegenstücke zu denen im
Musée Cluny, von denen Rilke in den _Aufzeichnungen des Malte Laurids
Brigge_ schreibt: «Es gibt Teppiche hier, Abelone ...»
  Vielleicht inspirierten diese Teppiche mich, ein ganzes Heft unserer
arabischen Zeitschrift _Fikrun wa Fann_ dem Einhorn zu widmen.
  Von Harvard aus führten mich Tagungen und Vorträge immer wieder
nach New York; eine der ersten Tagungen (Anfang 1974) war das Symposium über «Rumi und Biruni», die besten Repräsentanten mittelal-

terlicher Hochkultur in der islamischen Welt, der eine als Mystiker, der andere als Historiker und Naturwissenschaftler. Peter Chelkowski von der New York University hatte es organisiert; noch mehrfach wohnte ich bei ihm und seiner warmherzigen Frau Goga. Im Wohnzimmer hing ein gewaltiges persisches Gemälde von der Schlacht von Kerbela aus der Kadscharenzeit, dessen blutrünstiges Thema uns allerdings wenig störte, wenn wir mit köstlichen Speisen und Getränken verwöhnt wurden und unter uns die Lichter des Washington Square glitzern sahen. Kaum je brauchte ich im Hotel zu wohnen. New York war voll von Orientalisten, deren Gastfreundschaft wahrhaft orientalisch war.

Meine eigentliche New Yorker «Heimat» für viele Jahre war Jeanette Wakins Wohnung nahe der Columbia University (106 Street West), günstig zum Bus Nummer 4 gelegen und erfüllt von literarischer Atmosphäre. Die schmale Jeanette mit der tiefen Stimme, aus libanesischer Familie, war ein Genie der Gastfreundschaft. Nach den Seminarabenden der Columbia University trafen sich Kollegen von nah und fern bei ihr, und das Apartment schien sich wundersam auszudehnen, um Kollegen aus Boston, Philadelphia und Gott weiß woher für einen Drink oder für etwas zu essen aufzunehmen; zur Nacht teilten sich mindestens drei Gäste das kleine Apartment mit einer majestätischen Katze. Jeanette, die letzte Schülerin von Joseph Schacht, war Spezialistin für islamisches Recht. Sie kannte alle und jeden; wenn man etwas über Stellenverhandlungen, über rezente Veröffentlichungen in der Arabistik oder den neuesten Streit zwischen Kollegen X und seinem Kritiker Y wissen wollte – sie war immer informiert. Meine Besuche begannen meist damit, daß ich sie und Peter Awn am Abend zu unserem japanischen Lieblingsrestaurant in der Columbus Avenue einlud. Selbst Jeanettes Katze (sonst wenig ansprechbar) zeigte sich als Trösterin, als ich eines Abends todmüde vom Washington Square nach einstündiger Busfahrt nach Hause kam, ziemlich verärgert über meine Lektorin, die den Namen Despina zu Recht trug: Sie erschien mir als Despotin, die immer neue technische Änderungen in meinem Buch *Calligraphy and Islamic Culture* befahl. Ich sank erschöpft aufs Bett, als die Katze, die mich sonst kaum beachtete, zu mir sprang und mich nicht verließ, ehe sie meine Tränen getrocknet hatte. Eigentlich hätte ich *ihr* das neue Buch widmen sollen, das aus einer Vortragsreihe an der New York University hervorgegangen war.

In der Columbia University hielt ich die Bampton Lectures, deren Material ich später in die Gifford Lectures einarbeitete. Mehrfach sprach ich im Iran Center, das von dem unermüdlichen Ehsan Yar-Shater ge-

leitet wurde, durch dessen Mitarbeiter neben der *Encyclopedia Iranica*
zahlreiche Werke zu den verschiedensten Aspekten der Iranistik geschaffen wurden. Ehsan wurde aufs schönste von seiner Frau Latifeh unterstützt; ihr Tod riß eine Lücke, die von Iran-liebenden Menschen aus
aller Welt schmerzlich empfunden wurde.

Das schönste in New York aber – zumindest für mich – war das Metropolitan Museum, so viele faszinierende Museen es in der Stadt auch
gab. Wer könnte je die Monetschen Seerosen im Museum of Modern
Art vergessen? Das Metropolitan Museum besaß die herrliche Abteilung
für Islamische Kunst, die Richard Ettinghausen aufgebaut hatte. Ihn
hatte ich dort getroffen, als ich 1967 erstmals länger in Harvard blieb,
und eine herzliche Beziehung entwickelte sich zwischen ihm, seiner
klugen Frau Elizabeth und mir. Es traf alle von uns tief, als er 1979 verstarb. Wer sollte sein Nachfolger werden? Gab es jemanden, der ihm an
Gelehrsamkeit gleichkam? Mit Cary Welch übernahm ein ganz anderer
Typ von Kunstspezialist die Islamische Abteilung – ein Connoisseur,
nicht so sehr ein Wissenschaftler. Und so geschah es, daß am Ostersonn-
tag1982 morgens um sieben Uhr das Telefon klingelte. Es war Cary, der
fragen wollte, ob ich Lust hätte, in der Islamischen Abteilung mitzuar-
beiten, um die Schriftkunst im weitesten Sinne zu betreuen. «Du bist
aber ein wunderbarer Osterhase!» rief ich, ungekämmt und ungefrüh-
stückt wie ich war; denn nun verwirklichte sich mein Traum – der
Traum meiner Studienzeit, mich mit islamischer Kunst zu beschäftigen.

Nachdem der Direktor des Met, Philippe de Montebello, sein Placet
gegeben hatte (er unterstützte mich auch später immer freundlichst),
begann meine Arbeit damit, eine kleine exquisite Ausstellung islamischer Kalligraphie in einem der Abteilung neu hinzugefügten Raum zu
organisieren. Unter dem Titel *The Celestial Pen* wurde sie im September
1982 eröffnet. Ansonsten sollte ich in erster Linie Inschriften und Texte
lesen und identifizieren, da die Kenntnis der islamischen Sprachen bei
vielen Kunsthistorikern unterentwickelt oder kaum vorhanden war.

So flog ich während des Semesters immer ein paarmal von Boston
nach New York. Das ließ sich gut einrichten: Die Donnerstagsvorlesun-
gen endeten um zehn Uhr, dann eilte ich zum Flughafen, flog mit dem
Elf-Uhr-Shuttle zum Flughafen La Guardia und war, wenn es nicht irgendwo Stau gab, um halb eins in meinem Büro, wo ich mich der Zusammenarbeit mit den Kolleginnen und mit George freute, der die
Schlüssel aller Schätze in der Hand hielt. Meist flog ich Freitagabend
zurück nach Boston.

Wie beglückend war es, kostbare Keramiken mit persischen oder arabischen Inschriften in der Hand zu halten, das hauchzarte Papier eines illuminierten Gedichtbandes zu streicheln, eine frühe Koranseite auf Pergament zu identifizieren! Nur wenn ich in der Abteilung «Arms and Armour» schwere Rüstungsteile oder gewaltige Schwerter mit mehr dekorativen als leserlichen Inschriften zu bearbeiten hatte, war es etwas schwieriger, so spannend die Arbeit an sich auch gewesen sein mochte. Hin und wieder wurden uns neue Stücke angeboten. Afghanische Flüchtlinge wollten sich von einem Koran trennen, der zwar für sie wertvoll war, aber keine Museumsqualität hatte, oder einige gebildete Damen konnten sich gar nicht darüber beruhigen, daß ein zierliches persisches Manuskript aus dem frühen fünfzehnten Jahrhundert nicht gedruckt, sondern handgeschrieben war: «You mean they did that by hand?» fragten sie und schüttelten ungläubig die wohlfrisierten Köpfe. So gab es immer Abwechslung.

Cary und ich hatten 1982 ein kostbares kleines Manuskript aus dem Fogg Art Museum Harvard herausgegeben, eine Luxusabschrift des Divans des persischen Dichters Anvari (gest. ca. 1198). Es war 1589 in Lahore kopiert und mit siebzehn überaus feinen Miniaturen geschmückt worden – ein «Taschenbuch» für den Mogulkaiser Akbar, der damals in Lahore residierte. Vielleicht war es auch für seine Frau Salima in Auftrag gegeben worden, die eine eigene Bibliothek besaß. Einige Jahre später begannen Cary und wir Mitarbeiter der Islamischen Abteilung zusammen mit meinem früheren Schüler Wheeler, ein Album herauszugeben, das für Akbars Sohn Jahangir angefertigt und von dessen Sohn Schah Jahan dann übernommen worden war. Es enthielt kostbare Miniaturen: Porträts von Höflingen (wie der Kaiser sie von allen wichtigen Mitgliedern seines Hofstaates anfertigen ließ) und von Pflanzen und Tieren. Blätter bester persischer Kalligraphie wechselten mit den Bildern ab. Der schöne Band erschien 1989 als *The Emperors' Album*.

In der Zwischenzeit – 1985 – aber hatte das größte Ereignis während Carys Zeit stattgefunden, die Ausstellung INDIA, von der er seit langem geträumt hatte. Wir alle arbeiteten an dem großen Katalog, der Beispiele aller Epochen indischer Kunst enthielt – von «primitiven» Objekten von großer Kraft bis zu den verfeinertsten Kunstwerken der Mogulzeit. Ich erlebte – zumindest von ferne –, wie eine große Ausstellung vorbereitet wurde. Denn nach Semesterabschluß im Juni war ich in Bonn; dann mußte ich zum Religionshistorikerkongreß nach Sydney, was ich ja als Präsidentin der IAHR nicht vermeiden konnte, und nach einem nicht gerade geglückten oder gar beglückenden Kongreß im kalten Sydney flog ich nach Los Angeles, wo ich dank der Datumslinie früher ankam, als ich abgeflogen war. In Boston gewöhnte ich mich bei den treuen Freunden Alma Giese und Wolfhart Heinrichs etwas an die USA und begab mich dann nach New York, wo Jeanette mir ein winziges Zimmer bei einem jungen Orientalisten besorgt hatte, in dem ich etliche Wochen lang in der Spätsommerhitze fast erstickte – so nett mein Vermieter und die Seinen auch waren. Aber im Museum vergaß ich bei den letzten Vorbereitungen Hitze und alles übrige, wenn ich beim Auspacken der Schätze anwesend sein konnte. Wann hätte ich sonst je den legendären großen sechseckigen Smaragd von zweihundertachtzehn Karat mit feinster Gravierung berühren können, der aus dem Sabah-Museum in Kuwait stammte? Wann die winzige Opiumschale Jahangirs in die Hand nehmen können, die, aus weißer Jade mit Rubinen geziert, einer echten Blüte glich? Und da kroch ein gewaltiges Terrapin, eine Riesenschildkröte, aus einem einzigen Jadeblock von fast fünfzig Zentimeter Länge und dreißig Zentimeter Breite aus einer Kiste und ließ sich streicheln. Ganz zu schweigen von dem roten Samtzelt, das einst dem Mogulkaiser Aurangzeb gehört hatte und um 1675 dem Rajput-Fürsten von Jodhpur in die Hände gefallen war! Es wurde so aufgestellt, daß der Besucher es zuerst durch einen weißen Marmorjali (Gitter) erblickte. Selbst sein Besitzer, der Maharaja von Jodhpur, war hingerissen von diesem Arrangement. Nachdem die Gala-Eröffnung vorüber war, blieb ich noch einige Tage im Museum und stellte mich an jene Ecke, wo mein Lieblingsobjekt hing: eine Kalligraphie aus dem Dekkan des siebzehnten Jahrhunderts, auf der zwischen den etwa ein Zentimeter breiten Leerzeilen ganze Landschaften in feinster Zeichnung zu sehen waren; ich machte gern die Besucher auf dieses winzige Kunstwerk aufmerksam, das sie sonst wohl bei der Fülle der Kostbarkeiten übersehen hätten.

Die Schätze des Metropolitan Museums faszinierten und inspirierten mich immer aufs neue. Ich schrieb sieben kleine Geschichten über meine Lieblingsobjekte, ein Bilderbuch, das später auf Französisch und Deutsch, seltsamerweise aber nie im englischen Original erschien.

Auch als nach Carys Abschied Dan Walker die Leitung der Islamischen Abteilung übernahm, blieb die schöne Zusammenarbeit bestehen; ich verdankte ihm interessante Bekanntschaften in Cincinnati, wo er früher am Museum gewirkt hatte. Als ich 1992 Amerika verließ, fiel mir der Abschied vom Museum und den New Yorker Freunden besonders schwer.

Zu New York gehört auch Long Island, an dessen Ende ein Campus der State University of New York liegt. Dort lehren William Chittick und seine Frau Sachiko Murata – ein Ehepaar, deren Arbeiten über die islamische Mystik ganz neue Perspektiven eröffneten. Wer außer Sachiko könnte die chinesischen Übersetzungen mittelalterlicher arabischer und persischer mystischer Texte dem «normalen» Orientalisten zugänglich machen? Und wer von uns wäre auf den Gedanken gekommen, die Weltsicht der Muslime in einem Buch *The Tao of Islam* darzustellen, in dem die Harmonie, das Gleichgewicht des Islam auf Grund langer Studien arabischer und persischer Quellen interpretiert wird? (Ohnehin ist es für Menschen, die aus einer ostasiatischen Tradition kommen, in vieler Hinsicht leichter, sich dem Islam zu nähern, da ihnen die bei uns herrschende Beziehung zur jüdisch-christlichen Tradition fehlt, die so oft zu falschen Vergleichen führt.) Und nicht zu vergessen: Wer könnte wie Sachiko köstlichere japanische und chinesische Speisen gewissermaßen aus dem Nichts zaubern? Ja, die Tage in Stony Brook bei Chitticks waren immer eine wunderbare Kombination von Wissenschaft und Genuß, gewürzt mit Humor.

Mein letzter Besuch in Long Island fand anläßlich einer der Tagungen statt, bei denen sich eine kleine Gruppe der amerikanischen Religionswissenschaftler jeweils am letzten Aprilwochenende traf. Alles blühte, als sei Long Island ein duftender Park. Aber die gelehrten Kollegen schienen das kaum wahrzunehmen und verloren sich in philosophisch-soziologischen Diskussionen, in denen Religion – wie es letzthin modern geworden ist – rein theoretisch behandelt wurde. Das Wort «Gott» wurde dabei tunlichst vermieden. Am Abend fuhr ich nach New York City und nahm morgens von Jeanette aus den üblichen Bus zum Museum. Im nördlichen Teil des Central Parks blühten Mandelbäume, japanische Kirschbäume und allerlei rosige Blumen – es war ein Frühlingsglanz sondergleichen. Und eine der beiden schwarzen Frauen, die hinter mir saßen – wahrscheinlich eine Arbeiterin –, wandte sich zu ihrer Nachbarin und deutete auf die Blütenpracht: *«Look, isn't that like the Garden Eden before the Fall?»* Ich hatte das Gefühl, daß diese einfache Frau mehr von Religion wußte als meine hochgelehrten Kollegen.

Bei den häufigen Taxifahrten zwischen dem Flughafen und dem Museum bekam ich Einblick in die vielfältigen Aspekte des Lebens der Taxifahrer, die gern mit der Fremden sprachen. Da war der russische Dozent, und da waren der türkische Hirtensohn, der junge Schwarze und Menschen aus aller Herren Länder. Am meisten aber beeindruckte mich der ältliche jüdische Fahrer, der sein altersschwaches Vehikel mit breiten gelben Papierstreifen geschmückt hatte, auf denen mit großen Buchstaben geschrieben stand: «Dies ist ein *masel tow* (Glückwunsch!) Taxi. – Sei glücklich! Heute passiert sicher etwas Gutes! Masel tow! Seid nicht traurig!» Ich fragte ihn, warum er diese aufmunternden Worte angebracht habe. «Sehen Sie», antwortete er, «es kommen so viele junge Menschen zu mir, die sind traurig oder verzweifelt. Manche wollen ihr Leben wegwerfen. Da rede ich mit ihnen und versuche, ihnen ein bißchen Hoffnung zu geben.» Wenn ich an New York denke, denke ich auch an ihn und hoffe, er ist selbst glücklich.

Niemand ahnte damals, daß der Stolz der Stadt New York, die gewaltigen Twin Towers am Südrand der Insel, am 11. September 2001 in Schutt und Asche gelegt werden würden.

Zwischen Tallahassee und Vancouver

New York war nur eine der vielen Städte, zu denen ich im Laufe der Jahre für Vorträge oder Konferenzen reiste. An zweiter Stelle in der Häufigkeit dürfte Chicago stehen, wo durch die Anwesenheit Mircea Eliades die Religionswissenschaft ein Zentrum hatte. Da ich an der *Encyclopedia of Religion* mitarbeitete, sah ich Eliade hin und wieder, ebenso wie die Kollegen im Department der nahöstlichen Sprachen, wo Heshmat Moayyad, der feinsinnige Vertreter des Persischen, ein alter Bekannter aus Frankfurt war. Auch Urdu wurde dort gelehrt. Ich mochte die Stadt, die sich so schön am Michigansee hinzog, an dessen Ufer man immer vom kalten Wind durchweht wurde. Auch die Nachbarorte – wie Evanston – hatten ihren Reiz, und Heshmat führte meine Mutter stolz zu dem gewaltigen Bahai-Tempel, dem ersten seiner Art. (Der Bahai-Tempel in Delhi ähnelt einer weißen Lotusblume, die sich aus einem ziemlich trostlosen Slumgebiet erhebt.)

Fast ebenso häufig muß ich in Los Angeles gewesen sein, und besonders lieb war mir Montreal, nur eine knappe Flugstunde von Boston entfernt. Dort gab es in der McGill University ein gutes islamkundliches Zentrum; vor allem aber fanden sich dort unter der Ägide von Charles Adams und Hermann Landolt viele Ismaili-Studenten, die vom Aga Khan geschickt waren. (Ohnehin war Kanada ein Zentrum der Ismailis, bei denen ich immer gern sprach.) In den frühen Jahren meiner Harvard-Tätigkeit besuchte ich McGill häufig. Ich erinnere mich noch, wie ich an einem Ostersamstag etwa vierzig Ostereier mit arabischen und persischen Sprüchen bemalte, die dann zum Jubel der Studenten im gastlichen Hause von Adams verteilt wurden. Auch in Toronto sprach ich gelegentlich, nicht nur zu den Ismailis, sondern auch bei religionshistorischen Tagungen. Einen zauberhaften Abend verbrachte ich in einem Dachrestaurant mit Joseph Campbell, dessen schöne Bücher über Mythologie und dessen Rolle bei der Verbreitung der Gedanken Heinrich Zimmers zahlreiche Amerikaner und Europäer faszinierten. Es war immer schön, mit Joe zu diskutieren. Ich mochte sein Eingehen auf die lebendige Welt des Mythos, sein Verständnis für die Tiefenschichten der Religion und seinen Sinn für Schönheit. Seine Beziehung zu dem Eranos-Kreis in Ascona begriff ich erst später.

Winnipeg war der Ort, an dem ich zu meiner höchsten Überraschung zur Präsidentin der *International Association for the History of Religion* (IAHR) gewählt wurde. Als Zwi Werblowski mir die Nachricht in mein Hotelzimmer brachte, war meine erste Reaktion: «Wie würde Heiler sich darüber freuen!» Nach meiner Antrittsrede bedrängten mich sogleich einige Studentinnen, ich solle nun endlich etwas für die Frauen tun. Auch nach Edmonton kam ich, nicht unbedingt mein idealer Platz, obgleich ich dort eine alte Freundin aus türkischen und bengalischen Tagen wiedertraf und wir uns in der schneidenden Kälte (es war Mai) in Erinnerungen an die Wärme Dhakas und Chittagongs wärmten. Und schließlich Vancouver am Pazifik: eine zauberhafte Stadt an der Bucht, über die man vom Fakultätsclub aus einen wunderschönen Blick hatte und davon träumen konnte, weit, weit nach Norden zu fahren und immer neue Wälder und Buchten zu sehen. Aber das waren Träume; es galt, Vorträge für Ismailis und andere Studenten zu halten.

Manchmal kam ich zu Orten mit exotischen Namen: als Gulshan in Tallahassee lehrte, besuchte ich sie dort in Florida, und meine Erfurter Schulkameradin Inge begann ihre akademische Lehrtätigkeit in Chattanooga, das ich mit Mama erkundete und von wo aus wir nach Albany in Upstate New York flogen, um aus dem blühenden Süden in winterliche Osterstimmung zu kommen, wo Züge von Kranichen über die vereisten Seen flogen und geheimnisvolle Zeichen in den Winterhimmel schrieben. Joseph Peter Strelka, der geistreiche österreichische Germanist, mit dem ich ein wenig zusammengearbeitet hatte, verwöhnte uns dort. Inge aber gelangte auf allerlei Umwegen nach Iowa, wo sie Germanistik lehrte und sich weiterhin mit der Spiegelung des islamischen Orients in der deutschen Literatur befaßte. So mußte ich natürlich auch nach Iowa, wo sich erstaunlicherweise die erste Moschee im westlichen Teil Nordamerikas befindet. Meine ausgedehnteste Reisetätigkeit war mit den ACLS Lectures verbunden. Der *American Council of Learned Societies* entsendet jedes Jahr einen Gelehrten, vor allem Religionswissenschaftler, zu einer Vortragsreise durch verschiedene Universitäten. Der Redner bietet eine Serie von fünf Vorträgen an, die zumindest in lockerem Zusammenhang stehen müssen, und die Universitäten wählen dann aus, was ihnen paßt – ein, zwei oder alle fünf. Man ist nie sicher, wer was hören möchte. Soviel ich weiß, brach ich alle Rekorde, indem ich insgesamt vierzig Vorlesungen hielt, und zwar – wie ich aus dem Vorwort des später gedruckten Buches *As through a Veil: Mystical Poetry in Islam* entnehme – waren es: Rice University Houston (Texas), Trinity College San Antonio (Texas), Knoxville (Tennessee), Duke University (Durham, North Carolina), University of Chapel Hill (North Carolina – wo auch drei meiner wichtigeren Bücher erschienen sind), University of Toronto, Princeton University, MacMaster University (Hamilton Ontario), MacGill University (Montreal), Columbia University New York und Union Theological Seminary New York (wo ich Dorothee Sölle traf und durch die Islamische Abteilung des Metropolitan Museums führte), University of Colorado (Boulder und Denver), University of Chicago, und Evanston (Illinois) und schließlich University of Alberta, Edmonton. All dies mußte zwischen meine Vorlesungen in einem Frühjahrssemester in Harvard eingeplant werden, aber trotz aller Anstrengungen lohnte es sich. Wann hätte ich sonst die Wälder von Tennessee gesehen oder die verschneiten Berge von Colorado?

Neben den winterlichen Reisen für die ACLS gab es im Laufe der Jahre Vorträge in dem blütenstrahlenden Eugene (Oregon) und in Berkeleys interessantem Campus. Ein später Besuch nach meiner Emeritierung brachte mich nach Palo Alto in Kalifornien, wo ich Katharina Mommsens Gastfreundschaft genießen konnte und wir immer wieder Goethe und die orientalische Poesie beschworen. Fast am schönsten aber waren die Vorträge in Salt Lake City (Utah), der Stadt der Mormonen, wo ich nicht nur die Kollegen genoß, sondern auch die Freundschaft mit einem liebenswerten persischen Ehepaar, das zum Andenken an ihren früh aus dem Leben geschiedenen Sohn eine Vortragsreihe zur persischen Kultur gestiftet hatte. Die Natur in Utah war überwältigend – nicht nur die Berge, wo bei meinem letzten Besuch die Vorbereitungen für die olympischen Winterspiele die reizvolle Gegend zerstörten,

sondern mehr noch die seltsamen Landschaften, die zum Teil an
Göreme in der Türkei, zum Teil an Afghanistan erinnerten; unver-
gleichlich aber war die gelbliche und korallenrote Farbe des Gesteins,
das wie von Feenhand gemeißelt wirkte. Ich genoß unsere Ausflüge, die
zwischen die Vorlesungen geschoben wurden, freute mich des großen
Salzsees und des interessanten Mormonentempels in Salt Lake City.
Zum Glück konnte man in der Universität Kaffee trinken, der sonst bei
den Mormonen verboten ist, ebenso wie Alkohol. (Aber auch den
durfte man, fein versteckt in einer Tüte, in manche Restaurants mitbringen.) Dafür ist Utah das Zentrum der Eiskrem-Herstellung.

Einmal fuhren wir von dort zum Yellowstone-Nationalpark, den ich
seit meiner Kindheit sehen wollte – aber es war eine Enttäuschung;
Feuer hatte einen beträchtlichen Teil der Wälder vernichtet, und *soo* be-
geisternd fand ich die Geysire nun auch nicht. Vielleicht war ich aber
einfach müde und hatte nicht die rechte Gesellschaft.

Die Jahre in Amerika waren eine reiche Zeit, farbig und in gewisser
Weise unfaßbar wie ein Kaleidoskop. Ich begegnete Menschen der verschiedensten Herkunft, Gelehrten und schlichten Mitbürgern, Elite-
Universitäten und Bettlern, die im Winter über den Gattern lagen, aus
denen der Heizungsdampf der Hospitäler oder der Universität kam. Ich
erlebte eisige Schneestürme und hinreißende Frühlingstage, den Indian
Summer mit seinen leuchtenden Ahornblättern, deren Rot man sogar
vom Flugzeug aus sah, wenn man über Kanada nach Boston einflog –
und Einsamkeit trotz aller Freundschaften. «*Annemarie, you are going to
the loneliest place on earth*», sagte mein Kollege Ken Morgan, selbst ein
Harvard-Alumnus, als ich den Ruf nach Harvard annahm. Und er hatte
recht. Trotz allem Schönen, allen großen Erfolgen, die ich nie geahnt
hatte, allen wundervollen Freundschaften – zur Heimat wurden mir die
USA nie. War es der Fehler des exotischen Vogels, der sich aus dem
westlichen Exil wieder in seine Heimat im Orient sehnte?

Sechster Teil

Wanderungen durch den Orient

Ich zieh in ferne Lande,
zu dienen einem Stande,
zu dem er mich bestellt.
Sein Segen wird mir lassen,
was gut und recht ist, fassen
zu dienen seiner Welt.

Er wird zu diesen Reisen
gewünschten Fortgang weisen,
wohl helfen hin und her.
Gesundheit, Leib und Leben,
Zeit, Wind und Wetter geben,
und alles nach Begehr.

Paul Fleming, 1633, vor seiner Abreise nach Persien

Kuwait und Bahrain

Manchmal beneide ich ein wenig die Studenten, die scheinbar selbstverständlich einen Ferienkurs in Kairo, Tunis
oder Damaskus besuchen können. Für mich war es schon ein gewaltiges
Erlebnis, eines Nachmittags 1938 zwei arabische Studenten in Jena zu
treffen! Ein arabisches Land betrat ich erst Ende Januar 1958: Beim Flug
von Ankara nach Karachi hatte ich einen vierundzwanzigstündigen
Zwischenaufenthalt in Bagdad, und einer meiner türkischen Studenten,
der dort Arabisch studierte, zeigte mir einen Tag lang die Stadt, die sehr
wenig an *Tausendundeine Nacht* erinnerte. Wir besuchten einige Heiligtümer, so das des großen Abdul Qadir al-Gilani, dessen Orden, die Qa-
diriyya, in den meisten Teilen der islamischen Welt bis nach Indonesien
verbreitet ist; Mitglieder seiner Familie traf ich in den verschiedensten
Ländern. Neben seinem von Rosenduft erfüllten Mausoleum, das von
indischen und pakistanischen Pilgern erfüllt war, beeindruckte mich das
schiitische Heiligtum von Kazimain besonders; tief verhüllt besuchte
ich die mit Spiegeln und Kerzen erfüllte Grabmoschee des siebenten
schiitischen Imams, in der ich mich verwirrt und unsicher fühlte. Der
Flug weiter gen Osten war unvergeßlich: Das schwarze fruchtbare Land
zwischen Euphrat und Tigris, die sich in den Golf ergießen, ließ mich
an die frühe Geschichte des Landes denken.

Fast vier Jahrzehnte später, 1996, etliche Jahre nach dem unseligen
Golfkrieg, kam ich nach Kuwait, das immer noch an den Folgen des
Krieges litt. Meine Harvard-Studentin Ghada empfing mich im kühlen
Nieselregen am Flugplatz; aber ich hatte wenig Zeit, mich ums Wetter
zu kümmern, denn Ghada hatte ein reichhaltiges Programm vorbereitet. Die schöne Frau, Flüchtling aus Palästina, war mit ihrer Familie
nach Kuwait gekommen und hatte lange im Sabah-Museum für Islamische Kunst gearbeitet. Viele Jahre lang kam sie nach Harvard, soweit es
Beruf und Familie gestatteten, um islamische Kunstgeschichte zu studieren und endlich bei Oleg Grabar und mir ihre Dissertation zu schreiben: die Übersetzung eines mittelalterlichen arabischen Werkes über die
Schätze und Geschenke der frühen islamischen Dynastien – ein Buch,
dessen Inhalt märchenhafter ist als die Erzählung von Aladins Schatz-
höhle. Durch ihre Erfahrungen in der Museumsarbeit konnte Ghada

viele Gegenstände identifizieren, rätselhaft erscheinende Beschreibungen von Stoffen und Geräten verständlich machen. Ghada also nahm mich unter ihre Fittiche. Ich traf den sehr dunkelhäutigen Thronfolger und seine eindrucksvolle Frau (so stelle ich mir die Königin von Saba vor), die ein Abendessen (lauter Damen) für mich ausrichtete. Ich war Gast im Parlament, wo es noch keine weiblichen Abgeordneten gab. Dafür war eine tatkräftige Chemikerin Rektorin der Universität. Vielen alten Bekannten begegnete ich: Der deutsche Botschafter hatte einst die Anfangsgründe des Arabischen bei uns in Bonn gelernt. Shaikha Hussah as-Sabah, Gründerin und Organisatorin des großartigen Museums, das im Krieg zerstört und geplündert worden war, war wie immer von bewundernswerter Aktivität. Und es gab noch ein anderes Museum, das den Krieg zum Glück unbeschädigt überstanden hatte: Das war das Tariq-Rajab-Museum. Es stand jetzt unter der Leitung des ungarischen Kunsthistorikers Geza Féhervari, den ich aus London kannte. Ich konnte mich von dem Museum kaum trennen und wußte nicht, ob die wunderbaren Kalligraphien faszinierender waren oder der Schmuck, die kostbaren Gewänder oder die Keramikgefäße. Aber die Pflicht rief – ich mußte ja auch Vorträge halten, und zwar erstmals auf Arabisch. Ghada war sehr stolz, daß ich das auf ihr Drängen gewagt hatte! Allzu bald mußte ich dann das dunstige Kuwait verlassen, um nach Kairo zu fliegen, wo es gerade in Strömen regnete.

Nicht nur Kuwait hat Museen, die jedem Liebhaber islamischer Kunst das Herz höher schlagen lassen, auch Bahrain kann sich eines kleinen, aber reichen Museums rühmen. Das *Bait ul-Qur'ān* in der Hauptstadt des winzigen Staates im Golf geht, wie die beiden Kuwaiter Museen, auf eine Privatinitiative zurück. A. Jaseem Kanoo hat dieses «Haus» gegründet, das neben einer kleinen, architektonisch sehr schönen Moschee, Vortragssälen und Bibliothek prachtvolle Stücke islamischer Kunst besitzt, und zwar nicht nur Koranhandschriften, sondern auch Metallarbeiten und Keramik. Selbst moderne Kunst aus der arabischen Welt gibt es. Kurz nachdem ich im Februar 2000 dort gewesen war, wurde eine exquisite Ausstellung von kalligraphisch dekorierten Keramiken dort gezeigt, die meine Freundin und frühere Harvard-Schülerin, die Irakerin Wasmaa Chorbachi, geschaffen hatte.

Bahrain ist international; auf dem Bazar – verführerisch mit seinem Goldschmuck! – hört man mehr Hindi und Urdu als Arabisch. Der Anteil der Pakistaner an der Bevölkerung ist sehr groß. Es war daher nicht erstaunlich, daß ich etliche alte Bekannte wiedertraf: Damen, deren

Ehemänner im diplomatischen Dienst oder in der Finanzwelt tätig waren. Einer meiner neuen Bekannten, ein brillanter jüngerer Mann, war Experte für Islamic Banking, das heißt für Transaktionen, in denen das koranische Verbot des Zinsnehmens praktiziert wird, eine Handelsform, in der Gewinn und Verlust in jedem Fall zwischen den Partnern geteilt beziehungsweise gemeinsam getragen werden. Dieser Herr war es auch, der mich stundenlang fürs Fernsehen interviewte – acht Sendungen sollten später im Fastenmonat Ramadan ausgestrahlt werden. Als ich einen modernen Wandteppich im Studio etwas ironisch bewunderte, da auf ihm ein fast lebensgroßes Kamel zu sehen war, ließ es sich nicht vermeiden, daß mir ein fast identischer Teppich verehrt wurde.

Hierzu eine Anmerkung: Wieso erhält der Besucher so viele Geschenke? Bei Einladungen, die von einheimischen Institutionen ausgehen, werden zwar Reise und Aufenthalt bezahlt und großzügige Gastfreundschaft mit Erfüllung fast aller Wünsche geboten, aber kein Vortragshonorar gezahlt. Dafür gibt es Geschenke. In Pakistan waren es meist schöne Wollschals, aber manchmal entsprechen die Überraschungen nicht dem Geschmack des geehrten Gastes; oft sind es Berge von Büchern, mit deren Verschiffung der Luftreisende dann die Botschaft oder eine Regierungsorganisation beschweren muß, manchmal auch, wie bei dem Vortrag für die bahrainischen Damen, eine gewaltige Kupferplatte mit koranischen Inschriften, wunderschön, aber schwer zu transportieren. (Sie wurde dann in den Kamelteppich gewickelt.)

Bahrain ist seit kurzem mit Saudi-Arabien durch einen langen Damm verbunden, über den, wie es heißt, jedes Wochenende Autos aus Arabien kommen, deren Besitzer sich dem in ihrer Heimat verbotenen Genuß von Alkohol widmen und so die bahrainische Wirtschaft stärken. Der Ausflug an verschiedene Ecken der Insel war interessant. Freilich, es war kalt – zur Freude der sonst hitzegeplagten Bewohner, nicht aber zu meiner. Ein kalter Sturm bog die armen Palmen tief herunter, und der Golf hatte weiße Schaumkronen auf den Wellen, deren Farbe von hellem Türkisgrün zu dunklem Turmalin wechselte. Mit einigen klugen Bahraini-Damen, die trotz ihres Studiums in Europa oder Kanada strikt in *hidschâb* (Verhüllung) lebten, bewunderte ich den Anblick des sturmgepeitschten Wassers, während wir uns über Probleme der modernen Koranauslegung unterhielten. Und das bisher einzige Mal wurde ich von einer völlig schwarz verhüllten Dame chauffiert, und zwar höchst elegant.

Syrien und Jordanien

In jenen Tagen hatte es einen Kälteeinbruch im Nahen Osten bis hin
zur Nordgrenze Saudi-Arabiens gegeben, und mir scheint, daß die Kälte
mich fast überallhin verfolgt, wo es eigentlich warm sein sollte. In Jerusalem, beim Kongreß über «Islam in Südasien» (1977) hatte ich bei angeblich frühlingshaftem Wetter Ende April nur dank den Wolljacken
einer hilfreichen israelischen Kollegin überlebt. Und was passierte in Syrien? Es schneite im März! Ich war auf Einladung der Universität Damaskus nach Syrien gekommen, und der damalige Rektor trug einen
zum Wetter passenden Namen: *Mâ' bârid* – «Kaltwasser». Wie viele Araber hatte er in der DDR studiert und seine deutsche Frau von dort mitgebracht. Meine Betreuerin Hannan, Professorin für Romanistik, war
eine liebenswürdige jüngere Dame, unter deren Fittichen ich mich sehr
wohl fühlte. Damaskus war freilich nicht so märchenhaft, wie ich es erträumt hatte. Einer unserer Bonner Studenten, der am Archäologischen
Institut an seiner Dissertation arbeitete, führte mich durch die Altstadt
und zeigte mir die gewaltige Omayyadenmoschee, die ich vielleicht von
allzu vielen Fotos kannte, so daß die berühmten Mosaiken mich nicht so
begeisterten, wie es sich eigentlich geziemt hätte. Möglicherweise
fehlte auch die Sonne, um das Bauwerk in vollem Glanze erstrahlen zu
lassen.

Natürlich besuchten wir das Mausoleum Ibn 'Arabis, jenes theosophischen Mystikers, dessen gewaltiges System die religiöse Landschaft des
Islam wie kaum ein anderes beeinflußt hat – der aber auch bis heute von
orthodoxen Kreisen als gefährlicher Ketzer angesehen wird. 1165 in
Murcia (Spanien) geboren, kam er nach langen Wanderungen nach Damaskus und starb dort 1240. Er hinterließ ein fast unübersehbares Erbe,
das noch immer nicht ganz aufgearbeitet ist, aber das Interesse der westlichen Welt immer stärker auf sich zieht. Ich gebe zu, daß ich mich trotz
seiner Gedankenflüge, die er in ziemlich idiosynkratischer Weise ausdrückt, nur teilweise mit seinem Werke befreunden kann. Aber es wäre
unhöflich gewesen, seine letzte Ruhestätte nicht zu besuchen und dort
eine *Fâtiha* zu sprechen. Das Mausoleum war recht kitschig ausgestattet,
aber draußen saß ein miauendes Kätzchen, das in seiner Weise den
Schöpfer und die Geschöpfe pries, die es streichelten und ihm ein
bißchen Futter gaben.

Sehr interessant war ein Morgen beim Großmufti Keftaru, der eine
weite ökumenische Weltsicht vertrat und von dem ich gern noch mehr

erfahren hätte. Aber wahrscheinlich mußte ich wieder einen Vortrag halten oder einen Minister besuchen. Bei trübem Wetter ging's dann gen Norden; bei Hama tranken wir nahe den gewaltigen Wasserrädern am Orontes Tee – und dann begann der Regen, der uns auch in Aleppo treu blieb. Dabei hatte ich mich auf diese Stadt besonders gefreut, denn zum einen hatte unser Lektor in Berlin viel von seiner Heimatstadt erzählt, und zum andern liebte ich die Poesie, die dort im zehnten Jahrhundert zur Zeit der Hamdaniden blühte. Doch viel lieber als die klangvollen wortgewaltigen Verse Mutanabbis – des Lieblingsdichters ungezählter Bewunderer der arabischen Sprache – waren mir die Gartendichter Sanaubari und Kushadschim. Wer hätte die Gärten und Blüten der Stadt anmutiger besungen als diese beiden Freunde, deren Dichtung alle Aspekte des eleganten Lebens umfaßt? Und dann war mir Aleppo durch meine Studien über die Mamluken vertraut, für die die gewaltige Zitadelle einer ihrer nördlichsten Verteidigungsorte war. Auf dem Schlachtfeld von Mardsch Dabiq nördlich der Stadt, das man noch von den Dächern der türkischen Grenzstadt Kilis aus sehen kann, hatte im August 1516 die Schlacht stattgefunden, in der die osmanischen Heere dem Mamlukenreich ein Ende bereiteten.

Ach, ich wurde enttäuscht. Immerhin konnte ich einen Blick in den schönen alten *hammâm*, das öffentliche Bad, werfen und mich dort ein wenig aufwärmen, konnte auch das bescheidene Grab Suhrawardis, des Meisters der Erleuchtung, kurz sehen: Hier war der große mystische Denker aus Iran 1191 im Alter von achtunddreißig Jahren getötet worden, weil seine kühnen Gedankenflüge den Theologen zu gefährlich erschienen – vielleicht empfanden sie auch einfach Eifersucht gegenüber dem genialen Denker. Rund dreihundert Jahre später wurde dort der ekstatische türkische Dichter Nesimi ebenfalls grausam getötet, auch er ein Opfer engstirniger Politik.

Aleppo versprach also viel, aber ich sah wenig. Warum man uns in einem Hotel mit angeblich italienischer Küche untergebracht hatte und ich das berühmte Aleppiner Essen nicht einmal von ferne sah, weiß ich nicht. Zwar gelang es mir, eine Regenpause zum Besuch der riesigen Zitadelle auszunutzen, was ich trotz nicht endenwollender Treppen genoß. Aber von den einstmals so schönen Gärten war nichts mehr da, und die berühmten Häuser der Altstadt zu besuchen, fehlte die Zeit. Ich hoffe das irgendwann nachzuholen – inschallah!

Von Aleppo aus ging es zu dem Hafen von Ladhiqiya, wo der Rektor ein Nachfahr des großen Mystikers al-Halladsch war. Wir führten anre-

gende Gespräche über die mystische Tradition, die er, obgleich Inge-
nieur, gut kannte. Von seiner Frau, einer lebhaften deutschen Ingenieu-
rin, erfuhr ich allerlei über die politische Lage, die Spannungen zwischen den Sunniten und den Aleviten, der einflußreichen schiitischen
Gruppe, deren Hauptsitze in den bewaldeten Bergen nahe der Küste
liegen. Kleine Vergleiche der syrischen Situation mit der ehemaligen
DDR fehlten nicht. Morgens besuchten wir das nahe dem schönen Hotel am Mittelmeer gelegene Ras Schamra, das alte Urartu, doch die
Ruinen aus dem achten Jahrhundert v. Chr. konnten wir des starken
Regens wegen nicht gründlich ansehen. Winzige Zyklamen hoben ihre
Köpfchen aus dem Boden zwischen den Ruinen. So fuhren wir nach
Süden, gen Damaskus, mit der Absicht, auf dem Weg Ma'lula zu besuchen, jenes abgelegene Zentrum des frühen Christentums, wo noch ein
altertümlicher syrischer Dialekt gesprochen wird. Mit Mißvergnügen
sahen wir, daß die Regentropfen eine andere Form annahmen, und bald
waren wir mitten im Schnee. Tapfer blieben wir bei unserem Plan und
glitschten über die ins Tal führende Straße. Immerhin saßen wir vier –
Hannan, Sabine Hallaje und ich samt dem unermüdlichen prachtvol-
len Fahrer – endlich in einem hübschen Hotel Ma'lulas, von dem aus
der Talkessel mit den steilen Felswänden und den übereinanderge-
schachtelten Häusern aussah wie eine Weihnachtskarte aus den Alpen.
Der Aleppiner Dichter Sanaubari hätte hier wohl kaum mehr den
Schnee als «Rose des Winters» entzückt beschrieben! Wir besuchten die
Kirche, lauschten den syrischen Gebeten des alten Priesters und kauften
um des Segens willen eine Flasche des allzu süßen klebrigen Rotweins.
Die Hauptstadt erreichten wir einigermaßen lebendig. Als wir am
übernächsten Morgen nach Absolvierung meiner verschiedenen Vor-
tragspflichten rasch nach Palmyra fuhren, glänzten noch Schneeflecken
auf der Straße und leuchteten im klaren blauen Frühlicht, gegen das sich
die weite Ruinenstätte golden abhob.

Natürlich regnete es auch, als ich 1993 erstmals nach Amman kam.
Shaikh Zaki Yamani, der frühere saudische Ölminister, hatte mich zum
Mitglied der al-Furqan-Kommission ernannt, der unter anderem die
Katalogisierung und auch Veröffentlichung wichtiger arabischer Handschriften in aller Welt – vor allem auch in Randgebieten wie den west-
afrikanischen Staaten oder Bosnien – obliegt. Die erste eintägige Tagung, an der ich teilnahm, fand in Amman statt. Noch fühlte ich mich
unter den großen Gelehrten aus den verschiedensten Ländern ein wenig
fremd, wenn wir einander auch durch unsere Veröffentlichungen kann-

ten, und an der fast ausschließlich Arabisch gehaltenen Diskussion konnte ich mehr passiv als aktiv teilnehmen. Abends aber hatte Kronprinz Hassan ibn Talal eingeladen. Ich kannte seine Frau Serveth oder zumindest ihre Familie, war sie doch die Tochter von Begum Shayeste Suhrawardi Ikramullah, deren Haus in Karachi nur wenige Schritte vom Haus meiner Gastgeber 1958 entfernt war. Begum Ikramullah war und ist eine der interessantesten Frauen Pakistans, eine höchst energische zierliche Bengalin, die ihr Leben in einem faszinierenden Buch beschrieben hat, *From Purdah to Parliament*, das in der ersten Auflage die Widmung trägt: *«To my husband, who took me out of Purdah and ever since regretted it.»* Die junge, in traditioneller Abgeschlossenheit erzogene Shayeste (geb. 1915), die ein lebendiges Bild vom Leben einer vornehmen Muslimfamilie in der ersten Hälfte des zwanzigsten Jahrhunderts zeichnet, beteiligte sich an der Pakistan-Bewegung und arbeitete unter Jinnah, spielte nach der Teilung des Subkontinents eine aktive Rolle in der politischen und kulturellen Szene und war eine Zeitlang Botschafterin ihres Landes in Marokko. Sie sprühte vor Energie, und das tat auch Serveth, eine ihrer Töchter. So kannte ich Prinz Hassan zumindest aus den Erzählungen pakistanischer Freunde, und wir verstanden uns sogleich sehr gut. Nach dem Abendessen zog man sich noch etwas in das Arbeitszimmer des Prinzen zurück, wo die gelehrte Diskussion über arabische Handschriften plötzlich durch das Eintreten eines unerwarteten Gastes unterbrochen wurde – eine große schöne Katze schritt herein, und all die hochgelehrten Herren und ich stürzten uns auf das Tier, um es zu streicheln: «Katzenliebe gehört zum Glauben!» sagt ja ein dem Propheten zugeschriebenes Wort. Als ich einige Jahre später beim Abendessen im Palast den Prinzen an dieses Ereignis erinnerte, hatte Serveth Tränen in den Augen – die gelehrte Katze war gestorben.

Prinz Hassan war und ist Philosoph, und sein großes Anliegen ist die Verständigung zwischen den Religionen. Aus diesem Grund hat er in Amman das Institute of Interfaith Studies gegründet, zu dem ich 1997 eingeladen wurde. *«A-anti Annemarie?»* fragte ein Soldat am Flughafen, und gleich darauf erschienen Kamal Salibi, der christliche Direktor des Zentrums (den ich schon aus Harvard kannte) und seine muslimische Mitarbeiterin Mona, eine große liebenswerte Dame, Flüchtling aus Jerusalem. Die Tage waren mit Besprechungen und natürlich Vorträgen ausgefüllt. Ich besuchte die Universität von Irbid und begegnete vielen alten Bekannten, so Prinzessin Wijdan Ali und ihrem Mann Prinz Ali, in deren Haus ich herrlichste arabische Kalligraphie bewundern konnte.

Ein wenig überrascht war ich allerdings, als Prinz Ali mit einer älteren Dame irakischer Herkunft Türkisch sprach. Ein Hauch des alten Osmanischen Reiches wehte mich an! Die Prinzessin ist eine große Mäzenin der islamischen und modernen Kunst; jetzt leitete sie das Institute of Diplomacy, in dem ich natürlich auch einen Vortrag halten mußte.

Und es gab Überraschungen. Die erste – bereits am ersten Tag – führte zum Mount Nebo, jenem Berg, von dem aus Moses das Gelobte Land erblickt haben soll. Der Blick über das Jordantal zu den Bergen nahe Jerusalem war unbeschreiblich – biblische Geschichte hautnah. Selten habe ich einen Ort besucht, der eine so starke «mystische» Kraft hat. Eine bescheidene alte Kirche krönte den Berggipfel; eine moderne Skulptur der Eisernen Schlange stand davor. Ich konnte mich kaum von dem Platz trennen, aber der eisige Wind trieb uns doch in ein kleines Restaurant auf dem Weg ins Tal, wo sich das übliche Touristenzentrum aufgetan hatte.

Das zweite große Erlebnis war Petra. Ich glaubte, es sei fast schon zu bekannt, nachdem man allzu viele Prospekte gesehen hat, die das Tor des Schatzhauses zeigen, das man nach einem Ritt oder einer Fahrt in einem flinken Wägelchen erreicht. Doch fast so interessant wie das Ziel war der Weg: Da lag die alte Festung Karak, die lange den Mamluken gehört hatte und mich deshalb interessierte, weil dort im fünfzehnten Jahrhundert ein Mann Kommandeur war, der eines der wichtigsten arabischen Werke über Traumdeutung verfaßt hat. – Aber wo würden wir übernachten? Unser Wagen schien auf dem falschen Pfad zu sein. Aber nein, wir erreichten ein Dorf, das in eine Hotellandschaft verwandelt worden war. Jedes Haus hatte seinen individuellen Charakter bewahrt und war mit den schönsten Erzeugnissen jordanischer Handwerkskunst ausgestattet, während Bad und ähnliche notwendige Dinge hochmodern waren. Und was für einen hinreißenden Blick hatte man von dem Vorplatz des «Dorfes»! Die Felswand, hinter der unser Ziel lag, schimmerte in seltsamen Farben im sinkenden Licht und strahlte am Morgen. Wir drei – Mona, eine amerikanische Studentin und ich – genossen jeden Augenblick in dem scheinbar verwunschenen Ort (mit einer kleinen Ausnahme, dem allzu lärmigen Restaurant). Verwunschen ist auch der Weg durch die lange enge Schlucht von Petra mit ihren vielfarbigen steilen Felsen, und immer wieder hinreißend der Anblick des gewaltigen rosa Portals, das sich plötzlich vor dem Besucher erhebt, wenn er aus der dunklen Schlucht tritt. Unser wohlgeschulter Führer erklärte uns die komplizierten, mehr als tausendfünfhundert Jahre alten Bewässerungsanlagen der Nabatäer und technische Details, die ich zum größten Teil vergessen habe – ich genoß einfach. Im gleichen Jahr, als ich Bundespräsident Herzog noch einmal in den Nahen Osten begleiten durfte, saß ich in Petra mit Christiane Herzog in einem Wägelchen, und auch sie genoß den Ausflug von Herzen. Die Felslandschaft wechselte ihren Charakter von Augenblick zu Augenblick; es gab Seitentäler, Höhlen – eine ebenso verwirrende wie faszinierende Szenerie.

Die dritte Überraschung kam kurz vor meiner Abreise. Eine Abendeinladung mit dem Kronprinzen brachte ein Wiedersehen mit Begum Ikramullah. Nachdem wir das köstliche Mahl genossen hatten (die Prinzessin hatte die Meringuetorte selbst gebacken), sagte der Gastgeber beim Abschied: «Wir sehen uns ja morgen früh noch!» Wieso, dachte ich, mein Flugzeug geht doch am Mittag!? Kurz vor neun war ich also in Reisekleidung im Palast – und siehe, im Beisein unseres Botschafters und einiger Kollegen überreichte Prinz Hassan mir eine Samtschatulle mit einem farbenfrohen hochkarätigen Orden «für Kunst und Wissenschaft» sowie ein Set einer schönen Rezitation des Korans. Ich war völlig überrascht. Dr. Salibi zauberte nach unserer Rückkehr ins Institut eine Flasche Champagner herbei: Denn auf eine solche Überraschung mußten zumindest die Christen doch anstoßen! Auf dem Weg zum Flughafen machten wir noch rasch in Mschatta Pause, jenem Wüstenschloß, dessen herrliche Fassade seit 1913 im Berliner Pergamonmuseum steht. Der Wächter brachte uns eine Tasse Tee, und wir genossen einen Moment die Ruhe bei Grillenton, von Faltern umflattert. Beim Abflug entgingen wir knapp einer Katastrophe durch einen geplatzten Reifen und erreichten Frankfurt – Gott sei Dank – mit nur einer Stunde Verspätung. Die Sicherheitsbeamten am Flughafen wunderten sich, was für ein sonderbar geformtes Metallstück in meiner Reisetasche auf dem Bildschirm erschien. Ich erzählte ihnen die Geschichte und fragte sie, ob sie den Orden sehen wollten. Ja, so etwas sehe man ja nicht alle Tage, meinte einer, und dann hatte ich eine Schar von Securityleuten um mich, die das goldene glitzernde Gebilde umstanden und sich offenbar ebenso daran erfreuten wie ich – jedenfalls dankten sie mir strahlend.

Ich sah Prinz Hassan wieder, als er im Mai 2000 bei der Verleihung des Toleranzpreises der Evangelischen Akademie Tutzing an Altbundespräsident Roman Herzog die Laudatio hielt – ein Meisterstück, das uns alle sehr bewegte. Zwei Wochen später trafen wir uns in London bei einer großen arabischen Feier zu Ehren von Shaikh Zaki Yamanis siebzigstem Geburtstag, wo wir – einschließlich Königin Fabiola von Belgien – fröhlich arabischen Ringelreihen tanzten.

Prinz Hassan ist ein wunderbarer Mensch. Unvergeßlich, wie er nach der Einweihung einer Wasseraufbereitungsanlage im Jordantal Präsident Herzog in sein Auto entführte und die beiden fröhlich in rasender Fahrt gen Amman sausten – zur großen Erheiterung von Frau Herzog. Wir alle hatten erwartet, daß er nach dem Tode seines Bruders Hussein sein Nachfolger werden würde, aber es kam anders – aus welchem Grund auch immer. Vielleicht hat er so mehr Gelegenheit, sich seinen geistigen Interessen zu widmen und immer weiter auf die Verständigung, ja Versöhnung der abrahamitischen Religionen hinzuarbeiten. Mit Recht hat ihm die Katholisch-Theologische Fakultät der Universität Tübingen im Jahr 2001 den Ehrendoktor verliehen.

Ägypten, Sudan – und ein Ausflug nach Tunesien

Als junge Studentin und Wissenschaftlerin im trostlosen Berlin der Kriegszeit flüchtete ich mich in Träume von Kairo. Die Mamlukenemire mit ihren grausamen Methoden, die oft so korrupten Zivilbeamten schienen den Männern zu gleichen, von denen wir täglich umgeben waren. Ich wanderte durch die Straßen meines imaginären Kairo und versuchte, der Gegenwart des immer weiter zerbombten Berlin hin und wieder zu entfliehen. Aber es dauerte bis 1961, daß ich Kairo zum ersten Mal sah, und auch das war nur eine flüchtige Unterbrechung auf dem Flug von Frankfurt nach Karachi. Ich wohnte bei meinem Kollegen Ishaq Musa al-Husaini, der zu der angesehenen Husaini-Familie Jerusalems gehörte und mir von den Leiden so vieler Palästinenser bei der Gründung Israels 1948 erzählte – Leiden, die wir jetzt so leicht vergessen. Mein Gastgeber aber – verwandt mit dem Großmufti von Jerusalem – versuchte immer wieder, durch die Religionsgeschichte zu positiven Elementen in den Beziehungen der drei abrahamitischen Religionen zu gelangen.

Kairo war kalt, und außer der Zitadelle und den Pyramiden erinnerte wenig an meine Jungmädchenträume. Später lernte ich den Dominikanerpater Anawati kennen, dessen Werke wichtige Zeugnisse der besten Traditionen der Islamkunde waren. Aber mehr als das: Das Lächeln Père Anawatis hätte die verfeindetsten Gruppen von Menschen versöhnen können. – Daß meinem Flugzeug, einer Lockheed Electra der KLM, auf dem Flug nach Karachi zwei Triebwerke ausfielen, sei am Rande erwähnt.

Als ich 1984 wieder nach Ägypten kam, war ein alter Freund, Dr.

Kurt Müller, deutscher Botschafter, auch er Spezialist für Mamlukengeschichte. So fühlte ich mich viel mehr zu Hause. Die Altstadt wurde
vertrauter, und das Qaitbay-Mausoleum, das ich Jahrzehnte zuvor in
meinem Buch *Land des Lichts* gezeichnet hatte, war fast so schön, wie
ich es erträumt hatte. Dazu kam, daß ich gerade vor der Reise Robert
Irwins Mamlukenroman *The Arabian Nightmare* verschlungen hatte, in
dem dieser ausgezeichnete Kenner mittelalterlicher Geschichte ein lebendiges Bild jenes Kairo zeichnet, das mir von meinen Studien vertraut
war (und das Ergebnis war, daß ich den Roman bald übersetzte). Mit
Trude Müller durchstreifte ich den Khan Khalili, und Doris Behrens-
Abouseif, eine Koptin, zeigte mir verborgene mamlukische Baudenk-
mäler – woraus sich eine herzliche Beziehung entwickelte. Daß die
tüchtige Kunsthistorikerin später keinen Lehrstuhl in Deutschland erhielt, dafür aber den prestigereichsten Lehrstuhl für islamische Kunst in
London, war nicht untypisch. Vorträge hielt ich in Kairo natürlich auch,
und ich genoß die schöne Herbstwoche, bevor ich mit Trude in den Jemen flog.

Wieder verging eine Reihe von Jahren, bis ich Kairo 1996 wiedersah,
diesmal in Verbindung mit einer Tagung der al-Furqan-Stiftung. Mein
Zimmer im Hotel Semiramis überblickte den Nil, und das neue Opern-
haus in japanisch angehauchter Architektur hob sich aus dem Häuserge-
wirr der anderen Nilseite hervor. Der Sandsturm, der sich in heftigen
Regen verwandelt hatte, während ich aus Kuwait einflog, brachte solche Kühle, daß die besorgten Freunde mir ein Heizöfchen ins Zimmer
stellten. Mein Schutzgeist war Ahmad Farrag, Produzent einer erfolgreichen Fernsehserie *Nûr 'alâ nûr*, «Licht über Licht», die islamische
Ideale darstellte. Neben unseren Sitzungen gab es auch Erholung. Dazu
gehörte das Theaterstück *al-ginzîr*, «Die Kette», im ägyptischen Dialekt,
das, glänzend gespielt, die religiös-politischen Probleme und den begin-
nenden Terrorismus behandelte. Selbst wenn ich das rasend schnell gesprochene Ägyptisch-Arabisch kaum verstand (ich las den Text später
nach), war das Spiel der Darsteller hinreißend. Im Anschluß an das al-
Furqan-Treffen nahmen wir noch an einem Festival zu Ehren eines alten
arabischen Dichters teil, wobei ich das herrlichste klassische Arabisch zu
hören bekam. Zwischendurch war ich beim Religionsminister Zaqzouq, der, in Deutschland promoviert und mit einer Deutschen verheiratet, mich schon lange zuvor in Deutschland besucht hatte. Ihn und
Ahmad Farrag sah ich fast täglich. Einen freien Morgen benutzte ich,
um mit Magdi Youssef, unserem früheren Hauptübersetzer für *Fikrun*

wa Fann, durch den Khan Khalili zu streifen und ein paar Geschenke zu
erstehen; doch auch bei diesem Ausflug ging es nicht ohne Journalisten
und den unvermeidlichen Fotografen ab. Anstrengender als das wissenschaftliche war das «normale» Leben mit dem sehr späten Mittag- und
fast mitternächtlichen Abendessen. So war mir am vierten Morgen, bei
aller Glückseligkeit über das Zusammensein mit den Freunden, ein wenig sonderbar zumute. Auf dem Weg zur Oper, wo Poesie rezitiert werden sollte, übersah ich eine winzige Schwelle, fiel hin und wurde
ebenso wie Brille, Hut und Halskette von Yamanis aufgesammelt, die
wie aus einem Zaubermärchen plötzlich aufgetaucht waren. Ich hörte ein
paar Gedichte an und mußte dann zum damaligen *shaikh al-Azhar* Gad
ul-Haq, während mein rechter Fuß mit bemerkenswerter Schnelligkeit
schwoll. Als ich gegen fünfzehn Uhr mit dem Großmufti – dem jetzigen *shaikh al-Azhar* Tantawi – zu Mittag aß, wies der Religionsminister
Zaqzouq ihn auf meinen kleinen Unfall hin. Tantawi neigte sich tief, sah
meinen Fuß ernst an und sagte: *Waram, waram kbîr! Lâzim tschûfî ad-duk-
tûr* (Große, große Schwellung – du mußt den Arzt sehen!). So wurde
ich im wahrsten Sinne *par ordre de moufti* von Ahmad Farrag ins Hospital
geschleppt, das ich nach kurzer Zeit mit einem gewaltigen Gipsver-
band, shocking-pink gefärbt, verließ. Trotz meiner Schmerzen mußte
ich über dieses Kunstwerk herzlich lachen und verbrachte den Abend
bei einem hochkarätigen Essen, wo ich mich gebührend bewundern
ließ – allerdings ohne etwas zu essen. Doch mein Programm, von Kairo
aus nach Beirut und Damaskus zu fliegen, um dort Vorträge zu halten,
mußte aufgegeben werden. Der gute Geist von al-Furqan. Dr. Ahdaf
Suwaif Hamilton, eine bekannte ägyptische Schriftstellerin (die in Englisch schreibt), fuhr mich am Nachmittag zu den Mamlukengräbern, damit ich meine «Jugendfreunde» rasch grüßen konnte. Am nächsten Tag
standen mein Arzt Christian Kellersmann und der elefantenleibige Fahrer der kuwaitischen Botschaft am Bonner Flughafen, und ein Bonner
Orthopäde ersetzte den romantischen, aber ach so unbequemen Pyra-
midengips durch einen kleineren.

Gut drei Monate später rief die ägyptische Botschaft an einem Mitt-
woch an, ich müsse am Samstag in Kairo sein, um dort einen Orden zu
bekommen. Ich seufzte tief, aber es klappte tatsächlich. Auf dem Islam-
kongreß, der gerade zu Ende ging, traf ich allerlei Bekannte, und nachmittags fuhren unser früherer Botschafter, Murad W. Hofmann, und ich
zu einer überaus nüchternen Halle, irgendwo in der Stadt, wo Präsident
Mubarak, kurz vor seinem Abflug nach Gott weiß wohin, uns unsere

schönen farbenprächtigen Orden überreichte. (In Pakistan geht das fei-
erlicher zu!) Am nächsten Morgen flog ich, die samtene Schatulle in der
Tasche, schon wieder nach Hause.

Das nächste Mal, 1999, lag Kairo auf der Reise zwischen Khartum
und Tunis. Die Tage in Khartum waren hochinteressant. Unser Botschafter Dr. Werner Daum, ein großer Kenner vor allem der südarabi-
schen Welt, hatte alles aufs beste organisiert. Khartum und sein Umland
erinnerten mich an Sindh, wo der große Strom – hier der Nil, dort der
Indus – das flache Land durchfließt, Fruchtbarkeit und Unheil mit sich
bringend. Als erstes besuchten wir am Freitag nachmittag verschiedene
Sufi-Gruppen, und ich durfte oder besser: mußte zu einer Gruppe von
Frauen sprechen, die auf einer Estrade hinter einem Holzgitter saßen.
Meine weisen arabischen Worte über Gottesliebe und Dichtung verur-
sachten, wie mir Daum berichtete, nicht nur bei den Frauen, sondern
auch bei den etwa dreihundert Männern, die, für mich unsichtbar, unten lauschten, manch entzückten Seufzer. Überall spürte man noch die
geistige Präsenz des mehr als ein Jahrhundert zuvor aktiven Mahdi vom
Sudan – war doch Omdurman, jetzt ein Zentrum der Mystiker, sein ei-
genstes Gebiet. Die meiste Zeit schien mit Vorträgen und Interviews zu
vergehen. Selten habe ich ein so gut vorbereitetes einstündiges Fernseh-
interview erlebt wie in Khartum, wo einer meiner Gesprächspartner,
aus einer alten religiösen Familie stammend, mit seinem riesigen weißen
Turban nicht nur höchst dekorativ war, sondern auch erstaunlich viele
meiner Publikationen gelesen hatte. Ich traf progressive Politiker und
hochgebildete, politisch aktive Frauen, diskutierte mit Dichterinnen –
doch nie wurde über die Entwicklungen im tiefen Süden des Landes
gesprochen, wo ungezählte Stämme mit zahlreichen verschiedenen
Sprachen der Islamisierung Widerstand leisten.

An einem Tag durfte ich gen Norden fahren, zu den von deutschen
Archäologen betreuten Ausgrabungsstätten von Meroe und Naga. Die
kleinen schwarzen Pyramiden von Meroe, die aus dem orangefarbenen
Sand zu wachsen scheinen, glichen einer Kollage aus starkfarbigem
Glanzpapier gegen leuchtend blauen Himmelshintergrund. Und Naga,
der Zeitwende zugehörig, wirkte wie eine Illustration zu biblischen
Geschichten.

Während der Blaue Nil weiter träge und grau dahinfloß, flog ich nach
Kairo, wo ich bei der Buchmesse wirken und fürs Goethe-Institut sprechen sollte. Diesmal schien es ein fast vollkommener Aufenthalt zu werden. Bei der Buchmesse entzückte mich der Pavillon von al-Furqan, an

dem ich mich in zahlreichen Fotos entdeckte, obgleich ich damals erst *eine* Veröffentlichung in ihrer Buchreihe vorweisen konnte. Besonders reizvoll war die Ankündigung meines Vortrags über «Rückert als Übersetzer», die in der arabischen Presse lautete: «Der deutsche Orientalist Friedrich Rückert spricht über seine Übersetzung des Korans.» Rückert lebt!

Ich streifte mit jungen deutschen Freunden durch die Altstadt, wo mich wieder die Glasbläserei entzückte; und ich besuchte die von mir so geliebte Qarafa, den alten Friedhof, auf dem so viele große Gestalten der islamischen Geschichte beigesetzt sind, der jetzt aber völlig mit Häusern verbaut ist. Wieder besuchten wir Ibn al-Farid, den Sänger mystischer Liebe, dessen Ode zum Lobe des himmlischen Liebesweines ich vor langen, langen Jahren übertragen hatte:

Wir tranken einst auf das Wohl des Freunds, des Geliebten, Wein.
Eh man noch die Traube schuf, berauschte der Trunk uns rein.

Zum ersten Mal sah ich die bescheidene Grabstätte Dhu'n-Nuns, in dessen Aussprüchen und Gebeten immer wieder der koranische Gedanke auftaucht, daß alles Geschaffene – Luft und Wasser, Bäume und Vögel, Sonne und Mond – ständig Gottes Größe preist. Ich sah mit Freuden, daß man das Mausoleum Ibn Ata' Allahs verschönert hatte: Die Wände der lichten Räume trugen Aussprüche des mittelalterlichen Meisters, dessen Frömmigkeit der islamischen Welt einige der schönsten Weisheitsworte geschenkt hat. Ich hatte sein schmales Büchlein, die *Hikam*, «Weisheitsworte», das von Marokko bis Indonesien gelesen wird, 1985 übersetzt, und es war auch für mich zu einem wahren Vademecum geworden:

Der Tor fragt sich: Was werde ich heute tun?
Der Weise fragt sich: Was wird Gott heute mit mir tun?

So genoß ich Kairo und, nicht zu vergessen, seine Katzen (für den schönen Fotoband *Cairo Cats* von Lorraine Chittock hatte ich den Text verfaßt), und statt zu den touristenüberlaufenen Pyramiden von Gizeh zu gehen, ließ ich mich vom Leiter des Goethe-Instituts an einem Nachmittag nach Dahschur entführen, wo eine gewaltige Pyramide – eine der ersten – zu bewundern war, an der man ahnen konnte, welche heute kaum vorstellbare Leistung Menschen vollbracht haben, die vor mehr als viertausend Jahren Tausende von Steinblöcken mit einem Gewicht von je zwanzig Tonnen in einer Zeit von mehr als zwanzig Jahren zu

einer vollkommenen Form zusammengebaut haben. Daß der dort be-
stattete Pharao eine Flasche Sekt im Sande vergraben hatte, damit wir
Spätgeborenen uns nach dieser Anstrengung stärken konnten, war eine
angenehme Überraschung.

Am folgenden Morgen ging es nach Tunis – vier Grad «Wärme» und
strömender Regen. Hätte die liebenswerte Leiterin des dortigen
Goethe-Instituts mich nicht in ihrem Haus aufgenommen, so wäre Tunis für mich wohl nur eine naßkalte Erinnerung. Aber nachdem ich einen einstündigen arabischen Vortrag über die Rolle der Mystik für die
Verständigung der Religionen halblebendig und zitternd vor Kälte
überstanden hatte, kam die Belohnung: der Besuch der Großen Moschee (Sidi-Oqba-Moschee) in Kairuan. Wieder erfüllte sich ein Ju-
gendtraum. Selten habe ich eine eindrucksvollere Moschee als diese
(678 erbaut) gesehen, deren Pfeiler und Schriftdekoration von unvergleichlicher Einfachheit sind; sie war das Modell für viele der frühen
Moscheen bis hin nach Gulbarga im südlichen Indien. Wir konnten uns
kaum von diesem wahrhaft numinosen Platz trennen. Dann schlender-
ten wir durch die Gassen, die uns aus den Bildern von Macke und Klee
vertraut waren; viel leuchtendes Blau war darin, und ungezählte Katzen.
Welch ein Unterschied zu den am Meer gelegenen Touristenorten, wo
nichts von der erhabenen Ruhe der alten Moschee zu spüren war! – Deren Bild begleitete mich, als ich am nächsten Tag zurückflog.

Marokko

Wenn ich Mama zu ihrem siebzigsten Geburtstag mit einer Schiffsreise
an Anatoliens Südküste überrascht hatte, so war für den achtzigsten Marokko unser Ziel. Wir verbrachten eine Woche in Fez, Rabat und Marrakesch – meine einzige touristische Erfahrung! Und die konnte ich
nicht recht genießen, denn knapp zwei Monate danach, am 1. März
1967, mußte ich ja meine Arbeit in Harvard aufnehmen.

Viele Jahre später wurde ich zu Vorträgen nach Marokko eingeladen
und genoß die Zeit entschieden mehr, nicht zuletzt dank der Gastfreundschaft unseres Botschafters Dr. Bartels. Vorträge hielt ich in verschiedenen Institutionen Rabats und natürlich in Casablanca im Islamic
Center. Als wir die riesige Moschee dort besuchten, die kurz zuvor von
König Mohammad V. fertiggestellt worden war, blies uns ein gewaltiger
Regenschauer fast fort, und die Moschee glich einem gewaltigen Schiff,

trotzig ins Meer ragend, das sie von drei Seiten umgibt. Die marokkani-
schen Kunsthandwerker haben ihr Bestes getan, um auch die feinsten
Details der Dekorationen im Stil klassischer maghrebinischer Kunsttra-
dition zu gestalten, aber der enorme Innenraum wirkte seelenlos. Er
braucht wohl die Menge der Betenden, um lebendig zu werden.

In Rabat fand ich allerlei Freunde, in erster Linie den Vertreter der
Konrad-Adenauer-Stiftung, Manuel Weischer, mit dem mich seit seiner
Bonner Studentenzeit eine herzliche Freundschaft verbindet, die sich
auf unsere gemeinsame Liebe zur Mystik und zu den spirituellen Aspekten der Religion stützt; immer wieder waren unsere Unterhaltungen
vom Interesse an einer Welt jenseits der materiellen Welt erfüllt. – Ganz
anders Fatima Mernissi, die lebhafte, gescheite Soziologin und Frauenrechtlerin, deren Bücher in Europa und Amerika viel Aufsehen erregt
haben. Ich hatte sie einmal in Harvard getroffen; nun konnten wir uns
ausführlicher über den Feminismus und andere Entwicklungen unterhalten. Im Mai 2001 kam sie zu uns nach Bonn als Vortragende in der
von mir gestifteten Gastprofessur (siehe Seite 324).

In der pittoresken Stadt Fez sprach ich an der Universität, die eine
vorzügliche Abteilung für Germanistik hat, in der ich ein so anspruchsvolles Thema wie «Rilke und der Orient» auf Deutsch behandeln
konnte. Allzu kurz war der Aufenthalt in der so schön am Gebirgsrand
gelegenen alten Stadt; allzu kurz war auch ein Ausflug in die frühere
Königsstadt Meknes.

Ich genoß besonders Marrakesch, wo Jaafar Kansoussi das Programm
gemacht hatte, ein Programm mit etlichen Vorträgen. Erstmals sprach
ich auf Arabisch über Maulana Rumi, der zum Glück auch etliche Dutzend arabischer Verse geschrieben hat. Und wieder ging ein Wunsch in
Erfüllung: Ich erlebte im Mausoleum al-Dschazulis eine Rezitation der
Dalâ'il al-khairât, jenes Andachtsbuches aus dem fünfzehnten Jahrhundert mit Segenssprüchen über den Propheten, das auch in dem fernsten
Winkel der islamischen Welt verbreitet und geliebt ist. Das Schönste für
mich aber war das Wiedersehen mit Juan Goytisolo, den ich einige Zeit
zuvor in Ávila kennengelernt hatte. Denn dort – in der Stadt der heiligen Teresa, einer abweisenden Stadt des schneidenden Windes – hatte
Luce López-Baralt einen Kongreß für vergleichende Mystik organisiert.
Luce, eine Puertoricanerin, hatte bei uns in Harvard Arabisch studiert
und widmete sich vor allem den geistigen und literarischen Beziehungen zwischen der mittelalterlichen iberischen Welt und dem Islam. Vertreter der lateinamerikanischen und spanischen Literatur waren gekom-

men, und es war für mich nicht immer leicht, den Vorträgen zu folgen –
ausgenommen die Verlautbarungen von Ernesto Cardenal, dessen
Hauptbeitrag zum Kongreß sein ständig wiederholtes *Amore!* war. Vor
allem war es Goytisolo, mit dem ich mich bestens verstand. Sein Roman
The Secrets of the Lonely Bird war zwar selbst in der englischen Übersetzung eine schwierige Lektüre; aber seine Sprachmächtigkeit, seine Bilder faszinierten mich. Wir sprachen über islamische Kultur, über Sufismus und kritisierten die Mevlevi-Gruppe, die einen Derwischreigen
aufführte, der wenig mit dem authentischen Ritual zu tun hatte. Nun
setzten wir unsere Gespräche in Marrakesch fort, wo er ein Haus in der
Medina bewohnte, nicht weit von der Jamaat al-fna, dem großen Platz
im Stadtzentrum Marrakeschs, den er so wunderbar beschrieben hat.
Juan war in Bosnien gewesen und hatte muslimische Minderheiten in
den verschiedensten Gebieten besucht. Ich lauschte ihm hingerissen
und bedauerte, daß mein Spanisch nicht ausreichte, seine Werke im
Original zu lesen. Er begleitete mich zu Dschazuli und hörte geduldig
meine Vorträge an. Als ich das nächste Mal wiederkam, hielt er eine
kleine arabische Ansprache anläßlich meines Geburtstages und schenkte
mir sein Büchlein *Gaudí in Anatolien*, in dessen Titelgeschichte er die
sonderbare Höhlen- und Felslandschaft Kappadokiens so erlebt, als
wirke Gaudí, der Schöpfer der Kathedrale von Barcelona, noch immer
daran, diese bizarre Welt zu gestalten.

Der nächste Besuch in Marrakesch unterschied sich nur wenig von
diesem – Vorträge, Besuche ... Doch *einen* wichtigen Unterschied gab
es: Hatte ich beim ersten Mal in einem hübschen kleinen Hotel ge-
wohnt, so war ich nun drei Tage lang Gast bei einer liebenswürdigen
Familie in der Medina: Ein pensionierter höherer Regierungsbeamter
mit seiner reizenden Frau und seiner Tochter, die Französisch-Dozentin
war, betreuten mich. Mein Schlafzimmer war, wie alle Privaträume, im
ersten Stock, von einem Balkon umgeben; nachts war es etwas schwierig, gewisse Orte zu finden, ohne die geländerlose Treppe hinunterzu-
fallen, aber was tat's? Die Atmosphäre war so schön, daß ich mich fast als
Familienmitglied fühlte, und daß sich manchmal auf der rosenfarbenen
seidenen Bettdecke das Kätzchen Warda, «Rose», niederließ, machte
mir das Haus – und Marrakesch – noch lieber.

Diese letzte Reise hatte noch einen besonderen Höhepunkt: Mit einigen Bekannten fuhr ich hinauf in den Atlas nach Timlan zu der eindrucksvollen Moschee des Reformers Ibn Tumart, die mit Beratung des
Kunsthistorikers Christian Ewert restauriert worden ist. Der Anblick

war fast zu schön: der strahlendblaue Frühlingshimmel, das reiche Smaragdgrün der Bäume und Bergwiesen, im Hintergrund die schneebedeckten Berggipfel des Atlas, und mitten in der Einsamkeit das große rötlich-braune steinerne Bauwerk aus dem zwölften Jahrhundert mit seinen makellos schönen Proportionen. Auf dem Rückweg warfen wir einen Blick in eine Ferienanlage, wo sich Urlauber tummelten – das hätte ebenso in Mallorca oder Florida sein können. Wir flüchteten eilends und genossen die letzte Überraschung des Tages um so mehr: Einer unserer Begleiter, ein Professor (Berber, nicht Araber) führte uns in sein Dorf, in dem wir aufs köstlichste bewirtet wurden, mit allen Spezialitäten des Landes. An der Anzahl der übereinandergelegten Plastiktischdecken konnte man ahnen, wie viele Speisen kommen würden, denn nach Beendigung eines Ganges wurde die gerade benutzte Tischdecke weggenommen, und so war immer eine saubere Decke vorhanden, ob für Kouskous oder Pastilla oder ... oder ... Ich kam mir vor, als sei ich wieder am Khaybarpaß im Pathanengebiet Pakistans: dieselbe Gastfreundschaft, dieselbe Herzlichkeit bei der wahrhaft nicht wohlhabenden Bevölkerung. Aber der Gast ist in der islamischen Welt eben ein Gottesgeschenk, wie es schon in der frühesten arabischen Dichtung heißt:

Zünde, mein Knecht, das Feuer an,
daß, wer vorbeikommt, es sehen kann!
Bringst du mir einen Gast herbei,
so bist du frei!

Jemen

«Ich spüre den Odem des Allerbarmers zu mir aus Jemen kommen.» So soll der Prophet Muhammad gesagt haben, als er von dem frommen jemenitischen Hirten Uwais al-Qarani erfuhr, der sich zum Islam bekehrt hatte, ohne den Propheten jemals gesehen zu haben. Doch nicht nur diese schöne Legende lockte mich nach Jemen. Es war ja auch das Land der Königin von Saba, das Land des Weihrauchs, der Geheimnisse, das «glückliche Arabien». Schon als junges Mädchen hatte mich Hans Helfritz' Buch *Chicago der Wüste* begeistert, doch damals war an eine Reise nach Jemen und Hadramaut gar nicht zu denken; das verschlossene Land öffnete sich erst 1967 ein wenig.

Nun lebte aber mein früherer Schüler Gerd R. Puin in Sanaa, um
dort an einem wichtigen Kulturprojekt zu arbeiten: 1971 hatte man bei
Reparaturarbeiten auf dem Dachboden der Großen Moschee vierzehn
große Säcke mit Koranfragmenten auf Pergament gefunden – Frag-
mente, die zum größten Teil auf die ersten Jahrhunderte der islamischen
Ära zurückgehen. Da es unzulässig ist, Koranexemplare zu vernichten
(wie es im Judentum ja auch für die Tora gilt), hatte man die zerlesenen
Handschriften wohl beim Bau der Moschee aufgehoben. Die deutsche
Regierung hatte die Bearbeitung des Materials unterstützt, und nun saß
Puin in Sanaa, während Ursula, die zierliche österreichische Restaura-
torin, die oft unlesbaren Fetzen bearbeitete. Mir kam es vor, als brauche
sie nur mit einigen Zauberformeln über ein blumenkohlartiges Stück
Pergament zu streichen, um es glatt und lesbar zu machen. Mit Trude
Müller, die mit mir aus Kairo gekommen war, wohnte ich bei den beiden, und wir bewunderten Ursula, die auch jemenitische Restauratoren
ausbildete. Zusammen mit den Freunden erlebten wir die Altstadt von
Sanaa mit ihren fotogenen Hochhäusern, die mich immer an Lebku-
chenhäuser erinnerten, zimtdunkel mit zuckerweißen Fensterumrah-
mungen. Shaikha Hussah von Kuwait war gerade dort, um Antiquitäten
für ihr Museum zu kaufen, und wir erklommen zusammen tapfer das
Dach des höchsten Gebäudes. Der Rundblick war hinreißend – aber
ach! Warum haben orientalische Häuser so ungleichmäßig hohe Stein-
stufen? Ich lernte, daß im obersten Geschoß der Häuser der *mafradsch*
liegt, der Versammlungsraum, wo sich die Männer täglich zwischen fünfzehn und achtzehn Uhr zum Qat-Kauen versammeln, wobei sie alle
Probleme des Hauses, des Landes und der Welt zu lösen suchen, wenn
auch Qat enorm teuer ist. Ich nahm ein-, zweimal an einer solchen Sitzung teil und kaute pflichtgemäß die zarten jungen Blätter des Qat-
Strauches, die einen leicht berauschenden Effekt haben sollen – bei mir
allerdings nicht. Ich fand es nur unangenehm, daß man das Grünfutter
nicht ausspucken durfte, sondern daraus einen immer größer werdenden Ball in der linken Backe aufbaut, und ich fühlte mich wie eine
Ziege mit Zahnweh.

Wir fuhren durch die weite Landschaft, wo die alten Burgen der
Imame standen, genossen den Bazar, auf dem es damals noch schönen
Korallenschmuck gab und die typischen Silberarbeiten, in denen sich
die jüdischen Handwerker hervortaten – vielgliedrige Gürtel und ele-
gante Patronentäschchen. Vierzehn Jahre später war kaum noch etwas
Derartiges zu finden, und es war gut, daß eine deutsche Firma sich nun

mit der Entsorgung des überhandnehmenden Plastikmülls und ähnlicher Zeichen der Zivilisation befaßte.

Bei unserem Besuch 1984 war auch Barbara da, eine meiner amerikanischen Doktorandinnen, die über die mittelalterliche Geschichte von Zabid arbeitete. Was lag näher, als zu dieser alten Stadt in der Tihama zu fahren? Es war eine unglaubliche Fahrt, mußte man doch von dem 2200 Meter hoch gelegenen Sanaa über zwei steile Pässe, zwischen denen eine enge Ebene liegt: Von dem zweiten Paß rollt man in halsbrecherischen Kurven aufs Rote Meer zu. In Bajal stärkten wir uns ein wenig, was auch bedeutete, daß ich ein typisch jemenitisches buntbesticktes Gewand für wenig Geld erstand. Während die (von chinesischen Arbeitern) gut ausgebaute Straße geradeaus zum Hafen Hodeida führt, bogen wir nach links ab, um nach anderthalb Stunden Zabid zu erreichen.

Mich hatte Zabid immer interessiert, seit ich als Studentin gelesen hatte, wie der große Mystiker Halladsch in der arabischen Wüste für seine Gefährten köstliches Zuckerwerk aus dem Nichts herbeigezaubert hatte, das, wie sich später herausstellte, einem Bäcker in Zabid abhanden gekommen war. Leider gab es solche Köstlichkeiten nicht mehr. Aber Zabid hatte auch handfestere historische Bedeutung: Auf dem Wege zwischen Aden und Mekka gelegen, wurde es zu einem Rastplatz für Pilger aus Indien, die sich hier für Wochen, Monate oder für den Rest ihres Lebens niederließen. So wurde die Stadt zu einem Zentrum islamischer Wissenschaften, von deren Bedeutung die zahlreichen Moscheen zeugen. Auch noch im achtzehnten Jahrhundert verbrachte einer der größten Religions- und Sprachgelehrten seiner Zeit, Sayyid Murtada az-Zabidi, Jahre dort, nachdem er seine Heimat Delhi verlassen hatte und bevor er nach Ägypten weiterzog. Ihm verdankt die Welt das gewaltige arabische Lexikon *tâdsch al-'arûs*, «Die Brautkrone», ebenso wie einen zehnbändigen Kommentar zu dem Hauptwerk Imam Ghazzalis. Auch das Haus, in dem wir gastlich aufgenommen wurden, erinnerte an die große Zeit Zabids: das *Bait al-Wâqidi* war überreich mit Stuck verziert und innen bunt ausgemalt. Der *mafradsch* im sechsten Stock überblickte Palmengärten, die mich stark an Indien erinnerten. Das Wasser etc. aus dem leeren «Badezimmer» wurde einfach durch die Wand ins Freie geleitet. Der verwinkelte Hof war von Menschen und Katzen bevölkert. Barbara führte uns zu dem alten Gelehrten, dessen reiche Bibliothek sie benutzen durfte, während wir die Damen des Hauses besuchten. Dort lernten wir die Institution der pflegeleichten Babys kennen: Sie hängen in gefalteten Leintüchern, die am Bettpfosten der Mutter befestigt sind, wie in einer Hängematte, unter der ein Blechgefäß steht – trockenlegen nicht nötig.

Ich ließ es mir nicht nehmen, das angebliche Grab Uwais al-Qaranis zu besuchen, das einige Kilometer entfernt in der Wüste lag, kitschig ausgestattet und von einem nicht sehr heiligmäßig wirkenden Wächter bewacht, der berichtete, daß immer wieder Pilger aus dem Subkontinent dorthin kämen.

Die Rückfahrt legte Ursula in ihrem Landrover so rasch zurück, als handele es sich um ein Formel-1-Rennen, und obgleich uns auf einer Höhe gerade zur heiligen Qat-Zeit ein Reifen platzte, kamen wir doch heil am Abend in Sanaa an.

Natürlich mußte man Marib sehen, den alten Staudamm, dessen endgültiger Bruch im sechsten Jahrhundert zum Untergang der reichen Landwirtschaft geführt hatte. Es ergab sich, daß eine Delegation *höchst* wichtiger deutscher Industrieller auf dem Rückweg von einer exportorientierten Reise durch die Golfstaaten ein paar Tage Urlaub in Jemen machte. Sie baten Puin, sie nach Marib zu begleiten. Ich wurde im Schlepptau mitgenommen. Die Reste des Staudamms, die viel fotografierten fünf gewaltigen Pfeiler, an denen kleine Buben emporkletterten, waren in der Tat eindrucksvoll. Während der gelehrte Orientalist sich noch bemühte, die Herren über Kunst und Kultur aufzuklären, erschien ein Kühlwagen, dem Tische, Stühle, Teller und Gläser entquollen, und als wir genügend gebildet waren, wurden wir mit Lachs und ähnlichen Köstlichkeiten gestärkt, nicht zuletzt mit deutschem Wein. Die Königin von Saba hätte ihren Spaß an dieser Vorstellung westlicher Zivilisation gehabt und gedacht, jene Geister, die König Salomon als Boten und Träger durch die Luft zu ihr schickte, seien hier in modernisierter Form zurückgekehrt.

Ein anderer Ausflug war mehr nach meinem Geschmack. Ursula, Trude und ich fuhren mit einer temperamentvollen irakischen Archäologin, Salma ar-Radi, zu einer Moschee, die, um 1500 erbaut, unter Salmas Leitung restauriert wurde – ein wunderbarer Bau mit kostbarer Innenausstattung, letztes Relikt der Zeit, da Jemen noch von Kairo aus von den Mamluken regiert wurde; denn da der Ort auf der Straße von Aden ins Innere des Landes liegt, war er strategisch wichtig. Während wir den köstlichen Fisch, der auf Blättern chinesischer Zeitungen serviert wurde, genossen, sahen wir Frauen in bunten Gewändern durch die Straßen wandern – große rote Blüten zwischen den graubraunen Lehmhäusern. Nach der Rückkehr träumte ich noch lange von Bilqis, der Königin von Saba, die mir irgendwie vertraut erschien:

Geliebteste Schwester Bilqis –
weißt du es denn noch,
wie wir spielten in jenen zwei Gärten
an den süßen Wassern von Marib?

Du sprachst der Vögel Sprache,
dein Lächeln schmolz das Gold,
kein Löwe, der nicht wachte,
wenn du es so gewollt.

Ein Vogel trug die Krone,
der Wind trug deinen Thron,
ein Wettersturm entführte
dich hin zu Salomon.

Ihr spracht der Vögel Sprache,
und Liebe schmolz das Gold,
ein Feuermeer von Sehnen,
ein Perlenschatz von Tränen,
weil du nichts mehr gewollt.

Nur Liebe, nur Ergebung,
und immer tief'res Glück.
Doch Maribs Strom versiegte,
nur Asche blieb zurück.

Wir wandern im glühenden Sand.
Unsere Vögel sind stumm.
Du aber, Bilqis,
verzauberte Zauberin –
entworden in Liebe besiegst du mit Lächeln den Tod.

Die zweite Jemen-Reise fand 1998 statt.

Dies hier ist eine seltsame Geschichte
die ich, des Staunens voll, euch jetzt berichte!

So sang vor fast genau fünfhundert Jahren (1598) ein Dichter aus Ma'bar
im Jemen, der sich an der indischen Malabarküste niedergelassen hatte.
In nicht sehr klassischem Arabisch erzählt er im Stil einer Moritat von

dem Hindu-Herrscher der Malabarküste, der gemeinsam mit den dortigen Muslimen gegen die portugiesischen Belagerer kämpfte. Als wir durch das Städtchen Ma'bar auf dem Wege von Sanaa nach Aden fuhren, sandte ich ihm Grüße mit den Wolken, die das weite Tal mit seinen Terrassenfeldern überflogen. Und sein Vers traf auch auf meine Reise zu. Viel hatte sich seit 1984 verändert. Die Einwohnerzahl Sanaas war auf 1,3 Millionen gestiegen. Überall im Lande wurde eifrig gebaut, Eisenstangen stießen in den Himmel, doch zum Glück führte man noch die traditionelle Steinbauweise weiter, und jedes Fenster ist noch immer von einer halbrunden Lünette gekrönt, in deren Stucknetzwerk rote, grüne und gelbe Glasscheiben eingefügt werden.

Die seltsamen Geschichten begannen schon gleich nach meiner Ankunft, als ich einen Wochenendausflug mit unserer im ganzen Lande verehrten Botschafterin Helga Gräfin Strachwitz unternahm. Wir besuchten eine Moschee des zwölften Jahrhunderts, die etwa fünfundzwanzig Kilometer von Sanaa entfernt liegt und unter Leitung einer französischen Archäologin von den Jemeniten vorzüglich restauriert worden war: ein Juwel islamischer Baukunst mit farbiger Kassettendecke, einer wundervollen arabeskenreichen Gebetsnische und interessanten Inschriften. Wir waren auf dem Rückweg noch nicht weit auf der Straße nach Sanaa, als wir ein Auto quer auf der Fahrbahn stehen sahen. Der Generaldirektor der Antiquitäten (in Deutschland ausgebildet) hatte mir gerade von den Spannungen der Stämme berichtet, und während der Wagen der Botschafterin und der unsere durchgewinkt wurden, war der Wagen mit den Soldaten, die uns als Schutz von der Regierung mitgegeben waren, nicht mehr da. Man hatte die Soldaten einfach als Geiseln genommen, weil die Stämme es als *ihre* Aufgabe ansahen, die Gäste zu schützen (jedenfalls war das eine der zahlreichen Versionen der Geschichte, die bald in der Hauptstadt kursierten). Am Abend kamen sie dann unversehrt zurück, und trotz anfänglichem Ärger mußten wir am Ende doch herzlich lachen.

Nachmittags ging es nach Thula, das wie ein Schwalbennest an einem steilen Felsen klebt – ein Städtchen aus schön behauenen Steinen, kunstvoll gebaut und verziert; jedes der hohen schmalen Häuser ist ein Kunstwerk. Ein Museum zeigt das dörfliche Leben in rührenden Bildern: «Alte Frau füttert Kuh», ganz lebensecht aus Pappmaché, denn wie wir bald sahen, saß im Dämmer eines Stalles eine Frau, die der aus einer noch dunkleren Ecke hervorschauenden Kuh mit unendlicher Geduld irgendwelche Stengel ins Maul stopfte. Man konnte ein «Bräutigamszimmer», ein «Brautzimmer» und schließlich die Feier bei der Geburt eines Babys in erstaunlich ausdrucksvollem Pappmaché bewundern. Nur die ausgestopfte Hyäne, die sich einmal ins Dorf verirrt hatte, war den Weg aller ausgestopften Hyänen gegangen.

Die unendliche Landschaft wurde geradezu magisch erhellt, als gegen Abend der Himmel rotgolden und grünlich leuchtete und rosa Schleierwolken darüber hinwegzogen. Aber die Schleierwolken verhießen nichts Gutes. Es fing am nächsten Vormittag an zu regnen, und der Suq in Sanaa, sonst von Menschen wimmelnd, war in wenigen Minuten leer. Wir flüchteten in eine alte Karawanserei, die mit deutscher Hilfe in ein attraktives Kunstzentrum verwandelt worden war. Als ich am nächsten Tag mit dem deutschen Kulturattaché und einem Beschützer vom jemenitischen Außenministerium, Ahmad, gen Aden aufbrach, strahlte wieder die Sonne. Die mittelalterliche Stadt Jibla entzückte uns. Hier hat im fünfzehnten Jahrhundert Königin Arwa regiert, eine weise Fürstin, deren Schloßruine hoch am Felsen zu sehen ist. In der schlichten Moschee befindet sich ihre Gedenkstätte, und der freundliche Imam erlaubte uns den Zutritt, obgleich es Gebetszeit war. Die abwechslungsreiche Landschaft begeisterte uns ebenso wie vor Jahren die Fahrt nach Zabid.

Als wir Aden gegen siebzehn Uhr erreichten, zeigte es sich, daß eine Hafenrundfahrt nicht erforderlich war: Es hatte acht Stunden derart heftig gegossen, daß die Straßen an vielen Stellen knöcheltief unter Wasser standen. Die Menschen ließen deutlich ihre Verbindung mit Indien erkennen (Aden wurde ja ein Jahrhundert lang von Bombay aus von den Briten verwaltet); der eine sah wie ein Händler aus Gujarat aus, der andere wie ein Mogulnachkomme mit zentralasiatischen Ahnen, und die Gerüche – ach, sie erinnerten so sehr an Karachi!

Gern hätte ich die seltsame Stadt mit ihren Vulkankegeln gründlicher angesehen, aber die Zeit drängte. Bald nach dem Vortrag am Vormittag – schwere Gewitter lenkten die Studenten von meinen weisen Worten ab, mit denen ich im früheren sozialistischen Schulungszentrum das Quietschen zahlreicher Ventilatoren zu übertönen suchte – bald nach dem Vortrag also ging es auf dem kürzesten Weg gen Sanaa, wo wir gegen zwanzig Uhr anzukommen hofften. Doch auf einer Paßhöhe wurde der Wagen angehalten, und Ahmad rief: *Sêl kbîr*, «große Wasserflut»: Wir könnten nicht über einen bestimmten Ort hinaus. Nun, wir beschlossen, in Yarim, einem kleinen Ort vor dem nächsten Paß, Station zu machen und Tee zu trinken. Während zuckende Flammen aus der

Küche seltsame Muster auf die Wände warfen und ein Jüngling chinesische Zeitungen zu kleinen Stücken Einwickelpapier umfunktionierte, erkundigte Ahmad sich, was zu tun sei. Hotels gab es natürlich nicht. Sollten wir den gefährlichen Weg zurück über den Paß nach Taizz nehmen? Oder im Auto übernachten? Da erschien ein strahlender Ahmad: Er habe eine Bleibe für uns! Ein weißer Mercedes setzte sich vor unser Auto und leitete uns über Stock und Stein in einen Garten. Dem Mercedes entstieg ein eindrucksvoller Jemenite mittleren Alters, wie alle Männer «den Dolch im Gewande» beziehungsweise im Gürtel, und begrüßte uns herzlich: «Das Haus gehört euch!» Er leitete uns in den *mafradsch*, kam bald mit kardamomgewürztem Tee und fragte nach unseren Wünschen fürs Abendbrot. Es stellte sich heraus, daß er, in England promoviert und Besitzer der Ortsapotheke, zu einer der führenden Familien des Landes gehörte. Durch Ahmad, der das Telefon der Apotheke benutzt hatte, erfuhr er von unserer Lage und stellte uns mit größter Selbstverständlichkeit sein weiträumiges Haus zur Verfügung. Seine liebenswürdige Frau und die Kinder – nein, die Töchter sollten erst ins College, ehe sie heirateten! – begrüßten uns. Mir wurde das Elternschlafzimmer zugewiesen, wo es – Wunder über Wunder! – ein europäisches Badezimmer gab, das sogar funktionierte! Am Morgen wurden wir mit Tee begrüßt, erfuhren etwas über Haus und Garten und wurden dann mit guten Wünschen – nein, bitte keinen Dank! – entlassen. Es gibt den schönen arabischen Spruch: *lâ schukr 'ala'l-wâdschib*: «Man braucht nicht für etwas zu danken, das Pflicht ist.» Wir eilten dem «Wildbach» zu. Den gab's aber gar nicht – es war gewissermaßen ein Dieselöl-Wildbach; denn die Stämme, verärgert über eine erneute Erhöhung des Dieselpreises, hatten einen der wichtigsten Straßenknotenpunkte südlich von Sanaa besetzt. Die Großdemonstration war am Morgen aufgelöst worden, und außer ein paar Soldaten war nichts Ungewöhnliches zu sehen. Solche Ereignisse zeigen, wie unabhängig man von den Befehlen der Zentralregierung ist.

Gleich darauf kam die Fahrt von Mukalla am Indischen Ozean ins Hadramaut, von dem ich schon als Kind geträumt hatte. Nur wenige Jahre zuvor wäre ein solcher Besuch unmöglich gewesen; erst nach der Wiedervereinigung der beiden Jemen konnte man ins Land. Die Jemeniten zogen immer wieder Parallelen zwischen ihrer 1991 erfolgten Wiedervereinigung und der deutschen. Hatten wir nicht das gleiche Schicksal?

Es war eine Erosionslandschaft, in der sich Bilder vom Grand Canyon, von Zentralanatolien und Afghanistan zu überlagern schienen.

Hin und wieder tauchten zweirädrige Karren auf, in denen jeweils zwei
völlig verschleierte Frauen hockten, deren schwarze Gestalten von einem ellenhohen breitrandigen Strohhut gekrönt wurden. Hohe Lehm-
bauten gab es, die immer wieder ausgebessert werden müssen. Das geradezu barocke Schloß des früheren Sultans al-Quaiti in Seyun ließ die
Verbindung der Herrscher zu Indien ahnen. Sultan Ghalib al-Quaiti
lebt zeitweise in London, wo ich ihn und seine Familie hin und wieder
traf, denn er ist ein Neffe eines sehr lieben Freundes in Hyderabad
(Dekkan) und so mit dem Nizam von Hyderabad verwandt; er ähnelt
dem Porträt eines Dekkani-Prinzen aus dem siebzehnten Jahrhundert
geradezu erschreckend. Als sich unser freundlicher Betreuer als Mitglied
einer der wichtigsten Theologenfamilien herausstellte, gab es lange Gespräche über seine Familie, die Aidarus, im indischen Islam und über die
seit Jahrhunderten andauernde Auswanderung von Südarabien nach Indonesien und Malaysia. Wir hörten auch, wie viele Verwandte unseres
Gastgebers in der Zeit des linkssozialistischen Regimes ermordet worden waren – eben zu jener Zeit, da Sultan al-Quaiti, damals in Cambridge studierend, entthront wurde; erst vor wenigen Jahren durfte er
wieder in seine Heimat reisen. Der Abend senkte sich über den Garten
in Tarim, wo wir Tee trinkend in einem Schlößchen saßen, das in den un-
glaublichsten Kitschfarben bemalt war – irreal, wie so vieles, aber noch
nicht so irreal wie der Anblick französischer Touristen, die wir bei unserer Rückkehr ins Hotel munter im Swimmingpool planschen sahen.

Ein Erlebnis jagte das andere (wobei ich nicht von den Horden von
Journalisten sprechen will, die bei aller Freundlichkeit nicht begriffen,
daß man nach zwei Stunden arabischer Interviews doch etwas erschöpft
ist). Wir fuhren nach Betbaus nahe Sanaa, hoch auf einem seegrünen
Felsen gelegen, an dessen Rand man noch die Reste einer Synagoge erkennt. Hier hatten vor allem jüdische Silberschmiede gelebt, die nach
der Staatsgründung nach Israel ausgewandert waren. Hoch auf einem
Felsen sahen wir Kaukaban, das in den sechziger Jahren von den Ägyp-
tern bombardiert worden war. Bei der ältesten Familie des Jemen, die sich
ihrer Herkunft von den himjaritischen Königen rühmt (wie überhaupt
der Stolz der Jemeniten auf ihre große vorislamische Vergangenheit auf-
fällt), waren wir dann zum Essen eingeladen. Den Abschluß bildete ein
Literaturabend in der Botschaft, bei dem vier jüngere Dichterinnen,
schwarz umhüllt, die eine bis auf den Augenschlitz zugedeckt, Gedichte
vortrugen: Verse voller Trauer, gelegentlich auch voller Ärger, Verse in
freien Rhythmen und oft surrealistisch. Nicht zufällig kam immer wieder

das Bild des Spiegels, aber auch des Traumes vor. Es war eine bewegende Erfahrung, und ich hätte mir keinen schöneren Abschluß der zehn Tage vorstellen können. Hatte unser jemenitisch-indischer Dichter vielleicht doch wirklich diese Reise gemeint, als er schrieb:

Dies hier ist eine seltsame Geschichte,
die ich, des Staunens voll, euch jetzt berichte!

Saudi-Arabien

Aus irgendeinem Grunde wurde ich 1986 nach Riyadh eingeladen. Zahllose nächtliche Telefonate erreichten mich in Harvard, und das Ganze endete damit, daß ich eines Tages über Frankfurt gen Dschidda geflogen wurde. Als wir uns dem Königreich näherten, erhielten die Damen ein schwarzes Chiffon-Kopftuch; die Araberinnen verhüllten ihre eleganten Kostüme unter der langen schwarzen *abaya*. In Dschidda stiegen wir in eine Maschine nach Riyadh um, wo ich das Gefühl hatte, ganz allein auf dem großen modernen Flugplatz zu sein. Zwei Herren ergriffen mich, brachten mich ins Hotel, und ich wußte immer noch nicht, weshalb ich dort war. Am Morgen wurde ich ebenso wie die von überall auftauchenden Herren für Ausweise fotografiert, und dann begriff ich, daß es sich um eine Feier zu Ehren eines Dichters handelte. Zum Glück fand ich einen türkischen Kollegen, der auch nicht wußte, wieso er eingeladen war, mit dem ich türkisch schwatzte, und die zahlreichen Herren waren sich nicht sicher, wer diese beiden sonderbaren Menschen waren. Eine Stadtrundfahrt war recht aufschlußreich; die schöne Universität gefiel mir gut, und ich genoß das Mittagessen an der Seite des Rektors, Professor al-Turki, bei dem ich lernte, daß der köstliche *Camel Cocktail*, der kredenzt wurde, eine wohlgelungene Mischung aus Orangen-, Möhren- und Tamarindensaft mit Mineralwasser ist (ebenso wie ich später erfuhr, daß Apfelschorle als «Saudi-Champagne» bezeichnet wird). Am Abend war ich leider bei einer gebildeten Damengruppe eingeladen, die sich nicht vorstellen konnte, daß man Arabisch zwar lesen, schreiben und übersetzen, aber nicht sprechen kann. (Ich war damals ja noch kaum in einem arabischsprachigen Land gewesen.) Das war mir sehr peinlich; aber immerhin reichte meine Sprachkenntnis aus, die ziemlich frivolen Bemerkungen zu verstehen, die die Damen über ihre Männer (und Männer allgemein) machten. Für mich war interessant, die Wohnung zu sehen, die, natürlich rein westlich, durch ein großes eingerahmtes Stück der *kiswa*, des schwarzen Vorhangs der Kaaba, geheiligt war; solche Stücke werden Notabeln oder geehrten Gästen geschenkt. Man gab mir eine Begleiterin mit, eine in Riyadh ansässige Libanesin, was mir sehr angenehm war. Ich betrachtete pflichtgemäß Bilderausstellungen und wunderte mich, wie wenig die klassische arabische Kalligraphie vertreten war. Schließlich war es soweit, daß wir irgendwo in einem riesigen amphitheatralischen Saal versammelt wurden, und Majestät lauschte den Gedichten, die vorgetragen wurden. Einer der Poeten war, so schien mir, uralt, und sein sehr junger Sohn rezitierte seine Oden, die völlig im klassischen Stil gehalten waren (der Kenner ahnte schon, was das nächste Reimwort sein würde). Endlich defilierten wir am König vorbei, und er drückte jedem von uns die Hand. So fühlte ich mich geehrt und dachte an diese Szene, als ich im November 2001 in der von ihm gegründeten König-Fahad-Akademie zu Bonn eine kleine Rede zu seinem 20jährigen Thronjubiläum hielt, wobei ich mangels Inspiration in Erinnerung an jene Feier etliche Verse des großen arabischen Lobdichters al-Mutanabbi zitierte.

Ich denke manchmal an diesen ersten Besuch in Riyadh, an dessen Ende ein Fernsehjournalist mich fragte, ob ich noch einmal kommen wolle, und ich – wohlgemerkt ohne Kopftuch – sagte: «Ja, wenn ich das Grab des Propheten in Medina besuchen könnte.» Ich war sicher, daß dies nicht gesendet werden würde. Aber vier Wochen später schrieb mir ein pakistanischer Kollege, der in Mekka an der Umm al-qurâ Universität lehrte: «Wir waren so glücklich, Sie hier in Mekka im Fernsehen zu sehen und zu hören, daß Sie gern das Grab unseres geliebten Propheten besuchen möchten.» Also hat zumindest mein Fernsehbild die heiligen Stätten des Hidschaz besucht, eine virtuelle Pilgerfahrt vollzogen. Aber zum realen Besuch Medinas ist es bis heute nicht gekommen.

Im Herbst 2001 wurde mir wieder eine Einladung nach Saudi-Arabien geschickt, und als endlich alles vorbereitet war – wie üblich in letzter Minute, am 12. Oktober –, fand ich mich wieder in der Hauptstadt, diesmal im Staatsgästehaus. Ich erkannte die Stadt nicht wieder, die mir jetzt nur aus verschlungenen Stadtautobahnen zu bestehen schien, zwischen denen reizlose moderne Bauten, aber auch einige sehr schöne Hochhäuser standen, die sich von Tag zu Tag zu vermehren schienen. Mein Programm war offenbar etwas durcheinander geraten – ich vermute unter dem Druck der politischen Ereignisse. Und wenn ich sage

«Programm»: Nun, nach Ankunft um Mitternacht, da unser Botschafter und seine Frau mich abgeholt hatten, wurde ich früh um neun schon aufgescheucht, um einen Vortrag zu halten. Ein Programm hatte ich aber noch immer nicht in der Hand. Ich sprach in der Frauenuniversität über mein Lieblingsthema, nämlich Friedrich Rückert, was auf Arabisch sehr gut ankommt. Das war dann auch schon meine ganze Leistung, denn das «Programm» hatte sonst hauptsächlich Besichtigungen vorgesehen, und der Anblick eines eleganten Supermarktes lockte mich absolut nicht. Eine ebenso reizende wie kompetente Professorin für klassisches Arabisch, Nora ash-Shamlan, nahm mich unter ihre Fittiche; wir besuchten die großartige Bibliothek mit modernsten elektronischen Wundermaschinen und einem «Bücherkrankenhaus» zur Restaurierung alter Handschriften und sahen auch das Zentrum für soziale Arbeit, das sich der Bildung von Frauen annimmt, die kostbare Gewänder – zum Teil nach traditionellen Modellen – anfertigen, hinreißend schön. Besonders beeindruckte mich ein Mini-Gewand für die *'aqîqa*, den ersten Haarschnitt eines eben geborenen Prinzen: Decke, Kleid, Mütze und winzige Schühchen aus dunkelgrünem, goldgesticktem schweren Satin. Auch Keramik, Malerei und vieles andere wird dort hergestellt und verkauft. Die Leiterin, eine Tochter des 1975 ermordeten Königs Faisal, hatte so wie viele der Musliminnen aus guten Familien ein schönes ruhiges Gesicht von absoluter Klarheit. Ich dachte an meine Freundinnen in der Türkei, in Iran, Afghanistan und Indo-Pakistan, denen allen diese stille vergeistigte Schönheit, das maßvolle und stets beherrschte Wesen, zu eigen ist.

Dank Dr. Nora kam ich auch zu einer Hochzeit, wo sich am Abend von zweiundzwanzig Uhr an über vierhundert Frauen versammelt hatten, in Gewändern, die so elegant und zum Teil extravagant waren, daß das Auge der ungebildeten Bonnerin ganz verwirrt wurde. Die schwarzen *abayas* wurden in Plastiktüten an der Garderobe abgegeben. Unglaublich lärmige Musik gab es, dekorative (philippinische) Dienerinnen brachten Kaffee, Tee und Süßigkeiten. Die jüngeren Frauen tanzten, bis endlich die schöne Braut (Universitätsdozentin) gegen zwei Uhr nachts erschien. Aber wir warteten nicht, bis Bräutigam und Festessen kommen würden.

Nora brachte mich auch zu einer «Farm», einem wahren Paradies mitten in der Wüste, einem Grundstück mit Wasseranlagen, Gärten und ungewöhnlichen Häusern – ein Traumgebilde. Durch unseren Botschafter traf ich nicht nur interessante Deutsche, sondern auch einen alten pakistanischen Freund, Botschafter Asad Durrani, der lange in Bonn akkreditiert war. Da es mit dem Programm ziemlich chaotisch weiterging, beschloß ich, nicht nach Dschidda zu fliegen, wo ich eigentlich Freunde besuchen wollte, sondern in Riyadh zwei Tage länger zu bleiben, was die männlichen Kollegen, die bisher nichts von meinen Vorträgen mitgekriegt hatten, entzückte. So hielt ich noch einen zweiten Vortrag und eine lange, extemporierte Rede über die Geschichte der Orientalistik in Europa – und war sehr stolz auf mich, weil die gelehrten Herren mein Arabisch so gut fanden. Am Abend kam Nora ins Hotel, tränenüberströmt, und wir rezitierten das berühmte Gedicht des Imru'lqais, das mit den Worten beginnt: *«qifâ nabki* – Bleibt stehen, ihr zwei Freunde, und laßt uns weinen . . .»* Aber vielleicht gibt es ja ein Wiedersehen.

Iran

Du findest nicht im Paradies
den Uferweg von Ruknabad
und nicht Musallas Rosenhain,

singt Hafis, wenn er die Schönheit seiner geliebten Heimatstadt Schiras beschreibt. Daher sollte eigentlich jeder, der sich sein Leben lang mit persischer Poesie beschäftigt, auch immer wieder und lange Zeit Iran besuchen. Merkwürdigerweise war das bei mir nicht der Fall; mein langer Aufenthalt in der Türkei einerseits, meine Beschäftigung mit Indo-Pakistan andererseits hinderten mich immer wieder am längeren Verweilen im eigentlichen Iran – aber schließlich: Sowohl die Kultur der osmanischen Türkei als auch die Indo-Pakistans waren ja stark von der persischen geprägt; das heutige Afghanistan war ein höchst wichtiges Glied in der Geschichte des größeren Iran. Und erste persische Verse stammen aus dem heutigen Usbekistan, aus Samarkand und Buchara.

Wie dem auch sei – an meinen ersten Besuch im «eigentlichen» Iran 1963 habe ich seltsamerweise kaum Erinnerungen, obgleich ich einige Vorträge im Goethe-Institut in Teheran hielt. Das Wichtigste, das alle anderen Erinnerungen überschattete (oder überstrahlte), war, daß ich auf dem Flughafen Teheran meinen tschechischen Kollegen Jan Rypka und seine Frau Maria traf, in deren Windschatten ich nach Isfahan und Schiras flog. Nichts Besseres hätte mir passieren können, denn Rypka war der wohl beste Kenner der persischen und osmanischen Literatur; seine *Geschichte der persischen Literatur* war ein Standardwerk für jeden

Orientalisten. Sie operierte zwar mit Begriffen der marxistisch geprägten Literaturkritik, aber in seinen privaten Ansichten lehnte Rypka die kommunistischen Doktrinen ab (siehe Seite 166).

War mein erster Besuch in Iran gewissermaßen ein flüchtiges Präludium, so genoß ich es umso mehr, daß ich drei Jahre später an einem Kongreß für Iranistik unter dem Patronat des Schahs in Teheran teilnehmen durfte. Ein Höhepunkt war – neben einem Ausflug in die Berge, wo uns die letzten Errungenschaften der «weißen Revolution», die in die Dörfer getragene Bildung, vorgeführt wurden – unser Besuch im Zorkhana, wo wir die starken Männer bewunderten, die scheinbar mühelos ihre Keulen schwangen und andere schwierige Kraftübungen vollführten – nicht um des sportlichen Erfolges willen, sondern aus einem Geist der Religion, des tiefen Glaubens, zu Ehren der schiitischen Imame.

Ich erinnere mich noch des Empfangs in einem der kaiserlichen Gärten, als die Luft von Musik erfüllt war und ich ein wunderbares Gespräch über Sufismus und Musik mit meinem Kollegen Seyyed Hossein Nasr führte. Der in Harvard ausgebildete Naturwissenschaftler hatte sich später zum Sprecher eines von mystischen Gedanken durchzogenen modernen Islam gemacht und begeisterte immer wieder seine westlichen Hörer. Er neigte der intellektuellen Richtung des Sufismus, den Gedanken Ibn 'Arabis, zu, während ich eher auf der emotionalen Seite stand. Aber unsere gemeinsame Verehrung für Maulana Rumi (ebenso die Tatsache, daß unsere Geburtstage auf den gleichen Tag, wenn auch nicht das gleiche Jahr, fielen) ließ uns gute Freunde werden. Nach der Revolution mußte Nasr wegen seiner engen Verbindung zum Herrscherhaus aus Iran fliehen und stieß in seiner wissenschaftlichen Heimat, den USA, mehrfach auf scharfe Ablehnung, bis er schließlich einen Lehrstuhl in Washington erhielt.

Der dritte und aufregendste Besuch in Iran fand 1971 statt, als das zweitausendfünfhundertjährige Bestehen Irans mit gewaltigem Prunk gefeiert wurde – der von vielen lautstark kritisiert wurde. Es gab bei den Festlichkeiten auch einen Orientalistenkongreß, zu dem wir in einer Sondermaschine über Paris nach Schiras geflogen wurden. Wir waren zwar nicht, wie die Fürstlichkeiten, in Prunkzelten untergebracht, sondern in einem Schiraser Hotel, wurden dort aber sicher nicht weniger verwöhnt. Wie schön war der morgendliche Besuch am Grab des Kyros in Pasargadae! Und es gab *Son et Lumière* in den gewaltigen Palastruinen von Persepolis, wobei das Feuer unserer Begeisterung durch beachtliche

Mengen von Flüssigkeit nicht gelöscht, sondern eher angefacht wurde –
es handelte sich nämlich *nicht* um Wasser. Bei der großen Parade in
historischen Kostümen waren wir den Hoheiten gegenüber sogar im
Vorteil, hatten wir doch die Sonne im Rücken und konnten besser fotografieren. – Es war eine frohe Zusammenkunft, bei der amerikanische
und russische Kollegen sich ohne Scheu in den Rosengärten von Schiras
trafen, die ganz so aussahen, wie ich sie aus der Poesie erträumt hatte.
Zum ersten Mal traf ich Henry Corbin mit seiner schönen, klugen Frau
Stella – ein Grandseigneur, dessen Interesse in erster Linie der schiitischen Gnosis und den Ismailis galt, der uns aber auch kostbare Texte aus
der mittelalterlichen mystischen Literatur Persiens zugänglich gemacht
hat. Jahre später sah ich in Schiras das bescheidene Grab des Ruzbihan-i
Baqli (gest. 1209), dessen faszinierende Werke Corbin herausgegeben
hatte – jenes Ruzbihan, der in seinen Visionen Rosenwolken erblickte,
von Rosen der Gottesliebe überschüttet wurde – eine Erfahrung, die
wohl nur ein Mystiker aus Schiras machen kann. Beim Lesen von Ruzbihan dachte ich:

> In Schiras
> offenbarte sich Gott als leuchtende Rose.
> Alle Glut
> ist nur ein Abglanz, ein schwacher,
> Seines leuchtenden Lichts.
> Alles Blut
> rinnt in den Adern
> eines einzigen Rosenblatts,
> Alle Flut
> der siebenundsiebzig Meere:
> ein Tropfen Tau
> schimmernd auf dieser Blüte.

> Aus dem Dufte der Sehnsucht –
> tief-innerster Grund Seiner Liebe –
> schuf Er am Abend
> die Nachtigall.

Corbin hatte auch die arabischen und persischen Werke Suhrawardis,
des Meisters der Erleuchtung, herausgegeben, der 1191 in Aleppo getötet wurde und dessen kleine, tiefsinnige Tierlegenden besonders reizvoll
sind. Freilich, Corbins französischer Stil ist wohl noch komplizierter als

der seines Meisters Massignon, hatte er doch in seiner Frühzeit Heidegger aus dem Deutschen ins Französische übersetzt. Doch seine Studie über *L'homme de lumière dans le soufisme iranien* (die ich vor Begeisterung als *Die smaragdene Vision* übersetzte) gibt ein faszinierendes Bild von der Lichtmystik des mittelalterlichen Islam. So war die Begegnung mit Corbin für mich einer der Höhepunkte der Zweitausendfünfhundert-Jahrfeier.

Ich freute mich der Begegnungen, lauschte den Vorträgen und genoß die langen Autobusfahrten, die uns zu unseren Zielorten brachten. «Fräulein Schimmel, Sie scheinen sich ja sehr zu amüsieren!» bemerkte eine spitzzüngige Kollegengattin mißbilligend. Was konnte man da anderes sagen als: «Na ja, einmal in zweitausendfünfhundert Jahren!»

Reich beschenkt und verwöhnt flog ich zurück. Manche der Schiraser Freundschaften bestehen noch immer – so die mit Jes P. Asmussen, dem dänischen Iranisten, durch den ich in den folgenden Jahrzehnten immer wieder Kopenhagen für Vorlesungen besuchen konnte und nicht nur die Gastfreundschaft seiner Familie genoß, sondern auch die Schätze der Davids-Sammlung kennenlernte, in der es kostbarste arabische und persische Handschriften und wunderbare Objekte der islamischen Kunst gibt.

Es hätte wohl kaum einen größeren Kontrast zu diesem heiteren Fest geben können als das flüchtige Wiedersehen mit Teheran im Herbst 1977, als Christoph Bürgel und ich auf dem Weg nach Afghanistan eine Nacht auf dem Flugplatz Teheran festsaßen, da die *Ariana* aus irgendwelchen Gründen erst gegen Morgen die iranische Hauptstadt erreichte. So beschlossen wir, Freunde im Goethe-Institut aufzusuchen. Die Stadt war erfüllt von Protesten, kämpferische Dichtung wurde – mit Ermutigung durch das Goethe-Institut – überall rezitiert, und Menschenmengen drängten sich zu den Protestveranstaltungen gegen das Regime des Schahs. Es brodelte überall, die Revolution bereitete sich vor – eine Revolution, die eine andere Gestalt annahm, als die damaligen Vorkämpfer es sich gedacht hatten.

Ich besuchte Iran erst wieder achtzehn Jahre später, nämlich 1995, auf Einladung der Regierung. Die wenigen Tage waren sehr interessant, Teheran war zu einer Großstadt geworden, die ich von meinem Fenster im Gästehaus des Außenministeriums teilweise überblickte. Man führte mich durch die Museen und verwöhnte mich. Mit einer persischen Freundin wanderte ich durch den Bazar, wo es direkt neben teuren Teppichen mit dem Porträt Ayatullah Khomeinis solche mit recht frivolen

Trinkszenen und spärlich bekleideten Damen zu kaufen gab; auch an christlichen Motiven mangelte es nicht.

Man erfüllte meinen großen Wunsch, einmal nach Maschhad zu kommen, einem hochheiligen Ort des schiitischen Islam, wo der achte Imam Reza (Rida, gest. 817) begraben ist. Der Flug in die nordöstliche Stadt war verspätet, da die meisten Flugzeuge für den Transport der Pilger nach Mekka gebraucht wurden. Als wir den Flughafen erreichten, standen dort nicht nur Hassan Lahuti, der mein umfangreiches Buch über Rumi – *The Triumphal Sun* – ins Persische übersetzt hatte, sondern auch Allama Aschtiyani, der das Vorwort zur Übersetzung verfaßt hatte – eine besondere Ehre, da er einer der führenden Theologen Irans ist, ein Mann voll tiefer mystischer Weisheit. So genoß ich Maschhad und durfte das Heiligtum mit seiner goldenen Kuppel besuchen, das gerade renoviert war. Ich dachte an meinen Besuch in Kazimain fast vierzig Jahre zuvor, wo Imam Rezas Vater Musa al-Kâzim beigesetzt wurde. Wie immer ging es nicht ohne einen Vortrag ab. Wir feierten Iqbals Geburtstag, wie wir es so oft in Pakistan, Deutschland, England und anderswo getan hatten. Und als ich für den nächsten Ausflug die Wahl zwischen Isfahan und Schiras hatte, wählte ich wieder das erinnerungsschwere Schiras. Daß ich im Flughafenrestaurant alkoholfreies Bier «genoß» und dabei einer verjazzten Version von «Freude, schöner Götterfunken» lauschen mußte, paßte wenig zu meiner Stimmung; aber die Begegnung mit den Kollegen der Universität Schiras war höchst anregend (die vier Kolleg*innen* saßen allerdings ziemlich still in der Ecke). Es imponierte mir, daß einer der Germanisten gerade über Thomas Mann arbeitete – wie überhaupt das Interesse an deutscher Literatur groß ist, die Übersetzungen zahlreich sind. In der Dämmerung besuchten wir zum zweiten Mal an jenem Tag das Grab des Hafis, das, wie auch das Mausoleum des weisen Saadi (dessen «Rosengarten», *Gulistan*, erstmals 1654 verdeutscht wurde), bestens gepflegt war. Junge Leute standen immer unter der auf hohen schlanken Säulen ruhenden Kuppel, die das Grab überspannt, in dem der große Sänger ruht, der nicht nur Goethe tief beeindruckt hat, sondern für jeden, der Persisch liebt, das Muster von Schönheit, Weisheit und Eleganz ist. Ich bat den Wächter, mir das *fâl* (Voraussage) zu deuten, das ich im *Divan* des Hafis gefunden hatte. Es war etwas unklar, leider habe ich den Vers nicht aufgeschrieben: Ich dachte immer an das positive Ende, ohne den Warnungen vor «Ärger und Kummer» Aufmerksamkeit zu widmen. Doch als ich aus Iran zurückkam, begann bald die Hetze wegen des

Friedenspreises gegen mich (siehe Seite 317f.), wobei man mir auch diese Reise als Kollaboration mit den Mullahs vorwarf. Tatsächlich war es das erste Mal, daß ich das schöne Land nach dem Sturz des Schahs besucht hatte, während andere Kollegen schon längst an etlichen Feiern – so zum Gedächtnis des Hafis und anderer Großer – teilgenommen hatten.

In den letzten Jahren ergaben sich immer wieder Gelegenheiten zu Kurzbesuchen, in denen ich die meiste Zeit mit Vorträgen und Interviews zubrachte. Ein Vortrag in der Theologischen Fakultät Teheran, die zum größeren Teil von Frauen besucht wird, war anstrengend, weil ich nicht wie sonst nur mit Kopftuch zu erscheinen hatte, sondern ganz in Schwarz eingewickelt wurde. Ich bewunderte die Frauen immer wieder, die in allen öffentlichen Ämtern – von der Computerspezialistin bis zur Fernsehansagerin für den Wetterdienst, von der Schriftstellerin zur Filmregisseurin – Ausgezeichnetes leisten. Daß die Literaturfakultät der Universität Teheran mich 1999 ehrte – große Spruchbänder hingen am Eingang –, freute und verwunderte mich ebenso wie die Begegnung mit einem Maler an den Stufen der herrlichen Großen Moschee von Isfahan, der kleine Bildchen auf Kamelknochen als Souvenir malte und mir eine reizende Zeichnung schenkte, da er «die deutsche Dame» aus dem Fernsehen kannte. Das strahlende Isfahan hatte nichts von seinem Reiz verloren, und wie in alter Zeit saßen die Menschen gegen Abend an und in den Bögen der großen Brücke, des *pul-i Khwadschu*, einem Meisterwerk der Architektur aus dem sechzehnten Jahrhundert, und picknickten fröhlich, während die sinkende Sonne seltsame Schattenbilder auf die Mauern warf und der Zayindarud glitzerte.

Als Präsident Khatami im Sommer 2000 in Deutschland war, sah ich ihn in Berlin und Weimar, wo er eine hinreißende Rede hielt – als sei Hafis selbst anwesend. Als wir ihn auf dem Erfurter Flughafen verabschiedeten, sagte er lachend: «Kommen Sie doch gleich mit!» Aber das war ja nicht möglich – hatte ich doch noch nicht einmal ein Kopftuch bei mir.

Kaum etwas könnte mich mehr freuen, als die wachsende Verständigung zwischen Deutschland und Iran. Immer wieder treffe ich Freunde aus Iran, persische Konzerte werden hier veranstaltet, und viele seit Jahren, ja seit Jahrzehnten hier lebende Perser sind längst als Ärzte oder in anderen akademischen Berufen integriert. Die Copyshops in Bonn sind fest in persischer Hand, und viele bemühen sich – bei aller Kritik an den rigiden Gesetzen in Iran –, die Kultur ihrer Heimat weiter zu vertreten, die Kunst des Landes auch im Westen bekannt zu machen, um die allzu vielen Vorurteile zu entkräften.

Die schönste Erfahrung auf diesem Gebiet machte ich im November 2001, als in Wien eine Abschlußfeier für ein wichtiges Kapitel des christlich-islamischen Dialogs stattfand. Seit Jahren bemühte sich die Theologische Hochschule St. Gabriel in Mödling unter der hingebungsvollen Leitung von Pater Andreas Bsteh um Gespräche mit den nicht-christlichen Religionen. Nach längerer Arbeit war gerade ein wichtiger Band über Gespräche und Diskussionen zwischen katholischen Geistlichen und Ayatullahs erschienen, in dessen Verlauf auch Kardinal Schönborn Iran besucht hatte. Nun wurde der erfolgreiche Abschluß gefeiert, und ich durfte die Festrede halten – in Gegenwart von Kardinal König, Kardinal Schönborn sowie Ayatullah Khamenei und Ayatullah Tashkiri. Ein wohl einmaliges Ereignis! Man spürte, wie herzlich und froh die hohen geistlichen Herren miteinander verkehrten. Da war reine Dankbarkeit für die Erfüllung eines Wunsches und Hoffnung für die Zukunft. Im Anschluß daran feierte ich mit den Vertretern Irans und Europas denjenigen, der immer wieder als verbindende Kraft zwischen Orient und Okzident beschworen wird: Maulana Dschelaladdin Rumi.

Afghanistan

Von Teheran nach Kabul gab es eine Flugverbindung – ein faszinierender Flug! Landen und Starten im Kabultalkessel war aufregend, vor allem wenn die kleine Ariana-Maschine mit Passagieren und Fracht überreichlich beladen war und sich nur mit Mühe in vielen Zirkeln aus dem ziemlich engen Tal erheben konnte. Schöner freilich war der Landweg von und nach Pakistan. Wie viele Heere waren im Laufe der Jahrhunderte über den Khaiberpaß gezogen, um, aus Zentralasien kommend, sich aus dem rauhen Hochland in die fruchtbare Ebene zu ergießen, die der Indus durchströmte und die sich dann ins Panjab, das Fünfstromland, ausdehnte. Ich machte diese Fahrt einmal im Ramadan, und der mir von der pakistanischen Regierung gestellte Wagen stöhnte auf der steilen Straße durch die engen senkrechten Felswände des Tang-i garu ebenso wie mein durstiger Begleiter und der brave Fahrer. Zu einer Zeit, da die Beziehungen zwischen Pakistan und Afghanistan sehr gespannt waren (daher gab es keine Flugverbindungen!), erregte das Auftauchen eines offiziellen pakistanischen Autos großes Aufsehen in Kabul.

Kabul: das sind Erinnerungen an Freunde – deutsche wie afghanische. Da war die deutsche Schule (ein Taxifahrer in Bonn erinnerte sich noch kürzlich, wie er als kleiner Junge an der Einweihung teilgenommen hatte), und da war die deutsche Botschaft, wo ich mich immer zu Hause fühlte – besonders während der Jahre, da Franz Josef Hoffmann und seine Frau Evanette dort residierten und sich herausstellte, daß wir in Erfurt das gleiche Lyzeum besucht, den gleichen strengen Französischlehrer gehabt hatten. Immer wieder verstand es die afghanische Regierung, einen Vorwand für einen internationalen Gedenktag zu finden, sei es für Maulana Rumi, für Sana'i oder für Ansari, ganz gleich wie die politische Lage war. Auch der Sturz des Königs und die Absetzung Dauds änderten wenig daran – bis 1978.

Beim ersten Besuch 1966 wohnte ich, vom Iranistenkongreß in Teheran kommend, im Kabulhotel. Wenige Tage nach mir traf dort George Morgenstierne ein. Der norwegische Gelehrte war wohl der größte Kenner der langsam aussterbenden kleinen Sprachen des Hindukusch und ein Edelmann mit der Bescheidenheit des echten Gelehrten. Wenn wir zusammen frühstückten, sprach er mit den Dienern in ihren Dialekten, und bald hatten wir eine ganze Schar von Männern aus dem Wakhan, aus Nuristan und Gott weiß aus was für Tälern um unseren Tisch versammelt, denen der betagte Wissenschaftler Lieder in ihrer Muttersprache vorsang. «Oh – das hat meine Oma immer gesungen!» rief dann einer, und ein anderer freute sich, ein Kinderlied zu hören, das bei der jüngeren Generation gar nicht mehr bekannt war. Im Austausch wurden Tonbandaufnahmen gemacht, um Sprachproben zu sammeln, und ich war ganz stolz, bei Übersetzungen aus dem Dari (der afghanischen Form des Persischen) ein wenig helfen zu dürfen, da Morgenstierne dies nicht so perfekt sprach wie Paschto.

Kabul – da gab es das Grab Baburs, des Gründers der Moguldynastie, der auf seinem abenteuerlichen Weg aus Farghana nach Indien hier sein Hauptquartier hatte. Er liebte die klare Höhenluft der Stadt; hier wurden die meisten seiner Kinder geboren, und als er – erst sechsundvierzigjährig – 1530 starb, wünschte er, in Kabul begraben zu werden, ein Wunsch, den ihm eine seiner Frauen erfüllte, die seine sterblichen Überreste aus Delhi, aus der Hitze Nordindiens, zurückbrachte. Ob die Grabanlage den grausamen Kämpfen der letzten beiden Jahrzehnte standgehalten hat und noch von der alten Glorie Kabuls kündet – ich weiß es nicht.

Könnte man Salih Parvanta vergessen, dessen Privatbibliothek kost-

barste arabische und persische Handschriften enthielt, die er den staunenden Gästen stolz zeigte? Er hoffte, daß Christoph Bürgel und ich
einmal einen Katalog dieser Schätze vorbereiten würden. Dann brach
die Katastrophe über das Land. Im Jahre 2000 traf ich den einst so jovia-
len Parvanta in London, gebeugt und kaum wiederzuerkennen. Aber
die Bibliothek soll – wie man damals glaubte – noch in Kabul sein. Wie
lange noch? «Und Gott weiß es am besten.»

Noch ein anderer besonders bemerkenswerter Mann begegnete mir
in Kabul: der Dominikanerpater Serge de Laugier de Beaureceuil, dessen Werk über Abdallah-i Ansari (gest. 1089) ich Jahre zuvor mit Hinge-
bung gelesen hatte. Seine Studien des mittelalterlichen mystischen
Theologen hatten ihn nach Afghanistan gebracht, doch je länger er dort
blieb, desto mehr traten die Handschriftenstudien in den Hintergrund,
und er widmete sich hingebungsvoll afghanischen Kindern und Jugend-
lichen. Sein Buch *Mes enfants de Kaboul* gibt ein bewegendes Bild von
den Problemen und fängt die Atmosphäre des von ihm so geliebten
Landes wunderbar ein. Ich erinnere mich an einen Abend beim Leiter
des Goethe-Instituts, als wir in einer Ecke saßen und über Sufismus,
über mystische Erfahrungen und persische Schriften zur seelischen Erziehung sprachen und dabei völlig unsere Umgebung vergaßen. Es war
eine jener Stunden, da die geistige Welt ganz intensiv die «reale» Welt
überlagert, ja durchdringt. Wir hätten fast den Ruf zum späten Abendessen überhört. Später führte mich der Weg zu dem Platz, wo Beaure-
ceuils «Held», Abdallah-i Ansari, gewirkt hatte: nach Gazurgah, nahe
Herat, nicht fern von der heutigen iranischen Grenze, die ja verhältnismäßig neu ist. Herat war im fünfzehnten Jahrhundert die blühende
Hauptstadt der Timuriden, die unter Timurs Urenkel Husain Baiqara
ein Zentrum persischer Kultur war. Der letzte der «klassischen» Dichter
Irans, der vielseitige Dschami (gest. 1492), lebte dort, und der Meister-
kalligraph Sultan-Ali schrieb den *Divan*, die Gedichtsammlung seines
Fürsten, immer wieder ab – (nicht allzu meisterhafte) Gedichte, die der
Herrscher nicht in Persisch, sondern in Türkisch verfaßt hatte. Denn
der Herater Hof war wohl der wichtigste Ort, wo das Tschagatay-Tür-
kisch zu einer Schriftsprache entwickelt wurde. Sultan Husain Baiqaras
Minister Mir Ali Shir Navai war die treibende Kraft hinter dieser literarischen Bewegung. Wenn man ins Nachbarland Usbekistan kommt,
findet man allerorts Statuen des *Navoi* (wie sein Name dort umschrie-
ben wird); er ist für die Turkvölker Zentralasiens gewissermaßen ein
Schutzheiliger.

Husain Baiqara ließ auch das Mausoleum Ansaris ausbauen. Bewegt standen wir vor dem Gebäude, um das sich ein kleiner Friedhof erstreckte. Die Wände waren mit großen, aus farbigen Ziegeln geformten Anrufungen Gottes geziert. Andachtsvoll saßen und standen Gläubige zwischen den Grabsteinen, auf der Schwelle des Heiligtums. Ein höchst kunstvoller schwarzer Sarg mit reichem Schriftdekor zeugte von der Kunstfertigkeit der Steinmetze des 15. Jahrhunderts.

Viele Jahre zuvor – um 1940 – hatte ich ein schmales Büchlein erstanden, das wie etliche andere persische und Urdu-Werke von der Kaviani-Presse in Berlin herausgegeben war: Dieser Verlag war nach dem Ersten Weltkrieg in Berlin von Exil-Iranern gegründet worden. Unter diesen Bänden waren auch die *Munâdschât* Abdallah-i Ansaris – kleine Gebete in einfacher persischer Prosa, gemischt mit kurzen Versen. Ich liebte diese schlichten Worte. Als wir Berlin verlassen mußten, steckte ich das Büchlein in die Manteltasche, und hin und wieder, beim langen Warten irgendwo auf dem Wege, übersetzte ich das eine oder andere Stück daraus. Bis heute ist das Büchlein in unzähligen Abschriften und Drucken ein Vademecum für viele Gläubige. Der Baum nahe dem Grab war voller Nägel, die Hilfesuchende eingeschlagen hatten, wenn sie ein Gelübde ablegten. Noch soll das Mausoleum stehen, und man hofft, daß der Segen des Gottesfreundes endlich einmal dem geplagten Land Frieden bringen möge.

Wir besuchten im Norden Afghanistans die Stadt Balch, die Heimat Dschelaladdin Rumis, die von den Mongolen zerstört wurde. Nur die Stadtumfassung läßt etwas von der einstigen Größe der Stadt ahnen. Das Zentrum hatte sich später ein wenig von der Zerstörung erholt; die große Muhammad-Parsa-Moschee des fünfzehnten Jahrhunderts legt von der Aktivität des Naqshbandi-Ordens Zeugnis ab, dessen Ursprungsort in Buchara wir später mehrfach besuchten. In der Nähe von Balch durften wir an einem Derwisch-*dhikr*, dem Gottgedenken, teilnehmen, der, wie der Meister des Konvents, Sayyid Daud, sagte, auf die Tradition Dschelaladdin Rumis zurückgeht, was freilich unwahrscheinlich ist. Doch es war ein verzauberter Abend. Sayyid Daud ist den Kämpfen im Lande wie ungezählte andere Unschuldige zum Opfer gefallen.

In einer Geschichte des *Mathnawi*, die von dem großen Asketen Ibrahim-i Adham handelt, der einst gleich dem Buddha «aus der Heimat in die Heimatlosigkeit» zog, benutzt Rumi das Wortspiel *Balch – talch*, «bitter». Der Gedanke an die bittere Geschichte dieser Stadt und die immer wieder über das unglückliche Land hereinbrechenden Katastrophen macht die Erinnerung an Afghanistan mit seinen gastfreundlichen Menschen immer bitterer.

Als wir auf dem Weg nach Balch über den Salangpaß kamen, der von den Russen erbaut worden war, lebte die Geschichte immer wieder auf. Seit einem Jahrhundert hatte Rußland versucht, Einfluß auf Afghanistan zu gewinnen und sich so auf irgendeine Weise Zugang zu den warmen Gewässern des Indischen Ozeans zu sichern. Waren nicht die Fernsehantennen im Norden des Landes alle nordwärts, zur Sowjetunion hin gerichtet? Und war es nur Zufall, daß der Einmarsch der Russen 1978 stattfand, auf das Jahr genau ein Jahrhundert nach dem britisch-russischen Krieg?

Von Kabul aus fuhr man in wenigen Stunden nach Südwesten nach Ghazna, vor rund tausend Jahren Zentrum eines mächtigen Reiches, von dem aus der turkstämmige Herrscher Mahmud (reg. 999–1030) den Nordwesten Indiens eroberte. Mahmud ist von vielen Legenden umgeben – sei es wegen seiner Freundschaft mit seinem Sklaven Ayaz, sei es als Zerstörer der Götzenbilder des Hindutempels Somnath. An seinem Hofe blühte die persische Poesie auf; hier schrieb Firdausi sein *Shahname*, das Königsbuch, das in mehr als fünfzigtausend Versen die Geschichte der alten Herrscher Irans erzählt und ungezählte spätere Dichter, aber auch Maler inspirierte; die Namen der Helden des großen Epos leben bis heute in Iran, im muslimischen Indien und der Türkei fort. Kaum einer der späteren Dichter aber erreichte die Eleganz der Sprache und die geglückten, nie übertreibenden Naturbeschreibungen von Mahmuds Hofdichter Farruchi. Unübertrefflich der Beginn eines seiner Lobgedichte, in dem er die Dichtung als kostbarstes Gewand besingt:

> Mit einer Karawane kam ich von Hilla weit,
> ich trug, aus Herz gesponnen, aus Geist gewebt ein Kleid,
> ein Kleid von feiner Seide, gewirket aus dem Wort,
> ein Kleid gemustert zierlich, dem Sprache Muster leiht;
> ein jeder Zettelfaden vom Geist gezwirnt mit Schmerz,
> ein jeder Einschlagfaden vom Herz getrennt im Leid.
> Nicht ist das Kleid gewoben wie andre seiner Art!
> Erkenn' es nicht, vergleichend mit andern seiner Zeit ...

Kommt einem nicht unmittelbar Rückerts Bemerkung über das Übersetzen in den Sinn?

> Du aber suche fein die Geister zu belauschen,
> wie, wandelnd unsichtbar, sie Wortgewande tauschen.

Ich besuchte Mahmuds Mausoleum 1966. Da stand sein wunderbarer
Sarkophag aus graugelblichem Marmor, und ich konnte es mir nicht
versagen, die höchst verschlungene kufische Inschrift zu streicheln und
zu denken, daß sie mir genau fünfundzwanzig Jahre zuvor das *summa
cum laude* im Rigorosum verdorben hatte. Denn diese komplizierte
Form der Schrift konnte ich damals – o Schande! – nicht entziffern. Jetzt
aber freute ich mich, das Original einmal zu berühren. Wie vertraut kamen mir die beiden riesigen Türme in Ghazna vor, die in jedem kunst-
geschichtlichen Werk abgebildet waren – einmalig mit ihrem geometrischen Backsteindekor und den unlesbar scheinenden verflochtenen
Inschriften. Sie waren von der alten Stadt übriggeblieben, die von den
Ghuzz zerstört worden war, wenige Jahre, nachdem der letzte große
Dichter des Ghaznavidenhofes, Sana'i, 1131 hier gestorben war.

Das Kultusministerium hatte 1973 Gedenkfeiern für Sana'i organisiert; Ghazna war bunt geschmückt, und «preisend mit viel schönen Reden» gedachten wir an seinem Grab, in Kabul, in Rundfunk und Fernsehen des Mannes, der erstmals im Persischen ein mystisches Lehrgedicht verfaßt hatte, das für Dutzende von späteren Werken zum Vorbild
werden sollte. Der höchst vielseitige Hofdichter, der auch reizende lyrische Verse geschrieben hat, hatte mit seiner *Hadîqat al-haqîqat*, dem
«Garten der Wahrheit», ein Werk geschaffen, in dem er praktische und
hochgeistige Geschichten metrisch verarbeitete. Eine seiner berühmtesten Geschichten ist die aus Indien stammende Parabel von den Blinden
und dem Elefanten, die wohl zu den verbreitetsten orientalischen Lehr-
gedichten überhaupt gehört: Eine Schar von Blinden will die Form eines Elefanten erkennen; aber jeder beschreibt das Riesentier entsprechend dem Teil, den seine Hand berührt hat: als Schlauch oder als
Säule, als Thron oder als Teppich; aber keiner wußte, wie das ganze
Tier aussah. Denn, wie Sana'i uns lehrt, niemand kann Gott, den Un-
vorstellbaren, erkennen; jeder weiß nur von einem Teilaspekt von
ihm, denn – und hier ermöglicht uns das Deutsche eine ganz konkrete
Formulierung: niemand kann Gott «begreifen».

Farruchi hatte von Sistan, seinem Heimatgebiet gesungen. Das alte
Kulturgebiet im südlichen Afghanistan interessierte mich um so mehr,
als unser Bonner Kollege Klaus Fischer dort jahrelang Feldforschung be-
trieben und das vernachlässigte Gebiet durchwandert, durchmessen und
beschrieben hatte. So wurde ein Ausflug mit einem deutschen Lehrer-
ehepaar organisiert. Wir rollten von Kabul südwestwärts, bis wir abends
in Bust ankamen, wo wir ein winziges Rasthaus fanden, einfach und

sauber. Freundlich, aber entschieden beförderte ich einen jungen Skorpion aus dem «Bad».

Bei Sonnenaufgang standen wir an dem berühmten Taq-i Bust, einem wunderbar gewölbten Backsteinbogen – Überbleibsel eines mittelalterlichen Schlosses. Genau in der Mitte sahen wir die Sonne der Herbst-Tagundnachtgleiche aufgehen; sie verwandelte die Ziegel und die halbverfallene Inschrift ganz zu Gold. Wir fuhren am Hilmend entlang, sahen Ruinen von Schlössern und Festungen, die von dem Leben, den Aktivitäten zeugten, die hier geherrscht hatten, ehe die Mongolen bald nach 1220 das kunstvolle Bewässerungssystem zerstörten und damit die Provinz zum Tode verurteilten. Dennoch war Sistan im Herbstsonnenschein von einer melancholischen Schönheit erfüllt.

Wir wandten uns gen Norden, um Kandahar noch vor Einbruch der Nacht zu erreichen. Es war der Stammsitz der Durrani-Familie, aus der die letzte afghanische Herrscherdynastie stammte. Daß es zwanzig Jahre später zum Zentrum der Taliban werden sollte, ahnte niemand. Überall standen Ziegelbrennereien im Umkreis der Stadt, und mir fiel das Sindhi-Verschen ein:

> Der Töpferofen, ganz bedeckt,
> strömt ringsum Hitze aus –
> Wir halten unsre Glut versteckt
> und brennen innen nur.

Den größten Anziehungspunkt der Stadt durften wir als Fremde nicht sehen: die Khirqa-i scharif, eine Mantelreliquie des Propheten, der Iqbal bei seinem Besuch in Afghanistan 1934 eine tiefgefühlte Ode gewidmet hatte – bei jenem Besuch, da die Gründung der Universität Kabul beschlossen wurde. Nichts vom Ruhm der Durrani-Dynastie, nichts von der verehrten Reliquie – Kandahar wimmelte von Hippies aus aller Welt, die hier ihrem Drogengenuß ungehindert nachgingen oder eine kleine Pause auf dem Weg in ihr Sehnsuchtsland Indien einlegten. Immerhin, wir fanden eine Unterkunft und sehnten uns nach der stillen durchsichtigen Atmosphäre von Bust zurück. Am Morgen ging es zurück nach Kabul, und da es wegen des Fastenmonats kaum möglich war, etwas zu essen zu bekommen, wuchs unser Hunger. Nun hatte mein Gastgeber, der ebenso liebenswürdige wie orienterfahrene Dr. Schmidt-Dumont uns – mehr im Spaß – versprochen, wir würden bei der Rückkehr Schnecken bekommen – und Kilometer um Kilometer nahmen diese Tierchen in unserer Phantasie geradezu mythische Ausmaße an, bis sie den Drachen ähnelten, die von den Helden in Firdausis *Shahname* erschlagen wurden. So erreichten wir Kabul, wo wir fanden, was wir erhofft hatten – allerdings auf natürliche Größe reduziert. Die schönste meiner Reisen in Afghanistan erlebte ich bei meinem ersten Aufenthalt 1966. Ich kam aus Teheran, und Mahbub und ihr Mann standen am Flughafen – Mahbub Siradsch, Tochter von Asadullah Siradsch, der zu jener Zeit afghanischer Botschafter in Ankara war. Wie viele Afghanen sprach sie dank der deutschen Nejat-Schule vorzüglich Deutsch. Unsere Begeisterung für Maulana Rumi hatte uns zusammengeführt; Meliha, Dozentin für Persisch an der Ankaraer Universität, war in Ankara die dritte im Bunde gewesen. «Willkommen», sagte Mahbub, und nach vielen Umarmungen fragte sie: «Kannst du in der Universität einen Vortrag in Dari über Maulana halten? Dann darfst du dir etwas wünschen: Du kannst entweder nach Herat oder nach Bamyan!» Ohne zu zögern wählte ich Bamyan. Die gewaltigen Buddhastatuen, die jetzt durch den «Glaubenseifer» der Taliban zerstört sind, lockten mich; und einen Vortrag auf Dari – nun, den würde ich, auch weit von meiner Bibliothek entfernt, doch wohl schaffen. Nachdem man in Teheran meine altmodische Aussprache des Persischen wenn nicht getadelt, so doch mit Befremden gehört hatte, fühlte ich mich in Afghanistan sicherer, da dort die Sprache ihren alten Vokalstand beibehalten hatte (e/i und o/u werden unterschieden). Wer sich mit klassischer Dichtung beschäftigt, ist nämlich an die mittelalterlichen Formen gewöhnt.

Also auf in die Berge nach Bamyan! Mahbub hatte mir zwei nette Studenten als Begleiter mitgegeben; der ziemlich steinige Weg führte durch wechselnde Landschaften; an einem Bachrand gab es ein Picknick mit köstlichen Früchten. Weiter und weiter quälte sich das Auto, über hohe Pässe vorbei an rötlichen Felsburgen, die wie eine Märchenkulisse wirkten – und am Nachmittag lag das Bamyantal vor uns. Aus den beiden Felsenhöhlen blickten uns die riesigen Buddhastatuen an, neben denen sich zahlreiche kleinere Höhlen befanden, in denen früher buddhistische Mönche ihre Tage und Nächte in Meditation über die Vergänglichkeit des Irdischen, über die erhoffte Erlösung aus dem schmerzvollen Kreislauf der Geburten vollzogen hatten. Wir näherten uns den Statuen und waren stumm vor Staunen. Zentralasien war ja jahrhundertelang ein Zentrum des Buddhismus gewesen, dessen Spuren sich auch im nördlichen Pakistan finden. Buddhistische Gedanken sind zum Teil in die islamische Mystik eingeflossen. Und hier in der Einsamkeit standen die beiden Riesengestalten in scheinbar unendlichem Frieden.

Das kleine Rasthaus auf dem gegenüberliegenden Hügel überblickte
das weite Tal; die sinkende Sonne ließ die rötlichen Blumen vor der Veranda gleichsam aus sich selbst leuchten, und die Statuen versanken
langsam in der Dämmerung. Nachts schienen die Sterne zum Greifen
nahe. «Wie wäre es, wenn wir noch rasch nach Band-e Amir führen?»
fragten meine Begleiter mit verschmitztem Lächeln. «Das sind nur zwei,
drei Stunden!» Wie hätte ich widerstehen können? So fuhren wir am
Morgen kurz nach sechs Uhr aus dem Tal in eine ganz andere Landschaft, die nun einen zentralasiatischen Charakter annahm. Statt der
schroffen Felsen weiche dünenartige Berge, statt der dunklen von den
Schneebergen des Hindukusch eingeschlossenen Pfade ein endloser
strahlender Himmel. Zur Rechten glänzte hin und wieder blaues Wasser auf, und endlich erreichten wir den letzten der sieben Seen, die sich
zwischen den Bergen gestaut haben. Nie habe ich solch tiefblaues Wasser gesehen: Wie ein makellos geschliffener Saphir lag der See im Ring
der gelblichen Hügel. Es war, als sähe man einen glücklichen Traum.
Ein kleines Heiligtum an der gegenüberliegenden Berghalde, das von einer alten Frau gefegt wurde, erinnerte daran, daß hier der vierte Kalif Ali,
der Vetter und Schwiegersohn des Propheten, das Wasser gestaut haben
soll (daher der Name «Staubecken des Fürsten», das ist Ali). Eine Katze
blickte schläfrig aus einer Felshöhle. Es war gut, daß ich genügend Filme
bei mir hatte, aber im Grunde war der Anblick der Landschaft so einmalig, daß ich fotografieren fast als Sakrileg empfand. Schließlich mußten
wir uns losreißen; fast zehn Stunden Fahrt lagen vor uns, und die Wege
waren gefährlich. Wären wir im Dunkel nicht fast in eine große Schaf-
herde gefahren? Aber wir waren glücklich und rezitierten Rumis Verse:

> Wenn sich ein Baum bewegte mit Wurzel und Blätterkleid,
> spürt' er nicht Wunden der Axt, noch tät' ihm die Säge ein Leid!

Gegen zweiundzwanzig Uhr erreichten wir müde, mit schmerzenden
Gliedern, aber überaus dankbar, das Hotel – und es scheint, daß sich der
Ausflug auch günstig auf meinen Vortrag ausgewirkt hat.

So lernte ich Afghanistan kennen und lieben. Nicht nur die Tradition
der persischen Hochkultur fesselte mich; nein, im Laufe der Jahre begann
ich auch mehr über die Pathanen, über ihren strengen Ehrenkodex und
ihre Sprache (das Paschto) zu lernen. Die beiden größten pathanischen
Dichter, Khushhal Khan Khaṭṭak (gest. 1689) und Rahman Baba (gest.
ca. 1709) liegen in Pakistan begraben, im Osten der von den Briten künst-
lich gezogenen Durand-Linie. In den letzten Jahren ist dem heldischen

Khushhal, dem «Vater der Paschto-Literatur», ein Mausoleum nahe Peschawar errichtet worden. Es liegt ein wenig entfernt von der großen Heerstraße, die den Subkontinent von Afghanistan bis nach Delhi und weiter nach Bengalen durchzog, denn der Rebell gegen die Moguln wollte dort begraben werden, wo er das Trappeln der Rosse seiner Gegner nicht hören konnte. Auch Rahman Baba, der religiöse Sänger, dessen schönste Gedichte das tiefe Vertrauen auf Gottes Weisheit in einfachen Bildern ausdrücken, ist vor kurzem mit einem Mausoleum nahe Peschawar geehrt worden, wo wir an einem kühlen Abend die Derwische singen hörten – nicht sehr harmonisch, aber leidenschaftlich, während die Flammen des wärmenden Feuers seltsame Figuren auf die Wälle warfen.

Vielleicht noch schöner sind die *landey* oder *tappa*: haiku-artige Verse von neun plus dreizehn Silben, die Männer und Frauen erfinden und die mir George Morgenstierne erstmals vor langer Zeit bei einem UNESCO-Treffen in Paris nahegebracht hatte:

O leg deine Hand auf meine Hand –
Lang' noch werd ich denken an solch ein Handauflegen.

Und könnte man die stolzen Afghanen besser kennenlernen als in dem Ausruf eines Mädchens:

Mein Geliebter ist im Kampf geflohen –
nun bereue ich den Kuß, den ich ihm gestern gab!

Für den Sommer 1978 hatte ich mit meinem britischen Kollegen Ralph Pinder-Wilson, damals Leiter des britischen Archäologischen Instituts in Kabul, eine Fahrt nach Norden geplant: Wir wollten nach Badakhshan, in den schmalen Zipfel, der sich zwischen Afghanistan, Pakistan und Tadschikistan erstreckt und aus dem die berühmtesten Edelsteine kommen, der tiefblaue Lapislazuli und der *la'l –i badakhshi*, der so oft besungene Balas-Rubin (eigentlich ein Spinell). Mehr noch interessierte uns Yumghan, wo im späten elften Jahrhundert eine der interessantesten Gestalten der persischen Literatur in der Verbannung lebte: Nasir-i Khusrau, Ismaili-Missionar und Verfasser einer Reisebeschreibung, philosophischer Werke und kraftvoller Dichtung, die oft von unerwarteter Aktualität ist. Aber die Wolken am Horizont zogen sich in dieser Zeit zusammen: Iran stand kurz vor dem Sturz des Schahs, in Pakistan endete die Ära Bhuttos 1979 mit seiner Hinrichtung, und in Afghanistan bereitete sich der sowjetische Einmarsch vor. Bald wurde Freund Ralph ins Gefängnis geworfen, das er mit dem ihm eigenen heiteren Gleichmut

ertrug, bis er 1981 freikam. Der unbarmherzige Kampf im Lande, das
Aufkommen der zunächst als Helfer angesehenen Taliban, die als Gegner der Russen die Hilfe der USA genossen, die furchtbare Verhärtung
der Lage: Das krieggewohnte Afghanistan ging und geht durch unendliche Leiden, die noch durch Dürre und andere Naturkatastrophen verstärkt werden. Wer das Land liebt – dieses Land, wo jetzt statt Getrei-
desaat Landminen im Boden liegen – und wer seine stolzen Bewohner
kennt, steht trauernd vor diesem Bild des Jammers. Was wird das Ende
sein? Afghanistan läßt seine Besatzer und Feinde nicht leicht frei. Immer
wieder kommt mir Fontanes Ballade vom Verderben eines britischen
Heeres 1845 in den Sinn, deren Schlußzeile lautet:
    Einer kam zurück aus Afghanistan ...
Und wie wird es nun weitergehen?

Zentralasien

Weit, weit in der Ferne
    unter hellem Sterne
    in der Türken Land,
    dort liegt Samarkand.

Weiße weiße Seide,
    goldenes Geschmeide,
    buntes Sammetband,
    kommt aus Samarkand.

Perlen und Türkisen,
    Frucht von Wald und Wiesen,
    süßer Zuckerkand
    kommt aus Samarkand.

Schlösser und Moscheen,
    Zauberer und Feen,
    Herz in Lieb' entbrannt –
    Traumland Samarkand.

Dieses Gedichtchen hatte ich gegen Kriegsende als eines der «Wiegen-
lieder für eine Freundin» für ihr erstes Kind geschrieben – und hatte
natürlich nicht geahnt, daß es mir ein halbes Jahrhundert später bei Vor-

trägen in Usbekistan auf deutsch, russisch und usbekisch entgegenklingen würde, nachdem ich es bei meinem ersten Besuch in Samarkand im September 1994 mehr zum Spaß rezitiert hatte. Lange hatte ich von Samarkand geträumt, das bis zum Auseinanderbrechen der Sowjetunion für uns Westdeutsche schwer zugänglich war. Bald nach der Öffnung der GUS-Staaten aber erschienen eines Tages zwei Herren der Konrad-Adenauer-Stiftung bei mir, um sich Rat für ihre geplante Arbeit in Usbekistan zu holen, obgleich das wirklich nicht mein Spezialgebiet war. «Komme ich denn auch mal nach Samarkand?» fragte ich ganz unschuldig, und die Frage wurde natürlich positiv beantwortet.

Das Büro der Stiftung in Taschkent wurde im Spätsommer 1994 feierlich eröffnet. Der Leiter Wolfgang Schreiber (von den Usbeken liebevoll *Walichan Scharifov* genannt) und sein tüchtiges Team organisierten die Einweihungsfeiern. Ich mußte über den deutschen Beitrag zur Kenntnis Usbekistans und seiner Kultur sprechen; meine Taschkenter Kollegin, Dr. Suleymanova, referierte über die Wirkung von Schillers Werk in der usbekischen Kultur (übrigens ist auch in Iran Schiller besonders beliebt, wie man aus der Anzahl der persischen Übersetzungen seiner Dramen sieht). Es war eine spannende Reise; schon die Ankunft auf dem Flughafen Taschkent, wo wir, wenn auch im VIP-Raum eingesperrt, scheinbar endlos auf unsere Pässe warten mußten, mit denen die Beamten offenbar Skat spielten, war exotisch. (Auch jetzt noch ist auf zentralasiatischen Flughäfen Engelsgeduld nötig!) Das Hotel war ein typischer Intourist-Kasten; aber die Stadt Taschkent, 1966 durch ein Erdbeben großenteils zerstört, war nicht häßlich mit ihren breiten baumbestandenen Straßen. Außerdem gibt es eine überaus flinke und preiswerte U-Bahn, die alle drei Minuten verkehrt. Der Fahrpreis entspricht dem für eine Tasse Tee. Aber für die arme Bevölkerung war schon das ein Vermögen, denn ein Akademiker verdiente nur rund zwanzig Dollar im Monat. Von Besuch zu Besuch aber gab es bessere Hotels.

Der erste Ausflug der Tagungsteilnehmer galt Samarkand (knapp dreihunderttausend Einwohner), wo wir in der recht hübschen Universität tagten und dann im starken kalten Wind das historische Zentrum der Stadt besuchten. Die Mausoleen in Schah-i zinda mit ihren blauen Fliesen in zauberhaften Mustern, Arabesken und Kalligraphien waren so, wie man sich Samarkand vorgestellt hatte: eine Märchenstadt aus dem vierzehnten und fünfzehnten Jahrhundert. Der Registan-Platz mit den großen Medresen wirkte in der Kühle etwas verlassen; aber später entdeckte ich seinen Reiz. In dem kleinen Museum in einer der Me-

dresen ist das erste Ausstellungsobjekt eine Handschrift aus der Zeit ihres Erbauers, Timurs Sohn Ulugh Bek: eine Sammlung von Aussprüchen des Propheten Muhammad, deren Anfang lautet: «Die Suche
nach Wissen ist Pflicht eines jeden Muslims und jeder Muslimin» – ein
Wort, das bei unseren Tagungen immer wieder zitiert wurde.

Samarkand ist die Stadt Timurs, des großen Tamerlan. Spuren seiner
Bauten sind überall zu sehen. Zwei Jahre später besuchten wir Schahr-i
sabz, die Geburtsstadt des Herrschers, wo das gewaltige Schloß gerade
restauriert wurde. Die herrlichen Fliesen waren zum großen Teil abgefallen, und die neuen erinnerten mich allzusehr an Badezimmerkacheln,
weil die sanft leuchtenden Farben wohl nicht mehr nachgeahmt werden
können. (Das Problem der Restaurierung mittelalterlicher Bauten besteht ja im ganzen Orient. Ich denke an frühe türkische Versuche, wundervolle seldschukische Ruinen mit Zement zu verkleben, oder an
ziemlich mißglückte Unternehmungen dieser Art in Pakistan.) Schön
und wirklich eindrucksvoll ist das gewaltige Grabmal Timurs (gest.
1405) mit seiner hohen schlanken Kuppel, die mit gewaltigen arabischen
Schriftzügen geziert ist. Die Volksüberlieferung sagt, als man das Grab
des Herrschers 1941 geöffnet habe, sei wenige Wochen später Rußland
in den Krieg gezogen worden: Seit Jahrhunderten sei eine Katastrophe
prophezeit gewesen, falls man des Herrschers Ruhe störe.

Unser zweiter Besuch 1996 konzentrierte sich auf die Gestalt Timurs,
dessen Standbilder die Städte überall schmücken. Nun ist der große
Eroberer nicht gerade das Musterbild eines demokratischen Herrschers,
der sich um Menschenrechte und ähnliches kümmerte. Aber wir mußten ihm rhetorischen Tribut zollen, was manchmal mühsam war. Ich
glaube, ich habe über das kulturelle Leben zur Zeit Timurs gesprochen,
war er doch ein Zeitgenosse des großen Hafis, und Goethe hat ihn im
West-östlichen Divan sagen lassen:

Hätt' Allah mich gewollt als Wurm,
so hätt' er mich als Wurm geschaffen.

«Preisend mit viel schönen Reden» feierte Samarkand den Herrscher,
der Handwerker und Künstler aus allen von ihm eroberten Ländern –
und die reichten von Anatolien bis Nordindien – mitbrachte, um seine
Hauptstadt zu schmücken. Nun gab es künstlerische Darbietungen.
Händels *Il Tamerlano* wurde (zum Glück nur teilweise) von Künstlern in
europäischer Kleidung konzertant dargeboten. Es ist ja faszinierend, wie
die Gestalt des Eroberers die Phantasie der Europäer angeregt hat, vor

allem dadurch, daß er 1402 den osmanischen Sultan Bayezid I. bei Ankara schlug und so den in Europa als Erzfeind gefürchteten Osmanen einen Schlag versetzte, durch den er gewissermaßen zum Verbündeten der christlichen Staaten wurde. Deswegen sandten die Spanier 1404 auch Ruy Gonzales de Clavijo nach Samarkand, um politische Verhandlungen aufzunehmen. Es waren eben diese politischen Verbindungen, die das Thema einer usbekischen Oper bildeten, von der wir in dem schönen Stadttheater einen Akt sehen durften. Da saß der elegant in Seide gekleidete Timur in seiner Kaiserpracht, und die Gesandtschaften wurden repräsentiert durch jeweils ein Ballett, das Volkstänze aus den verschiedenen Regionen aufführte – Holländer, Spanier und Gott weiß was noch mehr. Es war überaus komisch, aber noch komischer war, wie sich der ziemlich junge Komponist nach rauschendem Beifall mühsam aus seinem Sessel hob, denn er war so fett, daß er sich kaum bewegen konnte. Wir applaudierten heftig, dankbar für den köstlichen Spaß.

Von Samarkand aus ging es bei unserem ersten Besuch weiter nach Buchara, meiner Lieblingsstadt in Usbekistan. Stiller als Samarkand und mit einigen Bauten aus den ersten Jahrhunderten des Islam wirkt es friedvoll. Da gibt es das gewaltige Kalyan-Minarett mit seinen Ziegelmosaiken aus dem zwölften Jahrhundert, und es gibt eines der schönsten Bauwerke der frühislamischen Welt: das Mausoleum des Herrschers Ismails des Samaniden (gest. 908). Das ziemlich kleine kubische Gebäude wirkt, als sei hier ein geometrisch gemusterter Teppich in Ziegelwerk verwandelt worden; man findet immer neue Muster an Mauern, Türen und Fenstern. Für den Herrscher, der hier beigesetzt ist, wurde eines der ersten Gedichte in neupersischer Sprache verfaßt, denn als der Fürst sich allzu lange in Herat aufhielt, sang sein Hofdichter Rudaki jenes Lied, dessen Anfangszeilen Dutzende von persischen Gedichten bis hin ins neunzehnte Jahrhundert inspiriert haben:

Bû-yi dschû-yi Mûliyân âyad hamî
Der Duft des Flusses Muliyan kommt immerfort –
Der Duft des liebenswürdigen Freundes kommt immerfort.

Der Fürst soll daraufhin «mit verhängten Zügeln» gen Buchara geeilt sein. Legende oder nicht – sowohl das Gedicht als auch der kleine Grabbau sind schön und ähneln einander in ihrer Verbindung von Schlichtheit und raffinierter Form.

Schon bevor Gedicht und Grabbau geschaffen wurden, war Buchara ein Zentrum der Gelehrsamkeit gewesen. Von hier stammte zum Bei-

spiel al-Buchari (gest. 870), der die zuverlässigste Sammlung von Ha-
dithen (Aussprüchen des Propheten Muhammad) zusammengestellt hat
und dessen Sammlung die wichtigste nach-koranische Quelle für das
Handeln Muhammads und seine Vorbildrolle im Islam darstellt.

Es gab kleine Museen in der Altstadt von Buchara und Läden, in denen
Stoffe und Teppiche lockten, und auch ich fiel in die Schlinge der Versu-
chung. Nein, keiner der so preiswerten Buchara-Teppiche mit ihren war-
men Farben lockte mich, sondern in einem Büdchen lächelte mich ein
Mantel an – zartgrüne und rosa Seide aus *ikat*-Weberei, fast ein Museums-
stück. Fünfzig Dollar? Wahrhaft geschenkt! Und da eine liebe Freundin
noch Raum in ihrem Koffer hatte, überließ ich mich der Verführung.
Natürlich hätte ich das nicht tun dürfen, wenn ich eine treue Jüngerin des
Gottesfreundes gewesen wäre, der in der Nähe von Buchara beigesetzt ist.
Baha'addin Naqshband, der große Heilige Zentralasiens, hat zu seinen
Lebzeiten und noch mehr nach seinem Tode (1389) durch seine Jünger und
Nachfolger einen immensen Einfluß auf das gesellschaftliche Leben aus-
geübt. Ein Jahrhundert nach ihm war Ubaidullah Ahrar der geistige Herrscher Zentralasiens, und bis heute ist die Naqschbandiya einer der leben-
digsten Sufi-Orden, der auch in Europa eine beachtliche Anhängerschaft
hat. Mitglieder dieses Ordens, der stille Meditation pflegt, haben zur Sowjetzeit im Untergrund durch ihre Lehren dem Kommunismus entgegen-
gewirkt. So war es nicht überraschend, daß auch die Adenauer-Stiftung
aktiv an den Feiern zum Jubiläum des Ordensgründers in Buchara teilnahm, bevor wir zu Ehren Timurs nach Samarkand kamen.

Schon bei unserem ersten Besuch hatten wir das Mausoleum des Sufi-
Meisters besucht. Frau Suleymanova und ich hatten das Grab umwan-
delt, das unter einem weitausladenden Baum liegt. Ein Sufi, wie aus ei-
ner alten Miniatur lebendig geworden, reichte uns von dem heilenden
Wasser, und der Imam der Grabmoschee erzählte, daß er nach dem
Krieg mit der russischen Armee in Weimar gewesen war.

Beim Gedenktag des geistigen Führers 1996 war das Mausoleum völlig restauriert; zu einem bedeutenden Teil war das Geld dafür von dem
türkischen Präsidenten Turgut Özal gestiftet worden, der dem Orden
nahestand. Bei unserer Tagung 1996 war das Hauptthema der Reden
nicht so sehr das politische oder Staatsverständnis Baha'addins und seiner Anhänger; es ist ja schwierig, aus der Rolle eines Seelenführers, der
absoluten Gehorsam fordert, einen Begriff der Demokratie abzuleiten.
Man konzentrierte sich vielmehr – und wie ich glaube zu Recht – auf
seine «Werkethik». Im Mittelpunkt stand jenes Wort, das ich auch aus

Pakistan kannte: *dast be-kâr dil be-yâr*: «Die Hand am Werk, das Herz beim göttlichen Freund». Es entspricht dem koranischen Wort (Sure 24,37), daß der wahre Gläubige arbeitet, auf dem Markt wirkt und dennoch sein Herz niemals von Gott trennt. Der Zentralbegriff der Seelenerziehung ist *khalwat dar andschuman*: Der Gläubige ist allein mit Gott, selbst wenn er sich in der Menge befindet, im täglichen Leben steht. Der *dhikr*, das ständige Wiederholen einer religiösen Formel oder eines Gottesnamens, wird nicht laut gesprochen, sondern im Herzen wiederholt – was einen unserer zentralasiatischen Teilnehmer dazu führte, Baha'addin mit Luther zu vergleichen, der ja auch «den Gottesdienst von lauten Bezeugungen der Frömmigkeit gereinigt habe».

Bevor wir unsere Feiern zu Ehren Meister Naqshbands begannen, hatten wir Chiva in der Südwestecke des Landes besucht, eine Touristenattraktion nahe der turkmenischen Grenze. In Urgendsch, der nächstgelegenen lebendigen Stadt, gab es ein neues Hotel, das wir aus irgendeinem Grund besuchen sollten, wahrscheinlich, weil es ein Ergebnis der hier noch seltenen Privatinitiative war. Es war in der Tat sehr neu, und deshalb wurden wir als segenbringende erste Gäste gefeiert: Nach dem Abendessen traten Musiker auf, und als sich eine schlangenartig beweglice Tänzerin zu ihnen gesellte, hielt es auch einige von uns nicht mehr. Bald hatten wir Programm und Pflicht vergessen und drehten uns im Tanz, gegen den Baha'addin so sehr geeifert hatte. Selbst unser sphärisch anzusehender Jesuitenpater drehte sich selig lächelnd mit ausgebreiteten Armen wie ein Englein im Kreise; und auch unsere prächtige muslimische Oberfeldärztin, selbst Naqshbandi, aus Köln und kein Kind von Traurigkeit, war mit von der Partie.

Chiva ist ganz restauriert, ein wenig zu frisch, aber die schöne Lehmarchitektur und die türkisfarbenen Kuppeln geben doch ein gutes Bild vom Charakter einer traditionellen Stadt. Um es ganz echt zu machen, besuchten wir in Urgendsch nicht nur eine Schlangenfarm, die Gift für medizinische Firmen liefert, sondern auch einen Hammelkampf, bei dem die riesigen Tiere mit größtmöglicher Kraft mit den Köpfen zusammenprallten, als stießen zwei Panzerwagen zusammen. Was geschieht dabei mit ihrem Gehirn? Oder ist das schon weggezüchtet?

Nachdem wir das Andenken von Timur und Baha'addin Naqshband gebührend geehrt hatten, mußte noch ein großer Denker der Region gefeiert werden, ein Mann, der zweifellos zu den größten Gelehrten nicht nur des Orients gehört: al-Biruni (gest. 1048). Er stammte aus Chwarizm und wirkte eine Weile am Hofe Mahmuds von Ghazna. Dort wurde er zu seinem Werk über Indien inspiriert. Mahmud hatte ja seit dem Jahr 1000 sein Reich von Ghazna ins westliche und nordwestliche Indien ausgedehnt. Birunis *kitâb fi'l-Hind* ist der weltweit erste Versuch, eine fremde Kultur unvoreingenommen zu betrachten, längst bevor die vergleichende Religionsgeschichte in Europa bekannt wurde. Fast noch wichtiger ist seine *Chronologie der alten Völker*, ein erstaunliches Werk, das Zeitrechnungen, Festkalender und Traditionen aller ihm bekannten Völker untersucht und bis heute seinen Wert nicht verloren hat. Aber wo liegt Chwarizm eigentlich? Heute findet man es unter diesem Namen kaum auf der Landkarte, aber im Altertum und im frühen Mittelalter war das Gebiet um den Aralsee zwischen der Steppe und dem Gebirge, das etwa der heutigen Provinz Karakalpakistan entspricht, sehr wichtig. Also auf dorthin! Ich flog von Taschkent nach Nukus, der Hauptstadt von Karakalpakistan. Diese Region ist von der Austrocknung des Aralsees besonders betroffen; wo einst das Ufer des Sees lag, erstreckt sich jetzt meilenweit verstepptes Gelände, eine Folge der Monokultur von Baumwolle in der Sowjetzeit. Nukus war eine Überraschung: Wir – der Dolmetscher der Stiftung und ich – wurden von einer schönen eleganten Dame, Gulistan, begrüßt, die nicht nur stellvertretende Ministerpräsidentin der Provinz war, sondern auch eine bekannte Dichterin. Nachdem wir spät abends noch das übliche schwere Essen überstanden hatten, wurde am Morgen wieder ein Wunsch erfüllt: Mit Gulistan fuhren wir über die Grenze nach Turkmenistan. Damals konnte man noch mit einem Visum für einen der zentralasiatischen Staaten in die Nachbarstaaten reisen. Das ist jetzt nicht mehr möglich, da sich Usbekistan aus Furcht vor Terroristen allzu stark abschottet.

Die Fahrt ging nach Köhne Urgendsch, dem Ort, wo einst der große Visionär Nadschmaddin Kubra gewirkt hatte, der 1221 von Dschingis Khans Horden getötet wurde. Da ich von Kubras Farbensymbolik beeindruckt war, seit ich das Werk Fritz Meiers über ihn studiert hatte, wollte ich auch seine letzte Ruhestätte sehen. Es war ein schönes schlichtes Mausoleum, in dessen Nähe noch einige andere mittelalterliche Grab- und Schloßanlagen stehen – sehr einsam in der Steppe. Auf dem Wege besuchten wir einen auf dem Hügel gelegenen weiten Friedhof, in dem der Grabbau einer mittelalterlichen Prinzessin besonders bemerkenswert war; eine große Katze schritt würdevoll über die Sarkophage, als sei sie der Grabwächter.

In Nukus gibt es etwas Erstaunliches: ein Museum mit Tausenden (man spricht von achtzigtausend!) Kunstwerken aus Rußland. In den

zwanziger und dreißiger Jahren hat ein wohlhabender russischer Kunst-
liebhaber Gemälde und kleinere Plastiken aus Moskau und Leningrad in
die abgelegenste Ecke der damaligen Sowjetunion gebracht, da sie zum
großen Teil als entartet galten, wie es bei uns in Deutschland auch der
Fall war. Kubismus, Expressionismus und praktisch alle wichtigen Strömungen der ersten Hälfte des zwanzigsten Jahrhunderts waren vorhanden und natürlich nur zu einem kleinen Teil ausgestellt. Viel zu klein ist
dieses überraschende Museum! Von überwältigender Gastfreundschaft verwöhnt, flogen wir gen Urgendsch und fuhren dann nach Biruni.

Biruni ist eine Kleinstadt, die wohl erst kürzlich ihren Namen zu Ehren des – wahrscheinlich – hier geborenen mittelalterlichen Wissen-
schaftlers erhalten hat. Es liegt in einem Gebiet, in dem es noch zahlreiche zoroastrische Bauten gibt: Schlösser und Feuertempel, die langsam
ausgegraben werden. Im sandigen Umfeld rannten winzige Eidechsen
umher, wuchsen bescheidene Blüten. Der Ort selbst aber strahlte in
Vorfreude auf das große Ereignis. Als Wolfgang Schreiber Anfang August den Tagungsort besichtigte, gab es für die edlen Gäste nur eine riesige schäbige Baracke; jetzt, nach sechs Wochen, war ein Hotel daraus
geworden, das erstaunlich gut war. Da ich das Ehrenzimmer haben
sollte, mußte ich etwas warten, bis der riesige Fernseher herausgeworfen
wurde; inzwischen wurde ein anderer Raum köstlich mit silberglitzern-
den Tapeten und brokatähnlichen Bettdecken ausstaffiert. Aber als das
Bad fertig war, floß nur Wüstensand bester Qualität aus dem Wasser-
hahn. Im dritten Zimmer funktionierte dann alles.

Im «Hotelgarten» gab es eine belaubte Estrade und einen Pavillon, in
dem weißgekleidete Usbekinnen Weisen von Hildegard von Bingen
sangen – absurd, aber rührend. Es wurden natürlich kluge Reden gehalten, und wir versuchten, die Jugend zu geistiger Arbeit anzuregen. Bei
jedem Essen gab es Trinksprüche, jeder mußte mithalten. Und da man
Plow ohnehin nur mit Wodka vertragen kann, waren die Trinksprüche
gar nicht so unwillkommen.

Aber was ist Plow? Es ist die Nationalspeise Usbekistans, ein Reispi-
law, leider mit Baumwollöl gekocht, so daß sich der Reis samt Ingredi-
enzen wie ein Haufen gehechelte Baumwolle im Magen auszudehnen
scheint. Vorher gibt es in der Regel eine wohlschmeckende Suppe, so
fett, daß man sie im Januar schätzen würde, weniger aber bei fünfunddreißig Grad Wärme. Zu den Vorspeisen gehörte geräuchertes Pferde-
fleisch oder Pferdewurst, übrigens recht wohlschmeckend. Doch der

Gast würde sich lieber an das köstliche Obst halten, für das dieses Gebiet
seit alters berühmt ist.

Die – vorläufig – letzte Reise nach Usbekistan (2000) führte mich
endlich in das Farghana-Tal, das dieses Land von Tadschikistan und Kir-
gistan trennt. Die Sinnlosigkeit der Grenzziehung zur Sowjetzeit und
auch nach der Unabhängigkeit der zentralasiatischen Staaten wird einem
an dieser Stelle besonders deutlich, wo der Syr Darya, der alte Jaxartes,
durch die verschiedenen Länder seinen Weg nimmt, Länder, deren Bewohner bald persisch, bald türkisch sprechen, aber durch neuerdings
verschärfte Grenzkontrollen voneinander getrennt sind. Ich konnte aber
ans Ende des langgestreckten Tales nach Andijan, dem Geburtsort Baburs (1484–1530), des Gründers der Dynastie der Großmogul, fliegen.
In der Universität, wo übrigens eine gute Abteilung für Deutsch besteht,
wurden Frau Suleymanova und ich mit gewaltigen Gladiolensträußen
begrüßt; wir beide sprachen von verschiedenen Gesichtspunkten über
Babur. Mein usbekischer «Neffe» Bahodir, den ich aus seiner Zeit als
Dolmetscher der Botschaft in Bonn kannte, und der zusätzlich ein ausgezeichneter Arabist war, übersetzte bald ins Russische, bald ins Usbekische. Am nächsten Morgen trafen wir einen beleibten Babur-Enthusia-
sten, der auf einem Hügel eine Babur-Gedenkstätte erbaut hatte, ähnlich
der letzten Ruhestätte des Herrschers in Kabul, mit herrlich kitschigen
Wandgemälden, aber einem schönen Blick über die weite Landschaft.
Man konnte sogar mit einer Mini-Seilbahn mit bunten Kabinchen hin-
auffahren. Bei einem überaus schweren Mittagessen in seinem Garten
(mit echtem Münchener Bier!) erzählte der Babur-Fan von seinen Plä-
nen, das Andenken an den Mogulherrscher lebendig zu halten – es war
etwas ermüdend, wenn auch gut gemeint.

Dann weiter ins Land: Unter dem Denkmal des großen Astronomen
al-Farghani (Alfraganus, gest. nach 861) stand das nächste Empfangsko-
mitee mit Gladiolen, die wie ihre Vorgänger bei fünfunddreißig Grad
im nicht vorhandenen Schatten langsam im Kofferraum vergingen.
Dafür gab es den nächsten Plow um fünfzehn Uhr, und nach dem Besuch der *ikat*-Weberei in Marghinan den dritten ... Aber der Besuch
dieser letzten Weberei, in der *ikat* noch handgefertigt wird, lohnte sich.
Es war faszinierend zu sehen, wie die Seidenfäden gezwirnt, ausge-
spannt, abgebunden und als Kettfäden gefärbt wurden und wie sie in
einem uns unendlich mühsam erscheinenden Verfahren mit den einfar-
bigen Einschlagfäden durchschossen wurden. Der Raum mit den Webstühlen sah wie ein bunter Garten aus. Wir erfuhren, wie viele Muster es

gibt und wie sie heißen – aber wir erfuhren auch, wie unvorstellbar niedrig die Löhne sind. Trotzdem strahlten die jungen Frauen an den Webstühlen, denn sie waren glücklich, in einem Gebiet mit hoher Arbeitslosigkeit überhaupt Arbeit gefunden zu haben.

Zurück nach Taschkent, natürlich nicht ohne einige Meter *ikat*-Seide in der Tasche – und in den nächsten Tagen wieder viele Vorträge, darunter die Vorstellung der Übersetzung meines Buches *Meine Seele ist eine Frau* ins Usbekische. Aufschlußreich war ein Vortrag in der neugegründeten Theologischen Fakultät. Man lernt dort Koranrezitation, Korankommentare, Koranübersetzungen am Computer und braucht nicht mehr zu denken – was man an den uninteressierten Reaktionen der Studenten merkte. Die Fakultät soll gegen die Gefahr des religiösen Extremismus wirken, aber ich weiß nicht recht, wie.

Bei dieser letzten Reise im Sommer 2000 war ich von Tadschikistan gekommen, wo ich ein paar Vorträge halten sollte; endlich waren ja die schlimmen internen Kämpfe einigermaßen zur Ruhe gekommen. Als ich in Bonn eincheckte, fragte die Lufthansadame verblüfft: «Gehen Sie da freiwillig hin?» Und *wie* freiwillig! Seit Jahren wollte ich das Land sehen!

Die Tadschikistan Airlines, die einmal in der Woche von München aus nach Duschanbe fliegt, war eine Tupolew, deren Business Class ich mit einer Amerikanerin von der Weltbank teilte. In Çorlu am Schwarzen Meer, wo es beim Auftanken in Strömen regnete, stieg ein Herr ein, der mir bekannt vorkam – der frühere türkische Generalkonsul in Köln! Das war gut, denn wir landeten eine Stunde zu früh, doch dank ihm erschien der türkische Botschafter aus dem Dunkel, half uns bei der durch die frühe Ankunft noch chaotischeren Paßkontrolle und sorgte dafür, daß ich behütet wurde, bis die Abholer von der deutschen Botschaft kamen. Das Zimmer im Hotel *Avesto* – man erinnerte sich der zoroastrischen Vergangenheit dieses Gebietes – war voll Plüsch, und die Wasserspülung funktionierte wenigstens gelegentlich (über die anderen Einrichtungen dieser Art schweigt des Sängers Höflichkeit).

Es waren ein paar faszinierende Tage in der weiträumigen, baumbestandenen, ziemlich neuen Stadt. Wie viele interessante Menschen traf ich bei meinen Vorträgen, Menschen, die sehnsuchtsvoll auf Nachrichten aus der großen weiten Welt warteten, von der sie seit langem mehr oder minder abgeschnitten waren. Da war der Sohn des bekanntesten tadschikischen Schriftstellers Sadruddin Aini, und da war Munira, Toch-

ter eines Komponisten, die viel aus der komplizierten Geschichte der
Region, von Leiden, Flucht und Verfolgung von immer anderer Seite
erzählte. In ihrem Haus hielten wir ein Symposium über Maulana
Rumi ab, das von zarter Derwischmusik begleitet war. Ich traf meinen
früheren Harvard-Doktoranden Rafique, einen Ismaili, der für die Ko-
ordinierung der vom Aga Khan gestifteten künftigen Universität verant-
wortlich war. Wir fuhren einmal am Mittag zum rauschenden Strom
und aßen Miniforellen, genau wie wir es früher an den Bergwässern Afghanistans und Nordwestpakistans getan hatten, auf großen Bettgestel-
len sitzend, auf denen bunte Decken ausgebreitet waren. Man spürte die
Einheit des Gebietes um den Hindukusch. Wie nahe war doch Afghanistan! Unser Botschafter M. Meyer hatte gerade vor meiner Ankunft Badakhshan besucht, jenen langgestreckten Zipfel Afghanistans, in dem
sich das Mausoleum des ismailischen Dichter-Philosophen Nasir-i Khusrau befindet, das ich 1978 besuchen wollte. Ich hätte diesmal sogar hin-
gelangen können, weil das Gebiet unter Masud, nicht unter den Taliban
stand; aber meine Zeit reichte nicht für dieses nicht gerade bequeme
Unternehmen. Zum Trost schenkte mir der Botschafter ein schönes
Stück Lapislazuli aus der wichtigsten Mine der Provinz. Am letzten
Abend gab der iranische Botschafter noch ein Abschiedsessen in seiner
Residenz, deren Garten er im Stil eines Schiraser Rosengartens gestaltet
hatte. An diesem Abend wurde fast nur persische Poesie rezitiert, und
der Abschied wurde mir durch ein riesiges Glas mit Berghonig versüßt.

Meine Reise gen Norden, nach Usbekistan, war wunderbar. Jahrelang
waren Reisen auf dem Landweg zwischen Tadschikistan und Usbekistan
wegen der ständigen internen Kämpfe unmöglich gewesen. Nun durfte
ich mit dem Lektor des DAAD im stabilen Botschaftswagen einen meiner Träume verwirklichen, denn die Fahrt über die Berge – Ausläufer des
Tien-Shan – mit zwei 3000 Meter hohen Pässen, war atemberaubend
schön: an jeder Kurve ein neuer Blick – Wiesen, Büsche, gelbe Blüten,
rote Steilhänge, graugrüne Felder, die wie ein modernes Gewebe wirkten – und im Hintergrund die Dreitausender und Viertausender, schnee-
bedeckt gegen den blauen Himmel. Man vergaß die Schlaglöcher; am
Paß schmolz gerade der Schnee und schien eine Wand aus vielgestalti-
gem Marmor zu sein. Als wir auf etwa 1800 Meter herabgekommen waren, gab es einen Rastplatz, dessen Sonnenschirme allerdings nur von
fern elegant waren. Das Auto wurde à la Tadschik gewaschen, indem jemand Kübel voll Wasser aus dem nahen Bach pausenlos über das Ge-
fährt goß. Dann ging's weiter der Ebene zu, wo in den kleinen Orten

überall Gläser mit gelbem Inhalt standen. Ich wunderte mich über diese Mengen von Berghonig an der Straße. Es war aber Benzin, das mangels Tankstellen so feilgeboten wurde. Nach achtstündiger Fahrt erreichten wir Khodschand, ehemals Leninabad, am Ufer des Syr-Darya, wo ein elegantes Hotel stand, denn in der Nähe gibt es Uranlager, so daß die Autoritäten öfter dorthin kommen mußten. Mein Zimmermädchen, eine hübsche Tadschikin, war entzückt, weil ich wußte, daß ihr Name *Maulude* zeigte, daß sie am Geburtstag des Propheten, *maulûd*, geboren war. Sie hatte wahrscheinlich noch nie eine Ausländerin gesehen, mit der sie sich in ihrer Muttersprache unterhalten konnte. (Tadschikisch ist ja nur, wie das afghanische Dari, eine etwas altmodischere Form des heutigen Persisch mit russischen Einsprengseln.) Auch ich erlebte eine Überraschung: Der Imam der Moschee, wie alle Moscheen in der früheren Sowjetunion erst kürzlich erbaut, erkannte mich, da er mich vor zwei, drei Jahren einmal im tadschikischen Fernsehen gesehen hatte, als eine sehr dekorative Journalistin mich zu Hause in Bonn interviewt hatte. Die hohen schlanken Holzsäulen der Moschee waren mit kunstvoller Schnitzerei geziert, wie sie überall im Hindukusch und den angrenzenden Berggebieten seit Jahrhunderten geübt wird. Ich kenne sie von den herrlichen Holzmoscheen im pakistanischen Swat. Auch das Abendessen mit unserem Botschafter ist erwähnenswert: Wir saßen in einem kleinen Restaurant, das in den Strom gebaut war, genossen den frischen Fisch und freuten uns der Aussicht. Der Gastwirt aber war ein guter Bildhauer, dessen Werke die Stadt zierten.

Nach Kasachstan kam ich zweimal mehr oder minder aus Versehen. Am Ende einer Usbekistan-Vortragsreise sollte ich noch in Almaty und Bischkek sprechen. Ich akzeptierte die Einladung, weil ich hoffte, in Kasachstan auch die Stadt Turkestan besuchen zu können, wo der große türkische Sufimeister des zwölften Jahrhunderts, Ahmed Yesewi, in einem gewaltigen Mausoleum begraben liegt. Aber von Almaty bis dorthin war es eine lange, lange Bahnfahrt; es wären von Taschkent aus nur wenige Autostunden entfernt gewesen, doch die Usbeken wollten offenbar nicht, daß ich das erfuhr. Also landete ich früh morgens in Almaty bei strahlendem Morgensonnenschein. Der Leiter des Goethe-Instituts stand am Flugplatz, freilich ziemlich überfordert, weil es gerade Deutsche Kulturwochen in Zentralasien gab. Er mußte bei den alles andere als idealen Verhältnissen auf dem Flughafen täglich etliche Male kommen, jetzt ein Klavier, jetzt vielleicht drei Geigen und noch vieler-

lei andere Kulturgegenstände abholen, durch den Zoll bringen und irgendwie nach Astana, der drei Flugstunden entfernten neuen Hauptstadt, umleiten, damit die deutsche Kultur möglichst weit gestreut werden konnte. Mich übergab er meiner Dolmetscherin, die zwar sehr lieb
war, aber leider nichts vom Islam oder gar Sufismus wußte, da sie verständlicherweise mit der für die Sowjetunion und ihre Nachfolgestaaten
viel wichtigeren Wirtschaftsterminologie vertraut war. Das Hotel war
modern und reizlos, und am Morgen war alles grau in grau, kalter Regen begann. Von usbekischer Sonne verwöhnt, hatte ich natürlich keine
Winterkleidung mit. Aber schlimmer war, daß ich bei meinem ersten
Vortrag selbst mit meinem wahrhaft rudimentären Russisch merkte, daß
die Übersetzung nicht ganz korrekt war, um es sehr milde auszudrücken. Der Leiter des Goethe-Instituts ebenso wie unser Botschafter
taten ihr Bestes, um mich aufzuheitern. Aber auch der zweite Vortrag
verbesserte meine Laune nicht. Als es dann noch heftig zu schneien begann, beschloß ich, nicht nach Bischkek zu fliegen, sondern so schnell
wie möglich in heimatliche Gefilde zurückzukehren – was mir auch gelang, nachdem ich mein Tagegeld in einen wunderschönen Samthut
mit Pelzrand verwandelt hatte.

Nie wieder Almaty! sagte ich. Aber als der DAAD im Frühjahr 2001
anfragte, ob ich die Festrede beim Stipendiatentreffen in Almaty halten
könne, gerade mal für zwei Tage, sagte ich doch ja und hatte mit interessanten Kollegen eine Zeit, die ebenso erfreulich war wie die vorherge-
hende unerfreulich. Sogar mit Vergnügen traf ich meine alte Dolmetscherin wieder. Die Stadt mit ihren breiten Avenuen mit den sonderbaren
gewaltigen Monumenten zeigte sich von ihrer besten Seite. Von einer
jungen Orientalistin, die ich aus Taschkent kannte, durch die Paß- und
Zollkontrolle geschleust, flog ich nach knapp achtundvierzig Stunden
heim. Ehrlich gesagt war diese Reise weniger anstrengend als die Bahnfahrt Bonn-Erfurt, die mir wenige Tage später bevorstand.

Pakistan und Indien

Warum habe ich mich so sehr für Pakistan begeistert? Es muß wohl die
Wirkung jenes Märchens von *Padmanaba und Hassan* sein, die mich nie
losgelassen hat. Damals freilich, in meiner Kindheit und Jugend, gab es
nur ein ungeteiltes Indien; doch auch da war mir das islamische Indien
vertrauter als die vielen seltsam geformten Gottheiten des Hinduismus.

Die Witwenverbrennung, wenn auch immer wieder verboten, jagt mir noch jetzt Schauer über den Körper. In den achtziger Jahren fragte mich ein Sanskritist aus Yale – Sanskritisten mögen die Islamwissenschaftler ja nicht leiden! –: «Annemarie, warum hast du einen so scheußlichen Beruf wie Islamkundlerin?» Worauf ich nur sagen konnte: «Weil ich in meinem früheren Leben eine Hindu-Witwe war, die nicht verbrannt werden wollte!» – «Dann hast du's nicht besser verdient!» meinte er – und ich bin froh darüber. Mit welcher Begeisterung betrachtete ich dagegen die herrlichen Bauwerke in Delhi, Agra, Lahore und Lucknow, wie sie in Sattar Khairis Bildband zu bewundern waren! Die muslimische Literatur Indiens war in Europa kaum bekannt. Wer wußte schon, daß die persische Literatur, die seit dem elften Jahrhundert im Subkontinent geschrieben worden war, um ein Vielfaches größer ist als die in Iran entstandene? Und wer außer den Spezialisten kannte die zahlreichen Sprachen des Subkontinents, die so lebendig waren? Ein typisches Beispiel: Als ich an der *History of Indian Literatures* mitarbeiten sollte, die der große niederländische Indologe Jan Gonda vorbereitete, sah ich das Inhaltsverzeichnis der geplanten Bände durch und fand, daß kein Stichwort «Islamische Literaturen» vorkam. Auf meine Frage, weshalb diese Literaturen (Arabisch, Persisch, Türkisch) nicht aufgenommen waren, erwiderte der Gelehrte ganz unschuldig: «Ach, ich wußte nicht, daß es so etwas gibt, aber schreiben Sie ruhig etwas darüber!» Allenfalls Urdu – das damals noch weitgehend «Hindustani» genannt wurde – war in meiner Studienzeit bekannt, und so hatte ich, durch Hans Heinrich Schaeder ermutigt, in Berlin einen Kurs in dieser Sprache belegt. Der Lektor, Tarachand Roy, hatte seine Heimatstadt Lahore allerdings schon vor dem Ersten Weltkrieg verlassen, und seine Kenntnis der Urdu-Poesie ging allenfalls bis zu Iqbals frühen Gedichten. Ich wage zu bezweifeln, daß er – als Hindu – die klassische Urdu-Literatur wirklich gut kannte. Dafür war er ein vorzüglicher Kenner deutscher Poesie und sprach gern über Eichendorff, wobei er die deutschen Hörer durch seinen dekorativen Turban sehr beeindruckte. Das Iqbal-Gedicht, das wir bei ihm lernten, *parranda kî faryâd*, «Klage eines Vogels», gehörte sicher nicht zu den besten Versen dieses Dichters. Ich entdeckte *meinen* Iqbal aber zur gleichen Zeit auf andere Art, nämlich durch einen Aufsatz des britischen Orientalisten Reynold A. Nicholson (dessen Rumi-Auswahl mich kurz zuvor schon begeistert hatte). Nicholson hatte in der Zeitschrift *Islamica* den *Payâm-i mashriq*, «Die Botschaft des Ostens», des indo-muslimischen Dichters analysiert. Die Vorstellung, daß ein Dich-

ter Indiens eine Szene erfand, in der Goethe und Rumi sich im Paradies
begegnen und in der Feststellung übereinstimmen: «Vom Satan Intel-
lekt, von Adam Liebe», begeisterte mich. Ich wußte, hier lag ein künfti-
ges Arbeitsgebiet für mich. 1947 kam es dann zur Teilung des Subkontinents – ein Ereignis, das
wir im Nachkriegsdeutschland sehr wenig beachteten. In unserem Land
mit seinen Millionen von Flüchtlingen drangen die Nachrichten über
die Flucht von Millionen von Muslimen aus Indien in das neue Land
Pakistan, von Millionen von Hindus nach Indien wenig ins Bewußtsein.
Die seit 1949 veröffentlichte schöne Zeitschrift *Pakistan Quarterly*
brachte mir das neue Land im Westen des Subkontinents näher; als Honorar für ein oder zwei Artikel (einer davon handelte von Frauen in der
islamischen Mystik) erbat ich mir Bücher über Iqbal. Als ich Ende 1951
erstmals zwei von Iqbals poetischen persischen Werken durch Hanns
Meinke erhielt (siehe Seite 79), war es um mich geschehen. Bald waren
sein *Jâvîdnâme* und große Teile der *Botschaft des Ostens* in deutsche Verse
übertragen. Meine Vorträge über Iqbal und vor allem meine kommentierte türkische Übersetzung des *Jâvîdnâme* (siehe Seite 118) brachten
mir die erste Einladung nach Pakistan ein, das mir bald fast zur zweiten
Heimat wurde. Über meine ersten Eindrücke hatte ich 1965 mein Buch
Pakistan – ein Schloß mit tausend Toren berichtet; und gut dreißig Jahre
später erschien *Berge, Wüsten, Heiligtümer*. So kann ich mich hier auf
Stichworte und einige Einzelheiten beschränken.

Die erste Reise im Frühjahr 1958 scheint immer noch wie ein Traum:
1998 feierten wir mein vierzigjähriges Jubiläum, bei dem ich unter anderem Ehrenbürgerin von Islamabad wurde, einer Stadt, die damals
noch gar nicht geplant war.

Freilich, ich mußte mich erst daran gewöhnen, daß die Hafenstadt
Karachi die – zumindest vorläufige – Hauptstadt des neuen Landes war,
ohne echte Geschichte, ohne Infrastruktur, während Indien die wohl-
organisierte Stadt Delhi erhielt, die doch seit dem dreizehnten Jahrhundert das Zentrum des indischen Islam (und dann nach dem Aufstand
von 1857 Sitz der britischen Verwaltung) gewesen war. Ich genoß in Karachi die Gastfreundschaft S. A. Vahids, dessen Buch über Iqbal ich als
erstes Werk meiner Iqbal-Sammlung von der Regierung erhalten hatte.
In jenem Frühjahr lernte ich Lahore kennen und traf erstmals Javid
Iqbal, den Sohn des Dichter-Philosophen, mit dem mich bis heute
eine herzliche Freundschaft verbindet. Allerdings neigt er, als Jurist,

eher dazu, die Werke seines Vaters als politische Äußerungen zu verstehen, während mich das religiöse Anliegen des Dichters und seine faszinierende Verbindung klassischer, traditioneller Formen der persischen Dichtung mit kühnen modernen Gedanken besonders beeindruckte.

Als Religionshistorikerin bewunderte ich seine intuitive Einsicht in die verschiedenen Religionen, wie sie am deutlichsten in seinem 1932 erschienenen *Jâvîdnâme* hervortritt – einem Buch, das die Himmelsreise des Dichters in Begleitung Maulana Rumis besingt. In diesem Werk findet man Einflüsse von Miltons *Paradise Lost*, von Goethes *Faust* (der für Iqbal höher stand als alle anderen Werke der abendländischen Literatur) und von Dantes *Göttlicher Komödie*. In den zahlreichen Iqbaltagen, die ich seit 1958 in Pakistan und Deutschland, in der Türkei, in Indien, den USA, in Kanada wie in Iran miterlebte, spiegelte sich der jeweilige Schwerpunkt pakistanischer Politik: Mal war Iqbal strenggläubiger Muslim, mal Sozialist, ja ein sozialkritischer revolutionärer Herold, mal Sufi, mal war er Anti-Mystiker oder antiwestlich – kurz, die Interpretationen änderten sich je nach politischer Wetterlage fast von Jahr zu Jahr.

Noch einen ganz anderen Aspekt des Landes entdeckte ich auf meiner ersten Reise. Ich hatte Makli Hill besucht, jenes gewaltige Gräberfeld etwa siebzig Kilometer von Karachi entfernt, in dem seit dem ausgehenden fünfzehnten Jahrhundert Tausende von Herrschern und Gelehrten begraben waren. Wunderschön dekorierte Mausoleen in verschiedenen Stilarten, meist aus gelblichem Sandstein, ragten aus dem Gräberfeld, und der Besucher war fasziniert von dem Reichtum der Steinmetzarbeit an Mauern und Fenstern, die zum Teil auf die aus Gujarat stammenden Künstler und Handwerker zurückzuführen ist. Dazwischen stand ein großes Mausoleum, das aus Turkestan zu stammen schien, ebenso wie gewisse Dekorationsformen an Samarkand und Buchara erinnerten. Eine faszinierende Landschaft, von der die Handbücher islamischer Baukunst offenbar kaum etwas wußten.

Wir hatten den Besuch beendet, und mit Pir Hussamuddin Rashdi, der mich geführt hatte, lauschte ich der Musik zweier Straßenmusikanten in einer staubigen Gasse der nahe gelegenen Stadt Thatta. «Wo finde ich etwas über die Herrscher von Sindh?» fragte ich. Mein Begleiter blickte mit dem Hochmut eines Pirs auf mich herab und sagte mit seiner dunklen Stimme: «Ich habe darüber geschrieben, aber Sie können es nicht lesen, es ist in Sindhi.» *Mir* zu sagen, ich könne eine Sprache nicht lernen! ... Sechs Monate später erhielt Pir Sahib meinen ersten Brief in Sindhi; denn ich entdeckte, was für einen Schatz ich da gefunden hatte: eine überaus melodische Sprache mit einer vor allem im Verbalsystem höchst komplizierten Grammatik. Wie kann der arme Ausländer die sechs verschiedenen Varianten des Buchstabens *d* je richtig aussprechen lernen oder ein «implosives» *b* von sich geben? Aber diese Sprache besaß einen Schatz mystischer Poesie, deren erste Spuren ins frühe sechzehnte Jahrhundert zurückverfolgt werden können, als Qadi Qadan seine *dohas* sang, von denen die Freunde immer noch eine zitieren:

Lôkân sarf nahw mûñ mutâli supriñ
Laß den Leuten Grammatik und Syntax –
ich studiere den Geliebten!

Zwei Jahrhunderte später erreichte die Sindhi-Poesie ihren Höhepunkt in der *Risâlô* Schah Abdul Latifs (gest. 1752), dessen liebliches Mausoleum in Bhit Shah wir später besuchten. Die *Risâlô* wird seit zweieinhalb Jahrhunderten von jedem Sindhi geliebt, sei er Muslim oder Hindu, und Schah Abdul Latifs Verse sind sprichwörtlich geworden. Am Ende des neunzehnten und Beginn des zwanzigsten Jahrhunderts dann brachte die Provinz Sindh einen unerhört fruchtbaren Schriftsteller hervor, Mirza Qalich Beg (aus einer kaukasus-türkischen Familie), der mehr als vierhundert Werke verfaßt hat – darunter viele Übersetzungen von Shakespeare bis Christoph von Schmids *Blumenkörbchen* – und dem das Sindhi den ersten Frauenbildungsroman verdankt (*Zînat*, 1892).

Während ich all diese Dinge noch nicht ahnte, überlegte ich mir, daß am Mausoleum eines der Sindhi-Fürsten noch ein Platz in dem für die Damen bestimmten Teil frei war. Wäre es nicht schön, hier einstmals begraben zu werden? Dieser Gedanke blieb in Pakistan immer bekannt, obgleich man mir auch Grabstätten in Bannu im Stammesgebiet der Pathanen und nahe Iqbal in Lahore vorschlug oder direkt anbot.

Mein Begleiter auf diesem ersten schicksalhaften Weg nach Thatta und Makli Hill, Pir Hussamuddin Rashdi, gehörte einer der seit Jahrhunderten führenden Sufi-Familien an; zum anderen Zweig der Familie gehörte der Pir Pagaro, «der mit dem Turban», dessen Anhänger beim Freiheitskampf der Muslime gegen die Sikhs 1830/31 im Nordwesten Indiens mitgekämpft hatten. Diese *Hurr*, die «Freien», die ihrem Meister bedingungslos ergeben waren, hatten auch in den zwanziger und dreißiger Jahren des zwanzigsten Jahrhunderts im Kampf gegen die Briten eine wichtige Rolle gespielt. Der britische Autor Hugh T. Lambrick

hat die Verhandlungen gegen die Hurr als Jurist miterlebt und auf
Grund der Aufzeichnungen eines Kriegers seinen faszinierenden Roman *The Terrorist* verfaßt. Pir Sahibs Zweig der Familie war mehr den
Wissenschaften ergeben; seine herrliche Bibliothek war immer ein Anziehungspunkt für mich, weil man dort die seltensten Bücher und
Handschriften fand und immer wieder andere Gelehrte aus Pakistan
und Iran traf. Sein älterer Bruder Pir Ali Muhammad aber spielte eine
höchst aktive Rolle in der Politik, so als Minister und als erster Botschafter seines Landes in China. Das Haus in Karachi, in dem ein Teil
der Großfamilie wohnte, war oft mein Ziel. Ich traf dort nicht nur den
gelehrten Hausherrn, sondern auch seine betagte Mutter, seine schweig-
same Frau (sie war kinderlos) und ungezählte Schwägerinnen, Nichten
und Neffen, die auseinanderzuhalten schwierig war. Nur die jüngste der
Frauen Pir Ali Muhammads, eine lebhafte hochintelligente Bengalin,
lebte nicht in Purda; sie kam wie ein exotischer Falter in das traditionelle
Haus, und von ihr lernte ich viel über Sitten und Gebräuche in einer
aristokratischen Sindhi-Familie. Daß eine der Ehefrauen von Pir Ali
Muhammad Christin, die andere Hindu war, störte niemanden; jeden
Morgen besuchte der älteste Sohn seine Mütter, um sich zu erkundigen,
was sie benötigten, und ich war etwas überrascht, als er einmal auf
meine Frage, wie er den Sonntag verbracht habe, ein wenig verlegen
lächelte: «Oh I spent Easter in my Christian mother's house.»

Meine Gastgeber, die Vahids, waren nicht glücklich über meine häufigen Besuche bei Pir Sahib, denn sie fürchteten, ihr Gast könnte sich
von Iqbal und den Idealen Pakistans entfernen und sich statt dessen mit
der Kultur eines Teils von Pakistan befassen, der ihnen fremd war. Langsam begriff ich, daß damals schon der Konflikt zwischen Sindhi und
Muhajir schwelte, der ja in späteren Jahren so katastrophale Formen annahm. Schließlich – so wurde argumentiert – hatten diese Sindhi ja
nichts für Pakistan getan; ja, sie wollten ihre Provinz sogar zu einem eigenen Staat machen! Mußte ich denn zu einem Konzert mit Sindhi-
Musik gehen, ausgerechnet im Hause G. M. Syeds, der – was ich als
Neuling natürlich noch nicht wußte – für ein unabhängiges Sindh
kämpfte, während meine Gastfamilie zu jenen Millionen von Muslimen
gehörte, die 1947 ihre indische Heimat verlassen hatten? Sie stammten
aus Ajmer, dem wichtigsten Zentrum des Sufismus in Indien, und hatten lange im Gebiet des Nizams von Hyderabad gelebt. Für sie wie für
Millionen von Muslimen war Pakistan, ein unabhängiges muslimisches
Land, ein Traum gewesen, doch hatten sie nie daran gedacht, daß ihnen

die alte Heimat nun völlig verschlossen sein würde. «Ich dachte, die Beziehung zwischen Indien und Pakistan würde so sein wie die zwischen Deutschland und Österreich», sagte S. A. Vahid und drückte damit sicher die Meinung von Millionen von Muslimen aus. Der Exodus eines wichtigen Teils der muslimischen Intelligenzija mußte notwendigerweise auf beiden Seiten zu Spannungen führen. Das galt vor allem für Sindh, wo die Hindus, die intellektuelle Führungsschicht, das Land größtenteils verlassen hatten (es gibt noch kleine Enklaven in Balutschistan und in der Thar-Wüste), während der Großteil der Bevölkerung ländlich war und die eigentliche Macht in den Händen von Großgrundbesitzern und Sufi-Pirs lag. Sindh war ein Gebiet, wo man auf die Sindhi-Sprache stolz war und das von den Neuankömmlingen mehrheitlich gesprochene Urdu ungern akzeptierte (im Panjab hatte man sich des Urdu seit dem achtzehnten Jahrhundert als Literatursprache bedient, während das Panjabi als Schriftsprache nur von den Sikhs verwendet wurde). So spürte ich schon damals die Schatten, die sich später über das Land legen sollten, das ohnehin durch den frühen Tod seines ersten Oberhauptes, des «größten Führers», *Quaid-i azam*, Mohammed Ali Jinnah, knapp ein Jahr nach der Teilung und die Ermordung des zweiten, seines Nachfolgers Liaqat Ali Khan zwei Jahre danach, besonders verwundbar geworden war.

Ich liebte «mein» Sindh und besuchte viele Dörfer, viele Heiligtümer. Die Musiker wurden meine Freunde, sie sangen und spielten für mich im Mondlicht oder auf Booten in einer großen Gartenanlage irgendwo im Norden der Provinz. Ich konnte niemals genug bekommen, wenn sie die alten Weisen sangen, begleitet von Flöten, Doppelflöten und den verschiedenen Perkussionsinstrumenten – vor allem, wenn Allan Faqir mit seinem schauspielerischen Talent seine Lieder in Pantomimen verwandelte, sei es auf der Bühne in Bonn, sei es in der Abenddämmerung in Mitthi mitten in der Wüste Thar. Ich war häufiger Gast beim *Sindhi Adabi Board*, einer ausgezeichneten Institution, die klassische Sindhi-Werke veröffentlichte und deren Publikationen über Sindhi-Folklore ich besonders schätze. Wie viel lernte man aus diesen Büchern über Sprichwörter, Sitten und Gebräuche! Wie genoß man die Märchen und die religiösen Gesänge, die N. A. Baloch mit seinen Mitarbeitern in liebevoller Arbeit gesammelt hatte! Die jungen Dichter und Schriftsteller trafen sich dort, von denen Ghulam Rabbani Agro langsam auf der bürokratischen Leiter aufstieg und mir später ein treuer Begleiter bei vielen meiner Reisen werden sollte, mit dem ich mancherlei erheiternde Erlebnisse hatte. Ohnehin mochte ich den Humor der Sindhi. Bis heute denke ich daran, wie wir die harmlosesten Scherze genossen, wenn wir irgendwo in der Wüste oder im Gebirge reisten.

Wer in Sindh ist, muß natürlich auch Moenjo Daro besuchen, jene gewaltige archäologische Fundstätte, die von der hohen Kultur der frühen Bewohner des Industales zeugt und an deren Ausgrabung und Dokumentation später unsere deutschen Freunde unter der Schirmherrschaft der UNESCO sehr aktiv teilnahmen. In wie vielen Symposien und Foto-Ausstellungen haben Michael und Alexandra Jansen diese gewaltige Totenstadt bekannt gemacht! Meine erste Reise dorthin fand am 1. März 1958 statt. Am Morgen dieses Tages hatten wir unter der Schirmherrschaft von Mumtaz Hasan die ersten Spatenstiche zur Ausgrabung eines Ortes gemacht, der die älteste arabische Siedlung im Subkontinent ist: Bhambhore, nicht weit von Karachi. Mumtaz Hasan, damals Secretary Finance in der pakistanischen Regierung, war wohl der größte Enthusiast, wenn es um die Geschichte seines Landes ging. Die Ursprünge der muslimischen Herrschaft Indiens faszinierten ihn ebensosehr wie das Werk Iqbals (die *Iqbal Academy* war seine Schöpfung), und kaum ein Deutscher hätte sich mit ihm in der Kenntnis von Goethes Werken messen können. Dieser Mann war eine der wichtigsten Gestalten in der Frühgeschichte Pakistans. Belesen nicht nur in Arabisch, Persisch und seiner Muttersprache Panjabi, sondern auch in Englisch und Urdu, den beiden wichtigsten Sprachen Pakistans, schien er alle relevante Literatur auswendig zu kennen und stets parat zu haben. Dazu kam ein wundervoller Sinn für Humor. Er und Pir Sahib waren eng befreundet. Der dritte im Bunde war M. Aman Hobohm, den ich seit seinen Tagen als Imam der Berliner Moschee kannte und der in Pakistan für die deutsche Kultur zuständig war, bis er später in den Auswärtigen Dienst übernommen wurde. Wenn wir uns heutzutage in Bonn (wo er Direktor der König-Fahad-Akademie ist) treffen, kommen unsere Gespräche unweigerlich auf Karachi, auf Mumtaz Hasan und auf Pir Sahib zurück, und wir denken an längst vergangene glückliche Tage, in denen wir so große Hoffnungen für das Land gehegt hatten.

Am Nachmittag jenes 1. März bestiegen wir den Zug gen Nordosten. Mit uns reiste Abdul Hayy Habibi, der afghanische Gelehrte, der aus irgendeinem Grund in Karachi im Exil lebte. Der grundgelehrte Kollege improvisierte an jeder Station – und es gab deren viele – einen persischen Vierzeiler, bis wir alle einschliefen. Am Morgen erwartete uns in Larkana ein Auto. Wir frühstückten in einem großen eleganten Haus,

auf dessen Freitreppe unzählige Blumentöpfe standen. Es war das Haus
Bhuttos, eines Nachbarn und Familienfreundes der Rashdis. Das war
meine erste Berührung mit der Familie, die später eine so wichtige politische Rolle spielen sollte, einer Familie, die seit langem in der Politik
von Sindh mitgemischt hatte, längst bevor Sindh 1937 endlich von
Bombay, seinem alten Verwaltungszentrum, getrennt und selbständig
geworden war.

Zulfiqar Ali Bhutto kam erstmals als Außenminister nach Bonn. Er
kannte mich, weil alle Sindhi die Deutsche kannten, die ihre Sprache
liebte und über ihre Literatur schrieb, Vorträge hielt und damit eine
hundert Jahre alte Tradition wieder aufnahm. In den vierziger Jahren
des neunzehnten Jahrhunderts hatte nämlich der deutsche Missionar
Ernest Trumpp in Karachi – damals ein ziemlich elendes Fischernest –
gewirkt und später seine große Sindhi-Grammatik herausgegeben;
auch hatte er die Poesie des mystischen Sängers Schah Abdul Latif gesammelt und die erste gedruckte Ausgabe seiner *Risâlô* in Leipzig veröffentlicht, obwohl er als nüchterner protestantischer Missionar der
mystischen Poesie nichts abgewinnen konnte. (Daß er auch Paschto, Ba-
lochi und zahlreiche andere Idiome des heutigen Pakistan grammatisch
erforschte, sei nur am Rande erwähnt.) Für die Sindhis war er jedenfalls eine legendäre Gestalt, und nun war jemand aus Deutschland da,
um die Sindhi-Tradition wieder aufzunehmen! In den siebziger Jahren
war das Interesse an Sindh groß. Pyar Ali Allana, der kluge und aktive
Kultusminister von Sindh – Sohn des früheren Bürgermeisters von
Karachi, der einer der führenden Ismailis und enger Mitarbeiter des
Aga Khan gewesen war –, hatte die Idee, einen Internationalen Kongreß *Sindh through the Centuries* zu organisieren, zu dem im Frühjahr
1975 eine beachtliche Menge von Gelehrten aus aller Welt kam. Für
mich gipfelte er darin, daß ich die Ehrendoktorwürde der University
of Sindh in Hyderabad erhielt – die erste meines Lebens (der später in
Pakistan noch Ehrungen in Islamabad und Peschawar folgten). Ein
deutscher Kollege, der sich sonst nicht durch seine besondere Freundschaft zu mir ausgezeichnet hatte, konnte sich daraufhin nicht genug
tun, mir die Handtasche zu tragen und mich reizend zu unterhalten.

Inzwischen war noch eine andere Beziehung dazugekommen. Seit
1969 war Benazir Bhutto, die älteste Tochter Zulfiqar Alis, Studentin
in Harvard. Sie zog mit der ersten Gruppe von Studentinnen ins Eliot
House, nachdem Harvard *co-ed* geworden war. Benazir, die wir nur
Pinkie nannten, setzte sich während der Krise um Ostpakistan und

der daraus resultierenden Spaltung Pakistans leidenschaftlich für die Einheit des Landes ein – ganz ihres Vaters Tochter, dessen Liebling sie war. Durch sie wurde Pakistan zu einer Realität auf der geistigen Landkarte von Harvard, wo ansonsten nur Indien eine wichtige Rolle spielte. Daß Pinkie mehr an amerikanischer Geschichte und Verfassung sowie an Hockey interessiert war als an indo-muslimischer Geschichte und Urdu, bekümmerte mich, denn etwas mehr Wissen über die eigene Kultur hätte ihr möglicherweise später manche Fehler ersparen können.

Bei meinen Besuchen in Pakistan, die ich 1973 wieder in jährlichem Rhythmus aufnahm (manchmal waren es auch zwei Besuche im Jahr), sah ich Bhutto häufig. Ich wurde immer zum Tee eingeladen, selbst wenn das hieß, daß ich schnell von Lahore nach Islamabad und wieder zurück fliegen mußte. Er befahl, wie es orientalische Landlords eben zu tun pflegen. Aber es waren anregende Gespräche, und einmal empfahl er mir ein Buch von Pir Ali Mohammad Rashdi mit dem Titel *uhê diñh uhê shiñh*, «[Wo sind] jene Tage, jene Löwen?». Ich bezweifelte, daß ich den dicken Wälzer in Sindhi je durchlesen würde, war aber dann von dem brillanten Stil des Verfassers so fasziniert, von seiner Kunst der Schilderung so begeistert, daß ich abends, wenn ich in Bonn mit meiner Mutter zusammensaß, ihr die schönsten Partien übersetzte: kostbare kleine Skizzen aus dem täglichen Leben der Provinz, der großen und der kleinen Akteure, der Muslime und der Hindus, wie sie vor der Teilung miteinander gelebt hatten.

Doch die Zeiten änderten sich; der Widerstand gegen die PPP (die Volkspartei Bhuttos) wuchs, und 1977 übernahm das Militär die Macht, nachdem Bhutto Wahlfälschung und vieles mehr vorgeworfen worden war. Während der Monate, da dem früheren Regierungschef der Prozeß gemacht wurde, schrieben alle an Pakistan Interessierten an General Zia ul-Haq. Selbst meine Mutter, im Krankenhaus kurz vor ihrem Tode, nahm lebhaft Anteil an dem Prozeß, der dann mit der Hinrichtung des einst so strahlenden Volksführers endete. Ich war in Harvard. Sanam, die jüngere Schwester Benazirs, lebte im gleichen Haus – und wir waren entsetzt. Zwei Jahre lang ging ich nicht wieder nach Pakistan; aber dann trieb mich das Heimweh zurück, ebenso wie die Sorge um Pir Sahib, der unheilbar an Krebs erkrankt war.

Unter den Briefen, die ich damals nach Islamabad schrieb, war auch einer an den Justizminister A. K. Brohi, ebenfalls ein Sindhi. Darin zitierte ich Schah Abdul Latifs Vers:

mulk sab mansûr ...
Das ganze Reich ist [der Märtyrermystiker] Mansur (Halladsch) –
Wie viele willst du noch töten?

Aber auch das hatte nichts genützt, denn mit der Hinrichtung Bhuttos
ging eine jahrzehntelange Rivalität zweier brillanter Männer zu Ende.
Ich hatte Brohi, einen bekannten Juristen, schon früh in Karachi
kennengelernt. Er wirkte durchaus nicht wie ein Pakistaner, sondern
eher wie ein südindischer Pandit: hochgewachsen, ziemlich dunkel,
und sein Name deutete darauf hin, daß er einer Brahui-Familie ent-
stammte. Die Brahui sind ein kleines Volk dravidischen Ursprungs, das
seit unvordenklichen Zeiten in Balochistan ansässig war; vielleicht waren sie mit den Einwohnern Moenjo Daros verwandt. Überreste der
Brahui, die später von den Ariern vertrieben wurden und eine komplizierte dravidische Sprache sprechen, lebten in den Berggebieten im
Randgebiet von Sindh. Brohi war ein vorzüglicher Kenner westlicher
und östlicher Philosophie und Mystik, freilich jener Strömung der islamischen Mystik, die man als theosophisch, nicht aber als emotional bezeichnen würde. Es war eine Strömung, die in der zweiten Hälfte des
zwanzigsten Jahrhunderts eine ganze Reihe von Orientalisten anzog.
René Guénon, Frithjof Schuon, Seyyed Hossein Nasr und manche andere fanden ihren Weg dorthin. Brohi versuchte mehrfach, auch mich
in diese Richtung zu ziehen, aber das war nicht meine Welt. Dennoch
hatten wir ein freundschaftliches Verhältnis, und er besuchte mich
mehrfach in Bonn. Sein großer Türkisring schien fast von selbst zu
leuchten.
Durch Brohi lernte ich auch Allama Kazi kennen, den früheren Vice-
Chancellor der University of Sindh, der, wie Brohi, eine mystisch
getönte Philosophie oder philosophisch getönte Mystik vertrat. Er und
seine deutsche Frau Elsa lebten in ihrem abgeschirmten Haus in Hyderabad. Elsa erschien in der gleichen Aufmachung, die sie wohl als junges
Mädchen vierzig Jahre zuvor in einem Weimarer Mädchenpensionat
getragen hatte. Es war unheimlich, dieser Anblick: eine Frau, die nach
langem Aufenthalt in London in die Heimat ihres Mannes zurückgekehrt war, aber jeden äußeren Kontakt mit dem «Volk» ablehnte. Wie
schockiert war sie, als ich begeistert von dem farben- und düftereichen
Bazar in der Stadt erzählte, den sie nie betreten hatte! Mit Hilfe ihres
Mannes hatte sie viel aus Schah Abdul Latifs *Risâlô* ins Englische übersetzt. Und sie malte – malte kindliche Bilder, kaum der Aufmerksamkeit
wert, aber Brohi hielt sie für Meisterwerke und wollte sie dem Louvre

anbieten. Denn Allama Kazi war sein Guru, sein Lebensführer. Das Ende war tragisch: Nach dem Tode Elsas ertrank der Gelehrte im Indus. Unfall oder Selbstmord? Der Wunsch, seiner geliebten Frau ins Jenseits zu folgen, stand wohl dahinter, und alle, die ihn kannten, meinten, er sei dem Beispiel einer Heldin der Sindhi-Volksüberlieferung gefolgt: Sohni, die auf der Suche nach ihrem Geliebten im Indus ertrinkt.

Brohi war eine komplexe Gestalt, hochintelligent, brillant, wenn auch in völlig anderer Art als sein Antagonist Bhutto. Wenn er von mystischen und philosophischen Themen sprach, vergaß er Zeit und Raum und seine Mitmenschen. Ein pakistanischer Bekannter schilderte amüsiert, wie der hohe Herr (und er kehrte immer den hohen Meister heraus!) im Rasthaus von Sehwan sein Essen verzehrte: «... und dann nahm er die Reiskörner (schiebende Bewegung der rechten Hand über den Teller) und redete dauernd von der *universal soul*.» Die Allseele war ihm offenbar sehr viel wichtiger als das Hühnercurry.

Brohi, als glänzender Jurist bekannt, stieg unter Zia ul-Haq zum Justizminister auf, dessen Wort das Urteil über Bhutto festlegte, denn Zia vertraute ihm vollständig. Der einfache Offizier, der immer seine geringe Bildung zugab, ja betonte und versuchte, sich belehren zu lassen, um die Geschichte seines Volkes besser zu verstehen – er bewunderte seinen Minister grenzenlos. Und so führte die jahrzehntelange Rivalität der beiden hochintelligenten Männer – des reichen Großgrundbesitzers und des Selfmademan aus Sindh – zum tragischen Ende. «Brohi ist doch ein Sufi. Warum hat er ihn nicht gerettet?» fragte sein Freund Nasr tief erschüttert.

Bei aller Kritik, die an Präsident Zia geübt werden muß, darf man das Zeugnis einer gewiß unvoreingenommenen Frau nicht vergessen. Die deutsche Lepraärztin Ruth Pfau weist in ihren Erinnerungen dankbar darauf hin, daß sie bei keinem Präsidenten Pakistans, wo sie seit Jahrzehnten wirkt, so viel Hilfe und Verständnis für ihre Arbeit gefunden habe wie bei Zia ul-Haq, der selbst eine behinderte Tochter hatte.

Doch wir haben weit vorgegriffen – in eine Zeit, die für Pakistan eine Art Wasserscheide darstellte. Als ich 1958 nach Pakistan kam, besuchte ich auch Peschawar, damals eine attraktive Stadt, wo der Besucher sich an den Farben und Düften des alten Qissakhwani Bazars begeisterte – eine orientalische Stadt, wie man sie immer erträumt hatte. In der dortigen Universität beim Historikerkongreß traf ich viele Kollegen, die später eine Rolle in meinem Leben spielen sollten. Der Vice-Chancellor war damals Raziuddin Siddiqi, der bei Heisenberg studiert hatte. Er

stammte aus dem Dekkan, war nach der Teilung mehr oder minder freiwillig nach Pakistan gekommen und hatte viele Jahrzehnte eine wichtige Rolle in der Kulturpolitik seines Landes gespielt und fühlte sich
Deutschland immer verbunden, bis er 1996 in hohem Alter verstarb.

Bald nachdem ich von meinem ersten Besuch in Pakistan im Frühjahr
1958 nach Ankara zurückgekehrt war, kam meine Mutter aus Marburg.
Gleich am ersten Abend waren wir bei einer mir kaum bekannten
Dame in Istanbul eingeladen. Es gab Kaffee, und ich drehte fast automatisch die Tasse um, damit sie mir aus dem Kaffeesatz wahrsage. Ihr glat-
tes hübsches Gesicht verwandelte sich sonderbar und glich dem einer
uralten Schamanin, während sie mir eine *Reise um die Welt* vorhersagte.
Die Verwandlung ihres Gesichtes schien mir interessanter als eine solche
unmögliche Reise. Aber wenige Tage später besuchten uns Jouco Bleeker und seine Frau in Ankara. Fast die erste Frage des damaligen Gene-
ralsekretärs der Internationalen Vereinigung für Religionsgeschichte
war: «Hast du Lust, mit uns nach Japan zu kommen?» So flog ich im
Sommer über Marburg, den Nordpol und Kanada nach Tokio, wo ich
als Kongreßsekretärin wirkte und dabei einige der wichtigsten Sehenswürdigkeiten Japans sehen durfte, denn unser Ehrenpräsident Prinz Mikasa und seine Mitarbeiter hatten alles aufs beste organisiert. Auf dem
Rückflug machten wir Station in Manila, wo Pir Ali Mohammad Rashdi pakistanischer Botschafter war, und über Hongkong ging es nach
Delhi, wo mein Gastgeber vom Frühjahr, S. A. Vahid, mich in Empfang
nahm. Dank ihm besuchte ich zum ersten (und leider einzigen) Mal Ajmer, das zentrale Heiligtum des großen mystischen Lehrers Mu'inuddin
Chishti, dessen Bedeutung dadurch deutlich wird, daß zum Heiligen-
fest einmal im Jahr die sonst geschlossene Grenze zu Pakistan geöffnet
wird, damit die Scharen von Pilgern aus dem Nachbarland hineinströ-
men können. In Agra sah ich endlich den Taj Mahal – ein weißer Mar-
mortraum, so perfekt, daß man aus Bildern seine wahre Größe gar nicht
ermessen kann. Er wirkt zart, wie eine weiße Wolke. Welche Königin
hat wohl ein schöneres Grab als Schah Jahans Gemahlin Mumtaz Mahal,
die 1631 bei der Geburt ihres vierzehnten Kindes in sechzehn Jahren
verstarb?

In Karachi fand ich, daß mein Freund Pir Hussamuddin einen Herz-
infarkt erlitten hatte. So verbrachte ich viel Zeit in dem alten Haus inmitten der Bücher und der vielen, vielen Menschen und praktizierte
mein Sindhi. Von dort flog ich nach Lahore und war Gast im Governor's

House – freilich ahnte ich nicht, daß in der gleichen Nacht unter dem Dach eben dieses Gebäudes der Putsch vorbereitet wurde, mit dem Ayub Khan wenige Tage später die Macht im Lande an sich riß.

Als ich vor Antritt meiner Professur in Bonn im Frühjahr 1961 nach Pakistan zurückkehrte, wurde ich erstmals nach Swat eingeladen und war von den Bergen des Nordens begeistert, in denen ich später, vor allem in den achtziger Jahren, so viel Herrliches sehen sollte: den Karakorum Highway, der uns an Feenpalästen gleichenden Felsformationen vorbei bis an die chinesische Grenze führte; Chitral, von wo aus wir unter der Ägide der Chitral Scouts auf dem «Höllenpfad» ins Gebiet der Kafiren fuhren; und nicht zu vergessen Skardu, das man erreicht, nachdem die kleine Fokker «Friendship» so nahe am Nanga Parbat vorüberfliegt, daß man glaubt, man könne den Schnee berühren, ehe die Maschine nach einem kurzen Blick in die Welt der weißgleißenden Sieben- und Achttausender plötzlich in die tiefe Schlucht dreht, durch die der junge Indus fließt. Karin Mittmann, die ich 1961 in Peschawar kennengelernt hatte, war mir auf vielen dieser Reisen eine wunderbare Begleiterin, deren Freundschaft mir die Aufenthalte in Islamabad noch schöner machte (und hoffentlich weiterhin machen wird).

Ein Besuch in den Semesterferien 1962 beschränkte sich auf Ostpakistan (das damals noch nicht selbständig war), da sich einige Mißstimmungen mit meinen früheren Gastgebern in Karachi ergeben hatten: Iqbal sollte ich studieren und nicht Sindhi! Die Anzahl der Iqbal-Vorträge hatte sich jedoch nicht vermindert. Meine Meisterleistung vollbrachte ich wahrscheinlich in Lyallpur (Faisalabad), wo ich in der Landwirtschaftlichen Hochschule die Ankündigung vernahm: «And now Dr. Schimmel is going to speak about Iqbal and Agriculture!» (Man muß das im breitesten Panjabi-Englisch sagen.) Ich schaffte es.

Wie faszinierend waren die Teegärten im Sylhet-Distrikt, das Meer bei Cox's Bazaar, die bunten Seiden von Chittagong! Im folgenden Jahr verband ich Ostpakistan mit Besuchen in Lahore, dem geliebten Multan, wo ich die Gastfreundschaft Makhdum Sahibs, des großen Sufi-Führers, genoß (er wurde später für kurze Zeit Gouverneur des Panjab). Als ich in Karachi ankam und auf die Lufthansa wartete, standen die Sindhi-Freunde am Flughafen und musizierten für mich, bis die Zeit zum Abflug kam. Maulana Maudoodi, der Führer der orthodoxen Jamaat-i islami, der gleichzeitig mit mir ankam, dürfte das höchlichst mißbilligt haben.

1966 verband ich einen Kongreß in Iran und Vorträge in Kabul mit dem ersten Besuch in Islamabad, das noch eine gewaltige Baustelle war. Damals zeigte Professor Dani, Archäologe und unermüdlicher Organisator, mir das Heiligtum von Barê Imam in Nurpur, das noch in geheimnisvollem Baumgewirr lag, ehe es «modernisiert» wurde. Bald danach entstand die deutsche Botschaft nicht weit von diesem nicht gerade gut beleumundeten Heiligenschrein. Ich flüchtete rasch nach Lahore in den Schoß der Iqbal-Familie; dann ging es nach Delhi, wo ich Urdu-Bücher für Harvard einkaufen wollte. Denn in Delhi fand man viele wichtige Lithographien klassischer Werke, die der Verlag Naval Kishor (Gründung eines literaturbegeisterten Hindus!) seit der zweiten Hälfte des neunzehnten Jahrhunderts veröffentlicht hatte. So gelang es mir, eine umfangreiche und recht gute Sammlung antiquarischer Werke für Harvard zu einem für mein Budget erschwinglichen Preis zu erwerben.

Das herausragende Erlebnis freilich war mein Besuch beim Staatspräsidenten Zakir Husain, den ich durch Freunde in Karachi kennengelernt hatte. Wie Raziuddin Siddiqi war auch der andere Siddiqi, Salimuzzaman, dem ich diese Bekanntschaft verdankte, in Deutschland ausgebildet. Er war Chemiker und hatte als Entdecker der pharmazeutischen Eigenschaften der Rauwolfia den Ehrendoktor seiner Alma Mater Frankfurt erhalten. Beide Siddiqis (die nicht nahe verwandt waren; die Sippe leitet ihren Ursprung vom ersten Kalifen des Islam, Abu Bakr as-Siddiq, ab) gehörten zu der Gruppe nationalgesinnter Muslime Indiens, die nach dem Ersten Weltkrieg den wachsenden Einfluß der seit 1857 bestehenden britischen Herrschaft ablehnten und deshalb zum Studium nach Deutschland gingen. Auch Dr. Zakir Husain hatte in Berlin studiert. Er war Erziehungswissenschaftler, ein Mann von großer Vision, der aber den Gedanken einer Teilung Indiens nicht akzeptieren konnte, ebensowenig wie sein Bruder Yusuf Husain Khan, der in Paris mit einer wichtigen Arbeit über den Sufismus promoviert worden war. Der jüngste Bruder aber, Mahmud Husain, optierte für Pakistan und war eine Zeitlang Erziehungsminister dort, später Rektor der Universität Karachi. Seine Tochter Saqiba spielte eine Rolle in der literarischen Welt Pakistans; sie schrieb in erster Linie Bücher für Kinder in schönem klassischen Urdu, und ich traf sie später öfter in Islamabad. Sie erschien mir immer als ein Musterbild einer edlen muslimischen Dame.

Das Treffen mit dem Präsidenten verlief wunderbar, denn wir liebten beide nicht nur die klassische Literatur Indiens, sondern auch Edelsteine! Nach meinem Besuch im Präsidentenpalast konnte ich es mir nicht versagen, vor Freude ein reizendes Perlenarmband zu erstehen. Am Abend übersetzte ich zum ersten Mal ein Urdu-Gedicht von Ghalib, wie es ja gewissermaßen meine Pflicht als designierte Inhaberin des Lehrstuhls war – des Lehrstuhls, dessen Stifter, Ozai Durrani, ein Freund Zakir Husains gewesen war. Meine erste Übertragung war freilich in Deutsch, und obgleich sie meine damalige Stimmung nicht wiedergab, schickte ich sie am nächsten Tag an den Präsidenten, der mir herzlich gratulierte und so seinen Segen für das Projekt gab:

Ich möchte dorthin geh'n, wo niemand mich kennt,
kein Mensch meine Sprache spricht, keiner mich nennt.
Ich wünsche ein Haus ohne Wand, ohne Tor,
kein Nachbar ihm nah, und kein Wächter davor,
und wenn ich erkranke, kein Mensch, der mich pflegt,
und wo, wenn ich sterbe, kein Klag'laut sich regt!

Durch Zakir Husain kam ich auch in Kontakt mit der Jamia Millia, jener Schule und Universität, die von nationalistischen indischen Muslimen bald nach dem Ersten Weltkrieg als Gegengewicht zu dem britisch inspirierten Aligarh Oriental College (seit 1918 Universität) gegründet worden war. Die Jamia hatte mit enormen Schwierigkeiten begonnen, und die dort Lehrenden opferten sehr viel, um ihre Ideale einer integrierten Erziehung zu verwirklichen, die sowohl Muslime als auch Hindus umfaßte. Nach der Teilung lebte die Jamia in Delhi weiter, ja gewann an Stärke, und ich war bei den folgenden Besuchen oft Gastrednerin dort. Da traf man den kleinen zierlichen Professor Mohammed Mujeeb und Syed Abid Husain – beide Historiker, die ihre Gedanken über die Entwicklung der indischen Muslime in ihren Werken nachzeichneten und mit Besorgnis in die Zukunft blickten. S. Ausaf Ali, der Direktor, wurde zu einem treuen Freund; er und seine Frau führten mich oft durch Delhis historische Stätten. Allerdings wurde die Universität schließlich von der Regierung übernommen, und vieles änderte sich. Gopi Chand Narang, der Professor für Urdu (ein Hindu aus Balochistan), faszinierte mich immer wieder durch seine wundervolle reine Aussprache des Urdu – wie anders klang das als das Panjabi-gefärbte Hindustani unseres einstigen Berliner Lektors!

Wiederum mit der Jamia Millia verbunden, aber auch durch die Teilung des Subkontinents getrennt waren die Hakeem-Brüder. Der ältere Hakeem, Abdul Hameed, lebte in Delhi, der jüngere in Karachi. Beide waren Meister der traditionellen Medizin, und jeder hatte große Anlagen errichtet, in denen traditionelle Heilmittel hergestellt und vertrieben wurden. *Hamdard*, der Name des Unternehmens, bedeutet «teilnehmend, den Schmerz lindernd». Beide Brüder waren große Philanthropen. Der Ältere hatte in Delhi eine Universität gegründet, und Hamdardnagar wurde bald zum Zentrum für Wissenschaft und Kultur mit einer vorzüglichen Bibliothek.

Hakeem Muhammad Said tat in Pakistan etwas Ähnliches. Sein *Dâr al-Hikma*, «Haus der Weisheit», war der Unterweisung in islamischer Wissenschaft und Medizin gewidmet, und stolz zeigte er uns bei jedem Besuch in dem westlichen Vorort von Karachi, wie seine Akademie wuchs. Er gehörte zum engsten Freundeskreis Pir Hussamuddins und Mumtaz Hasans, und nicht nur die Medizin, sondern auch die Pakistan Historical Society profitierte von seinem Wissen und seinem Mäzenatentum. Die Anlage um seinen Universitätskomplex wurde ständig erweitert; Shaikh Zaki Yamani stiftete dort ein Dorf für muslimische Flüchtlingskinder aus verschiedenen Regionen, und alles schien für eine glückliche Zukunft programmiert. Inzwischen gehören die verschiedensten wissenschaftlichen Institute dazu. Oft traf man den hochgewachsenen, immer blütenweiß gekleideten, scheinbar alterslosen Hakeem Sahib auch in Europa. Sein Name stand für edle Humanität, für wahres soziales Engagement, wie es der Islam gebietet. Es war ein furchtbarer Schock für uns alle, in Pakistan, Indien und Europa, als dieser Mann im Herbst 1998 ermordet wurde, als er auf dem Weg vom Frühgebet zu seiner Klinik war, wo er jeden Sonnabend arme Patienten umsonst behandelte. Der Grund, so hieß es gerüchteweise, war seine scharfe Kritik an der Drogen-Mafia gewesen. Sein Bruder in Delhi überlebte ihn nicht lange.

Begegnungen mit Angehörigen der muslimischen Oberschicht Delhis waren immer interessant; sie waren jahrhundertelang die Träger der aristokratischen Kultur des indischen Subkontinents gewesen und waren in für den Fremden undurchschaubaren Verwandtschaften verbunden, wie einer der typischen Repräsentanten dieser Gruppe, Sharif ul-Hasan, einmal bemerkte: «Jeder, der seinen Stammbaum in Delhi bis 1590 zurückführen kann, ist mit uns verwandt.» Über Sharif ul-Hasan, lange Zeit pakistanischer Diplomat in der Türkei, lag jene sanfte Melancholie, die man bei manchen der 1947 nach Pakistan ausgewanderten führenden Intellektuellen Delhis bemerken konnte. Ihnen fehlte in der neuen Heimat die seit Jahrhunderten verfeinerte Musik, Poesie, Kalligraphie, und selbst die schönsten Bauwerke Pakistans konnten sie nicht über den Verlust der wunderbaren Mogularchitektur in Delhi und Agra trösten.

Pakistan und Indien waren mein Ziel auf einer kurzen Reise Ende Januar 1969, als in beiden Teilen des Subkontinents des hundertsten Todestages von Mirza Ghalib gedacht wurde. Sein Grab im Nizamuddin-Komplex in Delhi wurde renoviert, und wenn auch die wissenschaftliche Ausbeute des Kongresses nicht allzu groß war, so traf man doch viele Kollegen aus aller Welt. Freilich, diejenigen, die aus dem aristokratischen Dichter des dahinsiechenden Delhi einen Verkünder sozialer Gerechtigkeit, ja fast einen Vorläufer des Kommunismus machten, konnte man nicht ernstnehmen; aber ihre Referate waren typisch für eine damals unter den indischen Intellektuellen vorherrschende politische Haltung. Nach den Ghalib-Feiern blieb ich dem Subkontinent einige Jahre fern. Andere Reisen – so nach Iran – waren vordringlicher, und bei dem schmerzlichen Prozeß der Ablösung Ostpakistans vom westlichen Teil des Landes kam mir eine Pakistanreise nicht passend vor.

Das Auseinanderbrechen Pakistans, dessen beide Teile fünfzehnhundert Kilometer auseinanderlagen, und die Bildung eines neuen Staates, Bangladesch, war etwas, von dem manche Intellektuelle im Ostteil des Landes geträumt hatten, und es hatte auch eine gewisse Logik. Denn in der Pakistan-Rede Iqbals von 1930 war nur von den im Westen des Subkontinents gelegenen muslimischen Mehrheitsgebieten die Rede gewesen; Bengalen mit seiner überwiegend muslimischen Bevölkerung wurde erst spät eingefügt. Die völlige Integration dieses Landesteils, in dem eine ganz andere Sprache (Bengali) als im Westen (mehrheitlich Urdu) und, noch schwieriger, eine völlig andere Schrift verwendet wurde, war mühsam. Als dann nach den Wahlen von 1970 eigentlich der kleinere, aber bevölkerungsreichere Ostteil den Ministerpräsidenten hätte stellen müssen, führte die Weigerung Bhuttos, diese Situation zu akzeptieren, zum Bruch. Der sinnlose militärische Konflikt, in dem auch Indien mitmischte, forderte zahlreiche Opfer. Unter ihnen war der Hindu Professor Dev, der an der Universität von Dhaka Philosophie lehrte und der Ramakrishna-Mission nahestand. Er war ein gütiger Mann mit einem guten Sinn für Humor, der es immer nötig fand, meine Vorträge für seine Studenten in *basic English* zu übersetzen: «This was a fery fery rich cake, a fery rich cake indeed, much too rich for you stupid people! I am going to translate it for you in simple, fery simple English», und dann schüttelte er sein schulterlanges eisengraues Haar und «übersetzte», was ich gesagt hatte. Dieser friedliche Mensch fiel, wie so viele andere, dem sinnlosen Kampf zum Opfer. Bangladesch gedachte seiner später mit einer Briefmarke.

Erst 1973 sah ich Pakistan wieder – das wachsende Islamabad, das immer grüner wurde, und all meine alten Freunde. Die Botschaft in Islamabad mit ihrem herrlichen Garten, in dem zwei Reiher elegant spazierten, war eine Art Heimat.

In jenen Jahren kam ich auch mehrfach nach Indien, und ich hatte das Glück, bei Alfred Würfel wohnen zu dürfen. Sri Würfel, wie jeder ihn nannte, war damals noch Kulturattaché unserer Botschaft. Jeder, der Indien kennt, kannte auch ihn. 1936 kam der 1911 in Dresden Geborene, seit Kindertagen für alles Indische begeisterte Student nach Benares, um dort Sanskrit zu studieren, und Indien ließ ihn nicht mehr los. Während des Krieges war er mit Deutschen und Österreichern (darunter Heinrich Harrer) interniert; doch als die Internierten repatriiert wurden, hatte er keinen Platz in Deutschland, denn Mutter und Schwestern lebten in Dresden. So machte er sich – nicht ganz legal – auf einem Frachter auf nach Bombay. Man muß es hören, wenn er von seiner abenteuerlichen Reise in seine Seelenheimat berichtet! In Bombay hatte er Freunde – wo in Indien hatte er die nicht? Als nach einigen Jahren diplomatische Beziehungen zwischen Deutschland und Indien aufgenommen wurden, holte man ihn nach Delhi an die Botschaft, wo er durch seine Sprachkenntnisse und seine ungezählten indischen Bekannten unentbehrlich war. Er führte prominente Gäste wie Theodor Heuss und C.G. Jung durchs Land, und wenn er erzählte, erschienen die Schweizer Malerin Alice Boner und der Tänzer Udai Shankar (der Bruder von Ravi Shankar) vor dem Hörer; die verschiedensten Rajputfürsten waren seine Freunde. Einige Male reisten wir zusammen: z.B. zu der steilen Rajput-Festung Kuchaman, wo er ein Pied-à-terre hatte – ein ganz anderes Indien als meine Mogul- oder Dekkani-Welt. Unsere letzte Reise führte uns nach Burhanpur am Tapti, lange Zeit das Hauptquartier der Mogulherrscher, die um 1600 versuchten, sich auch die südindischen muslimischen Königreiche zu unterwerfen. Schöne Moscheen schmücken die kleine Stadt; eine von ihnen trägt eine Sanskrit-Inschrift. Und am Stadtrand liegt die Villa, in der die Königin Mumtaz Mahal starb und wo sie beigesetzt wurde, ehe ihr Gemahl das Grundstück für ihr künftiges Grabmal, den Taj Mahal, erworben hatte. Auf dem Rückweg besuchten wir das entzückende Mandu, das Kaiser Jahangir besonders liebte und dessen Bauten ebenso schön wie vielfältig sind. (Daß das Flugzeug nach Delhi von Indore aus nicht flog, weil die Fluglinie bankrott war, führte uns wieder in die nüchterne Realität zurück.)

Welche Zeitungen / Zeitschriften lesen Sie regelmäßig?

☐ SZ	☐ Die Welt
☐ FAZ	☐ taz
☐ DIE ZEIT	☐ Tagesspiegel
☐ NZZ	☐ Berliner Zeitung
☐ Der Spiegel	☐ Brigitte
☐ Focus	☐ örtliche Zeitungen
☐ Stern	_____

Welche Themen unseres Programms interessieren Sie?

☐ Alte Geschichte	☐ Literatur
☐ Mittelalter	☐ Literaturgeschichte
☐ Neuere Geschichte	☐ Islam
☐ Zeitgeschichte / Politik	☐ Judaica
☐ Theologie / Philosophie	☐ Kunst / Kunstgeschichte
☐ Gesundheit / Medizin	☐ Naturwissenschaften

Haben Sie dieses Buch

☐ gekauft ☐ geschenkt bekommen?

Was für Ihre Kaufentscheidung ausschlaggebend? (Mehrfachnennung möglich)

☐ Beratung in der Buchhandlung
☐ Präsentation des Titels in der Buchhandlung
☐ Prospekte / Verzeichnisse
☐ Rezensionen / Bücherlisten
☐ Empfehlungen durch Freunde und Bekannte
☐ Umschlag / Ausstattung
☐ Themen
☐ Werbung / Anzeigen
☐ Internet

Ihre Altersgruppe?

☐ bis 30 Jahre	☐ 30 – 45 Jahre
☐ 46 – 60 Jahre	☐ über 60 Jahre

Liebe Leserin, lieber Leser,

gerne informieren wir Sie regelmäßig über unser
Verlagsprogramm. Schicken Sie einfach diese
Karte ausgefüllt an uns zurück.
Wenn Sie Zeit und Lust haben, beantworten Sie
doch zusätzlich die Fragen auf der Rückseite!
Sie helfen uns damit, unsere Arbeit noch besser
auf unsere Leserinnen und Leser abzustimmen.
Als kleines Dankeschön verlosen wir unter den
Einsendern monatlich 10 interessante Titel aus
unserer beck'schen reihe!

Aktuelle Informationen zu unserem Programm
finden Sie auch unter www.beck.de.

Postkarte

Vorname / Name

Straße, Hausnummer

PLZ / Wohnort

e-mail-Adresse für den C.H.Beck-Newsletter

3-406-37813-7

Verlag C.H.Beck
Literatur · Sachbuch · Wissenschaft
Vertrieb / Werbung

**Postfach 40 03 40
80703 München**

Bitte
freimachen

Natürlich kannte Sri jeden Winkel von Delhi. Er zeigte mir den Crafts Market zu Füßen der Purana Qila, der alten Festung aus dem vierzehnten Jahrhundert, in deren Bereich Kaiser Humayun 1556 von der Treppe gestürzt war, als er zum Abendgebet eilen wollte; das Rote Fort besuchten wir mehrfach. Ich lernte die verschiedenen Universitäten kennen und – nicht zuletzt – viele, viele Händler, die ach so verführerische Stoffe oder Schmuck verkauften, was manchmal gefährlich wurde. Die zahlreichen Diener im Hause – sämtlich Muslime – waren Sris Familie: Die sieben Kinder des alten Kochs waren im Haus geboren, und der behäbige Fahrer hörte auf den klangvollen Namen *Shamsul'arifin*, «Sonne der Gnostiker»; wenn er auch nicht lesen und schreiben konnte, strahlte er doch wie die aufgehende Sonne. Kurz, Sris Haus war ein Paradies für jeden, der Indien liebte. Die Wohnung im Zentrum Delhis, die er nach seiner Pensionierung nach einer unerfreulichen Zwischenstation fand, bot genug Raum für die aus aller Welt einströmenden Gäste.

In jenen Jahren durchstreifte ich Delhi auch mit Ebba Koch, der österreichischen Spezialistin für islamische Architektur; oft begleitete uns Christian Troll, ein deutscher Jesuitenfreund, der einer der besten Kenner des indischen Islam ist und sich intensiv für den Dialog, für die Verständigung unter den Religionen einsetzte. Wir hatten viele fröhliche Zusammenkünfte, über Ruinen kletternd, uralte Winkel in Delhi durchstreifend; und manchmal trafen wir uns im gastlichen Hause der Kochs, wobei der riesige Bernhardiner Babur interessiert unseren Gesprächen zuzuhören schien.

Durch Christian Troll wurde ich auch nach Patna eingeladen, denn dort wirkte ein australischer Ordensbruder von ihm, Paul Jackson. Paul hatte mich vorsichtshalber im Gästezimmer der von Schweizer Nonnen geleiteten Frauenklinik untergebracht, dem einzigen Ort, wo, wie er versicherte, «die Ratten nur draußen sind». Bei meinem Vortrag in der Khudabakhsh Library, weltberühmt für ihre Schätze orientalischer Handschriften, gehörten Millionen von Mücken zu den Zuhörern. Der Ganges wälzte sich schwer an der Stadt vorbei, und als wir am Morgen in Gesellschaft eines ebenso rührenden wie altersgebeugten Gelehrten die architektonisch reizvollen Gräber und Mausoleen von Gottesfreunden aus dem sechzehnten und siebzehnten Jahrhundert in der Umgebung besuchten, begriff ich plötzlich, warum indische Asketen – Hindus wie Muslime – die Kunst des *habs-i dam*, des langen Atemanhaltens, entwickelt und perfektioniert haben: Was uns entgegenschlug, war alles andere als der Duft der Heiligkeit.

In den siebziger Jahren kam ich auch nach Aligarh, dem Indo-Muslim College, das der Reformer Sir Sayyid Ahmad Khan 1877 gegründet hatte – eine Stätte der Modernisierung des indischen Islam. Damals war M. A. Khusro Vice-Chancellor, der später indischer Botschafter in Bonn werden sollte – Abkömmling eines bekannten Sufi-Meisters von Bijapur und mit herrlichem Humor begabt. Ich konnte damals im Hause eines der bekanntesten Historiker des indischen Islam, K. A. Nizami, wohnen, das er für ein Jahr unserem amerikanischen Kollegen Bruce Lawrence zur Verfügung gestellt hatte. So gab es genug Anregung, und zusammen mit einem indischen Kollegen unternahmen wir allerlei Ausflüge. Wie eindrucksvoll war die gewaltige Festung von Gwalior, das wir nach fünfstündiger Bahnfahrt (in Begleitung eines Hindu-Jugendfußballclubs) erreichten! Die Festung hatte jahrhundertelang als Gefängnis gedient, in dem eine beachtliche Anzahl von Gelehrten und Mystikern, von Offizieren und Höflingen festgehalten worden waren. Man neigte beim Anblick dieser wunderbaren Architektur dazu, das für einen Moment zu vergessen. Das Mausoleum des großen Gottesfreundes Muhammad Ghauth Gwaliori schien mit seiner komplizierten Dekoration die geheimnisvollen astrologischen und magischen Lehren des dort begrabenen Meisters in sichtbare Kunst zu verwandeln. Daneben lag das schlichte Mausoleum Tansens, des berühmtesten Sängers Indiens, der Kaiser Akbars Favorit war. Und Fathpur Sikri! Jene faszinierende Stadt, die Akbar erbaute und nach kaum fünfzehn Jahren verließ, die Stadt, in der er seine Religionsgespräche mit Zoroastriern, Jesuiten und Hindus hielt ...

Wir besuchten auch Sufi-Heiligtümer östlich von Lucknow: das schöne stille Dewa Sharif, wo wir auf dem Steinboden lagen und der Sang zweier Derwische uns in den Schlaf trug, dann Rudauli, langsam verfallend, wo von allen Wänden das Wort *haqq*, «Göttliche Wahrheit», leuchtete, und schließlich Kichchauchha, wohin man Geisteskranke bringt, um ihnen die bösen Geister auszutreiben. Das Heiligtum war von einem stehenden Gewässer umgeben, das leichengrün war. Einer der aus einer Frau ausfahrenden Dschinnen fuhr offenbar in meine Kamera, die seitdem nicht mehr funktionierte und weder in Indien noch in Deutschland repariert werden konnte. Der Anblick der Frauen, die mit aufgelöstem Haar ihre Köpfe gegen die Wand schlugen, entsetzte uns, und wir wagten uns in strömendem Regen zurück durch die angeblich voller Räuber steckenden Dschungel nach Faizabad, wo es eines starken Trunks aus Bourbon-Whisky (Geschenk von Sri), ungekochtem

Wasser und jeder Menge von Iodin-Tabletten bedurfte, um mir eine gute Nachtruhe in dem nicht gerade sauberen Hotelchen zu verschaffen. Bei der Rückkehr nach Aligarh fand ich die Nachricht, daß Indira Gandhi mich zu sehen wünschte.

Jedes Jahr im Subkontinent brachte neue Abenteuer, erweiterte den Horizont. Wie sehr genoß ich die beiden Reisen in den Dekkan, als ich nach Bhuttos Hinrichtung zwei Jahre nicht nach Pakistan reiste! Über Bombay, das mich immer melancholisch macht, und Poona mit seinem aktiven Goethe-Institut flog ich nach Madras und genoß das wunderbare Sandsteinrelief in Mahabalipuram, «Die Herabkunft der Ganga», auf dem alle Tiere lebensecht dargestellt sind – und ein kleiner Kater steht in Büßergebärde mit erhobenen Pfoten unter dem gewaltigen Elefanten. Auch einige interessante Handschriften fand ich in Madras, nicht nur herrliche alte Korane, sondern auch die Manuskripte der türkischen Grammatik, die ein aus Delhi geflüchteter Mogulprinz bald nach 1800 als Lehrbuch des immer noch im Mogulhaus gesprochenen Türkisch verfaßt hatte.

Und dann der Dekkan! In Gulbarga sah ich nicht nur das Heiligtum des Gesudaraz (dessen Nachfahre ich aus seiner Studienzeit in Montreal kannte), sondern bewunderte auch eine der eindrucksvollsten Moscheen, die ich kenne, fernes Echo der Sidi Oqba Moschee in Kairouan; mit ihren breiten Kielbogen lag sie vor mir wie ein großes Schiff, das majestätisch seinen Weg zieht. Ich besuchte Bidar, den ersten Sitz der Bahmaniden, die sich 1327 vom Reich Delhi getrennt hatten, und schließlich Bijapur, das im siebzehnten Jahrhundert Sitz zahlreicher Gottesfreunde war und für mich zu den schönsten Städten Indiens zählt. Seine hinreißenden Bauten verdankt es einem der heitersten Herrscher der islamischen Geschichte: Ibrahim Adil Shah (1580–1627), Sänger, Dichter und Bauherr, dessen Mausoleum mir immer wie ein steinerner Tulpengarten erschien und dessen alte farbige Bemalung man nur in einem seltenen Augenblick kurz vor Sonnenuntergang erkennt. Gegenstück dazu ist der Gol Gunbad, das ungeheure Mausoleum seines Sohnes, das noch übertroffen werden sollte durch ein nie vollendetes Mausoleum seines Enkels. Da mein liebenswerter Begleiter, Zia Shakeb, an jedem Ort Gedichte, Anekdoten oder historische Details kannte, war diese erste Dekkanreise eine reine Freude. Von meinem kleinen Gästepavillon im Garten von Peter Sewitz, dem Leiter des Goethe-Instituts, hörte ich in der Ferne bei Sonnenaufgang den Gebetsruf von fünf oder sechs fernen Moscheen wie einen Orchesterklang.

Hyderabad, das Zentrum des Nizams, dessen Herrschaft dort seit Anfang des achtzehnten Jahrhunderts gefestigt war, hatte noch einiges von dem alten Charme, wenngleich die Entislamisierung rasch fortschritt; die Zehntausende von Emigranten gerade aus dem Dekkan, die jetzt in den USA leben, zeugen davon.

Ich war dankbar, als einer der führenden Kunsthändler Indiens, der Hindu Jagdish Mittal, dem ich hin und wieder bei der Entzifferung arabischer oder persischer Inschriften helfen durfte, am Ende meiner ersten Vortragsreise (ich hielt damals mindestens vierzehn verschiedene Vorträge) sagte: «Es war so schön, endlich wieder etwas von der guten alten Zeit der islamischen Herrschaft, von islamischer Kultur zu hören!» Da war die Osmania-Universität, die seit dem Ersten Weltkrieg die Urdu-Literatur und indo-muslimische Geschichte gepflegt hatte; da gab es Dichter aller Art, mit denen man zusammensaß, und da war Mujeeb Yar Jung, einer der Neffen des Nizams, ein wunderbarer, tief melancholischer Mensch, der sich mit dem Materialismus der neuen Zeit, dem Verlust seiner Vergangenheit nur schwer abfinden konnte und glücklich war, wenn er der Besucherin Erinnerungen an die glänzende Geschichte seiner Familie, der Paygah, zeigen konnte: das Schloß Falaknuma auf einem der Hyderabad überragenden Felshügel oder seine wunderbare Sammlung von Ringen. Er öffnete für uns das Purani Haveli, eines der Stadtschlösser des Nizams, wo er uns mit köstlichen Hyderabader Speisen bewirtete, während Lieder von Dekkani-Dichtern gesungen wurden und der Himmel vom Feuerwerk des Divali-Festes erleuchtet war; aber ich sah auch den fast leeren Palast, wo sein alter Vater einsam in einem riesigen Raum lag, in dem es nur das Bett, einen Tisch, einen Stuhl und einen Fernseher gab.

Die herbe Landschaft des Dekkan lag mir mehr als die lauwarme flache Landschaft östlich von Delhi, und ich ließ es mir bei einer meiner Reisen nicht entgehen, Vijayanagar, südwestlich von Hyderabad, zu besuchen. Die Stadt liegt am Begegnungsplatz hinduistischer und muslimischer Herrschaft – zum Teil eine fast traumhaft verwunschene Stadt mit Tempeln, deren Säulen, wie es heißt, musikalisch gestimmt waren; in ihrer Architektur zeigt sich eine faszinierende Symbiose zwischen den beiden Kulturen. Zwar war der Gastraum, in dem ich für eine kurze Nacht einquartiert war, sicher seit den Tagen der Schlacht von Talikota (1556) nicht von Spinnweben gereinigt worden, aber was tat's? Die Schönheit der Architektur, an der ich mich am Tage erfreut hatte, ließ einen solche Kleinigkeiten vergessen.

Auch nach Warangal, nordöstlich von Hyderabad, fuhren wir einmal:

eine Ruinenstätte, deren schwarze Säulen wie von feinster Spitzenarbeit bedeckt waren. Hier verstand man, daß die Steinmetzarbeit der Hindus im Altertum und im Mittelalter mit Recht als unübertrefflich gerühmt wurde. Die zu Boden gestürzten seltsamen Tierköpfe und Kapitelle ließen an bedrohliche Geistergeschichten denken.

Doch auf dem Weg lag auch eine Weberei, in der die schönsten Saris aus bunter Seide hergestellt wurden, so daß das düstere, wenn auch sehr eindrucksvolle Bild der schwarzen Steine Warangals etwas erhellt wurde. Immer wieder besuchten wir die Königsgräber von Golconda, wo wir ein wunderbares Abschiedsfest feierten. Ich kam gern wieder in den Dekkan, vertiefte meine Kenntnisse, meine Freundschaften. Eine weitere Reise in Begleitung unseres unvergleichlichen Zia Shakeb führte auch Edith und Cary Welch dorthin. Wir sahen Aurangabad und den scheinbar endlosen Friedhof von Khuldabad, auf dem seit Jahrhunderten die Großen des Dekkan liegen und lauschten der Sufi-Musik am Grabe des Burhanuddin Gharib, des Schutzheiligen von Burhanpur.

Durch meinen in Hyderabad beheimateten Kollegen Alam Khundmiri (dessen Doktorarbeit ich Jahre zuvor begutachtet hatte) wurde ich auch nach Srinagar zu Vorlesungen eingeladen. Natürlich freute ich mich auf Kaschmir, träumte von Fahrten im Hausboot auf dem romantischen See; aber was ich fand, war ein naßkaltes Srinagar (es war Ende Oktober), nicht gerade ein Modell von Sauberkeit, und statt eines Hausbootes gab es ein Hotel, in dem es durch Fenster und Türen zog, so daß ich unendliche Mengen Tee brauchte, um überhaupt warm zu werden. Sinnreicherweise hatte man meine Vorlesungen auf ein Uhr nachmittags gelegt, die einzige Zeit, da der Hörsaal etwas wärmer war, aber auch die einzige Zeit, in der man Srinagar in etwas angenehmerer Atmosphäre hätte durchwandern können. Einiges sah ich aber doch, konnte ein wenig an dem Volksfest am Gedenktag des großen Gottesfreundes Sayyid Ali Hamadani teilnehmen, der im vierzehnten Jahrhundert in diesem Gebiet religiöse Werke, aber auch einen «Fürstenspiegel» in persischer Sprache verfaßt hatte. Ein Ausflug führte uns in die Berge, wiederum zu einem Heiligengrab, Baba Rishi, zu dem Muslime wie Hindus pilgern und das, in duftenden Tannenwäldern gelegen, den Blick ins Tal erlaubte, von wo aus der Jhelum seinen Weg in die pakistanischen Vorberge und dann in die Ebenen des Panjab nahm. Mir schienen es Tränen zu sein, die der Heilige über die Trennung Kaschmirs von seinem eigentlichen Ziel, Pakistan, weinte. Denn nicht nur geographisch, sondern auch auf Grund seiner Religionszugehörigkeit hätte dieses Gebiet bei der Teilung an Pakistan fallen müssen, da achtundneunzig Prozent der Bewohner Muslime waren. Nur die Herrscherfamilie war auf Grund eines merkwürdigen «Handels» mit den Briten in der Mitte des 19. Jahrhunderts Hindu.

Ich verließ Srinagar nach drei Tagen ziemlich deprimiert und träumte von der Zeit, da die Mogulfürsten von Lahore aus über das heutige Islamabad auf fast geradem Weg in die Berglandschaft zogen, von deren Düften die Dichter sangen und wo sie ihre schönsten Schlösser unter den gewaltigen Platanen erbauten. Aber davon künden nur noch die Miniaturen der großen Maler aus dem sechzehnten und siebzehnten Jahrhundert.

Was war die schönste meiner vielen, vielen Reisen im Subkontinent? War es der hinreißende Flug nach Skardu, vorbei am Nanga Parbat? (Ich durfte damals oft im Cockpit mitfliegen.) War es jener Abend in der Wüste Thar, die zart ergrünt war, nachdem der erste Regen nach vielen Jahren gefallen war – ein Abend, bei dem Allan Faqir seine Sindhi-Lieder sang? War es das traurig-liebliche Ucch Sharif mit der zerbröckelnden Ruine des Mausoleums einer frommen Frau, Bibi Jawinda, dessen strahlend blaue Fliesen mit dem grauen Restkern des Gebäudes so stark kontrastierten? Oder waren es Abende mit Freunden in Karachi, in Lahore, in Multan, ein Sonnenuntergang in Bijapur? Es gab so vieles, das mich anrührte. Oder war es der Abschiedsabend in Golconda im größten der Königsgräber, als noch einmal die ganze traditionelle orientalische Herrlichkeit vor uns erstand, während der erste segenbringende Regen herabrauschte? Oder der Abend am Grab des pathanischen Dichters Rahman Baba nahe Peschawar, wo die Derwische um ein flackerndes Feuer saßen und ihre Lieder sangen, und einer von ihnen mir einen Türkisring an den Finger steckte? Und doch war vielleicht der Höhepunkt jener Flug in dem kleinen Hubschrauber, einer Alouette, über die kahlen Berge Balochistans, wo man in absoluter Einsamkeit wie auf dem windgetragenen Thron Salomons schwebte. Diese ungewöhnliche Reise hatte ihren Höhepunkt, als wir – sechs Personen – in die Berge fuhren und dann auf Kamelen in die Berglandschaft ritten, bis wir das alte Hindu-Heiligtum Hinglaj fanden, wo wir zwar nicht in den heiligen Quell stiegen, wo wir aber in der Mitte von Nirgendwo mit köstlichem Tee aus kostbaren Porzellantassen bewirtet wurden – Wunder pakistanischer Gastfreundschaft!

Indonesien

Allzu selten kam ich nach Südostasien, obgleich dort das größte zusammenhängende muslimische Gebiet liegt. Einmal – es muß um 1993 gewesen sein – lud mich Sayyid Naguib al-Attas ein, der in Kuala Lumpur ein neues islamkundliches Institut gegründet hatte, an dessen Einweihung zahlreiche Orientalisten teilnahmen. In einer Art andalusischem Stil erbaut, entwickelt sich das Institut bis heute und erfreut sich einer wachsenden Bibliothek; Gastprofessoren aus aller Welt lehren dort, und immer wieder finden Kongresse statt. Vielleicht glückt es mir ja einmal, nicht nur für zwei Tage dorthin zu fliegen, sondern auch etwas von der Landschaft zu sehen und die dort gepflegte arabische Kalligraphie näher kennenzulernen, die sich ziemlich deutlich von den klassischen Formen unterscheidet.

Dafür wurde mir ein unerwarteter Besuch aus Indonesien zuteil. Im frühen Januar 2000 meldete sich eine indonesische Studentin an, die gerade ihre Schwester in Deutschland besuchte. Da einige meiner Bücher ins Indonesische übersetzt waren, kannte sie mich dem Namen nach. Nun, ich lud sie ein, und es erschien ein dick in Wolle verpacktes Wesen mit riesigen Bergstiefeln und einem freundlichen mondrunden Gesicht. Sie und ihre ähnlich gegen die Winterkälte geschützte Mutter kamen und schmückten mein Sofa wie exotische Pflanzen. Während ich in der Küche Tee bereitete, hatte Pinkie, wie sie sich nannte, bereits ihr Handy aus der Tasche gezogen und ihren Freund in Jakarta angerufen – und auch ich mußte mit ihm sprechen. Natürlich wurde das Ereignis fotografiert, und zwanzig Ansichtskarten aus Bonn mußte ich für ihre Freunde signieren. Es war rührend, und wir schieden mit vielen, vielen Umarmungen. – Wie es kam, daß ich für den Spätsommer 2000 vom Goethe-Institut nach Jakarta eingeladen wurde, weiß ich nicht mehr, aber es geschah, und ich flog über Singapur hin; denn in Singapur war ein alter pakistanischer Bekannter Vertreter seines Landes, und sofort hatte er für meinen anderthalbtägigen Aufenthalt etliche Vorträge organisiert – alle über Iqbal. Die saubere, blumenreiche Stadt gefiel mir, aber Jakarta rief, und kaum war ich gelandet, sagte der Leiter des Goethe-Instituts mir, wie seien abends beim Staatspräsidenten eingeladen. Also eilends umgezogen, und dann ging es, zusammen mit unserem Botschafter, den ich schon lange aus seiner Bonner Zeit kannte, zu einem höchst sonderbaren Dinner, bei dem der kränkliche, fast blinde Abdul Wahid, im Volk Gusdur genannt, von seiner reizenden, hochgebildeten Tochter

begleitet war. Das Gespräch reichte von Musik («Ich habe neunund-
zwanzig Aufnahmen von Beethovens Neunter Symphonie») zu Politik,
von mystischen Strömungen im Islam zu Fußball. Kurz, man mußte sich
dauernd auf neue Themen einstellen, während man einen Rinderbra-
ten aß, der offenbar noch aus holländischer Kolonialzeit stammte. Nach
dem Ende dieses anstrengenden, aber sehr aufschlußreichen Dinners
stärkten wir drei Deutschen uns auf dem Dachgarten eines Hotels mit
einem Glas Bier, und der laue Wind streichelte uns.

Das Programm war vielseitig (es gab sogar Anstecknadeln mit meinem Porträt, mit denen sich meine jungen Fans schmückten): Ich hielt
Vorträge in Englisch, da ich kein Indonesisch kann; eine Lesung mystischer Gedichte in den verschiedensten Sprachen war ein großer Erfolg;
es gab Seminare über Frauenfragen und vieles mehr. Pinkie war treu-
lichst überall dabei und brachte Blumen und Speisen; ihr Freund führte
uns durchs Museum und die Buchläden, während unser Botschafter mir
das alte Jakarta – Batavia – zeigte, wo unserer Familiensaga nach vor vielen Jahrzehnten oder Jahrhunderten einer unserer Verwandten eine
wichtige Rolle gespielt hatte. Die Stadt selbst war verwirrend. Zwischen den Hauptstraßen lagen immer wieder fast ländlich anmutende
Stadtviertel. Der Autoverkehr war ungeheuer: Das erste Wort, das man
lernen muß, ist das für «Stau». Ich wäre gern weiter ins Land gefahren,
hätte traditionelle Ortschaften gesehen oder mehr von den unerhört
vielfältigen Aspekten der indonesischen Kultur kennengelernt. Aber das
Flugzeug war gebucht, und so flog ich heim. Pinkie und Eko aber heirateten im Frühjahr; die letzte Nachricht von ihnen kam aus Mekka, wo
sie die kleine Pilgerfahrt vollzogen und so den göttlichen Segen für ihr
sehnlich erwartetes Baby erflehten.

Siebter Teil
Rückkehr nach Europa
(1992–2002)

Quell und Mündung der Gedanken:
Seit von Deinem Wein wir tranken,
Wurden so erfüllt von Liebe
Unsrer Seele feinste Ranken,
Daß sie, in Dir festgegründet,
Nun nicht mehr voll Unruh schwanken.
Und es strahlt in unserm Herzen
– Einem Spiegel, einem blanken –
Uns Dein Bild, in dessen Anschaun
Wir erstaunend tief versanken.
So umfing uns Deine Liebe
Ohne Grenze, ohne Schranken –
Nimm ein kleines Lied des Dankes,
Laß Dir immer wieder danken!

Annemarie Schimmel

Rom, Paris, London

Der geneigte Leser hat sich sicher seit Dutzenden von Seiten gefragt, ob ich denn gar nichts über die Hauptstädte der europäischen Kultur – Rom, Paris, London – sagen will. Die Gründe für diese Zurückhaltung – zumindest was Rom und Paris anlangt – will ich zu erklären versuchen.

Rom sah ich eigentlich nur bei Kongressen von 1955 bis 1990, und nur ein- oder zweimal erlebte ich die ewige Stadt so, wie man sie wahrscheinlich erleben sollte. Der erste Kongreß war natürlich wissenschaftlich überaus wichtig für die junge, damals gerade in Ankara wirkende Dozentin, aber er endete damit, daß ein rührender alter holländischer Pfarrer, der mich zum einzigen vernünftigen Dinner eingeladen hatte, am Tag nach unserer Abreise in seinem Hotel starb – Herzversagen. Andere Kongresse und Treffen folgten; doch auch der Besuch, der eigentlich perfekt hätte sein sollen, war es nicht ganz. Denn ich kam aus dem Jemen und war noch so von der Schönheit dieser herben Landschaft erfüllt, daß auch die drei Tage, in denen Cecilia (deren Mann damals unser Botschafter war) mich durch den Petersdom und andere Sehenswürdigkeiten führte, gewissermaßen eine Antiklimax zu dem bildlosen Jemen bildeten. Ich frage mich manchmal, ob die Aversion vieler moderner Menschen gegen den Begriff eines «persönlichen» Gottes nicht auf die ungezählten Bilder zurückgeht, die den «bärtigen» Schöpfer zeigen, der – allzumenschlich – gewiß nicht das weite Universum geschaffen haben könne. Nur am Rande der IAHR-Versammlung (1990) nahm mich eine liebe holländische Freundin an die Hand, und wir streiften durch alte Gassen, fühlten den Zauber der Stadt und genossen die Piazza Navona, wo ein Wahrsager mir (die er nicht kannte!) sagte, ich solle doch Saddam Husain einmal daran erinnern, was echter Islam sei. Enzo war ein wundervoller Mensch, der höchst dramatisch von seiner Karriere vom sizilianischen Bankangestellten über Mönch zu ich weiß nicht was berichtete. Hier war man plötzlich in die Welt der Renaissance zurückverzaubert.

Außer dem ewigen Rom öffnete sich mir nur Venedig dank zweier Symposien in der Fondazione Giorgio Cini, wo ich 1959 Vorträge über «Aspetti spirituali dell Islam» hielt. Mit meiner Mutter, die mich begleitete, genoß ich die Inseln und ließ mich zumindest für ein paar Stun-

den durch die mir so orientalisch erscheinende Stadt treiben. Zwei Jahre
später wurde von der Fondazione ein Kongreß über Gebet und Meditation organisiert, und damals genoß ich die hinreißende Stadt und ihre
Umgebung von Herzen, denn eine beachtliche Menge von Gelehrten
aus Ost und West kam dort zusammen, mit denen wir einen schönen,
fröhlichen Ausflug nach Grado und Aquileia unternahmen. Der italienische Arabist Francesco Gabrieli und meine Kollegin Maria Nallino, mit
der ich ein wenig durch die Gegend um den Markusplatz streifte, sind
mir noch in Erinnerung. Aber aufregender war es, daß auch Lama Govinda mit seiner Frau (wir nannten sie die Lamessa) anwesend war: Er galt
als einer der besten Interpreten des zentralasiatischen Buddhismus und
war hoch angesehen bei Fachwissenschaftlern wie bei tibetischen und
nepalesischen Gläubigen. Nur wenn er, dekorativ angetan mit seinen
gelb-roten Gewändern, den Mund öffnete, konnte man nicht überhören,
daß seine Heimat nicht im Himalaya war, sondern in Dresden.

Für mich war die Begegnung mit Mohammad Hamidullah besonders
schön. Er war uns Orientalisten als einer der gelehrtesten Muslime bekannt und hatte unter anderem auch in Deutschland studiert. Der zierliche Gelehrte – er muß damals Anfang fünfzig gewesen sein – hatte
große, leuchtende dunkle Augen; sein Aussehen verriet, daß er aus einer
Nawait-Familie stammte. Die *Nawait* sind Nachkommen arabischer
Einwanderer nach Südindien, die dort indische Frauen geheiratet haben
und vom vierzehnten Jahrhundert an eine wichtige Rolle als hochgebildete Gelehrte und Autoren in den Dekkani-Königreichen von Bidar,
Bijapur und Golconda spielten. Von dort stammte Hamidullah, der in
seiner Heimat Hyderabad als führender Gelehrter bekannt war, der aber
seine Heimatstadt mit dem letztmöglichen Flugzeug 1948 verließ, als
die indische Regierung den Staat des Nizams der indischen Republik
einverleibte. Hamidu – wie wir ihn nannten – kam völlig mittellos als
Flüchtling nach Europa, wo er sich in Paris in einer winzigen Wohnung
niederließ und seiner Wissenschaft lebte. Aus dem Treffen in Venedig
entwickelte sich eine langjährige Freundschaft; der Gelehrte und sein
«Schwesterchen» (wie er mich nannte) korrespondierten auf Arabisch,
Woche für Woche, bis das Alter ihn langsam verstummen ließ. Meine
Freundinnen übersetzten hin und wieder seine Bücher über den Islam
oder glätteten seine manchmal grotesken deutschen Formulierungen.

So hatte Venedig damals allerlei Freuden. Manchmal denke ich daran,
einmal wieder nach San Giorgio oder ins Veneto zu kommen. Aber –
Venedig liegt nur noch im Land der Träume.

Und Paris? Ach, unvergeßlich ist die erste Reise dorthin! Es muß in den ganz frühen fünfziger Jahren gewesen sein, als meine Kollegin Luise Berthold, die streitbare Frauenrechtlerin, mich spontan einlud, mit ihr nach Paris zu fahren, weil eine Freundin die von ihr gebuchte Reise abgesagt hatte und sie das Reisegeld nicht verfallen lassen wollte. Ich gehorchte. In Paris waren wir in einem netten kleinen Hotel in einem Doppelzimmer untergebracht. Sie öffnete den Nachtschrank, fand ihn leer, sprach: «Hier sollten Rosen stehen!» und schloß ihn wieder. Nun, dann ging's in die Stadt; wir bildeten uns, wie es Pauschalreisende wohl tun, doch als ich wagte, vor einem Modegeschäft stehenzubleiben, wurde ich fortgezerrt. Und noch schrecklicher war für sie, daß ein Schutzmann, den ich nach dem Weg fragte, mich an der Schulter faßte, um mich in die richtige Richtung zu drehen. Ich wurde ihm furios entrissen, als sei er schon dabei, mich zu vergewaltigen. In Marburg erzählte sie stolz diese ihre Heldentat. – Nun, auch drei solche Tage vergehen, und Notre Dame und die Sainte Chapelle konnten dadurch ihren Reiz nicht verlieren. Doch das Bild der streitbaren Luise Berthold sollte nicht zu hart gezeichnet werden: Sie, die einen Habilitanden streng darauf hinwies, daß seine geliebten Hölderlinschen Schwäne nicht nur «trunken von Küssen» waren, sondern gerade deshalb «das Haupt ins heilig-nüchterne Wasser tunken» mußten, bemerkte einmal fast verschämt, daß Mozarts Klarinettenkonzert sie immer zu Tränen rühre.

Wenige Wochen später fragte Friedrich Heiler mich, ob ich mit ihm nach Paris käme; der Vorstand der Religionshistorikervereinigung tage und brauche eine Protokollantin. Also machte ich mich wiederum auf, diesmal mit einem von Magenleiden geplagten Chef. Wir waren zwei Tage vor Beginn der Tagung gekommen; ich träumte von etwas leichteren Tagen als zuvor, aber nein, jetzt wurde das griechisch-orthodoxe Zentrum besucht, dann Kirche soundso, jetzt Kathedrale soundso, nun wieder Kapelle soundso, und wenn ich schüchtern bat, etwas Nettes zu essen, klagte der liebe Chef über Magenschmerzen. Am zweiten Tag versuchte ich zu rebellieren: «Ich möchte zum Montmartre!» Ein Moment Schweigen, dann ein Strahlen: «Ach ja, da ist ja eine Kirche, die ich noch nicht besucht habe! Komm!» Und wir trotteten hinauf. Aber ich blieb trotzig draußen, betrachtete im Nieselregen das Panorama, bis der Meister nach geraumer Zeit herauskam und sagte: «Ja, da wurde die Messe an der und der Stelle etwas anders zelebriert als es sonst üblich ist!» – «Und jetzt bitte etwas zu essen!» – «Ach nein, ich habe Magenschmerzen, ich muß mich hinlegen.» Dritter Tag: Die Sitzung, bei der

die Crème de la crème der europäischen Religionshistoriker anwesend
war, Henri Puech und, besonders eindrucksvoll, Père de Menasce in
seinem Dominikanerhabit (Jahre später sah ich diesen höchst geistvollen
Mann, wie er bei einer Tagung an einer Kette geführt, verfallen und
elend, in den Raum trat – eine schwere Krankheit hatte ihn völlig ge-
brochen). C. J. Bleeker war da und H. Clavier: Sie alle redeten ein mehr
oder minder elegantes Französisch, und ich Arme mußte Protokoll
führen, den ganzen Tag, nur von einem Imbiß unterbrochen. Während
aber die Herren der Schöpfung sich abends – wie das Gerücht behauptet – zu einem guten Diner hinsetzten, saß ich im Hotelzimmer und arbeitete hart an meinem Protokoll. Hin und wieder kümmerte ich mich
um Heiler, der in seinem Zimmer eine Wärmflasche benötigte. War ich
froh, als wir wieder im friedlich gemütlichen Marburg waren!

Es gab weitere Besuche in Paris, einige davon recht schön; ich hatte
Freunde in der Stadt, aber eigentlich habe ich das Trauma, oder wie man
es nennen soll, der beiden ersten beiden Besuche nie ganz überwunden,
ob ich nun bei UNESCO-Treffen war oder «Bruder» Hamidullah besuchte. Aber Chartres würde ich doch gern noch einmal sehen! Oder
den Mont Saint Michel und die Provence einmal besuchen!

Ganz anders London. Obwohl meine Erziehung und vor allem die
sprachliche Ausbildung viel stärker auf Frankreich als auf England ausge-
richtet waren, wurde London, ja Großbritannien sehr viel mehr meine
Heimat als die romanischen Länder. Natürlich folgte mir das Kamel
Tartarin de Tarascons gewissermaßen auf all meinen Reisen, und französische Lyrik verzaubert mich bis heute. Aber vielleicht war es die Verbindung Englands mit der Welt des Mittleren Ostens und vor allem Indiens, die das Land so anziehend für mich machte. Das begann bereits
bei meinem ersten Besuch. Freund Heiler hatte mich Anfang der fünfziger Jahre delegiert, als seine Vertreterin zu einer interreligiösen Tagung (war es der World Congress of Faith oder etwas anderes?) zu reisen. In London nahm D. S. Rice mich in Empfang, der uns 1947 in
Marburg besucht hatte (siehe Seite 66). Erstmals in meinem Leben sah
ich in seinem Hause Farbdias: herrliche Aufnahmen von Harran, dem
alten Zentrum der Sabier im türkisch-irakischen Grenzgebiet, Aufnahmen, denen man ansah, daß der Fotograf nicht nur Wissenschaftler, sondern auch Künstler war. Am Morgen ging es dann nach Oxford, das mir
mit seinen engen Straßen und den dunklen Gebäuden ziemlich unheimlich erschien. Die Tagung wurde geleitet von Lady Ravensdale, die

genau so aussah, wie man sich eine englische Lady vorstellt; aber noch faszinierender war, daß sie jede ihrer Reden – und das waren nicht wenige! – mit dem Satz begann: «When my father, Lord Curzon, was Viceroy of India ...» Kaum etwas hätte mich mehr beeindrucken können als die Tatsache, daß hier die Tochter des berühmten Vizekönigs von Indien, Lord Curzon, vor mir saß und sich freundlich mit der jungen Orientalistin unterhielt (deren Englisch durchaus noch nicht perfekt war).

Plötzlich stand das britische Empire vor mir, wurden die Bilder aus der Geschichte lebendig; denn Lord Curzon hatte ja einen außerordentlichen Einfluß auf die Geschichte Indiens im frühen zwanzigsten Jahrhundert gehabt; sein Name war geradezu legendär geworden, vor allem wegen der Teilung Bengalens 1906 auf kommunalistischer Grundlage, die in gewisser Weise die spätere Teilung des Subkontinents auf Grundlage der Religionszugehörigkeit schon ganz von ferne ahnen ließ.

Ich weiß nicht, wann ich dann wieder nach England kam; jedenfalls verging eine ganze Weile, ehe ich etwas mehr vom Lande sah. Alberto Theile hatte meiner Mutter und mir 1969 vorgeschlagen, eine Busfahrt durchs Land zu unternehmen. So ging es gen Norden – die Kathedrale von Durham begeisterte uns – und weiter nach Schottland. In wundervollem Sonnenschein genossen wir die Fahrt durchs Land, die Rosen blühten unerhört üppig, und in Edinburgh konnten wir im Fernseher des Hotels gerade die erste Mondlandung miterleben. Edinburgh gefiel uns. Mein Kollege William Montgomery Watt, der bekannte Islamkundler, kümmerte sich um uns, und in späteren Jahren war er oft mein liebenswerter Gastgeber. Seine gescheite, lebhafte Frau hatte Germanistik in Marburg studiert, und so entwickelte sich eine Art Familienbeziehung. Bei späteren Reisen lernte ich ein wenig von der Umgebung Edinburghs kennen: unvergeßlich die weiten Hänge mit blühendem Ginster oder die städtischen Anlagen, wo der Goldlack und die roten Tulpen üppig blühten und die dunkelgrauen Mauern der Stadt weniger drohend erscheinen ließen. Ich hielt zahlreiche Vorträge in Edinburgh, nahm auch mehrfach Doktorprüfungen ab, meist von pakistanischen und indischen Studenten; die Tochter G. M. Syeds, des Sindhi-Nationalisten, war darunter. Vor allem aber wurde ich im Frühjahr 1992 eingeladen, die Gifford Lectures zu halten. Daß ich diese ehrenvolle Reihe von Vorlesungen zur Religions- und Geistesgeschichte jemals halten würde, wäre mir 1969 nicht im Traum eingefallen; seit mehr als hundert Jahren waren die erlesensten Wissenschaftler für diese jeweils zehn Vorlesungen eingeladen worden, unter ihnen nur ganz wenige Frauen und nur *ein* Islamwissenschaftler, mein Kollege S. H. Nasr, so daß ich als Islamwissenschaftler*in* Seltenheitswert hatte.

Edinburgh: das waren auch nicht enden wollende Diskussionen mit Hillenbrands, dem deutschstämmigen Kunsthistoriker Robert (bei dessen Doktorprüfung in Oxford viele Jahre zuvor ich mit Ralph Pinder-Wilson mitgewirkt hatte) und seiner Frau Carol, der die Wissenschaft ein vorzügliches Werk über die *Kreuzzüge aus islamischer Sicht* verdankt. Manchmal fegte der Sturm über die Stadt, Geistergeschichten schienen lebendig zu werden, uralte Balladen widerzuhallen. Als wir 1969 erstmals nach Schottland kamen, führte der Weg uns, wie es sich geziemt, an Loch Ness vorbei über Glasgow und den Lake District nach London zurück – eine fast unbeschwerte Woche, die auch meine Mutter erfreute.

In den siebziger Jahren begann für mich die Zeit, da ich häufiger nach England kam, die wundervollen Museen und die Freunde vor allem auf dem Gebiet der islamischen Kunst kennenlernte. Auch Oxford stand mehrfach auf dem Programm, und jedesmal gewöhnte ich mich mehr an diesen Hort der Gelehrsamkeit, wenn mir auch Cambridge landschaftlich eher lag. Von den Begegnungen in Oxford ist mir eine besonders im Gedächtnis geblieben. Bei einem kunsthistorischen Kongreß besuchte ich Robert C. Zaehner, Autorität auf dem Gebiet der altiranischen Religionsgeschichte, aber auch berühmt durch sein Werk über Drogen und Ekstase. Ich kannte den aus Appenzell stammenden Gelehrten seit dem Marburger Kongreß. Er galt als exzentrisch und war dem Whisky nicht abgeneigt. Seine Vergleiche zwischen Hinduismus und Sufismus faszinierten mich, wenn sie mir auch nicht immer schlüssig schienen. So klingelte ich eines Abends um einundzwanzig Uhr im All Souls College und fragte zum Erstaunen des würdevollen Pedells nach Professor Zaehner. Und dann erlebte ich ein so faszinierendes Gespräch wie selten. Es entwickelte sich vom leichten Orientalisten-Geplänkel in die Tiefen der religiösen Erfahrung. (Daß es sich mit – seinem – Genuß von Whisky vertiefte, soll nicht unerwähnt bleiben. Aber was tat's?) Zaehner führte mich tief in seine religiösen Erfahrungen ein, und der sonst höchst schwierig, manchmal sogar seltsam abstoßend wirkende Mann verwandelte sich in wundersamer Weise. Ich schaffte es gerade noch, vor Mitternacht an die Pforte meines Colleges zu gelangen. Von da an begriff ich ein wenig, was für geistige Erfahrungen hinter den Werken dieses – oft umstrittenen – Gelehrten lagen.

In den letzten Jahren entstand in Oxford das Institute of Islamic Studies, das langsam seine internationale Arbeit ausweitet und wo ich mehrfach zu Gast war. Würde sich die Qualität des dortigen Essens der der wissenschaftlichen Ambitionen anpassen, wäre es erfreulich.

Zahlreiche andere Einladungen gaben mir einen Eindruck von dem Reichtum der orientalistischen Tradition in Großbritannien. Welch interessante arabische Handschriften gibt es z. B. in der John Rylands Library in Manchester, welch intensive Arbeit für die bessere Verständigung zwischen Christentum und Islam wird im Selly Oaks College geleistet! Die eigentliche Verbindung zu England aber kam durch meine Vorlesungen in Harvard. Eine Reihe meiner Studenten waren Ismailis, und durch sie ergaben sich neue Aspekte meiner Arbeit. Ich erfuhr, daß der Aga Khan nicht nur Stipendien für Studenten in Harvard und Montreal gestiftet hatte, sondern seine besondere Aktivität auf London konzentrierte. Ende der siebziger Jahre entstanden unter seiner Ägide das Institute of Ismaili Studies und das Ismaili Centre gegenüber dem Victoria & Albert Museum – ein Gebäude, das, so schlicht es von außen wirkt, im Innern bemerkenswerte Kunstwerke aufweist. Das eindrucksvollste von ihnen ist sicherlich das große siebeneckige Brunnenbecken, das von Karl Schlamminger (München) entworfen ist, der die Architektur des Aga Khan mit vielen bemerkenswerten Kunstwerken bereichert hat. (Daß Schlammingers später zu engen Freunden werden sollten, war auch den Ismailis zu verdanken, weil wir uns bei einem Empfang von Prinz Sadruddin Aga Khan anläßlich einer Ausstellung kennenlernten.)

Das siebeneckige Becken – warum die so schwierig zu gestaltende Form? Die Ismailis werden ja als Siebener-Schiiten bezeichnet, denn im Gegensatz zu den seit 1501 in Iran herrschenden Zwölfer-Schiiten (die auf den zwölften Imam und damit den elften direkten Nachkommen des Propheten Muhammad zurückgehen) zweigte sich diese Gruppe beim siebten Imam 765 ab und wurde zu einer wichtigen innerislamischen Bewegung, die stärker als die Sunniten (die «Leute der Tradition und der Gemeinschaft», also die Mehrheit der Muslime) die esoterische Auslegung des Korans betonen (siehe Seite 184). Die Geschichte der Bewegung, die durch Sultan Muhammad III. Aga Khan in die moderne Zeit integriert wurde, ist faszinierend; die Medien, die nie genug über den Aga Khan und die Begum erzählen konnten, haben jedoch kaum etwas über seine Rolle bei der Modernisierung dieser Gemeinschaft (unter anderem Betonung der Frauenrechte) mitgeteilt. Seine Arbeit wurde von seinem Enkel Karim, dem jetzigen Aga Khan, fortgesetzt, und so sollte das neue Institute of Ismaili Studies für die in alle Welt verstreuten Ismailis ein geistiges Zentrum bilden. Da ich durch meine Studenten einige der führenden Ismailis in Großbritannien (und seit langem die wichtigsten Vertreter der Bewegung in Pakistan) kannte, wurde ich eingeladen, den Eröffnungsvortrag für das Institut zu halten (1981). Damit begann eine höchst anregende Zusammenarbeit. Besondere Freude machten mir die Seminare, die ich teils allein, teils mit meinem *betajee* Ali Asani hielt: über das Gottesbild in der klassisch-persischen Poesie, über Maulana Rumi (dessen Werk auch bei den Ismailis eine zentrale Rolle spielt) und über mancherlei anderes. So erlebte ich die Entwicklung des Instituts mit, das auch eine vorzügliche Bibliothek besitzt, in der man die schwer zu entziffernden Manuskripte religiöser Texte in Khojki-Schrift finden kann, die erst seit kurzem auch den Nicht-Ismailis zugänglich gemacht werden.

Durch das Institut lernte ich den Aga Khan persönlich kennen, den ich dann bald in London, bald in Harvard traf. Unsere erste Begegnung aber fand 1986 in Islamabad statt, als er mit dem höchsten politischen Orden des Landes ausgezeichnet wurde, während ich den höchsten Zivilorden erhielt – ein strahlender Frühlingstag voller Freude.

Das Institut und alles, was damit zusammenhängt, blieb ein Anziehungspunkt in London. Aber es wurde auch zu einer Quelle anderer Kontakte: Bei einem meiner ersten Vorträge stellte mir mein Freund Zia Shakeb, der mich wenige Jahre zuvor so wunderbar durch seine Heimat, den Dekkan, geführt hatte (siehe Seite 289f.), eine seiner Bekannten vor, die charmante Philippa Vaughan, die als Expertin bei Christies arbeitete, Kennerin indischer, besonders aber indo-muslimischer Kunst war und später Direktorin der Royal Asiatic Society wurde. Wir befreundeten uns bald, und als sie ihr Haus im Westen Londons renoviert hatte, wurde das meine Londoner Heimat. Wenn ich die beiden schwarzen Metall-Löwen gestreichelt hatte, die den Eingang bewachten, fühlte ich mich zu Hause. Philippa ist ein Genie der Gastfreundschaft; sie scheint jeden interessanten Menschen in London zu kennen – zumindest jeden, der mit Indien und mit islamischer Kunst zu tun hat. Man konnte zum Lunch Prinzessin Durreshahwar treffen, die Tochter des letzten osmanischen Sultans und Mutter des letzten, jetzt in Australien lebenden Nizams von Hyderabad. Ihr scharfes Profil glich haargenau dem ihres Ahnherrn, Sultan Suleymans des Prächtigen, wie es aus Porträts des sechzehnten Jahrhunderts bekannt ist. Sultan Ghalib al-

Quaiti, der frühere Sultan von Hadramaut war ein alter Bekannter. Die kluge Mai Yamani (Tochter von Zaki Yamani) lernte ich zuerst durch Philippa kennen, und natürlich kamen bei ihr die Kollegen zusammen, die in den Museen tätig sind. Nie wurde sie – und wird sie! – müde, neue interessante Freunde einzuladen, aus welchem Winkel der Welt sie kommen mögen. Dank ihrer Freundschaft lernte ich London kennen, und mehr noch: Wenn meine allzu knappe Zeit es erlaubte, führte sie mich zu neuen Zielen im Lande, vor allem zu den herrlichen gotischen Kathedralen Südenglands, Salisbury, Welles, Chichester. Wir erkundeten die gewaltige Kathedrale von York, besuchten das reizende Bath und verbrachten ein Wochenende im grünen Wales mit seinen alten Dörfern. Die wunderbaren getönten Zeichnungen der Tintern Abbey von Turner – in ihrer zarten, exakten Linienführung so verschieden von Turners späteren Gemälden – rufen mir immer wieder die Schönheit dieser Klosterruine an der Grenze zu Wales ins Gedächtnis zurück.

Zia Shakeb ist in London genauso aktiv wie einst in Hyderabad. Er und seine Familie lassen es sich nicht nehmen, bei meinem Besuch die *halqa* (den «Kreis») einzuladen, in der sich Freunde bei köstlichem indischen Essen treffen und über Literatur und Musik sprechen. Es ist immer eines der Wunder orientalischer Gastfreundschaft, wie viele Menschen in dem kleinen Apartment Platz finden und wie indische Künstler und britische Kunstexperten, englische und indo-pakistanische Literaten sich dort treffen! Was für ein Erlebnis, der berühmten Urdu-Romanschriftstellerin Qurratulain Hyder zusammen mit Englands Expertin für William Blakes Werke zu begegnen: der tief mystischen Dichterin Kathleen Raine, die, als ich sie vor kurzem sah, dreiundneunzig Jahre alt war und mich immer an die Mystikerin Fatima von Cordova erinnert, von der ihr Schüler, der große Theosoph Ibn 'Arabi im zwölften Jahrhundert schreibt, sie sei über neunzig Jahre alt gewesen und habe ausgesehen wie ein junges Mädchen. So wirkt Kathleen mit ihrem strahlenden rosigen Gesicht und ihrer großen Weisheit auf mich.

Hin und wieder besuchte ich das Nimatullahi-Zentrum, wo Dr. Nurbakhsh, der Leiter des persischen Nimatullahi-Sufi-Ordens, lebte. Ich kannte ihn aus New York und bewunderte seine Aktivität, die ihn inspirierte, in aller Welt Sufi-Zentren zu gründen, nachdem er – weitbekannter Professor der Psychiatrie in Teheran – seine Heimat nach der Revolution 1979 verlassen hatte. Ein glänzender Geist, hochgebildet, war er mir doch immer ein wenig unheimlich – vielleicht, weil ich Mühe hatte, seine Anekdoten ganz zu verstehen, die er in raschestem

Persisch, oft von Lachen unterbrochen, seinen bewundernden Hörern erzählte. «Khanum-i Schimél, Sie müssen ein Khanqah (Sufi-Zentrum) in Bonn aufmachen!» neckte er mich gern. (Das Zentrum wurde im Süden von Köln gegründet, aber nicht von mir). Nurbakhsh gab eine gut ausgestattete Zeitschrift heraus, in der ich manchmal englische Gedichte veröffentlichte, die dank ihm auch als hübsch gestaltetes Buch erschienen (*Nightingales under the Snow*).

Manchmal führte Philippa mich auch in den Osten Londons, wo, nicht allzuweit von Greenwich, Ahmad Moustafa lebt, einer der großen arabischen Schriftkünstler der Gegenwart, der mit Hilfe des Computers höchst reizvolle kalligraphische «Gemälde» aus arabischen Sätzen, Koranversen, Gedichten schafft, wie es zur Zeit Mode geworden ist. Seine riesigen Bilder, die zum Teil als Vorlagen für französische Gobelins dienen, sind von großer Schönheit; ja, manche sind geradezu atemberaubend, und das gilt auch für seine fast magischen Würfelkonstruktionen aus sinnvollen arabischen Sätzen oder religiösen Formeln. Doch auch die klassischen Formen der Kalligraphie sind ihm vertraut, arbeitet er doch über die mathematischen Grundlagen der Schrift, wie sie im frühen zehnten Jahrhundert von dem arabischen Wesir Ibn Muqla gelegt worden sind und bis heute gelten.

Zu all den genannten Freunden in London kam im letzten Jahrzehnt noch die Verbindung mit der al-Furqan-Stiftung in Wimbledon, die von Shaikh Zaki Yamani zur Bewahrung des islamischen Erbes und zur Katalogisierung arabischer Handschriften vor allem in sonst vernachlässigten Gebieten gegründet wurde. Die Treffen mit den Kollegen, die einige Male im Jahr stattfinden, die Vorträge und Seminare im Eagle House in Wimbledon sind immer Höhepunkte des Jahres, umso mehr, als sich eine wunderbare Freundschaft mit den Yamanis daraus entwickelt hat. So habe ich nun noch eine zweite Heimat in London oder, richtiger, in Surrey, wo das Haus der Familie liegt, dessen Park den Besucher eigentlich immer dazu anregt, ein Gedicht im orientalischen Stil zu schreiben.

In jedem Fall: London ist für mich eine Stadt, die den Besucher immer mit beglückenden Begegnungen überrascht. Ob man an einem Frühlingstag am Hydepark entlang fährt oder etwas später im Jahr die unzähligen Rosen in Regents Park bewundert, ob man sich in die Schätze der British Library oder der Royal Asiatic Society vertieft (die mich 1999 zum Ehrenmitglied machte) – die Stadt zeigt sich immer anders. (Nein, lieber Leser, ins Theater gehe ich auch in London nicht, ebensowenig wie in Bonn.») Manchmal denke ich, ich brauchte nur nach London zu reisen, um die Hälfte meiner indischen und pakistanischen Freunde zu treffen, ob es nun Poeten wie der 1984 verstorbene Faiz Ahmad Faiz oder Ahmad Faraz sind oder Künstler wie Gulgee, der Meister der Kalligraphie und Maler aus Pakistan, dessen kostbare Porträts des Aga Khan und anderer führender Persönlichkeiten, zusammengesetzt aus Tausenden winziger Lapislazuli-Splitter, aus einer gewissen Entfernung wie makellose Fotografien wirken. Aber immer sind die Aufenthalte allzu kurz, und noch viel ist zu entdecken.

Der sogenannte Ruhestand

Mit dem Wintersemester 1992 endete meine Lehrtätigkeit in Harvard nach genau fünfundzwanzig Jahren. Wir feierten meinen siebzigsten Geburtstag noch mit großer Besetzung. Zehn Tage später, am 17. April, flog ich nach Edinburgh, um dort die Gifford Lectures zu halten. Ich genoß die Tage im frühlingshaften Edinburgh und versuchte, meine Vorlesungen «Deciphering the Signs of God» nach dem Modell von Friedrich Heilers Werk *Wesen und Erscheinungsformen der Religion* (1965) zu gestalten, das heißt zu zeigen, daß man die Religionen nach einem bestimmten Schema interpretieren kann, denn der *deus absconditus*, der sich im Zentrum aller religiösen «Erfahrung» doch als unerfahrbar, unerklärbar erweist, läßt sich in langsam ansteigenden Kreisen langsam zumindest in seinen Erscheinungen ahnen. So besteht der äußerste Kreis, der das Heilige umgibt, aus den heiligen Aspekten von Dingen in Natur und Kultur; heilige Zeit und heilige Handlung (Riten, Gebete, Feiern und ähnliches); dann kommt die Rolle des Wortes (dem Wort *von* Gott = Offenbarung, dem Wort *vom* Menschen = Gebet); daraus leiten sich die Rollen von Individuum und Gesellschaft ab, und schließlich stellt sich die Frage nach Schöpfung und Eschatologie. Alle diese Phänomene können helfen, die religiöse Welt, in der sich der Gläubige befindet, etwas aufzuhellen. Wenngleich Heiler diese phänomenologische Sicht auf die gesamte Religionsgeschichte überträgt und dadurch gewissermaßen die grundsätzliche Einheit der Religionen zu beweisen sucht, fand ich, daß man gerade dem Islam in dieser Weise näherkommen konnte – vor allem, da der Koran den «Zeichen Gottes» eine ganz besondere Stellung zumißt: «Wir werden ihnen Unsere Zeichen zeigen in den Horizonten und in ihnen selbst», heißt es in Sure 41,53. Geschichte und

Natur weisen ebenso auf die göttliche Einheit hin wie die seelischen und geistigen Regungen des Menschen.

Am 9. Mai kehrte ich aus Edinburgh nach Bonn zurück, weil ich wenige Tage später in Tübingen eine Ehrung erhalten sollte, die mir fast ebenso kostbar erschien wie die Ehre, jene anspruchsvollen Vorlesungen in Schottland zu halten. Das war der Leopold-Lucas-Preis der Evangelisch-Theologischen Fakultät der Universität. F. D. Lucas, Sohn eines 1943 in Theresienstadt umgekommenen Rabbiners, hatte 1972 diesen Preis zum Andenken an seinen Vater gestiftet, um der Verständigung zwischen den Religionen zu dienen. So fand ich mich – wieder einmal als erste Frau – in der Gesellschaft des Dalai Lama, Karl Rahners, Hans Jonas' und anderer Koryphäen, die diese Ehrung zuvor erhalten hatten. Mein Thema griff einen Gedanken der Gifford Lectures auf; es lautete «Gewänder Gottes» und behandelte die Art, wie Menschen versucht haben, Gottes Wesen hinter seinen verschiedenen Manifestationen zu erkennen, «der Gottheit lebendiges Kleid» ein wenig zu heben, den «Saum seiner Gnade» zu ergreifen. Mit dem großzügigen Stifter des Preises blieb ich bis zu seinem Tod in Verbindung, dankbar für seine menschliche Größe.

Doch schon nach drei Tagen in Bonn führte mich der Weg zurück in die USA – nach Boston, New York und Washington, wo es Vorträge zu halten und Freunden Lebwohl zu sagen galt. Am 5. Juni brach ich meine Zelte im «westlichen Exil» endgültig ab. Die «festen Gegenstände» meiner Einrichtung wurden verschenkt, ebenso die meisten Bücher – denn wo sollte ich dies alles in Bonn unterbringen? Hätte mein türkischer Verleger in Köln die – ich glaube sechsundzwanzig – ziemlich großen mitgebrachten Bücherkisten nicht jahrelang in seinem Verlag aufbewahrt, so wäre es noch schwieriger geworden.

Und dann begann das «neue Leben». Viele der alten Bekannten und Freunde in Bonn traf ich wieder, darunter viele Diplomaten, pensionierte und aktive. Doch nur zwei Freunde möchte ich hier erwähnen. Einer ist Walter Schmid, der am 1. Februar 2002 im Alter von nahezu neunzig Jahren verstarb. Sein Buch *Russische Jahre* schildert seine drei Aufenthalte in der Sowjetunion – zweimal als Diplomat, einmal aber in zehnjähriger Kriegsgefangenschaft am Ural, aus der er 1955 zurückkehrte. Trotz allem Schweren liebte er Rußland sein Leben lang und erschien uns als Modell eines tapferen, tiefgläubigen Menschen, der durch sein Beispiel viele Jüngere vor dem Zusammenbruch bewahrt hat. Mit ihm und seiner Familie verband mich eine lange während Freundschaft, die auch nach dem Tode seiner Frau fortdauerte, mit der ich so manchen Abend mit der Diskussion über Lyrik und mit Wettrezitieren verbracht habe. Seit dem Tode meiner Mutter ist die Teilnahme an der Schmidschen Weihnachtsgans Tradition. Ganz anders die Beziehung zu Shams und Hortense Anwari. Shams ist einer der führenden Kalligraphen Irans, der freilich seit Jahrzehnten in Deutschland lebt. Als profunder Kenner der persischen Literatur und Überlieferer zahlreicher Volksbräuche, die heute verlorenzugehen drohen, verkörpert er die beste persische kulturelle Überlieferung; seine holländische Frau lebt tief in der christlichen mystischen Tradition. Die Abende mit ihnen sind immer eine köstliche Mischung von hoher Geistigkeit und irdischen Genüssen, denn die von Shams bereiteten Speisen sind wahrlich Gedichte.

Eine meiner ersten Reisen 1992 in Deutschland führte mich mit Hortense zu der Abtei Niederaltaich, jener schönen Benediktinerabtei, wo Abt Emmanuel jene Spiritualität vertrat, die ich von Friedrich Heiler kannte. Eine ähnlich wohltuende Atmosphäre fand ich drei Monate später in St. Gabriel in Mödling bei Wien wieder. Dort wurde unter der Leitung von Dr. Andreas Bsteh ein weitgreifendes Dialogprogramm entwickelt, in dem die Verständigung mit dem Islam im Mittelpunkt stand – nicht im Sinn einer immer wieder die gleichen Schlagworte benutzenden «Begegnung», sondern in von Theologen und Wissenschaftlern beider Seiten gründlich und kenntnisreich geführten Gesprächen. Dieser Dialog wurde ständig weitergeführt und erreichte einen Höhepunkt im Jahre 2001 beim Zusammentreffen der ranghöchsten Vertreter der iranischen Schia und der katholischen Kirche Österreichs: Kardinal Schönborn und Kardinal König (nun sechsundneunzig Jahre alt) feierten in Wien den Abschluß der Zusammenarbeit mit Ayatullah Khamenei und Ayatullah Tashkiri (siehe Seite 246).

Zwischen den beiden beglückenden Erfahrungen – Niederaltaich und Mödling – genoß ich einen kurzen Aufenthalt im lieblichen Wales, dessen Landschaft zum Träumen einlud. Natürlich hieß es auch, sich in Bonn wieder ganz einzuleben. Die Wohnung in der Lennéstraße war ja – auch nach dem Tode meiner Mutter – Heimat gewesen, und das Leben mit so vielen Bekannten, vor allem mit den Botschaftern und den Kollegen, war erfreulich. Keinen besseren Partner in der Universität hätte ich finden können als Stefan Wild, der das Orientalische Seminar leitete und der sich als echter Freund erwies. Mit seiner Schwiegermutter, Gabriele Wülker, einst Staatssekretärin im Kabinett Adenauer, verband mich schon lange eine freundschaftliche Beziehung. Die internationalen Gesellschaften – die Deutsch-Türkische, die Deutsch-Iranische und später die Deutsch-Usbekische Gesellschaft – spannten mich gern für Vorträge ein, und besonders die Aktivitäten des Deutsch-Pakistanischen Forums lagen mir am Herzen (eine Zeitlang war ich dessen Präsidentin, was mir nicht viel Freude machte). Daß diese Tätigkeiten sich nun nach Berlin verlagert haben, macht Bonn für uns Orientalisten etwas weniger interessant; die Zusammenkünfte in der schönen syrischen Botschaft, deren Empfangsräume ganz im klassischen arabischen Stil gehalten waren, hatten immer einen Höhepunkt im Festkalender gebildet. Und wann werde ich einmal wieder die gewaltige, in Form eines Buches gestaltete Festtorte der saudischen Botschaft anschneiden dürfen?

Die Vorträge und Reisen gingen selbstverständlich weiter. Im März 1993 besuchte ich wieder die Türkei zu Vorträgen in Istanbul. Damals vertieften sich meine Beziehungen zur IRCICA (Organisation of the Islamic Conference, Research Centre for Islamic History, Art and Culture), der Institution, die mir 1990 zum zehnjährigen Jubiläum ihrer Gründung ihre Goldmedaille verliehen hatte. Mit Gudrun Schubert durchstreifte ich das geliebte Istanbul; es war der Beginn einer Freundschaft, für die ich täglich dankbar bin. Sie begleitete mich auch zum Hause meiner verehrten Freundin Samiha Ayverdi (siehe Seite 95), die, hochbetagt, drei Tage nach meinem Besuch in die lichtvolle Ewigkeit einging.

Kaum von Istanbul zurück, flog ich in die USA, denn man hatte mich gebeten, einen autobiographischen Vortrag für das ACLS (American Council of Learned Societies) zu halten. Zu diesen Vorträgen (*A Life of Learning*) werden bekannte Persönlichkeiten eingeladen, deren Lebensweg interessant zu sein scheint. Ich fühlte mich ein wenig überfordert, als ich die Reden meiner Vorgänger las, hatte ich doch nichts für amerikanische Politik getan, keine beeindruckenden sozialen Werke geleistet, keine bahnbrechenden naturwissenschaftlichen Entdeckungen gemacht. So erzählte ich einfach von meinem Leben – und es wurde ein großer Erfolg. Anfang Mai war ich wieder zu Hause.

Die Veröffentlichung meiner Gifford Lectures zunächst im englischen Original (noch denke ich mit Schauder an den Lektor der Edinburgh University Press, der keinerlei Phantasie oder gar Schönheitssinn zu haben schien) und etwas später in der deutschen Version nahm mich sehr in Anspruch. Von da an taucht das Wort «Index» immer häufiger in meinen Jahresberichten auf; denn die wichtige Arbeit des Registermachens nahm mit der Zahl der erscheinenden Bücher zu. So reimte ich:

Der Eidex ist ein liebes Tier,
Der Index frißt sehr viel Papier.
Der Eidex lebt vergnügt im Süden,
Der Index tut mich sehr ermüden.
Der Eidex liegt auf warmen Steinen,
Der Index bringt mich fast zum Weinen.
Der Eidex frißt gemütlich Mücken,
Der Index krümmt mir meinen Rücken.
Der Eidex sonnt sich still am Bach,
Der Index läßt mich stöhnen – ach ...
Der Eidex tanzt den Sonnentanz,
Der Index hat 'nen langen Schwanz.
Der Eidex hebt im Tanz die Pfoten,
Der Index kämpft mit Fußfußnoten.
Der Eidex legt jetzt rasch ein Ei,
Der Index tut's in die Kartei.
Der Eidex fängt nun an zu betteln,
Der Index gräbt in seinen Zetteln.
Der Eidex sagt: «Du bist so fleißig»,
Der Index sagt: «Oh ... Seite dreißig ...»
Der Eidex hofft auf süßen Schlummer,
Der Index doch wälzt sich vor Kummer.
Der Eidex wird ins Bett gebracht,
Der Index, ach, starrt in die Nacht:
Die Frage steht vor ihm wie Rauch:
Stimmt Seite 170 auch?

Damals begann meine Zusammenarbeit mit dem Verlag C.H. Beck, der
zunächst meine Erinnerungen an meine Reisen im indo-pakistanischen
Subkontinent publizierte (*Berge, Wüsten, Heiligtümer*), dann die Gifford
Lectures (*Die Zeichen Gottes*) und dann jedes Jahr ein neues Werk, seien
es Übersetzungen in der Neuen Orientalischen Bibliothek, Bücher
über Träume in der islamischen Kultur (*Die Träume des Kalifen*) oder die
Einführung in die Mogulkultur (*Im Reich der Großmoguln*), die gewissermaßen die Quintessenz meiner Harvard-Studien darstellt. Es muß hier
eingeschoben werden, daß ich das Glück hatte, zu meinen Verlegern
immer gute, ja freundschaftliche Beziehungen zu haben. In den achtziger Jahren, als ich sehr viel für den Eugen Diederichs Verlag schrieb,
wurde ich geradezu Familienmitglied, und das Büchlein, das ich meinen (leider nur von fern) geliebten Katzen widmete, erschien zuerst in

diesem Verlag. Nachdem Inge Diederichs in den siebziger Jahren einmal zum Tee in die Lennéstraße gekommen war, begannen die Veröffentlichungen vor allem auf dem Gebiet des Sufismus. Manche der Titel, wie das der Prophetenverehrung im Islam gewidmete Buch *Und Muhammad ist Sein Prophet*, veröffentlichte ich wenig später auf Englisch in stark erweiterter Form in der University of North Carolina Press, während mein 1975 in eben diesem Verlag erschienenes Werk *Mystical Dimensions of Islam* später auf Deutsch bei Diederichs herauskam. (Ich ziehe es vor, von den englischen Versionen meiner Bücher die deutsche, von den deutschen die englische Fassung selbst zu schreiben und Übersetzungen in andere mir vertraute Sprachen zumindest zu kontrollieren; denn eine nichtkorrekte Übersetzung gerade bei religiöser Terminologie oder bei Gedichten kann böse Folgen für das Verständnis haben.) Das ebenfalls bei Diederichs erschienene Buch *Das Mysterium der Zahl*, beruhend auf einer Veröffentlichung von Franz Carl Endres, erwies sich als Bestseller in einem Dutzend Übersetzungen, und das zuerst in Edinburgh veröffentlichte Buch *Islamic Names* wurde vom gleichen deutschen Verlag unter dem Titel *Von Ali bis Zahra* veröffentlicht. Namen sind eines meiner Lieblingsgebiete; aus Vornamen und – wie seit 1931 in der Türkei – Familiennamen kann man viel über die kulturelle und auch politische Lage eines Landes, über Ideale und Wünsche erkennen; deswegen habe ich auch türkischen Namen ein Büchlein gewidmet, das unter dem Titel *Herr Demirci heißt einfach «Schmidt»* versucht, unseren Landsleuten die Bedeutung und Zusammensetzung vieler türkischer Namen zu erklären, damit sie unsere türkischen Mitbürger besser verstehen.

Bei jedem Teebesuch von Ulf Diederichs wurde ein neues Projekt entwickelt. Noch immer ist mein «Lieblingskind» die poetische Anthologie *Nimm eine Rose und nenne sie Lieder* (1987), die, schön ausgestattet, eine Auswahl von Poesie aus den verschiedenen orientalischen Sprachen enthält. Ulfs häufige Besuche fehlen mir, seit er nach Süddeutschland zog, weil der traditionsreiche, mir seit Kindestagen vertraute Verlag der zunehmenden Verschmelzung im Verlagswesen nicht widerstehen konnte und an Hugendubel überging. Doch die Verbindung mit der Diederichs-Familie blieb ungetrübt bestehen.

Und nun – seit 1993 – entwickelte sich ebenso eine Freundschaft mit dem Hause C.H. Beck, zunächst mit den Lektoren. Wie viel Spaß machte die Zusammenarbeit mit Matthias Politycki und dann mit Marla Stukenberg, mit der mich die Liebe zum indischen Subkontinent verbindet – bis zum gegenwärtigen Lektorat! Beglückend ist die Freundschaft mit Wolfgang Beck und seiner Frau, der persischen Goldschmiedin Mahrukh.

Schließlich hat sich seit 1975 eine schöne Verbindung zu Hermann Herder und den Mitarbeitern des Herder-Verlages entwickelt. Durch eine Zusammenkunft der Stiftung Oratio Domini 1975 kam ich erstmals in Kontakt mit dem Hause und genoß die Zusammenstellung islamischer Gebete in der Folge des Vaterunsers (*Denn Dein ist das Reich*; in erweiterter Form später im Spohr Verlag *Dein Wille geschehe*). In den *Texten zum Nachdenken* bot ich Material zu Halladsch, dem «Märtyrer der Gottesliebe», sowie die Übersetzung des von mir sehr geliebten ägyptischen Mystikers Ibn Ata' Allah, dessen Sprüche und Aphorismen mir immer noch einer der schönsten Meditationstexte überhaupt zu sein scheinen. Mit der im Zusammenhang mit dem Friedenspreis entstandenen Skizze *Wie universal ist die Mystik?* begannen kleine Bücher in der Reihe Herder-Spektrum zu erscheinen, unter denen mir das letzte, ein Büchlein über islamische Gärten und Blumen, besonders lieb ist.

Gibt es besseres als solche positiven Verlagserfahrungen, die in meinem Fall schon sehr früh durch meine Arbeit mit dem Carl Hanser Verlag und seinem wundervollen Lektor Herbert G. Göpfert begannen? Allerdings muß ich hier ein ganz bescheidenes Selbstlob einsetzen: nämlich, daß ich bisher immer alle Termine eingehalten habe.

Doch zurück zum Jahr 1993, in dem ich bei einer kurzen Englandreise auch Yorkminster und die romantischen Ruinen von Riveaux kennenlernte. Ein Kongreß über vergleichende Mystik fand im Sommer in Ávila statt, und Ende September erhielt ich eine Auszeichnung in Rom, wo Attilio Petruccioli, Leiter des Environmental Design und glänzender Kenner islamischer Bau- und Gartengeschichte, eine reizende Feier für mich (wie mir schien unverdientermaßen) organisierte. Kaum zurück, folgte die jährliche «Pilgerfahrt» nach Pakistan, die diesmal auch einen Besuch in Azad Kaschmir enthielt – jenem kleineren Teil Kaschmirs, der zu Pakistan gehört und daher von den Pakistanern als *âzâd*, «frei» bezeichnet wird, im Gegensatz zu dem unter indischer Herrschaft liegenden größeren Teil des Landes. Die romantische Berglandschaft und die Freundschaft der Menschen beeindruckten mich sehr. Wäre der seit 1947 schwelende Kaschmirkonflikt nur erst friedlich gelöst (siehe Seite 291), damit es endlich echten Frieden im Subkontinent gäbe!

Ganz andere Gedanken beschäftigten mich bei der ersten Eranos-Tagung, zu der ich als Sprecherin eingeladen war. Ascona war schön wie eh und je, und ich sprach dort, wo die großen Religionswissenschaftler seit den dreißiger Jahren gewirkt hatten. Das Kongreßthema war «Die Macht des Wortes». Zwar hatten sich die *Amici di Eranos* einige Zeit zuvor gespalten; doch die beiden damaligen Vorsitzenden, der Politikwissenschaftler Tilo Schabert und der Ägyptologe Erik Hornung, versuchten, die Tradition fortzuführen – bis in den späten neunziger Jahren wieder Spannung und Spaltung folgten. Dessen ungeachtet genieße ich es bis heute, an den anregenden Tagungen teilzunehmen und die islamkundliche Seite zu vertreten, wie es einst der ungeheuer gelehrte Henry Corbin getan hat.

Noch ein anderes, freilich bei weitem nicht so internationales Ereignis wie Eranos wurde fast zu einem Teil meines Jahresprogramms. In Marl, nahe Münster, organisierten engagierte Theologen Zusammenkünfte und Vorträge, die dem besseren Verständnis anderer Religionen, vor allem des Islam, dienen. Im Jahr 2001 wurde beispielsweise ein Abrahamsfest gefeiert, das die Bedeutung und Wirkung der Gestalt des Vaters der drei abrahamitischen Religionen (Judentum, Christentum und Islam) für die Angehörigen eben jener drei Religionen thematisierte. Es ist ohnehin beachtlich, daß es in verschiedenen Gemeinden Nordrhein-Westfalens in den letzten Jahren starke Bemühungen gibt, bessere Beziehungen zwischen Christen und den im Ruhrgebiet besonders zahlreichen muslimischen Gemeinschaften zu schaffen, und so finde ich mich immer wieder bei Vorträgen und Seminaren in Recklinghausen, Bottrop und ähnlichen Orten.

So ging das Leben weiter mit Vorträgen, und «des Büchermachens war kein Ende». Im Mai 1994 erhielt ich die Goldmedaille der Humboldt-Gesellschaft und nahm an allerlei Symposien in Wien, Berlin und London teil. Das letztere war dem Indus sowie der ökologischen, historischen und sozialen Bedeutung des gewaltigen Stromes gewidmet, die sich auch in der Dichtung, vor allem in Sindhi, zeigt. Ist nicht der gewaltige Strom, der Segen und Verderben bringt und alles überfluten kann, ein treffendes Symbol für Gott?

> Bringt der Indus hohe Flut,
> überströmen die Kanäle –
> des Geliebten Liebe auch
> ist zu groß für meine Seele,

singt Qadi Qadan im sechzehnten Jahrhundert: Das kleine Menschenherz kann den Ansturm der göttlichen Gnadengegenwart nicht ertragen, und der Liebende spricht dann unkontrolliert aus, was er in der Ekstase an Inspiration empfängt. Im Herbst war ich wieder in das Land

am Indus eingeladen. Das Aga-Khan-Hospital in Karachi feierte sein
zehnjähriges Jubiläum, und so mußte auch ich eine Rede halten. Ich genoß es, den Aga Khan und seine reizende Tochter wiederzusehen, die
ich seit ihrer Zeit als Undergraduate in Harvard kannte.

Daneben gab es 1994 einen anderen Höhepunkt, der für mich noch
wichtiger war: Zum ersten Mal nach Krieg und Wiedervereinigung besuchte ich meine Heimatstadt Erfurt. Ich hatte die Wiedervereinigung
Deutschlands in Pakistan erlebt, und kaum jemand kann sich den Jubel
der pakistanischen Bevölkerung bei diesem Ereignis vorstellen. Als ich
die Öffnung des Brandenburger Tors im Fernsehen sah, kamen mir doch
die Tränen. Aber wenngleich die Erfurter Akademie der Gemeinnützi-
gen Wissenschaften mich schon bald nach 1990 zum Mitglied ernannte,
bedurfte es eines besonderen Anstoßes, damit ich mich zurückwagte.
Das geschah bei einem Symposium über mittelalterliche Mystik, bei
dem ich Kurt Ruh, den großen Meister auf diesem Gebiet und heraus-
ragenden Kenner Meister Eckharts, wiedertraf, hatte doch Meister Eckhart eine Weile in Erfurt gewirkt (noch zeigt man seinen Sitz im Gestühl
der Erfurter Predigerkirche). Da ich zwei Stunden zu spät ankam, fand
ich mich allein auf dem Bahnsteig, sah mich um und war plötzlich in
meine Kindheit zurückversetzt. Ich überquerte den Bahnhofsvorplatz,
glitt, gewissermaßen in Trance, durch die Bahnhofstraße, sah das Kino, in
dem ich einst ein Autogramm von Sven Hedin bekommen hatte, holte
mir Auskunft im Angermuseum – und da war ich in der Barfüßerkirche,
die, im Krieg zerstört, eine imponierende Ruine bildet. Dort traf ich die
Teilnehmer am Symposium und war «zu Hause». Im Winter 1995 kehrte
ich nach Erfurt zurück; später wurde ich in das Kuratorium der neu gegründeten Universität berufen. Wenn ich auch nicht allzu viel zu den
technischen Aspekten der Universität beitragen konnte und kann, hielt
ich es doch für meine Pflicht, bei der Entwicklung einer Universität in
meinem Geburtsort zumindest ein wenig mitzuhelfen. Daß diese Universität einen Lehrstuhl für Islamkunde hat, ist für mich eine besondere
Freude. Aus diesem Grunde habe ich auch im Wintersemester 2000/01
an dem Seminar über Sufismus teilgenommen, das mein junger Kollege
Jamal Malik (ein Pakistaner, also *fast* ein Landsmann von mir!) erstmals
dort hielt. Daß die Aversion gegen Ausländer in Erfurt bedeutend spür-
barer ist als bei uns im Westen, schmerzt mich – wie die sonderbaren, ja
unglaublichen Mißverständnisse, die gegenüber dem Islam bestehen,
mich immer wieder überraschen, ja entsetzen. Aber die Integration
wird hoffentlich langsam fortschreiten.

Im Frühjahr 1995 wurde ich zu meiner größten Überraschung eingeladen, Bundespräsident Roman Herzog und seine Frau bei ihrem Staatsbesuch nach Pakistan zu begleiten. Was für eine Freude, Pakistan von einer neuen Seite zu sehen und, mehr noch, den liebenswürdigen und humorvollen Bundespräsidenten aus der Nähe kennenzulernen! Beim Staatsempfang glich das Fort von Lahore einem Märchenschloß, wo wir zwischen Lichtern und Wasserspielen feierten . Da der Bundespräsident am 5. April und ich am 7. April Geburtstag haben, waren diese Tage ein ständiges Fest. Die Botschaft in Islamabad hatte sich selbst überboten, den schönen Garten zu verzaubern, und ich konnte dem hohen Gast viele meiner alten Freunde vorstellen, darunter meine höchst umfangreichen Sindhi-«Neffen», die es inzwischen zu Senatoren im Parlament gebracht hatten. Noch sehe ich Zarrina Gulgee vor mir, die Frau des genialen pakistanischen Malers und Kalligraphen, die ein höchst apartes Juwelenset trug (entworfen und angefertigt von ihrem Sohn). Frau Herzog bewunderte es, und blitzschnell hatte Zarrina es abgelegt und ihr geschenkt. Ein anderer meiner Kalligraphenfreunde, Rashid Butt, hatte eine exquisite Kalligraphie für den Bundespräsidenten geschaffen, die ich ihm überreichen durfte. So war die Reise eine Kette von schönen Erfahrungen, ob wir nun den gewaltigen Tarbela-Staudamm besichtigten oder die buddhistischen Kunstwerke in Taxila. Das Goethe-Institut in Karachi wurde ebenso besucht wie soziale Einrichtungen, und sogar ein deutsch-pakistanisches Hockeyspiel gab es, das zum Glück 0:0 ausging.

Bald darauf reiste ich erstmals nach fast zwanzig Jahren nach Iran. Das lang entbehrte Land zeigte sich freundlich, und mein Ehrenbegleiter tat alles, um die Sehenswürdigkeiten zu zeigen. Ich durfte erstmals nach Maschhad fliegen und Schiras wiedersehen (siehe Seite 244 f.).

Am 1. Mai 1995 erschien ein unerwarteter Gast mit einem großen Rosenstrauß. Es war Gerhard Kurtze, der Leiter des Börsenvereins des Deutschen Buchhandels, der mir mitteilte, man habe mir den Friedenspreis zugesprochen. Natürlich war ich ebenso entzückt wie überrascht. Gleich darauf mußte ich in Utrecht an einem Kongreß über «Sufismus und seine Gegner» teilnehmen. Da die ARD ein Interview von mir wünschte, fuhr ich zur Aufnahme ins Studio nach Hilversum. Während die Moderatorin, Sabine Christiansen, mich fragte, sah ich sie nicht, sondern blickte in ein schwarzes Loch. Da in jenen Jahren die Debatte um Salman Rushdie Presse und Öffentlichkeit beherrschte, wurde ich verständlicherweise auch zu den *Satanischen Versen* befragt. Ich distanzierte mich deutlich von der Fatwa Khomeinis. (Übrigens: *fatwa* heißt einfach «Rechtsgutachten», nicht «Todesurteil». Der fromme Muslim wird eine Fatwa einholen, wenn er oder sie eine schwerwiegende Operation vor sich hat, oder wenn eine Frage ritueller Reinheit o.ä. vorliegt. Sollte die Fatwa eine Todesstrafe empfehlen, so muß der Fall zunächst vor einem ordentlichen Gericht verhandelt werden.) Ich konnte jedoch nicht umhin zu bemerken, daß Rushdie mit seiner Satire (deren Schärfe für einen Europäer, der sie in Übersetzung liest und die muslimischen Ausdrücke nicht kennt, kaum nachvollziehbar ist) «die religiösen Gefühle von Millionen von Muslimen beleidigt» habe. Dann fuhr ich fort, auf die Geschichte des Problems «Prophetenbeleidigung» in der islamischen Welt hinzuweisen, merkte aber nicht, daß die Sendung zu Ende war, da ich die Moderatorin ja nicht sehen konnte. Und dann setzte eine Hexenjagd ein, wie ich sie nie für möglich gehalten hatte. Welche meiner Bemerkungen die Hörer – oder einige von ihnen – so in Rage versetzt hatte, weiß ich bis heute nicht. Ein Artikel meines Schülers Gernot Rotter in der ZEIT verschlimmerte die Lage. Er hatte – nicht unrichtig – bemerkt, daß ich mich ja nicht politisch engagiert hätte, wie es der Friedenspreis (nach seiner Lesart) forderte. Ich kann die Anschuldigungen, die sich täglich mehrten, zum Glück nicht mehr alle rekonstruieren. Zu viele Manipulationen waren im Spiel, und leider hatte keiner meiner lautstarken Kritiker mich je gesehen, je einen Vortrag von mir gehört oder einige meiner Bücher gelesen; allenfalls wurden ein paar Sätze herausgepickt, um sie verkehrt zu interpretieren. Wenn ich – historisch korrekt – festgestellt hatte, daß «Singsklavinnen im mittelalterlichen Islam am teuersten waren», so wurde das zum Beispiel als positive Bewertung der Sklaverei hingestellt, und meine bis dahin erste und einzige Iran-Reise nach der Revolution von 1979 im gleichen Frühjahr erschien manchen als eine ständige Serie von Verbindungen mit den Ayatullahs.

Mir wurde klar, daß ich vieles in der Entwicklung in der deutschen Politik, im Geistesleben nicht richtig mitbekommen hatte, weil ich ja fünfundzwanzig Jahre in Harvard und im Herbst oftmals in den orientalischen Ländern gewesen war. Ich kannte mich gewißlich in der pakistanischen Politik und in der dortigen Geisteswelt bedeutend besser aus als im Deutschland der neunziger Jahre. Und auch die Achtundsechziger waren mir nicht sehr vertraut. In Harvard hatten die Achtundsechziger-Revolten nur am Rande, das heißt von den beflissenen Philologen kaum beachtet, stattgefunden; Politologen und Soziologen waren in er-

ster Linie daran beteiligt. Zu mir kam nur einmal ein Student, ein idea-
listischer Junge, der Paschto lernte, weil er in der Friedensbewegung im
Nordwesten Pakistans mitarbeiten wollte, und zeigte auf seine schwarze
Armbinde: «Dr. Schimmel, ich streike heute. Aber können wir den
Paschto-Kurs nicht ‹Diskussion› nennen? Dann kann ich nämlich mit-
machen, während ich bei einer ‹Übung› wegen dieses Streiks nicht teilnehmen kann.» Nun, leichter war wohl die Bitte eines Streikenden
nicht zu erfüllen!

Der Börsenverein war leider nicht ganz hilfreich bei meiner Verteidi-
gung; viele der Mitarbeiter fühlten sich verständlicherweise unsicher,
mit schwierigen Entscheidungen konfrontiert. Und als der Oktober und
damit die Verleihung des Preises nahte, riet mir einer meiner Betreuer,
mich bei meinen Quälgeistern zu entschuldigen (nach dem Motto:
Nicht der Mörder, der Ermordete ist schuldig). Da aber protestierte ich
energisch, worauf er sich mit einem großen Strauß dunkelvioletter Blumen entschuldigte. Ich vergab ihm, da Violett ja die Farbe der Buße ist.
Die Reaktionen einiger Kollegen waren, wenn auch subtiler, nicht gerade kollegial. Meine Nerven lagen blank, und ich wußte nicht, ob ich
diese Hexenjagd überhaupt überstehen würde. Der 43. Psalm und die
koranischen Schutz-Suren waren meine geistige Nahrung in jenen Wochen.

Aber es gab auch viele positive, ermutigende Briefe von völlig Unbekannten, und ich brachte es sogar fertig, im September eine Reihe von
Vorträgen zu halten, wenn es mir auch sehr schwer fiel. Trotz aller Bela-
stungen und obgleich ihm nicht wenige Persönlichkeiten energisch ab-
rieten, hielt Bundespräsident Herzog an seinem Versprechen fest, die
Laudatio zu halten.

Dann kam der 15. Oktober. Nachdem die Herren vom Börsenverein
mir zum Frühstück noch gute Ratschläge gegeben hatten, wie ich mich
zu verhalten hätte, wenn die faulen Eier und Tomaten zu fliegen begän-
nen (!), betrat ich die Paulskirche, als ginge ich zu meiner Hinrichtung.
(Das wäre mir in diesem Moment auch entschieden lieber gewesen.)
Aber seltsam: Je weiter die Feier fortschritt, desto mehr schien sich der
dumpfe Nebel, der den Saal zuerst erfüllt hatte, aufzulösen; der Raum
wurde luftiger, strahlender, und als ich meine Rede begann, schien alles
erhellt. Ja, es war mir, als sei der Kirchenraum von Engeln erfüllt, die
uns umgaben. Es war eine geradezu mystische Erfahrung.

Ich betonte in meiner Rede, daß die Methoden von Wissenschaft und
Kunst verschieden sind von denen der Politik und des Journalismus, daß

aber beide die Wichtigkeit des Wortes, des freien und schöpferischen
Wortes in den Mittelpunkt stellen, denn Worte haben eine ungeheure
Macht, können trennen und verbinden. Dabei betonte ich natürlich auch
wieder mein von Rückert übernommenes Lieblingsmotto: «Weltpoesie
ist Weltversöhnung». Als ich geendet hatte, gab es – Gott sei Dank! –
keine nach mir geworfenen Tomaten, sondern eine *standing ovation*. Ich
sah, wie im Traum, die Hörerschaft sich mir zu Ehren erheben. Im Hintergrund spielte jemand auf der Rohrflöte. Ich ging neben dem Bundespräsidenten hinaus, der lächelnd sagte: «Es ist doch gut, daß wir beide
durchgehalten haben!» Und damit hatte er ja wirklich recht. Nun konnte
ich das Festessen genießen, zu dem so viele Gäste gekommen waren. Die
Yamanis saßen an unserem Tisch, und überall sah ich nur Freunde. Selbst
Gräfin Dönhoff, die mir am Vorabend «einen halben Segen» gegeben
hatte, konnte ich zum Lachen bringen, als ich ihr sagte, daß ein halber
Segen von ihr offenbar die Wirkung eines ganzen Segens von anderen
Menschen habe.

Neue Beziehungen entwickelten sich. Daß Erwin Wickert aus Ärger
über die Haltung des PEN-Clubs aus diesem austrat, erfuhr ich erst später. Eine neue Verbindung in Bonn, die sich weiterhin fruchtbar entwickelt, war die mit Karin Hempel-Soos, genannt «Bonns Gesamtkunst-
werk», der Leiterin des Hauses der Sprache und Literatur, das fast an
mein Domizil grenzt. Dank ihrer Freundschaft habe ich in den letzten
Jahren zahlreiche Menschen aus der Bonner Kunst- und Literaturszene
kennengelernt, die mir ganz neue Aspekte öffneten. Und ihr Kater Pep-
pino machte es sich manchmal dekorativ auf meinem Balkon bequem.

Weitere Bücher erschienen; die Reisetätigkeit wurde durchaus nicht
weniger, und allmählich kam ich mir vor wie die Vorwortschreiberin
vom Dienst für alle, die etwas Positives über islamische Dinge verfaßt hatten. Nicht zu vergessen die Interviews und die kleinen Teebesuche orientalischer Bekannter oder öfter solcher, die mich kennenlernen wollten
und die sich oft in wundersamer Weise vermehrten: Ein Herr bittet um
Audienz, und nach einer halben Stunde hat er sich verdreifacht, weil er
Freunde dazu eingeladen hat. In solchen Momenten beneide ich manchmal die Großen der alten Zeit, die eine riesige Küche und eine Menge
von Hauspersonal hatten. (Ich habe eine einzige, allerdings besonders
liebe Hilfe, die einmal in der Woche für Aufgaben kommt, die ich seit
dem Arbeitsdienst – wenn möglich – nicht mehr übernehme).
Zu den Höhepunkten des Jahres 1996 gehörte eine Tagung in der

Nähe von London, die Prinz Charles einberufen hatte. Bei Tisch hatten wir ein schönes langes Gespräch über Religion und Dichtung – er ist ja sehr am Islam und an der Mystik interessiert. Ich schickte ihm einige meiner englischen Bücher und war überrascht und erfreut über seine sehr persönlichen, handgeschriebenen Dankbriefe.

Der Radius meiner Reisen dehnte sich aus; noch immer gilt meine 1969 entstandene Parodie auf ein Ghasel Ghalibs:

> Wieder hat das Herz Unruh gefunden,
> Kamen doch des Kofferpackens Stunden;
> Wieder waschen wir noch mal die Blusen,
> Und wir bügeln, was sich kraus gefunden.
> Wieder blicken vorwurfsvoll vom Schreibtisch
> Briefe, deren Antwort wir noch stunden,
> Wieder starren Manuskripte-Fetzen
> Traurig, ach, wie aufgeriss'ne Wunden.
> Wieder suchen wir in allen Taschen,
> Bis den Paß, den Impfschein wir gefunden,
> Lesen ein Besprechungsexemplar, indessen
> Der Friseur uns hold das Haar gebunden.
> Und dann in der vollen Flugplatz-Halle
> Wieder warten wir für zwei drei Stunden,
> Bis wir in die Sessel nun verstauen
> Unsern müden Leib, den Geist geschunden,
> Bis im ersten Glas von Sherry nach dem Starte
> Für zwei Stunden aller Gram verschwunden.

Infolge der Friedenspreiskontroverse war ich in der orientalischen Welt sehr bekannt geworden, und so folgten 1996 und 1997 Besuche in Kuwait, Ägypten, Syrien, Jordanien und anderen Ländern. Auf einer Konferenz in Istanbul unter den Auspizien des Schwedischen Instituts wurden die Beziehungen zwischen Sufismus, Musik und modernen religiösen Strömungen diskutiert. Zu den vielen Freuden, die wir bei dieser Zusammenkunft erlebten, gehörte die Begegnung mit Razia Sultanova, einer Usbekin, die von ihren Feldforschungen über die musikalischen und religiösen Traditionen usbekischer Frauen berichtete und mit süßester Stimme deren Lieder vortrug – wir ernannten sie zu unserer usbekischen Nachtigall.

1998 feierten wir in Pakistan den vierzigsten Jahrestag meines ersten

Besuches in diesem Land, dessen politisches System sich immer wieder geändert hatte und leider immer chaotischer zu werden scheint. Zum ersten Mal konnte man wieder in Sindh reisen, der Provinz, die wir in den vorhergehenden Jahren wegen der ständigen Unruhen (Spannungen zwischen den Parteien, Drogenschmuggel u.ä.) nicht betreten durften. Allzu oft hatte es auch in Karachi Überfälle, Brandstiftung und ähnliches gegeben, und die Bedrohungen auch deutscher Institute hatte zugenommen. Nun schien es ruhig. Ich genoß es, wieder einmal das liebliche Heiligtum Schah Abdul Latifs in Bhit Shah zu besuchen und unter anderem zur *muschâ'ira*, dem Dichtertreffen, in Hyderabad (Sindh) zu fahren, wo nicht weniger als vierzig Sindhi-Damen auf der Bühne saßen und ihre eigenen Dichtungen vortrugen – Gedichte, die nicht nur die alten Beschreibungen der Seelenqualen der liebenden, von ihrem Geliebten getrennten Frau besangen, wie es das klassische Thema der Sindhi-Dichtung ist, sondern die auch gegen die Unterdrückung der Frauen revoltierten, ihren Wunsch nach mehr Freiheit in zum Teil sehr starken Worten ausdrückten. (Eine von ihnen hat übrigens auch im Haus der Kulturen der Welt in Berlin ihre von mir übersetzten Verse vorgetragen.) Es war ein eindrucksvoller Protest. Ähnliche Ausbrüche der Sehnsucht nach Freiheit hatte ich auch von jemenitischen und sudanesischen Dichterinnen gehört.

Zum ersten Mal seit 1993 flog ich 1996 wieder in die USA, wo mir eine muslimische Fernsehgesellschaft in Los Angeles ihren *Outreach Award* verlieh; anschließend hatte ich noch in Utah zu sprechen. Aber dazwischen genoß ich in Palo Alto die herzliche Gastfreundschaft von Katharina Mommsen und ihrem Mann. Goethe und der Orient war natürlich unser Zentralthema, aber wir freuten uns auch der Schönheit des Gartens und der Pazifikküste.

Auch der Kreis meiner Ziele in Deutschland erweiterte sich ständig. Da waren Vorträge im Ludwig-Pesch-Haus, dem Jesuitenzentrum in Ludwigshafen, wo ich gern sprach, um so mehr, als die Patres einige liebenswerte Katzen hatten, deren eine sich manchmal im Vortragssaal meine weisen Worte über Mystik oder Dichtung anhörte. Hamburg stand mehrfach auf dem Programm; unter anderem führten wir dort mit einer deutschen Sufi-Gruppe eine Lesung aus meiner Übertragung von Attars «Vogelgesprächen», *Mantiq ut-tair* (die gerade in der Orientalischen Bibliothek erschienen war) in einer Kirche durch. Regensburg, Passau und das reizende Eichstätt lernte ich durch meine Vorträge kennen, und endlich konnte ich Dresden besuchen, von dessen Grünem Gewölbe ich seit Kindestagen geträumt hatte – ist doch das Meisterwerk der Goldschmiedekunst, Dinglingers für August den Starken hergestellte Szene «Geburtstag Aurangzebs» ein hochinteressantes Werk, in dem sich Träume der Europäer über das indische Mogulreich manifestieren – das Reich der Großmoguln in Indien schien ja das Reich der Juwelen par excellence. Eine kurze Gastprofessur führte mich im Februar 1997 an die Universität Ulm. In klirrender Kälte sah ich erstmals das schöne Ulmer Münster und den Blautopf, der mir seit meiner Kindheit aus Mörikes Erzählung von der schönen Lau bekannt war.

Im Sommer 1997 war es Zeit, eine Laseroperation meiner Augen vorzunehmen – eine großartige Angelegenheit, die ich im Handumdrehen mit größtem Erfolg überstand. Nicht nur wurde der graue Star «gestochen», sondern meine hochgradige Kurzsichtigkeit wurde so weit korrigiert, daß ich vieles ganz ohne Brille durchführen kann. Was für ein herrliches Gefühl, die Sterne mit bloßem Auge sehen, die Farbe der Vögel im Garten erkennen zu können!

Eine besonders erfreuliche Erfahrung war die Islamwoche in Bremen. Dort unternahm ich es, im Rathaussaal die jahrhundertelangen Beziehungen zwischen Orient und Okzident darzustellen und die positive Rolle des Islam in der Weltgeschichte zu betonen. Die weltoffene Hansestadt und ihre Verwaltung waren sehr aufgeschlossen für solche Unterfangen. Natürlich fehlte in Bremen Laila nicht, die schöne Modeschöpferin aus Afghanistan, die so exquisite Kleider entwirft und mit der wir manches Mal in Westdeutschland Modeschauen zum Besten des Afghanischen Frauenvereins organisiert haben und dies weiter tun wollen. Und ich durfte für ein paar Stunden mein Kindheitsparadies Carolinensiel wiedersehen.

In Heidelberg am Deutsch-Amerikanischen Institut feierten wir erstmals am 17. Dezember 1997 Maulana Rumis Todestag, das Andenken an diesen größten Vertreter der mystischen Poesie im Islam, begleitet von einer kleinen Gruppe von türkischen Musikern, die Derwischweisen sangen – und seither treffen wir uns jedes Jahr an diesem Tag.

Auch Beziehungen zu Jena entwickelten sich. Das Collegium Europaeum Jenense hat dort unter Professor Zwiener seit einiger Zeit ein anspruchsvolles Programm entwickelt, fachübergreifend und völkerverbindend. Als ich dort im Januar 2001 zu sprechen hatte, traf ich nicht nur Alfred Grosser und Hans Koschnik, sondern auch Reiner Kunze, den Lyriker der leisen Töne. Mein erster Vortrag in Jena aber einige Jahre zuvor war nicht nur als Hommage für den in Jena gegründeten

Eugen Diederichs Verlag gedacht, er leitete auch zu einem anderen Vortrag auf naturwissenschaftlichem Gebiet über, denn er galt – höret und staunet! – der Biene in der islamischen Kultur. Der Leiter des Instituts für Bienenkunde, Professor Hentschel, war hochbeglückt zu hören, daß ich in meinem Vortrag zeigte, wie wichtig die Biene in der islamischen Tradition ist. Wird sie nicht mit besonderem Nachdruck als von Gott inspiriertes Tier in Sure 16 des Korans erwähnt? Und weiß nicht die Volkspoesie, daß der Honig (Lieblingsspeise des Propheten Muhammad) erst durch ihr Summen süß wird, da sie ständig die Segensformel über den Propheten wiederholt? (Zur Erheiterung der Leser: Auch der «Fledermaus im Islam» habe ich schon einmal einen Vortrag in Bonn gewidmet.) Das Ende der Jenaer Veranstaltung brachte eine bewegende Begegnung: Ein junger Mann kam zu mir und fragte: «Ich bitte Sie um Verzeihung – ich habe vor der Paulskirche gegen Sie randaliert. Können Sie mir verzeihen – ich weiß jetzt, daß ich Unrecht hatte.»

Es sei auch erwähnt, daß ich irgendwann 1998 ein Wochenende in der Barlach-Stadt Güstrow verbrachte, um dort achtundvierzig Stunden lang als Alleinunterhalterin in Sachen Islam bei einer Tagung der evangelischen Kirche zu wirken. Trotz der nicht geringen Anstrengung und der nicht enden wollenden Reise war ich froh, die Stadt und die nach Informationen über den Islam dürstenden Menschen kennengelernt zu haben.

Wie erholsam war dagegen eine Tagung über islamische Kalligraphie in IRCICA in Istanbul, wo die hochbegabte türkische Architektin Ümran Tezcan-Schelling ihre ungewöhnlichen Konstruktionen arabischer religiöser Formeln ausstellte. Unter den modernen Kalligraphen ist sie wohl die einzige, die einen streng architektonischen Stil entwickelt hat, der immer wieder Überraschungen bietet. Da ich diesmal das Glück hatte, bei Hikmet Barutçugil, dem großen Meister des *ebru*, der Marmorierkunst, zu wohnen, genoß ich die allzu kurze Zeit von Herzen. Nichts kann die Schönheit der Silhouette Istanbuls zerstören! Ich traf alte Freunde wieder, darunter meinen Kalligraphielehrer Ali Alparslan aus Ankara, längst emeritierter Professor der islamischen Geschichte, und beobachtete, wie Hikmet Bey an seinem großen Werk arbeitete, in dem er Techniken und Geschichte der Marmorierkunst darlegt, die in den letzten Jahren auch im Westen immer beliebter wird.

Die folgenden Jahre ähnelten bunt marmorierten Blättern mit Reisen nach Tadschikistan, Usbekistan, Bahrain und Iran, und wiederum für drei Tage ließ ich mich bei einer IRCICA-Tagung von Istanbul verzaubern. Daß ich dabei einer halbseitig gelähmten jungen Frau, die mit der Linken makellose Kalligraphie schrieb, einen Preis überreichen durfte, machte mich sehr glücklich. Auch in den USA hielt ich wieder Vorträge, besuchte die Freunde Jürgen und Magda Chrobog in Washington, erlebte das faszinierende De Mesnil Museum in Houston und belehrte die Theologen in Harvard ein wenig über das Jenseits. Dazu gab es zahlreiche Vortragsreisen in Deutschland, Konferenzen in England und, nicht zu vergessen, die schöne Feier in der Evangelischen Akademie Tutzing, bei der Altbundespräsident Herzog mit dem Toleranzpreis geehrt wurde und Prinz Hassan von Jordanien eine wunderbare Rede hielt. Die Landschaft strahlte im Mai-Sonnenschein ebenso wie wir Teilnehmer (oder war es umgekehrt?), und ein zusätzliches Geschenk war es für mich, Dschengiz Aytmatov zu treffen, dessen Lesung und Vortrag am Vorabend der Feier einen tiefen Einblick in die magisch-mystische Welt seiner kirgisischen Heimat erlaubte.

Im Jahr 1999 wurde erstmals ein Kollege nach Bonn eingeladen, der in der von mir gestifteten Vorlesungsreihe sprechen sollte. Ich hatte nämlich nach dem Friedenspreis die dort erhaltene Summe zusammen mit dem Preisgeld des Leopold-Lucas-Preises der Universität Bonn gestiftet, damit eine Möglichkeit geschaffen werde, Vorlesungen über islamische Kultur halten zu lassen, und zwar in erster Linie von Muslimen, so daß die Studenten einen Einblick in verschiedene Aspekte des Islam erhalten. Da die Universität dankenswerterweise die Summe aufstockte, können wir jetzt alle zwei Jahre jemanden einladen. 1999 war es mein Harvard-Kollege, der Historiker Roy Mottahedeh, 2001 die marokkanische Frauenrechtlerin Fatima Mernissi.

Unter den persönlichen Erfahrungen des Jahres 2001 steht ein besonderes Erlebnis im Vordergrund: Ein Besuch in Sarajevo ließ mich einen Einblick in die Versuche der muslimischen Intelligenzija Bosniens tun, dem geschundenen Land wieder eine friedliche Zukunft zu geben. Ein Besuch im alten Derwischkloster Blagaj nahe dem zerstörten Mostar war einer der Höhepunkte: Das alte Gebäude schmiegt sich an eine steil hochragende Felswand, aus der ein lichtgrüner starker Strom quillt. Hier soll Sari Saltuk, ein erster Bote des mystischen Islam, noch vor der Eroberung des Balkans durch die Osmanen gewirkt haben. Schien nicht der Strom aus den Tränen des alten Sufis zu bestehen, der das Schicksal seines Landes beweint? Unsere kleine Gruppe aber saß im Versammlungsraum des Klosters, und Nezih Bey, ein bekannter Mevlevi-Musiker, stimmte die alten türkischen Derwischweisen an:

Die Lieb' zu Dir nahm mich von mir –
Ich brauche Dich, nur Dich allein ...

Worte, die langsam in das Gottgedenken, den *dhikr*, der Derwische übergingen.

Zu den großen Überraschungen des Jahres 2001 gehörte es, daß die Stadt Pforzheim mir den Reuchlin-Preis zuerkannte. Das Thema meines Vortrages bildete der Ausspruch des großen Humanisten:

Ich habe niemals etwas mit einer solchen inneren Anspannung und einer solchen Wißbegierde verfolgt wie jenes vielfältige Studium fremder Sprachen, so daß ich nicht daran zweifle, den Zeichen des in mir brennenden Genius gefolgt zu sein. Daher verbrachte ich keine Altersstufe und keinen Teil meines Lebens ohne den Versuch, irgendein Vorhaben zu verwirklichen, das dazu führt, eine fremde weise Lehre kennenzulernen und danach die Sprache dieser Völker an unsere Zeitgenossen weiterzugeben. Doch nicht, indem ich nach allzu Hohem strebe, sondern indem ich mich mit Niedrigem begnüge.

Ich versuchte, den 1455 geborenen Humanisten in seiner Zeit zu sehen, einer Zeit, da sich die größten Umwälzungen in der abendländischen wie der islamischen Geschichte vollzogen: einerseits die Entdeckung Amerikas, die spanische Reconquista sowie die Reformation; Ereignisse, die das überkommene Weltbild von Grund auf veränderten. Andererseits wurde gleichzeitig nicht nur die Maurenherrschaft in Andalusien ausgelöscht, sondern auch das Mamlukenreich in Ägypten unterlag nach mehr als zweihundertfünfzigjährigem Bestehen dem erstarkenden Osmanischen Reich 1516, wodurch die Türkei zur beherrschenden Großmacht im östlichen Mittelmeer wurde. In Iran hatte 1501 der junge Ismail der Safawide die Macht ergriffen und die schiitische Form des Islam zur offiziellen Religion des Staates gemacht, wodurch sich Iran bis heute von den anderen islamischen Staaten unterscheidet, gewissermaßen wie ein Keil zwischen den mehrheitlich sunnitischen Reichen steht und daher im frühen fünfzehnten Jahrhundert vom Abendland als Verbündeter gegen die Türken angesehen wurde. Zur gleichen Zeit schließlich lösten sich die Reste des Timuridenreiches von Samarkand und Herat auf, während ein anderer Nachfahr Timurs, Babur, nach abenteuerlichen Zügen 1526 das Mogulreich in Indien gründete, das bis 1857 bestehen sollte. Die Ursprungsstädte der Timuriden aber, Samarkand und Buchara, fielen den Schaibaniden, Vorläufern der heutigen Usbeken, in die

Hände. So konnte man Reuchlin als einen Gelehrten sehen, der an einem Wendepunkt der Geschichte stand.

Nur wenig später feierte die Theologische Fakultät der Universität
Marburg mein Goldenes Doktorjubiläum. Wahrscheinlich war ich die
einzige, die sich der Querelen erinnerte, die sich bei dieser Promotion
abgespielt hatten. Nun war alles vergessen. Ich war dankbar für die
schöne Laudatio und versuchte, im Festvortrag meine Auffassung von
der Wandlung der Religionsgeschichte darzulegen. Im November überraschte mich die Ehrenmitgliedschaft der in München ansässigen Gesellschaft der Freunde islamischer Kunst und Kultur. Und könnte ich
unter den Ereignissen des Jahres 2001 die faszinierende Ausstellung «Or-
nament und Abstraktion» im Beyeler-Museum Riehen vergessen, zu
der ich einen Katalogbeitrag verfaßt hatte? Dort konnte man die inneren
Verbindungen zwischen Orient und Okzident deutlich erkennen, die
den Beschauer immer wieder erstaunen und entzücken. Unter den vielen Verpflichtungen gegen Ende des Jahres – darunter eine Vortragsreise
nach Riyadh (siehe Seite 237f.) – war einer der Höhepunkte die Kölner
Podiumsdiskussion mit dem türkischen Schriftsteller Orhan Pamuk.
Sein vielschichtiger Roman «Rot ist mein Name» enthält eine brillante
Analyse islamischer Kunst. Welcher Genuß, dieses Werk deutsch-tür-
kisch zu moderieren!

Aber zwischen all diesem lag der 11. September. Ja, nach dem schönen,
aktiven Frühjahr, und auch nach einer rätselhaften Blutvergiftung, die
meinen rechten Arm lahmlegte, kam der Angriff auf das World Trade
Center in New York. Für die Betroffenen war er um so unvorstellbarer,
als die USA noch nie einen Bombenangriff im eigenen Lande erlebt
hatten. Ungezählte Interviews galt es zu geben, um die Menschen wenn
nicht zu überzeugen, so doch darauf aufmerksam zu machen, daß der Islam nicht mit Terrorismus gleichzusetzen ist und daß nicht jeder, der die
positiven Aspekte der islamischen Kultur betont, ein Terroristenfreund
ist. Darf man vergessen, daß die USA die Taliban um der geplanten Öl-
Pipeline willen und zur Abwehr der Russen zunächst massiv unterstützt
hatten? Und andererseits, daß die Taliban eine ungewöhnlich enge, von
den meisten Muslimen abgelehnte Auslegung des Islam praktizierten,
deren Enge noch durch vorwiegend paschtunische Stammestraditionen
verstärkt wurde? Latente Spannungen brachen jetzt wieder in der westlichen Kultur auf, und der so sehr erhoffte vertiefte Dialog zwischen den
Kulturen schien mehr denn je gefährdet. Es waren schmerzvolle Wo-

chen für mich, schmerzvoll auch die Zerbombung des armen geliebten Afghanistan. Aber vielleicht gilt ja auch hier die alte Weisheit, daß aus dem Negativen wieder etwas Positives erwächst. Hat Maulana Rumi nicht immer wieder betont, daß aus Leiden neue Kräfte entstehen? Muß nicht der Boden vom Pflug zerrissen, das Korn von der Erde zerdrückt, die Ähren zermahlen, der Teig gebacken werden, damit das Brot den Menschen nähren kann? Solche Gedanken können uns vielleicht helfen, etwas Sinn im scheinbar Sinnlosen der Zerstörung zu sehen. Muß man nicht immer wieder das Goethesche «Stirb und werde» (das er in dem aus der islamischen Mystik stammenden Gleichnis von Flamme und Falter ausdrückt) in seiner ganzen Tiefe erfahren, um das Leben überhaupt zu meistern?

Das gilt auch im privaten Bereich. Ich selbst kann nur dankbar, unendlich dankbar sein, daß ich den jetzigen Punkt in meinem Leben erreicht habe, daß ich – ohne Sekretärin, ohne Assistenten, ohne Computer, ohne Auto, ohne Urlaub oder sportliche Betätigung – so viel arbeiten kann, wie ich es mir wünsche, gute Freunde, beglückende menschliche Beziehungen und erfolgreiche Schüler in aller Welt habe und daß ich bisher von schweren Krankheiten verschont geblieben bin (ein paar Thrombosen und Blutvergiftungen ausgenommen). Denn da es zur Zeit meiner Geburt Begriffe wie Cholesterin, Allergie oder gar Jetlag noch nicht gab, leide ich auch nicht unter diesen Übeln. Für die Bewahrung meiner Gesundheit sorgt seit langem erfolgreich mein homöopathischer Arzt Christian Kellersmann, unterstützt von seinem fotogenen Kater Heinrich, der schon von Yehudi Menuhin und vom Dalai Lama gestreichelt worden ist.

Daß es nicht immer leicht war, auf dem mir einmal gewiesenen Pfade weiterzuwandern, das Ziel nicht aus den Augen zu verlieren, ist selbstverständlich. Über die vielen Tränen, die Enttäuschungen, die menschlichen Probleme aber spricht man nicht; sie gehen niemand etwas an. Seit meiner Kinderzeit habe ich das Wort des Römerbriefs geliebt: «Wir wissen aber, daß denen, die Gott lieben, alle Dinge zum Besten dienen.»

Wenn man mir immer wieder vorwirft, den Islam zu romantisch zu sehen, kann ich nur mit dem Heiligen Augustin antworten: *res tantum cognoscitur quantum diligitur* – man kann etwas nur so weit verstehen, wie man es liebt. Und da ich seit meiner Kindheit die Welt des Orients geliebt habe, weil ich mit den Muslimen in ihren Sprachen kommuniziert, in frommen muslimischen Familien gelebt habe, glaube ich, sie auch ein wenig zu verstehen. Wie treffend hat Max Rychner es 1929 in seinem

Brief an Carl Jacob Burckhardt gesagt: «Man kennt nur Menschen, die man liebt oder mit denen man befreundet ist. Die Emotion zeigt unserem Blick alles reicher, vielfältiger, gestufter; sie zeigt das Wesen des andern in seiner ganzen Fülle, im ganzen Wert.»

Wenn ich besonders gern Poesie übertrage, so deshalb, weil ich mit Herder übereinstimme, der vor zweieinhalb Jahrhunderten schrieb: «Aus der Poesie lernen wir Zeiten und Nationen gewiß tiefer erkennen als auf dem täuschenden trostlosen Wege der politischen und Kriegs-Geschichte.» Das gilt auch für die Künste. Und die Religionsgeschichte lehrt uns, daß man Ideal mit Ideal vergleichen muß, um eine fremde Kultur einigermaßen zu verstehen, und das Gute in ihr soll man anerkennen, nicht abwerten.

Was wird die Zukunft bringen? Ich weiß es nicht, ich kann nur auf Frieden, bessere Verständigung und Ehrfurcht vor dem anderen hoffen. Und ich folge dem alten Seemannsspruch, den ich von meiner Mutter lernte: «Das Beste hoffen und aufs Schlimmste gefaßt sein.» Sie lehrte mich auch, unnötiges Sorgen zu vermeiden, wie es in der von ihr so geliebten orientalischen Geschichte heißt: «Hundert sind an der Pest gestorben, aber tausend an der Angst vor der Pest.» Das scheint mir ein weiser Rat für unsere Gesellschaft, die täglich mit neuen Warnungen, neuen verwirrenden Nachrichten berieselt wird.

Und was hoffe ich für mich selbst, da ich diesen Überblick über manche Erfahrungen und Erlebnisse in der Neujahrsnacht von 2001 zu 2002 abschließe? Ich sage mit meinem verehrten Dichter-Orientalisten Friedrich Rückert:

> Wenn ich morgen sterben soll –
> gearbeitet hab' ich genug.
> Wenn ich noch zehn Jahre leben soll –
> zu arbeiten hab' ich genug.

Und dann? Ich denke an das Motto meiner Kinderzeit: «Die Menschen schlafen, und wenn sie sterben, erwachen sie.» Und ich glaube an ein Erwachen, das wir nicht beschreiben, uns nicht vorstellen können,

> bis im Anschaun ew'ger Liebe
> wir verschweben, wir verschwinden.

Danksagung

Viele Menschen haben beim Zustandekommen dieser Autobiographie eine Rolle gespielt; ihnen allen – seien sie in Erfurt oder in den USA, in Europa oder in Asien – danke ich für ihre Freundschaft, die mein Leben bereichert hat und noch bereichert. Dr. Shams Anvari-Alkoseini hat, wie schon so häufig, die arabische Kalligraphie des Mottos beigesteuert; der Önel-Verlag, Köln, hat die Verwendung langer Auszüge aus meinem 1990 erschienenen Buch *Mein Bruder Ismail* gestattet. Das Lektorat des Verlages hat aus einem unter schwierigen Umständen entstandenen Manuskript ein lesbares Buch entwickelt – Herrn Dr. Ulrich Nolte und der unermüdlichen Angelika Schneider sei Dank für ihre Hilfe!

Bonn, Pfingsten 2002 *Annemarie Schimmel*

Werke von Annemarie Schimmel (Auswahl)

Diese Bibliographie verzeichnet in chronologischer Reihenfolge die Erstausgaben der wichtigsten Schriften und Übersetzungen von Annemarie Schimmel. Die Auswahl konzentriert sich auf selbständige Veröffentlichungen und bedeutende Beiträge in Handbüchern. Übersetzungen ins Deutsche sind hinter der jeweiligen Originalausgabe angegeben. Übersetzungen in andere Sprachen wurden nicht aufgenommen. Ebenfalls nicht berücksichtigt wurden Rezensionen, Vorworte und kleinere Monographien.

1943
- Kalif und Kadi im spätmittelalterlichen Ägypten (Die Welt des Islam 24), Leipzig (Harrassowitz)

1945
- Index zur Chronik des Ibn Ijas, Istanbul

1947
- Yakup Kadri. Flamme und Falter. Ein Derwischroman. Übersetzung aus dem Türkischen, Gummersbach (Florestan)

1948
- Lied der Rohrflöte. Ghaselen, Hameln (Seifert)

1949
- Die Bildersprache Dschelâladdin Rumis, Walldorf-Hessen (Verlag für Orientkunde)

1951
- Ibn Chaldun. Ausgewählte Abschnitte aus der *muqaddima*. Übersetzung aus dem Arabischen, Tübingen (Mohr)

1952
- Lyrik des Ostens, hg. von Wilhelm Gundert, Annemarie Schimmel und Walter Schubring. Übersetzungen und Nachwort zur Dichtung des Vorderen Orient, München (Hanser)

1955
- Abu 'l-Hasan ad-Dailami. Sīrat as-ṣaiḫ al-kabīr Abū-Abdallah Ibn-al-Ḫafīf aš-Ṣīrāzī, Ankara (Ankara Üniversitesi Ilâhiyat Fakültesi)

1957
- Muhammad Ikbal. Das Buch der Ewigkeit. Übersetzung aus dem Persischen, München (Hueber)

1958
- Dinler tarihine giriş, Ankara (Güven Matbaasi)
- Muhammad Iqbal. Cavidname. Türkische, kommentierte Prosaübersetzung, Ankara (Türk Tarih Kurumu Basımevi)

1961
- Ernst Trumpp. A Brief Account of his Life and Work, Karachi (The Pakistan-German Forum). – *Deutsche Ausgabe:* Ernst Trumpp. 1828–1885. Ein kurzer Abriß seines Lebens und Werks, Karatschi (Pakistanisch-Deutsches Forum) 1998

1963
- Gabriel's Wing. A study into the religious ideas of Sir Muhammad Iqbal, Leiden (Brill)
- Muhammad Iqbal. Botschaft des Ostens. (Als Antwort auf Goethes West-Östlichen Divan). Übersetzung aus dem Persischen, Wiesbaden (Harrassowitz)

1964
- Maulana Dschelaladdin Rumi. Aus dem Diwan. Übersetzung aus dem Persischen, Stuttgart (Reclam)

1965
- Pakistan. Ein Schloss mit tausend Toren, Zürich (Orell Füssli)

1967
- Weltpoesie ist Weltversöhnung, Schweinfurt

1968
- Al-Halladsch. Märtyrer der Gottesliebe. Übersetzungen aus dem Arabischen, Persischen, Türkischen, Sindhi, Siraiki und Urdu, Köln (Hegner)
- Muhammad Iqbal. Persischer Psalter. Übersetzung aus dem Persischen, Urdu und Englischen, Köln (Hegner)

1969
- John Donne. Nacktes denkendes Herz. Übersetzung aus dem Englischen, Köln (Hegner)

1970
- Islamic Calligraphy (Iconography of Religions 22, 1), Leiden (Brill)

1971
- Mirza Asadullah Ghalib. Woge der Rose – Woge des Weins. Übersetzungen aus dem Persischen und Urdu-Diwan, Zürich (Verlag der Arche)

1973
- Aus dem goldenen Becher. Türkische Lyrik vom Mittelalter bis heute, Istanbul (Milli Eğitim Basımevi)
- Islamic Literatures of India (in: A History of Indian Literature 8,1), Wiesbaden (Harrassowitz)

1974
- Sindhi Literature (in: A History of Indian Literature 9,1), Wiesbaden (Harrassowitz)

1975
- Classical Urdu Literature from the Beginning to Iqbal (in: A History of Indian Literature 8,3), Wiesbaden (Harrassowitz)
- Mystical Dimensions of Islam, Chapel Hill (University of North Carolina Press). – *Deutsche Ausgabe*: Mystische Dimensionen des Islam. Die Geschichte des Sufismus, München (Diederichs) 1985

1976
- Pain and Grace. A Study of Two Mystical Writers of 18th-Century Muslim India, Leiden (Brill)

1978
- Denn Dein ist das Reich. Gebete aus dem Islam. Übersetzung aus dem Arabischen, Persischen, Türkischen, Freiburg (Herder)
- Rumi. Ich bin Wind und du bist Feuer. Leben und Werk des großen Mystikers, Köln (Diederichs)
- The Triumphal Sun. A Study of the Works of Jalaloddin Rumi, London (Fine Books u. a.)

1979
- A Dance of Sparks. Studies in Ghalib's Imagery, New Delhi (Ghalib Academy)

1980
- Islam in the Indian Subcontinent (in: Handbuch der Orientalistik 2,4), Leiden (Brill).
- Märchen aus Pakistan. Übersetzung aus dem Sindhi, Düsseldorf u. a. (Diederichs)

1981
- German Contributions to the Study of Indo-Pakistani Linguistics, Hamburg
- Und Muhammad ist Sein Prophet. Die Verehrung des Propheten in der islamischen Frömmigkeit, Düsseldorf (Diederichs)

1982
- As Through a Veil. Mystical Poetry in Islam, New York (Columbia University Press)
- Gärten der Erkenntnis. Texte aus der islamischen Mystik. Übersetzung aus dem Arabischen, Persischen, Türkischen, Urdu und Sindhi, Düsseldorf (Diederichs)
- Islam in India and Pakistan (Iconography of Religions 22, 9), Leiden (Brill)

1983
- Anvari's Divan. A Pocket Book for Akbar. With Stuart Cary Welch, New York (Metropolitan Museum of Art)
- And Muhammad is His Messenger. The Veneration of the Prophet in Islamic Piety, Chapel Hill/London (The University of North Carolina Press)
- Die orientalische Katze, Köln (Diederichs)
- Der Islam im indischen Subkontinent, Darmstadt (Wissenschaftliche Buchgesellschaft)
- Unendliche Suche. Geschichten des Schah Abdul Latif von Sind (Mystik des Orients 2), München (New-Age-Verlag)

1984
- Calligraphy and Islamic Culture, New York (New York University Press)
- Das Mysterium der Zahl. Zahlensymbolik im Kulturvergleich. Überarbeitung der ersten Ausgabe von Franz Carl Endres, Köln (Diederichs)
- Stern und Blume. Die Bilderwelt der persischen Poesie, Wiesbaden (Harrassowitz)

1985
- Al-Halladsch. «O Leute, rettet mich vor Gott». Übersetzung aus dem Arabischen, Persischen, Türkischen, Urdu und Sindhi, Freiburg im Breisgau u. a. (Herder)

- Ibn Iyâs. Alltagsnotizen eines ägyptischen Bürgers. Übersetzung aus dem Arabischen, Stuttgart (Thienemann)
- Robert Irwin. Der arabische Nachtmahr oder Die Geschichte der 1002. Nacht. Übersetzung aus dem Englischen, Köln (Diederichs)

1986
- Pearls from the Indus. Studies in Sindhi Culture, Jamshoro (Sindhi Adabi Board)

1987
- Friedrich Rückert. Lebensbild und Einführung in sein Werk, Freiburg im Breisgau u. a. (Herder)
- Ibn Ata'Allah. Bedrängnisse sind Teppiche voller Gnaden. Übersetzung aus dem Arabischen, Freiburg u. a. (Herder)
- Nimm eine Rose und nenne sie Lieder. Poesie der islamischen Völker, Köln (Diederichs)

1988
- Friedrich Rückert. Ausgewählte Werke. Herausgegeben von Annemarie Schimmel, 2 Bände, Frankfurt am Main (Insel)
- Maulana Dschelaladdin Rumi. Von allem und vom Einen. Übersetzung aus dem Persischen und Arabischen, München (Diederichs)

1989
- Die smaragdene Vision. Der Licht-Mensch im persischen Sufismus, Übersetzung aus dem Französischen von Henry Corbin: L'homme de lumière dans le soufisme iranien, München (Diederichs)
- Muhammad Iqbal. Prophetischer Poet und Philosoph, München (Diederichs)
- Islamic Names, Edinburgh (Edinburgh University Press). – *Deutsche Ausgabe*: Von Ali bis Zahra. Namen und Namengebung in der islamischen Welt, München (Diederichs)
- Wanderungen mit Yunus Emre, Köln (Önel)

1990
- Der Islam. Eine Einführung, Stuttgart (Reclam)
- Mein Bruder Ismail. Erinnerungen an die Türkei, Köln (Önel)
- Was hat ein Auge und keinen Kopf? 300 türkische Volksrätsel, Köln (Önel)

1991
- Die Rose, Steinfurth (Rosenmuseum Steinfurth)
- Rumi. Look! This is Love. Poems of Rumi. Übersetzung aus dem Persischen, Boston (Shambhala)
- Yunus Emre. Ausgewählte Gedichte. Übersetzung aus dem Türkischen, Köln (Önel)

1992
- A Two-Colored Brocade. The Imagery of Persian Poetry, Chapel Hill/London (The University of North Carolina Press)
- Herr Demirci heißt einfach «Schmidt». Türkische Namen und ihre Bedeutung, Köln (Önel)
- I am Wind, You are Fire. The Life and Work of Rumi, Boston (Shambhala)

1993
- A Life of Learning, Washington DC (American Council of Learned Societies)

- Aus dem goldenen Becher. Türkische Gedichte aus sieben Jahrhunderten. Übersetzung aus dem Türkischen, Köln (Önel)
- Gewänder Gottes, Tübingen (Mohr)
- Make a Shield from Wisdom. Selected Verses from Nasir-i Khusraw's Divan. Übersetzung aus dem Persischen, London/New York (Kegan Paul International)
- Rumi. Sieh! Das ist Liebe. Gedichte, Basel (Sphinx)
  1994
- Berge, Wüsten, Heiligtümer. Meine Reisen in Pakistan und Indien, München (C.H. Beck)
- Deciphering the Signs of God. A Phenomenological Approach to Islam, Edinburgh (Edinburgh University Press). – *Deutsche Ausgabe*: Die Zeichen Gottes. Die religiöse Welt des Islam, München (C.H. Beck) 1995
- Nightingales under the Snow. Poems, London u. a. (Khaniqahi Nimatullahi Publication)
- Terres d'Islam. Aux sources de l'Orient musulman, Paris (Maisonneuve & Larose). – *Deutsche Ausgabe*: Die Welt des Islam. Zu den Quellen des muslimischen Orients. Eine Reise nach innen, Solothurn u. a. (Walter)
- Weisheit des Islam, Stuttgart (Reclam)
  1995
- Meine Seele ist eine Frau. Das Weibliche im Islam, München (Kösel)
- Vom Duft der Heiligkeit, Bad Nauheim-Steinfurth (Rosenmuseum Steinfurth)
  1996
- Die schönsten Gedichte aus Pakistan und Indien. Islamische Lyrik aus tausend Jahren, München (C.H. Beck)
- Jesus und Maria in der islamischen Mystik, München (Kösel)
- Wie universal ist die Mystik? Die Seelenreise in den großen Religionen der Welt, Freiburg im Breisgau u. a. (Herder)
  1997
- Die drei Versprechen des Sperlings. Die schönsten Tierlegenden aus der islamischen Welt, München (C.H. Beck)
  1998
- Die Träume des Kalifen. Träume und ihre Deutung in der islamischen Kultur, München (C.H. Beck)
- Wiederholte Spiegelungen. Gedichte, Köln (Önel)
  1999
- 'Attar. Vogelgespräche und andere klassische Texte. Übersetzung aus dem Persischen, München (C.H. Beck)
  2000
- Im Reich der Großmoguln. Geschichte, Kunst, Kultur, München (C.H. Beck)
- Sufismus. Eine Einführung in die islamische Mystik, München (C. H. Beck)
  2001
- Rumi. Meister der Spiritualität, Freiburg im Breisgau u.a. (Herder)
- Kleine Paradiese. Blumen und Gärten im Islam, Freiburg im Breisgau u. a. (Herder)
- Das islamische Jahr. Zeiten und Feste, München (C.H. Beck)

Register